梁平双桂堂

LIANGPING SHUANGGUITANG

中国西南古建筑典例图文史料

张兴国　郭璇　陈蔚　总主编

张兴国　冯棣　罗强　编著

重庆大学出版社

序

　　中国国土广袤，地貌、气候多样，决定了其建筑体系下各地建筑呈现出丰富的地域特征，反映了文化的多元性。四川盆地、云贵高原，地形复杂、气候多变，该区域内的传统建筑取材丰富、形态多姿，是我国民族和地域建筑的宝库。《中国西南古建筑典例图文史料》书系囊括了西南地区最具有代表性的古建筑的案例，其中包括：世界文化遗产、中国石窟寺的奇葩——大足石刻，我国明代官式建筑的经典案例平武报恩寺，西南禅宗祖庭梁平双桂堂，以及民间祠庙会馆建筑和摩崖风景建筑的杰作镇远青龙洞。这些古建筑均具有极其重要的历史、文化和艺术价值。而该书系以翔实的史料、丰富的图文，全面记录了这些珍贵的文化遗产，揭示了其价值，因而具有重要的文献价值和学术意义。

　　重庆大学建筑城规学院作为全国历史最悠久的八所建筑院系之一，创办该院系的老一辈学者早在20世纪30年代就参与了中国营造学社对西南地区传统建筑的调查与研究，为创建中国的建筑史学、探索中国建筑史研究方法作出了历史贡献，培养了不少人才并组成了中国建筑科学院建筑历史研究所重庆分所，其研究成果十分丰富、学术积淀深厚、地域特色鲜明，并积累了大量的传统建筑实测资料。《中国西南古建筑典例图文史料》是重庆大学建筑城规学院建筑历史与理论研究所多名专家学者近三十年来对西南地区的文物古迹和历史建筑的调查研究成果以及多年来该学院师生对古建筑测绘、研究的成果集合。这些成果不但是师生们辛勤劳动的结晶，而且是十分珍贵的重要历史文献。今将这些珍贵资料汇编成书系出版，具有重要的学术意义。特别是 "五·一二"汶川大地震后，这些古建筑测绘资料将是西南地区古建筑保护与修复的重要、可靠的图文史料依据，为今后的进一步深入研究提供了可靠的研究基础。

　　愿书系的出版激发更多有识之士和民间大众对我国建筑遗产的珍视和保护之情。

晋宏逵

2013年夏初于故宫博物院

丛书序

西南地区悠久的历史上曾经有过光辉灿烂的建筑文化。云南元谋遗址，重庆大溪遗址，成都三星堆遗址、金沙遗址，都反映出西南地域优秀的建筑文化成就；东汉的崖墓、汉阙、画像石与画像砖，反映了早期中国建筑形制及其优秀的建筑文化技术水平；唐宋摩崖石刻中的建筑形象，折射出西南地区佛教建筑的高峰水平。西南地域辽阔，地形地貌复杂，民族民俗文化丰富，明清以来遗存的古典建筑呈现多元化和地域化特色。

西南地区遗存的古典建筑，是极为丰富的文化遗产和技术遗产。但古建筑的设计施工主要靠世袭工匠言传身教，尤其是地方性民间性的古建筑，更是靠经验积累相传，少有文献记载，更无图纸档案留存。要系统整理这笔巨大的遗产，需要大量而艰苦的田野调查，尤其是准确的建筑测绘资料整理。从20世纪上半叶起，梁思成、刘敦桢等大批建筑界前辈，为中国建筑研究和测绘调查奠定了良好的基础。

西南地区的古建筑调查测绘，可追溯到20世纪30年代末40年代初，中国营造学社先辈们对云南、四川古建筑的调查研究。调查研究类型涉及寺观、衙署、祠庙、会馆、城堡、桥梁、民居、塔幢、崖墓、墓阙等，并在《中国营造学社会刊》发表《云南一颗印》《宜宾旧州坝白塔宋墓》《旋螺殿》《四川南溪李庄宋墓》《云南之塔幢》《成都清真寺》等文，应是最早公开出版的西南古建筑研究成果。后来不少营造学社的先辈到高校执教，如梁思成、刘敦桢等，是高校古建筑研究和人才培养的先驱。这里值得一提的是叶仲玑先生，他就有过中国营造学社的工作经历，来到重庆建筑工程学院建筑系任首届系主任，营造学社的精神在建筑系无形延续。

新中国成立以来的古建筑测绘，主要由全国建筑高校承担起来。重庆建筑工程学院是当时西南地区唯一拥有建筑系的高校。结合教学和科研工作，建校之初就建立了建筑历史研究室，并成立中国建筑科学院建筑历史研究所重庆分所。研究室的学者来自全国各地，辜其一、叶启燊、邵俊仪、吕祖谦、吕少怀、余卓群、白佐民、尹培桐、罗裕锟、杨嵩林、万钟英等，是建筑历史研究室开创以来的老一辈学者，他们对西南地区历史建筑研究作出了贡献，并培养了大批从事建筑历史理论研究的人才，他们的精神深深影响着建筑历史理论研究的后来者。

建筑历史研究室的老一辈们，对历史建筑研究有锲而不舍的精神，扎根西南地区几十年甚至默默奉献一生。担任首届历史研究室主任的辜其一先生，在极其困难的20世纪60年代，几乎走遍了巴蜀大地，坚持巴蜀地区的汉唐古建筑研究，系统调查整理巴蜀的东汉崖墓建筑，绘制出测绘图文手稿两大册，他在"文革"中含冤而去，可惜没能最终整理出版；幸喜的是他早期调查整理的摩崖石刻中的唐宋建筑，通过《文物》杂志发表，成为研究巴蜀唐宋建筑可贵的图文史料。叶启燊、邵俊仪等先生，系统开展了四川民居的调查测绘，他们还深入川西高原的羌藏地区、大凉山的彝族山区，开展对少数民族建筑的调查研究，部分资料已整理出版，叶启燊先生所著的《四川藏族住宅》是其中重要的研究成果。曾师从于刘敦桢的邵俊仪先生，调查整理发表了《重庆吊脚楼民居》学术论文，在传统吊脚楼民居荡然无存的重庆城区，其图文史料价值显得尤其珍贵。

几十年来，结合教学与科研工作，建筑系的师生测绘了上百项古建筑，并留下大量测绘图文资料档案。平武报恩寺、成都杜甫草堂、成都武侯祠、成都望江公园、眉山三苏祠、峨眉山寺庙群、青城山道观、大足圣寿寺、潼南大佛寺、涞滩二佛寺、镇远青龙洞、重庆湖广会馆、梁平双桂堂、重庆老君洞道观等，都是这些年来有代表性的古建筑测绘项目。这些测绘资料成果，成为国家及地方文物保护单位的必备资料档案，更为文物保护修复设计提供了技术支持。2008年的汶川大地震，平武报恩寺遭到地震的摧残，师生们30年前的测绘资料，其用于修复设计的价值凸显。近20年来，结合民居研究、历史文化名城名镇保护，开展了民居建筑群、古镇古村落的测绘调查。重庆双江民居、贵州镇远民居、习水土城古镇、四川古蔺太平古镇、四川肖溪古镇、重庆东溪古镇、重庆涞滩古镇等，都是这一时期具有代表性的测绘研究成果。

由于诸多原因，几十年的研究成果，较多的留存在档案室，甚至不同程度地损坏缺失，没能公开整理出版，其为遗憾。国家出版基金项目的资助，激励我们将这些研究成果整理出版。《中国西南古建筑典例图文史料》首批整理了四川平武报恩寺、贵州镇远青龙洞、重庆梁平双桂堂、重庆大足石刻与古建筑群等测绘资料，并由重庆大学出版社组织出版。这四组古建筑群的测绘时间跨越了30年，代表不同时期的测绘资料成果，反映不同历史时期和地域特色的建筑。平武报恩寺是巴蜀明代的建筑原物，反映了典型的北方官式建筑风格风貌，对其的测绘是恢复高考后的第一届即七七级学生在教师指导下完成的；贵州镇远青龙洞是一组具有特色的摩崖式古建筑群，建筑群依附于陡峭的崖壁，出挑吊脚，凌空飞架，是山地建筑空间组织和营造技术的优秀典例；大足石刻是中国南方佛教石窟寺的杰出代表，大足圣寿寺是一组丘陵山地古建筑群，建筑布局结合坡地起伏变化，逐步往后升高，群体空间轮廓线尤为突出，其山门运用牌楼门式处理手法，

在巴蜀地区的佛教建筑群中具有代表意义；测绘于21世纪初的梁平双桂堂，被誉为"西南禅宗祖庭"，其空间组合既强调佛教寺院的轴线空间序列，又巧妙结合民间院落空间组织特色，在建筑营造技术上，巧妙运用石木组合构架技术，建筑的地域特色浓厚，是佛教建筑地域化特色的典型例证。

《中国西南古建筑典例图文史料》所呈现的，仅是几十年测绘成果的一部分，我们希望以此为契机将整理、出版工作继续进行下去。西南地区的古建筑类型极其丰富，有价值的建筑遗产远远不止这些，需要更多团队和有志于古建筑的研究人员去抢救和整理，一系列完整的西南古典建筑图文史料才将会展现于世。

《中国西南古建筑典例图文史料》的出版，得到东南大学建筑学院齐康院士、故宫博物院前副院长晋宏逵先生、重庆市名城专委会主任何智亚先生、中国三峡博物馆馆长程武彦先生、重庆市文物局前副总工程师吴涛先生等专家和学者的支持和积极推荐，特此表示感谢！

《中国西南古建筑典例图文史料》，涉及几百位建筑专业学生的辛勤劳动，他们既学习又奉献。资料的整理、出版，更是对从事古建筑研究的老一辈研究学者的最好纪念。

重庆大学建筑城规学院
建筑历史与理论研究所

前言

双桂堂位于重庆市梁平县金带镇，由著名高僧破山海明禅师创建，始创于清顺治十年，一脉相传十六代，至今已有300余年历史。寺庙多次更名，因庙内的两棵老桂树，系着破山海明大师创建禅宗寺院的神奇传说，最终定名"双桂堂"。寺庙以"堂"命名，是因为这里有禅宗学堂的影响作用，出自这里的高僧遍布云贵川，双桂堂被誉为"西南禅宗祖庭"。

双桂堂选址在地势平坦的乡村，离古梁山县城仅有十余华里。佛寺周围良田万顷环绕，田间农家竹林院落星罗棋布。这样的环境与破山海明倡导农禅并重的理念相关，佛教文化与农耕乡土文化相融，拜佛求神的乡民不断，双桂堂香火终年旺盛。

双桂堂的布局既有佛教建筑的轴线秩序感，又有民间院落的空间组合特色。寺庙群由西向东分为纵向三列，中列轴线依次布置山门、弥勒殿、大雄宝殿、文殊殿、破山塔、大悲殿、藏经楼等，佛教功能主从明确，殿堂建筑独立对称。大雄宝殿供奉释迦牟尼，是寺院内最重要的殿堂。其建筑采用三重檐，建筑最高且突出，是整个佛教寺院的构成核心。中轴线南北两列是院落式组合空间，四合院、三合院、小天井，不同形态的院落形态多种多样。院落与院落之间密集毗连，根据整体使用功能的需求，院与院之间通过穿廊或穿堂串联，从整体上构成巨大的组群空间。这种空间组合形式，是巴蜀城镇佛教寺院的典型组合特征。

檐廊的运用是双桂堂院落空间围合的特色。无论是三合院、四合院，或是小天井，院的周边都有2~3米宽的檐廊环绕。中轴线上的殿堂，无论是歇山顶还是庑殿顶，都设有副阶檐廊。殿堂与厢房之间通过连廊相互联系，整个佛教寺院通过廊子全部连通。这种空间组合形式在巴蜀的城镇街巷和乡村建筑普遍可见，当地习惯称为"凉厅子"，是适应湿热多雨气候的建筑特色。"不湿脚可走遍全寺院""不湿脚可走遍全街"，这是老百姓对廊式空间的形象描述。

双桂堂寺院在不断发展完善的过程中，建筑风格形式也明显反映不同的历史环境特色，同时也与寺庙住持的建筑思想有关。寺院内遗存的早期建筑有明显的官式建筑风格，文殊殿的屋面构筑方式是典型例证，翼角起翘用老角梁与仔角梁叠合，翼角椽子呈扇形交汇，檐椽加飞檐椽出挑等，都与清代官式建筑有相似之处，这是双桂堂的孤例。其他殿堂建筑的风格更具地方特色，嫩戗发戗的翼角起翘，老角梁与子角梁呈钝角相交，子角梁呈外凸弧线，

破山海明禅师

双桂堂古建筑群鸟瞰

檐廊和连廊空间

地方特色的翼角起翘

文殊殿官式建筑翼角风格

抬梁式与穿斗式构架组合空间

中段突出两端内收，当地俗称之为"刀虎"。屋檐起翘高耸飘逸，屋脊装饰空透玲珑，屋面显得轻巧灵活而富于动感，是完全地方化的建筑技术风格。

抬梁式构架与穿斗式构架组合运用，是双桂堂建筑的结构特色。不同构架类型的运用，完全根据空间的功能要求确定。抬梁式构架主要用在殿堂空间，以满足佛像供奉及佛事活动的空间需求；隔墙和山墙则采用穿斗式构架，并以轻巧的装板墙或竹编夹泥墙分隔空间。穿斗构架材料断面小而取材方便，构架的整体结构性能更强。巴蜀地区的祠庙会馆等大空间建筑，普遍运用这样的构架组合形式。

石木组合构架的运用是双桂堂建筑地方材料构筑特色。在殿堂建筑中，无论抬梁式构架或穿斗式构架，都以石材和木材两种材料组合而成。以承重为主的立柱采用整体石柱，立柱之上为木构架，石木构件之间用榫卯连接，形成地方特色浓郁的组合构架。这与湿热多雨的气候环境有关，石材的运用有防雨防潮功能，并防止潮湿环境带来的白蚁等虫害。石柱的形式或方形或圆形，都较之木柱断面大，建筑显得更加茁壮有力，如大雄宝殿、藏经楼等均采用满堂石柱，地域建筑风格尤为突出。

屋顶是中国古典建筑突出的外部特征，不同的屋顶构筑形式，反映不同的地域风格。双桂堂的屋面几乎不用折线的举架方式，而是古老的四分水直线起坡。屋面覆盖小青瓦，没有板瓦和筒瓦之分，盖瓦和沟瓦为一种规格，制作和施工都十分方便；屋脊普遍使用灰塑做

石木结合的组合构架

法，屋脊表面由能工巧匠塑造民俗图案，色泽质感与屋面协调一致。最具特色之处是贴瓷片，屋脊表面用细瓷碎片贴面，并镶嵌有民俗文化特色的图案，灰色与白色相间，显得素雅而又精美，更突出了天际轮廓线的优美姿态。也有预制镂空砖屋脊装饰，砖的表面不施釉，烧结成材料本色，与小青瓦屋面相协调；正脊两端处理是鱼龙吻，形式像龙又像鱼，生动活泼而又刚劲，有的干脆用人物塑造替代正吻，展示宗教文化或民俗文化相关的直观形象。屋脊的中堆装饰处理，造型丰富，图案精美，空透玲珑，是屋面的画龙点睛之处，构成整个视觉中心，具有冲击力。

双桂堂的所有建筑类型，其檐下空间均不施斗拱，而采用挑加枋斜撑的构筑形式。斗拱与斜撑形成三角形构架，出挑的整体受力性能更好。斜撑在当地称为撑弓或撑拱，撑拱既是受力构件又是檐下的装饰构件。撑拱的材料断面形式有方形和圆形两种，采用木雕装饰手段，方木构件以浮雕和线雕为主，圆形撑拱用圆雕或透雕的装饰手段，雕刻内容巧妙反映民俗民风故事。撑拱表面施蓝绿色彩画，檐下空间显得丰富多彩而形象突出。

碑刻、匾额和楹联是双桂堂佛教寺院的重要组成部分，大致可分为三大部分内容：一是对历史事件的描述，对建筑兴建或重建的记载。如《重修禅堂记》《论放生》等碑刻，记载了建筑的兴衰过程，对缺乏文献记载的历史建筑，都有较高的史学考证和研究价值。其二是反映寺院文化传承演变。双桂堂是西南禅宗祖庭，历代住持的影响作用，都有碑刻楹联记载，对研究西南禅宗文化演变，也有史料价值。其三是书法绘画艺术。一些匾额楹联出自历代高僧之手，或文人政客的书法艺术，有较高的研究和欣赏价值。匾额楹联在殿堂内部空间的装饰效果突出，尤其是楹联，与整体石柱一体雕刻而成，如大雄宝殿内九米多高的石柱，五十九字的长联从上到下与石柱整体雕刻，烘托出殿堂空间特有的文化环境氛围。

重庆市政府启动的"百年教堂、千年寺庙保护修缮工程"，双桂堂是其中主要的项目。2011年7月，重庆大学建筑城规学院的教师和建筑学专业学生140余人，参加了双桂堂保护与复修设计的建筑现状测绘工作。师生们的工作条件相当艰苦，不仅要克服夏热酷暑的困难，还要尽量与佛事旅游活动高峰错开，起早摸黑地辛勤工作成为常态。指导教师具有双重责任，除测绘技术的教学指导，还要负责学生测绘安全的督导。没有高度的事业心和责任心，是难以胜任古建筑测绘工作的。现场和测绘持续30余天，完成现状建筑测绘图纸400余张，为保护修复设计创造必要的基础条件，这是一百多人的辛勤劳动的成果。

瓷片贴与中堆脊饰

人物题材的脊饰

挑枋与撑拱

双桂堂建筑碑刻

双桂堂建筑匾额

师生测绘现场

第十六代方丈身振禅师在保护与修复启动仪式上讲话

在现状测绘图的基础上，结合古建筑保护修复设计任务，在考证的基础上进行修复设计或局部复原设计。本书最终定稿是建立在修复设计基础上的，去除大量文字或数字标注，减少了专业技术性太强的修复大样图，以提高图文史料的可读性和普适性。结合测绘图纸，还辅以实物照片，并对史实和建筑的基本特点进行描述，除提供专业人员阅读，更希望满足不同兴趣爱好的读者需求。

本书选择的部分碑刻、匾额和楹联，主要以清代内容为主，以及有寺庙标志特色的近现代内容，使其能更好地与历史建筑特色结合起来。采用实物照片与文字介绍相结合的表述方法，实物照片可提供书法绘画艺术欣赏，文字能更清晰地提供阅读欣赏和研究。部分碑刻文字已经腐蚀剥落难以辨认，本书引用了梁平县政协文史委员会编著的《双桂堂匾额楹联碑文实录》，梁平的文史专家已在早些时间有考证整理，为我们提供了宝贵的第一手资料，这是他们的研究成果，特别予以说明并表示诚挚的感谢。

在测绘过程中，得到梁平县政府、梁平县民宗局、梁平县文广局的鼎力支持，为我们提供良好的测绘和生活条件。梁平县民宗局的唐思褆局长等长期在测绘工作现场，为我们做好各方面的协调工作；双桂堂的僧人与居士，对我们的测绘工作予以理解和配合。尽管我们注意减少对佛事活动的干扰，也难免带来不便。双桂堂的方丈身振禅师，总是热情支持并包容理解；双桂堂监院克观法师，随时为我们提供必要的基础资料并协调日常工作。由于各方面的积极支持和配合，尽管工作艰辛，但工作起来开心。借《梁平双桂堂》测绘图文史料出版之际，对各方面的支持深深表示感谢！

重庆大学建筑城规学院
建筑历史与理论研究所

参加测绘的师生合影

目录

院落群体测绘图   1

详细建筑测绘图   35

南山门 —————————— 36

关圣殿 —————————— 52

放生池 —————————— 66

弥勒殿 —————————— 74

大雄宝殿 ————————— 84

文殊殿 —————————— 112

破山塔 —————————— 130

大悲殿 —————————— 136

藏经楼 —————————— 152

禅堂 ——————————— 196

法堂·花厅·僧寮房 ————— 212

五观堂 —————————— 230

祖师殿 —————————— 238

碑刻·匾额·楹联   247

碑刻 ——————————— 248

匾额 ——————————— 282

楹联 ——————————— 299

附录 ——————————— 308

大事记 —————————— 308

历代方丈名录 ——————— 310

后记 ——————————— 312

院落群体测绘图

双桂堂建筑群鸟瞰图

双桂堂建筑群鸟瞰

双桂堂建筑群俯视

双桂堂建筑群鸟瞰

双桂堂新建山门

双桂堂南山门

放生池前封火墙

双桂堂放生池

大雄宝殿庭院

大雄宝殿庭院

檐廊与连廊空间

南厢房庭院

破山塔与双桂树

藏经楼庭院

双桂堂后庭院

双桂堂前院溪流

桂溪河

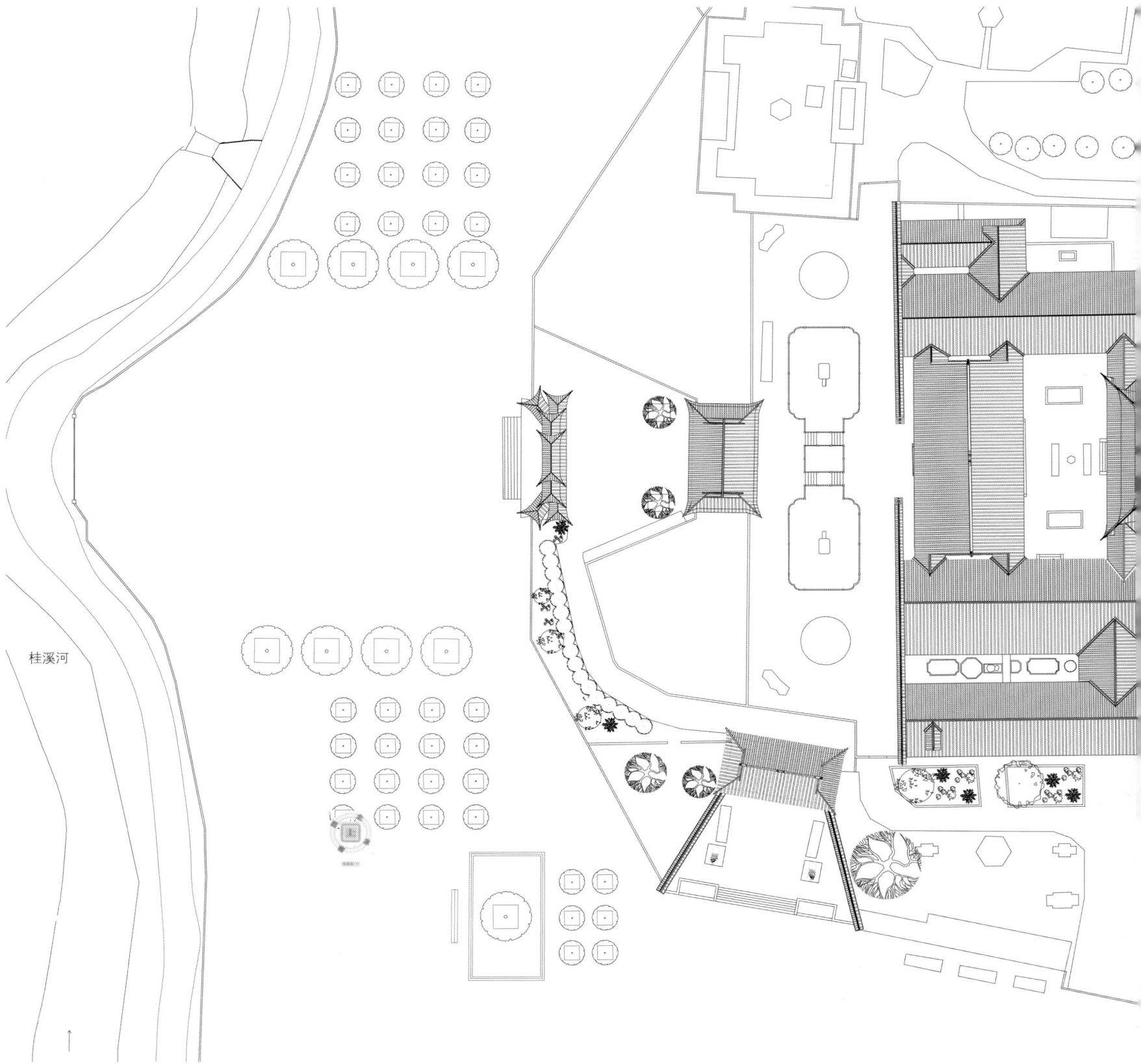

双桂堂建筑群总平面图

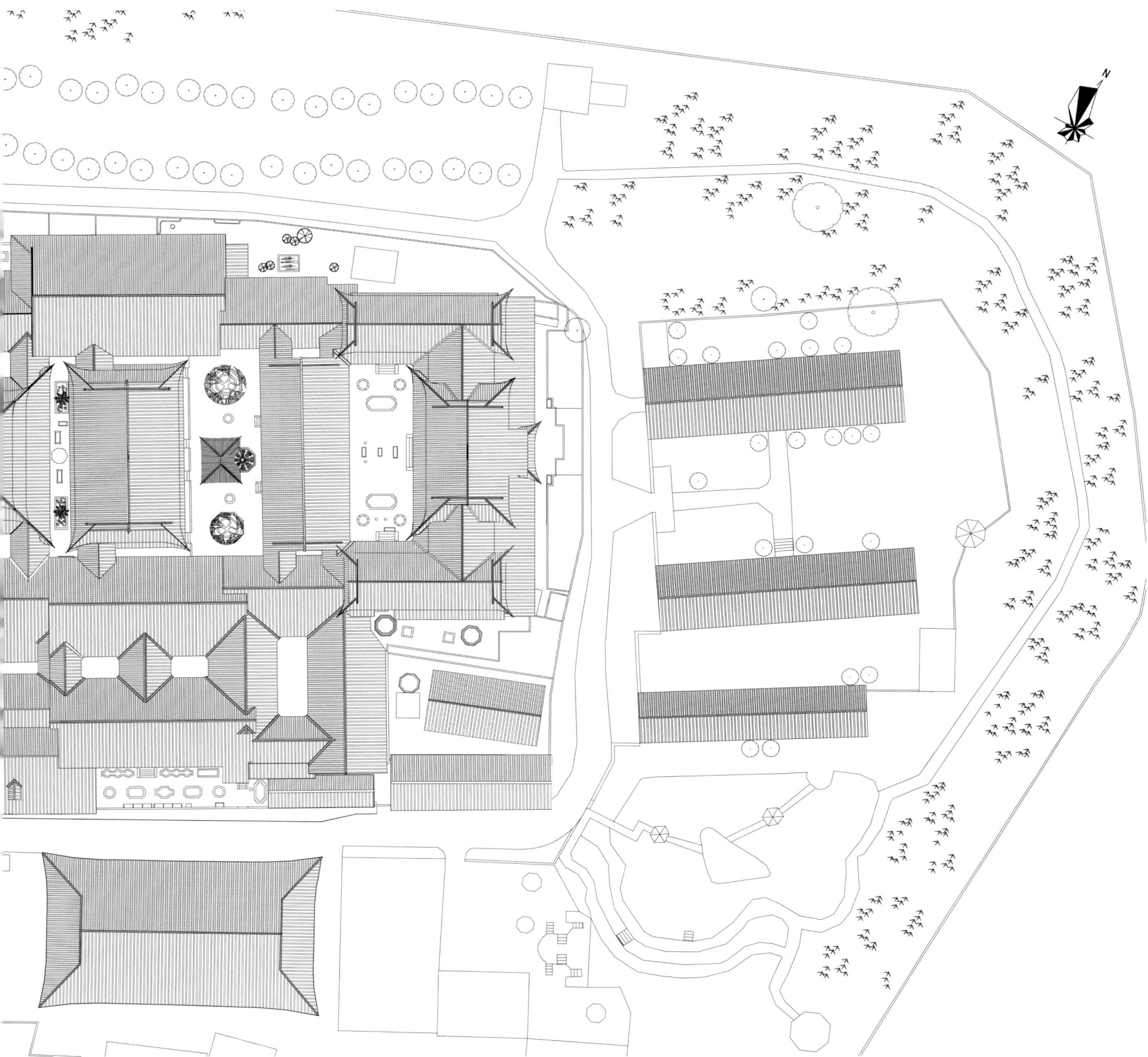

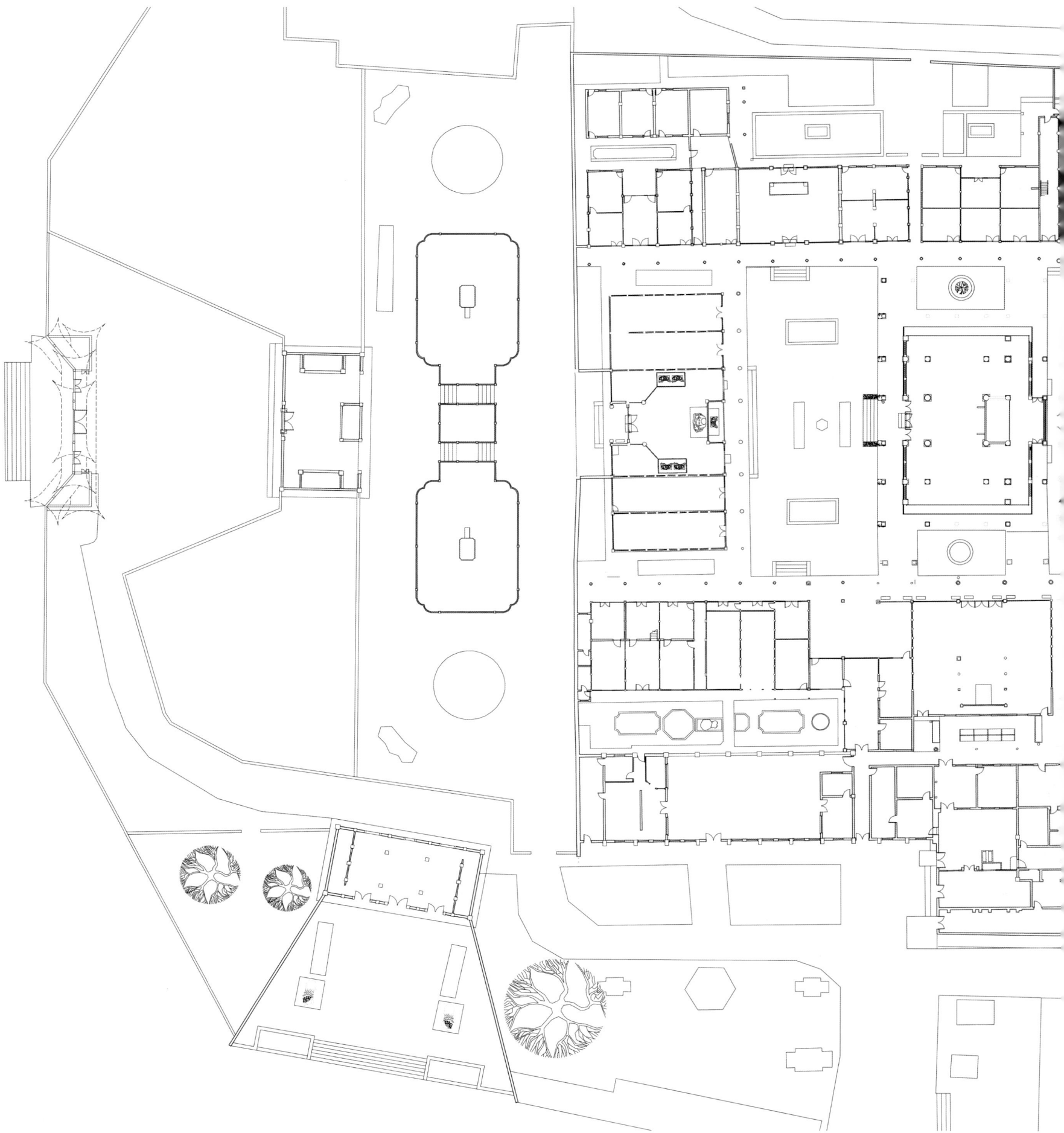

双桂堂建筑群一层平面图

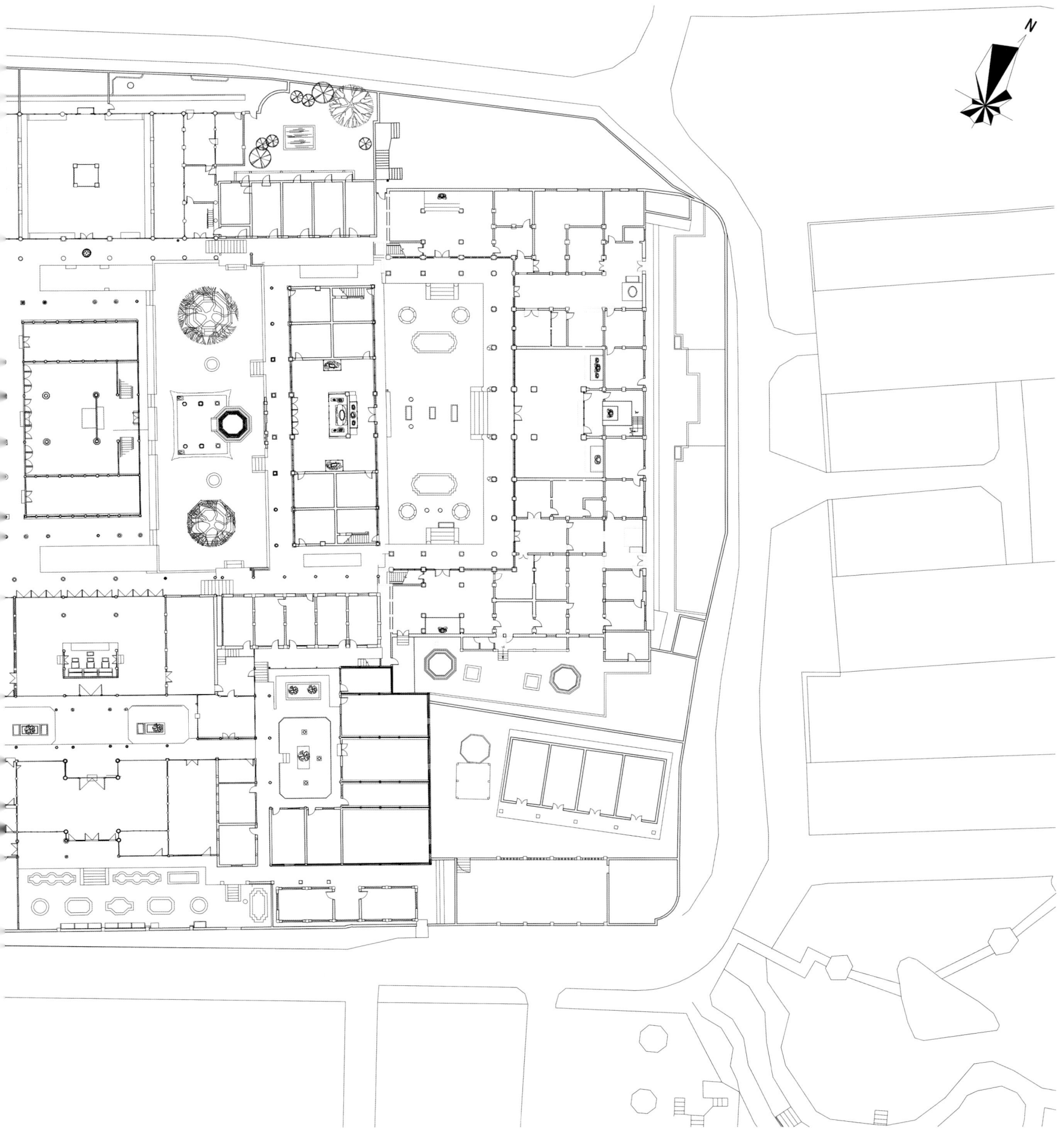

N

0   5   10   15   20   25m

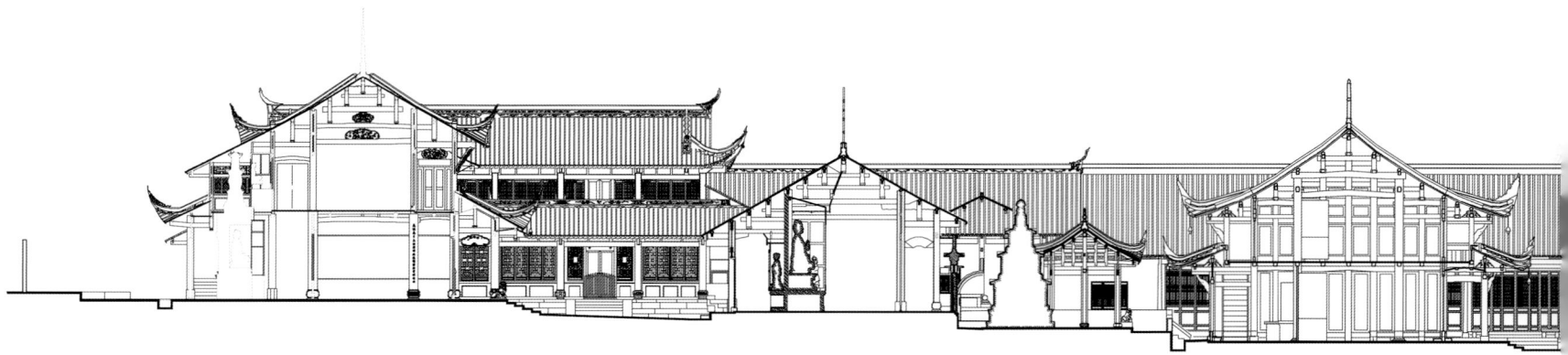

藏经楼　　　　　　大悲殿　破山塔　　　　文殊殿

双桂堂中轴线南向纵剖面图

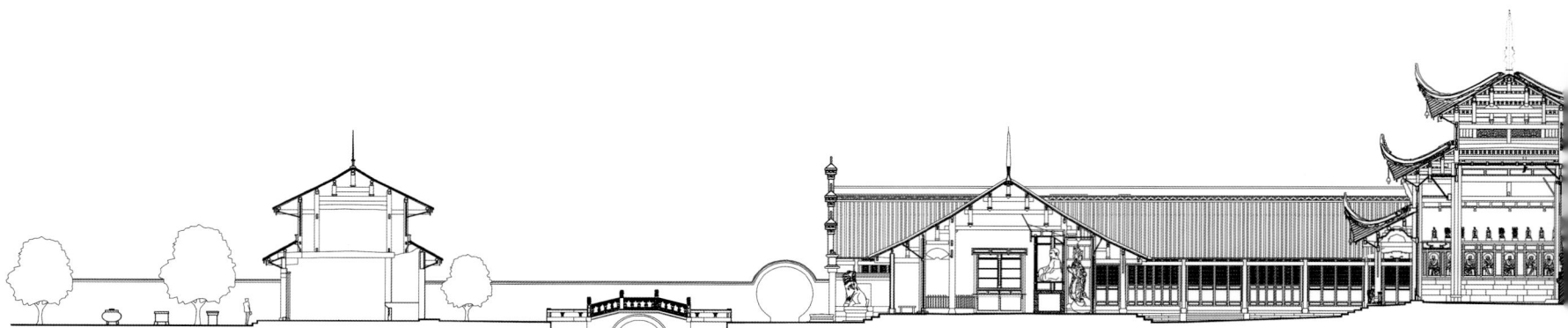

关圣殿　　　　　放生池　　　　弥勒殿　　　　大雄宝殿

双桂堂中轴线北向纵剖面图

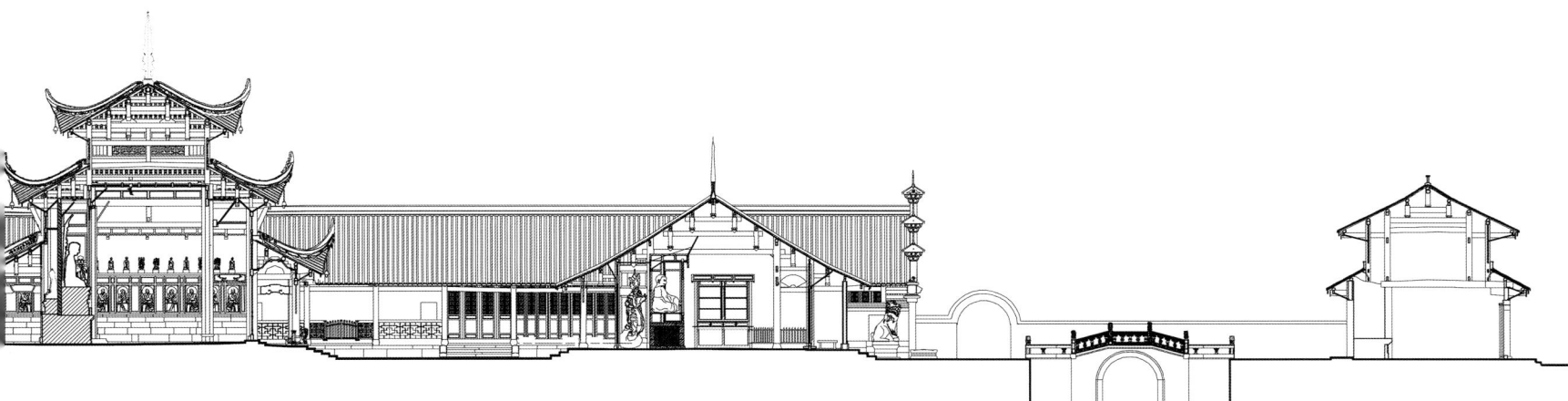

大雄宝殿 弥勒殿 放生池 关圣殿

0   5   10m

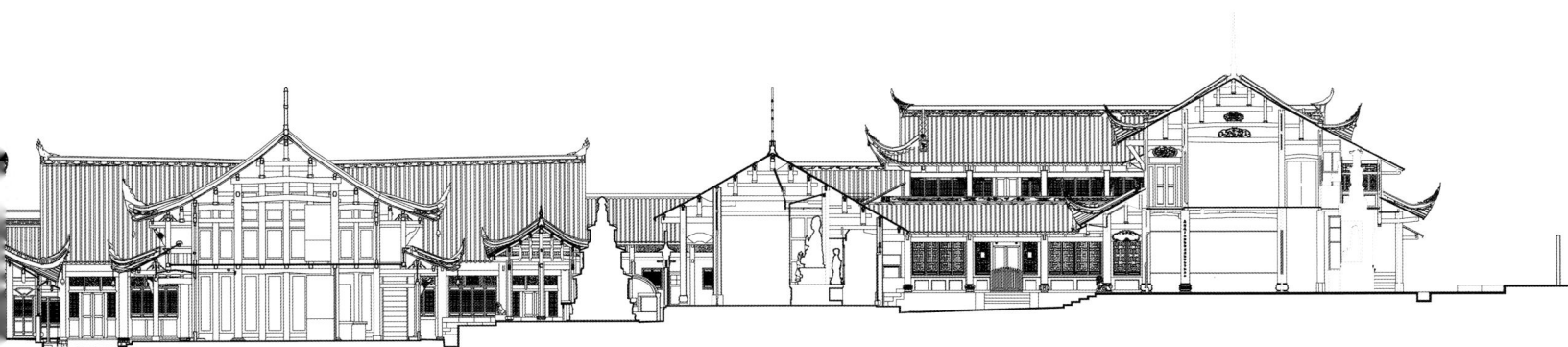

文殊殿 破山塔 大悲殿 藏经楼

0   5   10m

素食餐厅　　　　　　　　　　　　　　五观堂

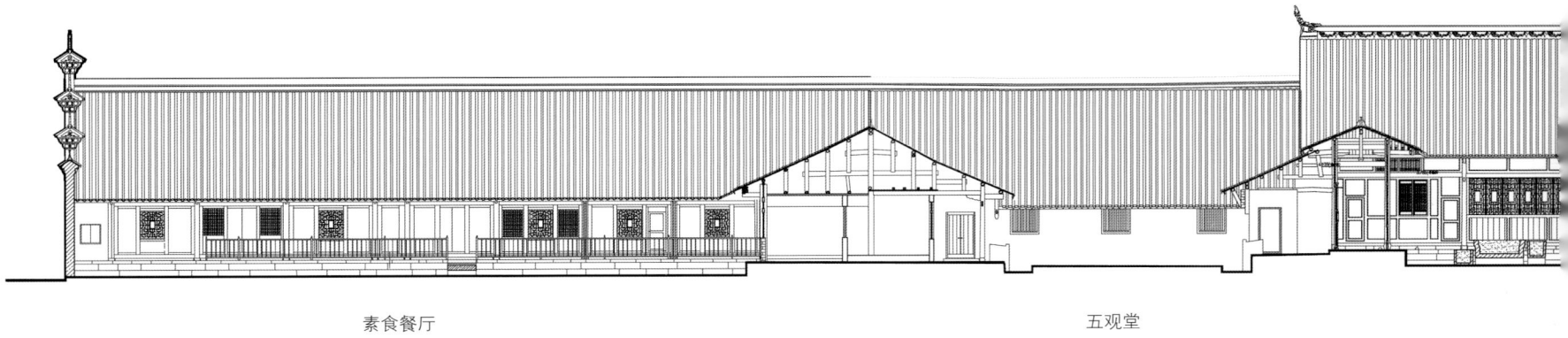

双桂堂南厢房北向纵剖面图

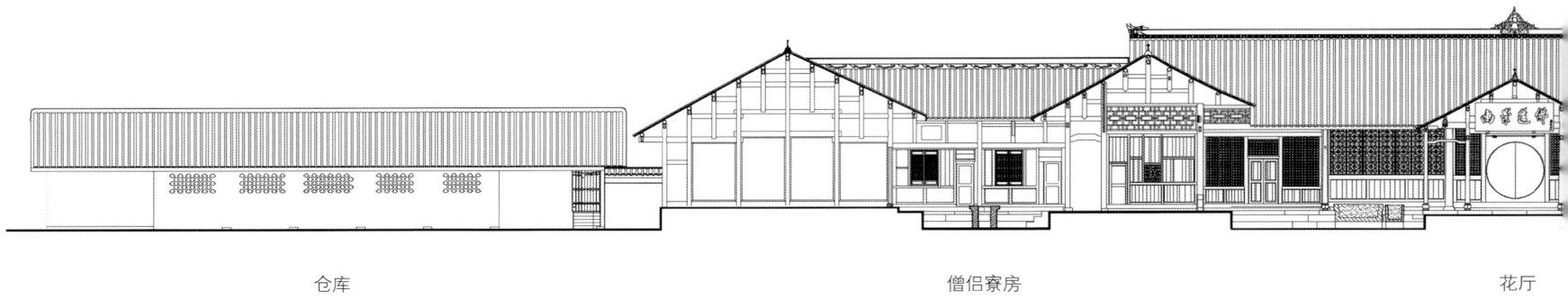

仓库　　　　　　　　　　　　　　僧侣寮房　　　　　　花厅

双桂堂南厢房南向纵剖面图

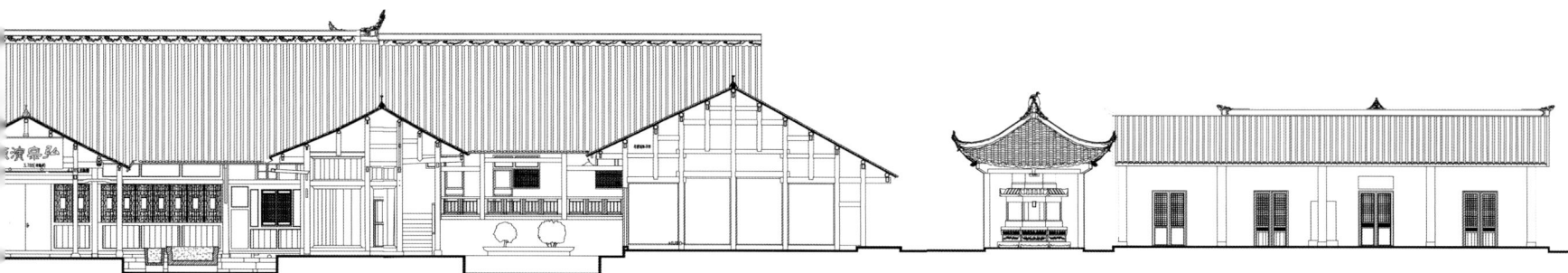

法堂　　　　　　　　　僧侣寮房　　　　　　　　　　第十五代方丈塔　　　　僧侣厨房

0　　　　5　　　　10m

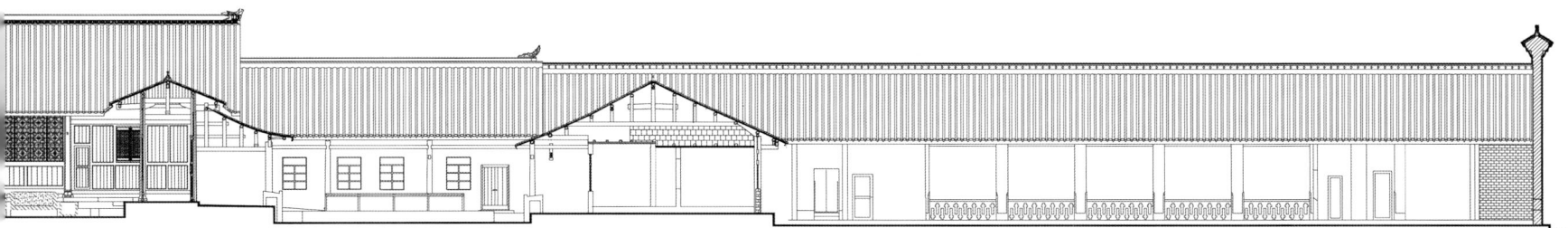

僧侣厨房　　　　　　　　　　　　　　　　　　　素食餐厅

0　　　　5　　　　10m

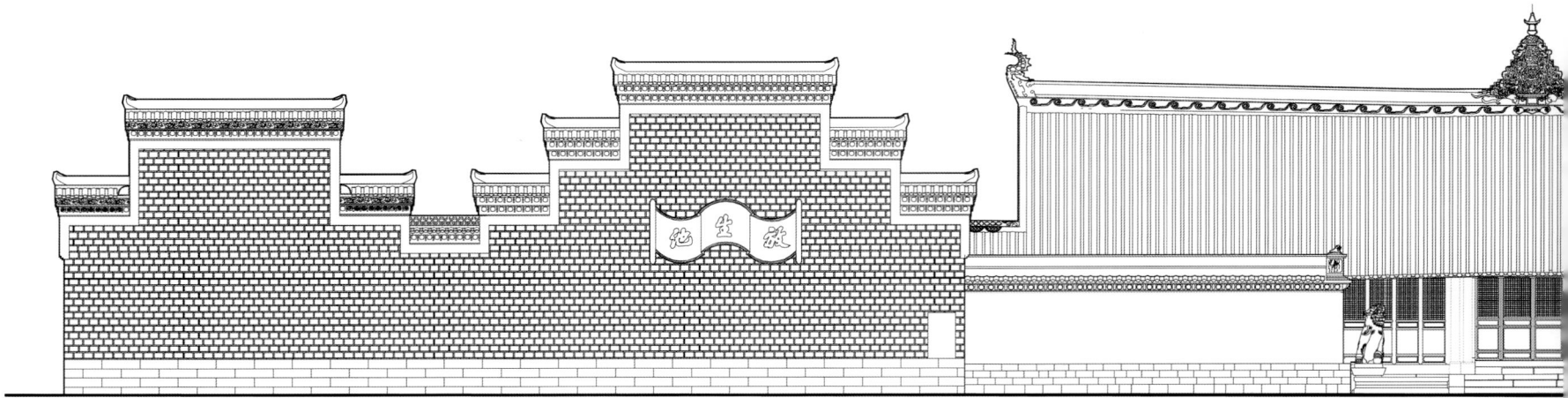

北厢房

弥勒殿

双桂堂一进院落东向横剖面图

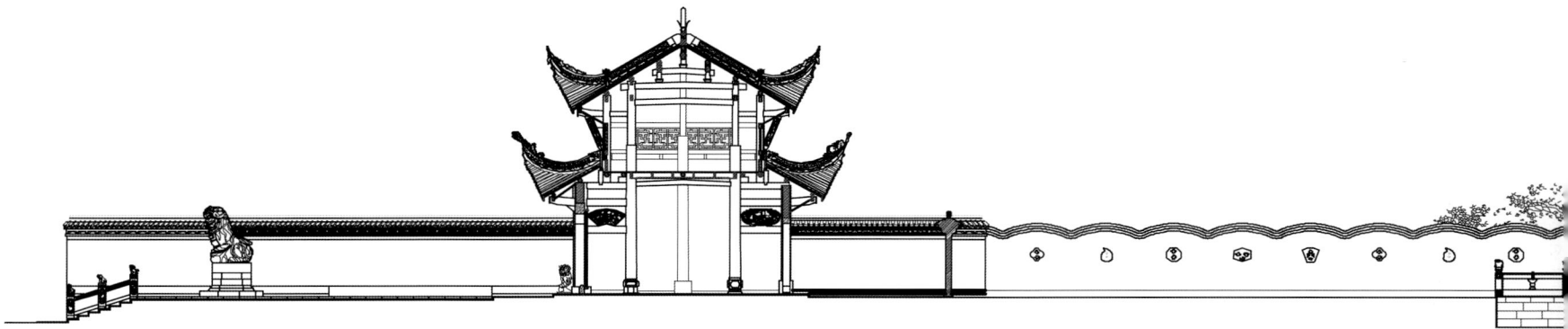

南山门

双桂堂一进院落西向横剖面图

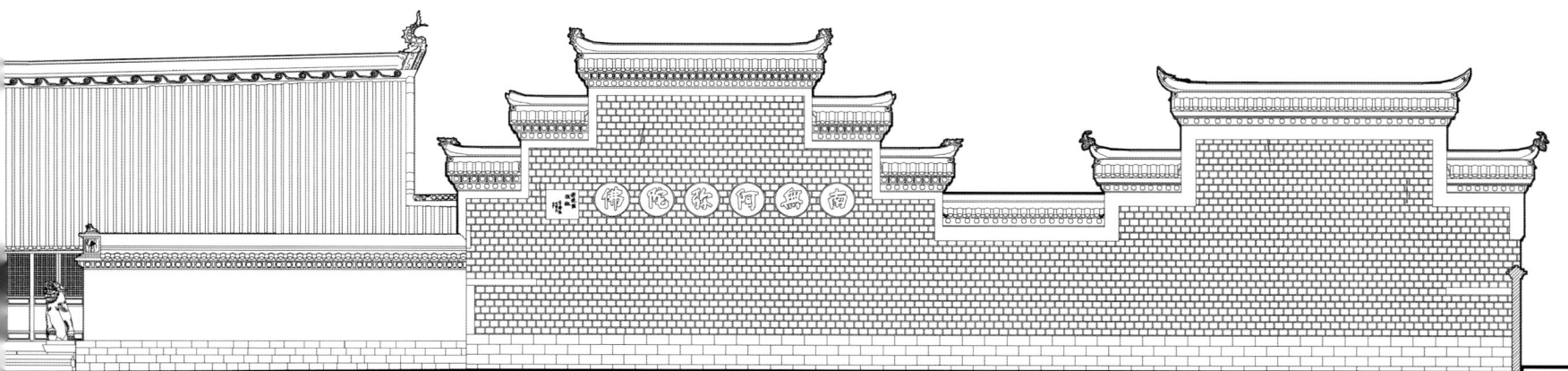

南厢房

0　　　　　5　　　　　10m

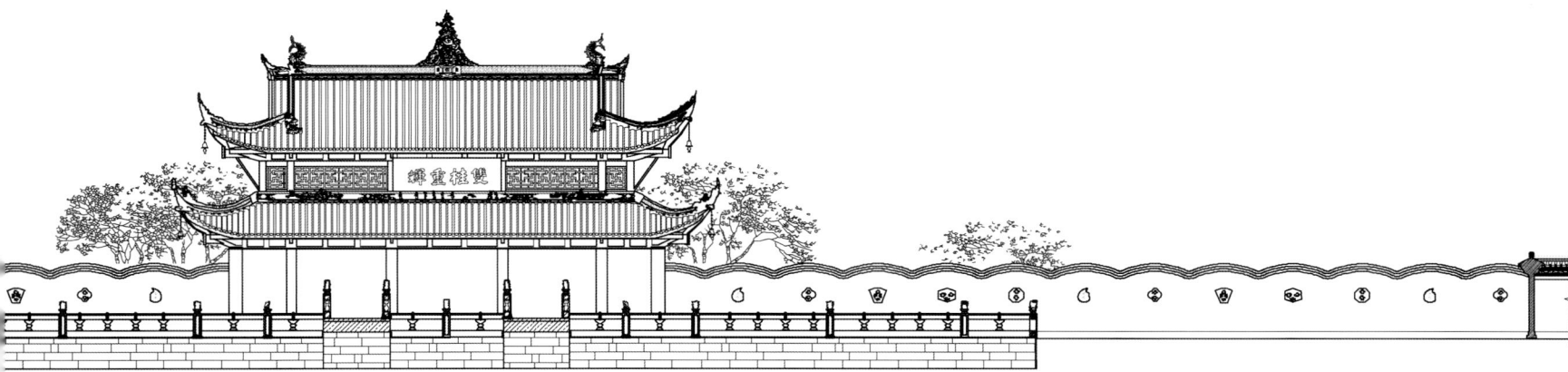

关圣殿

0　　　　　5　　　　　10m

祖师殿

大雄宝殿

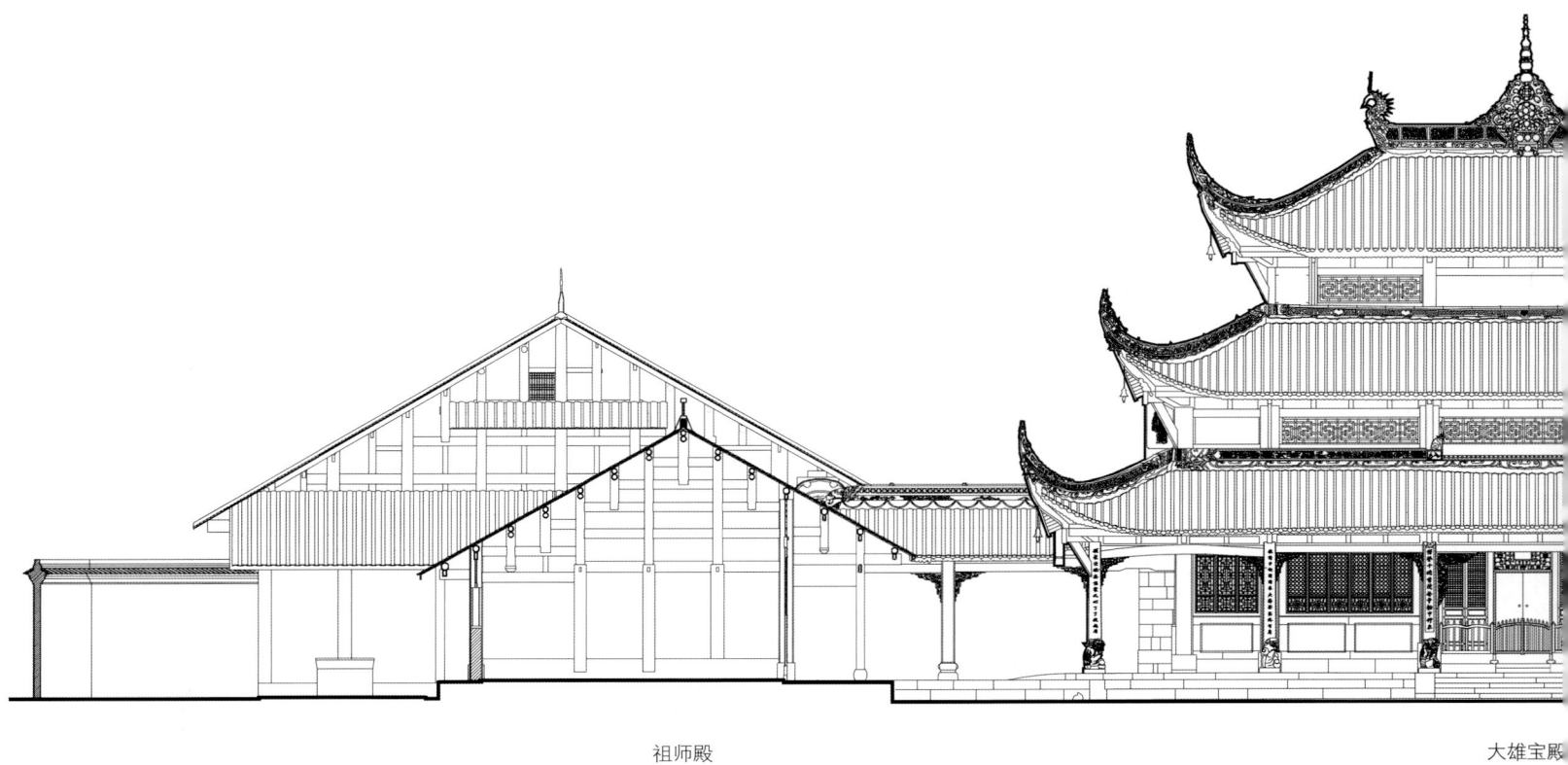

双桂堂二进院落东向横剖面图

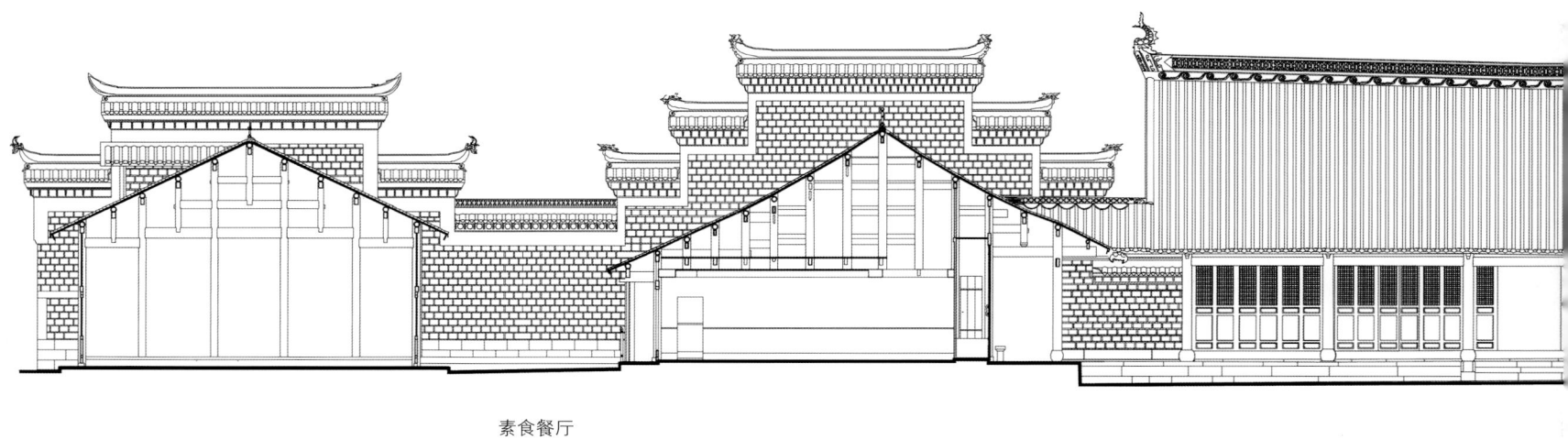

素食餐厅

双桂堂二进院落西向横剖面图

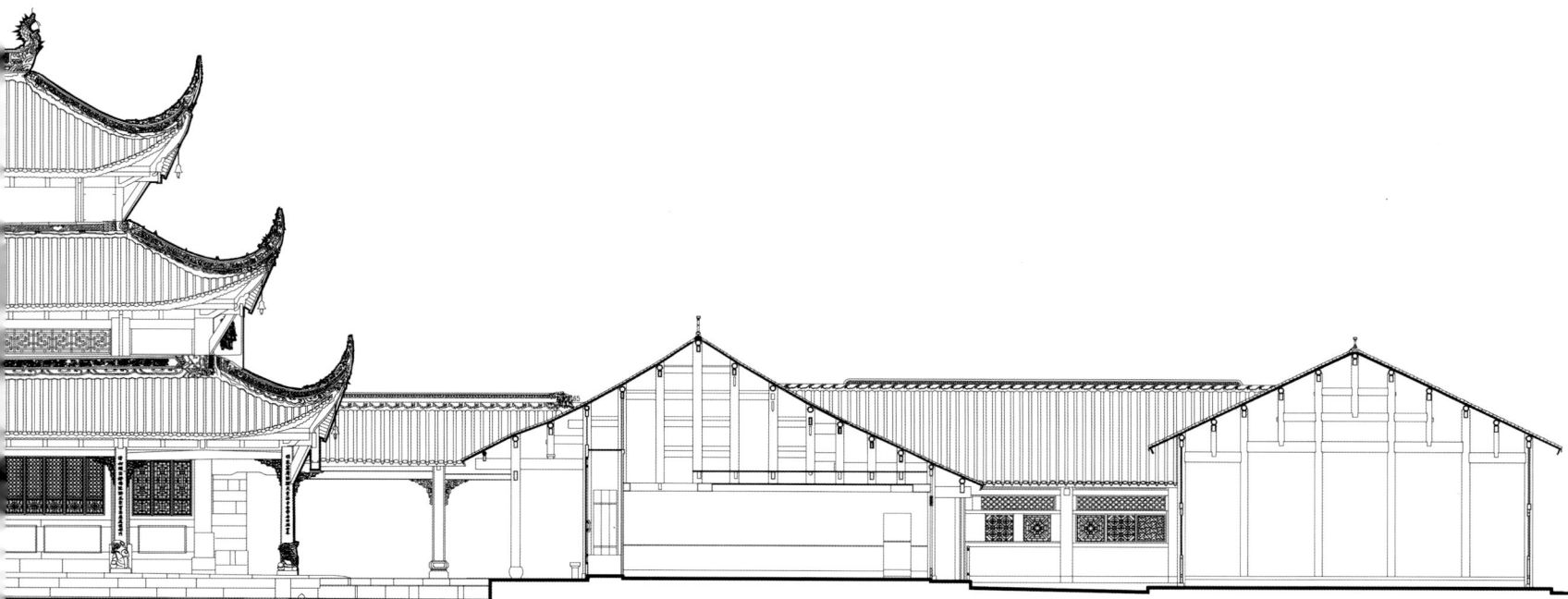

北僧人寮房

0　　　　　5　　　　　10m

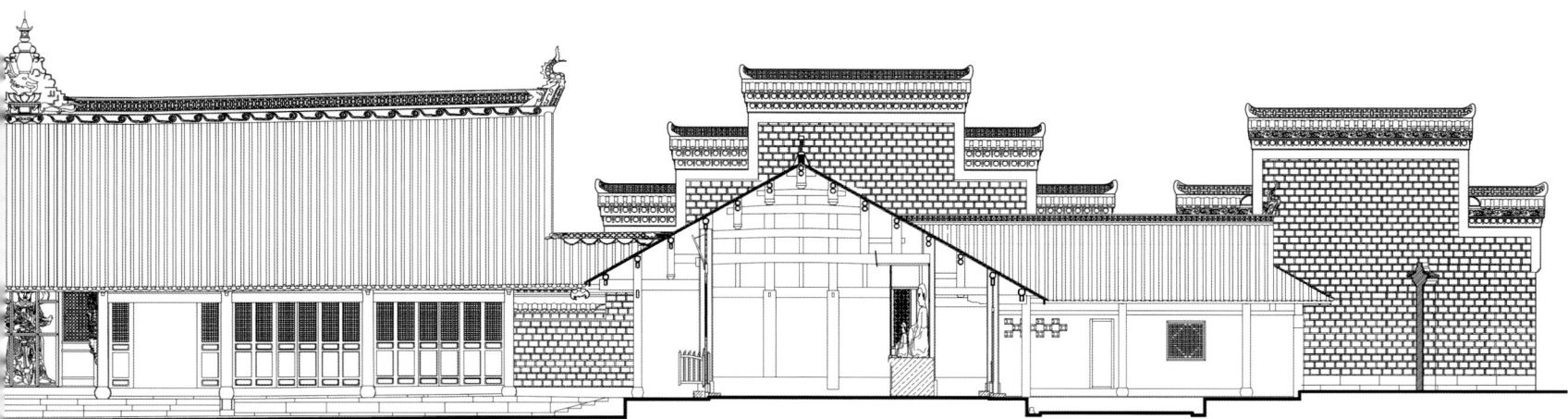

弥勒殿　　　　　　　　　　　　　　　　　　祖师殿

0　　　　　5　　　　　10m

花厅

法堂

双桂堂三进院落西向横剖面图

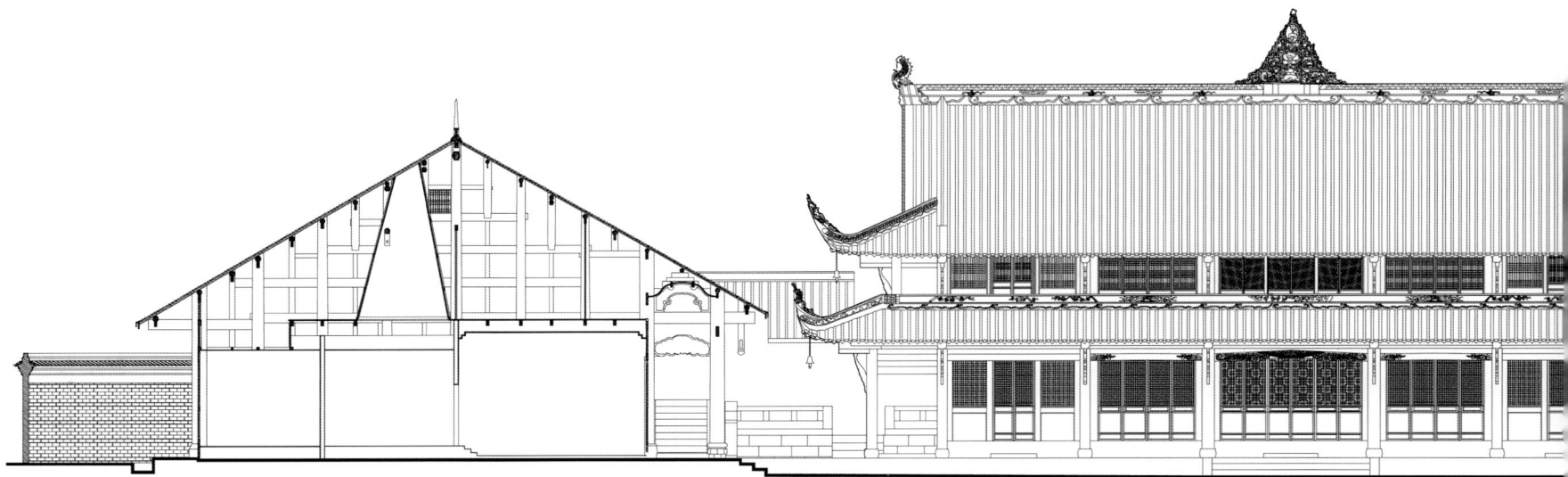

禅堂

文殊殿

双桂堂三进院落东向横剖面图

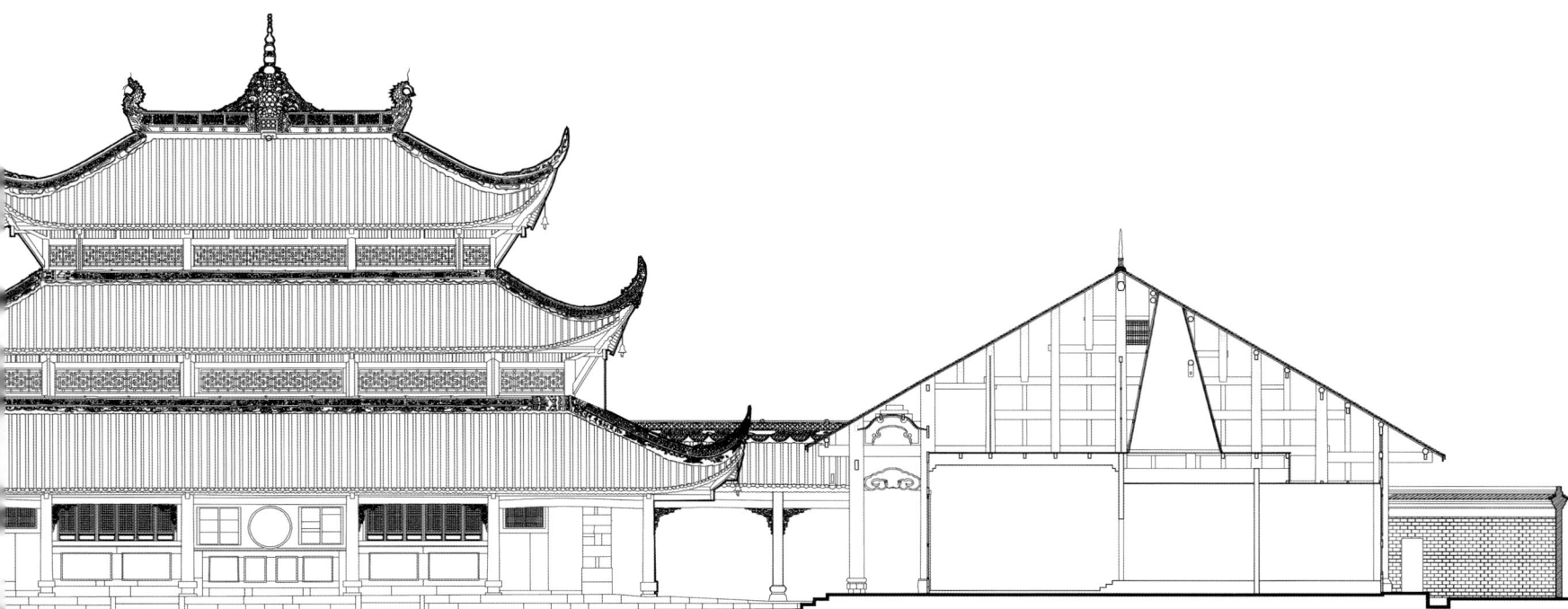

大雄宝殿   禅堂

0   5   10m

法堂   花厅

0   5   10m

禅堂

破山塔
大悲殿

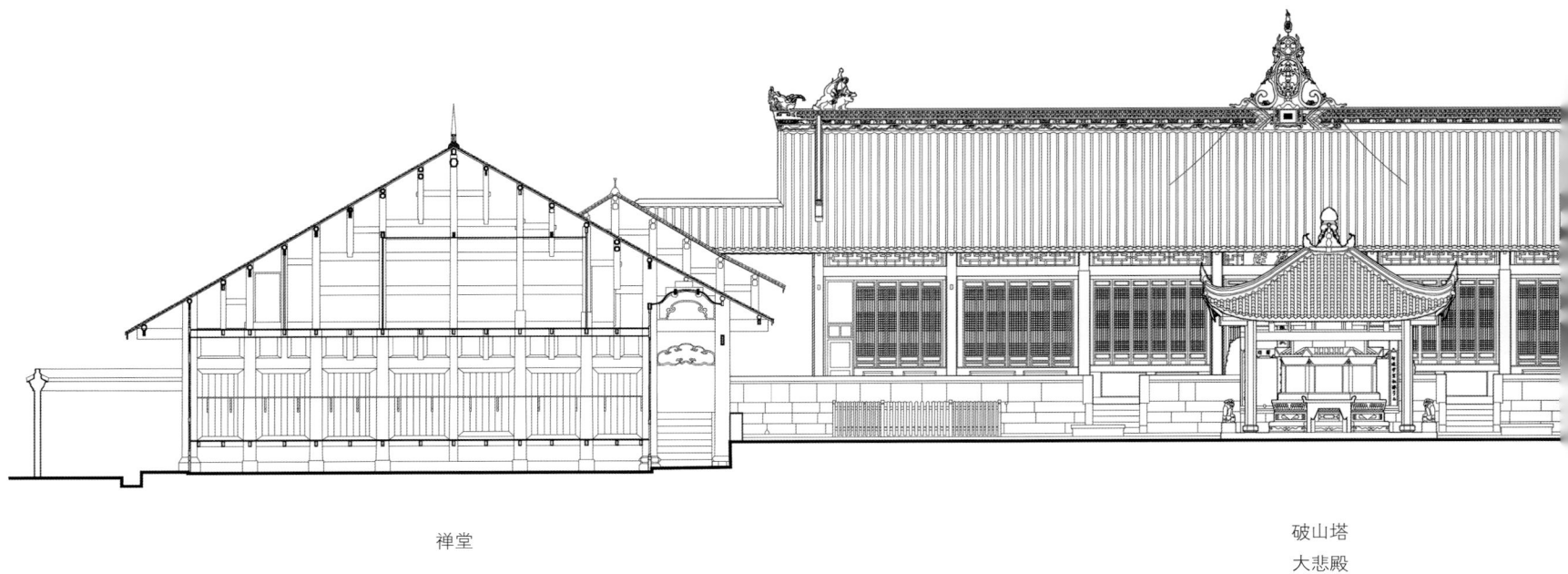

双桂堂四进院落东向横剖面图

花厅

法堂

双桂堂四进院落西向横剖面图

法堂　　　　　　　　　　　　　　　　　花厅

0　　　　　5　　　　　10m

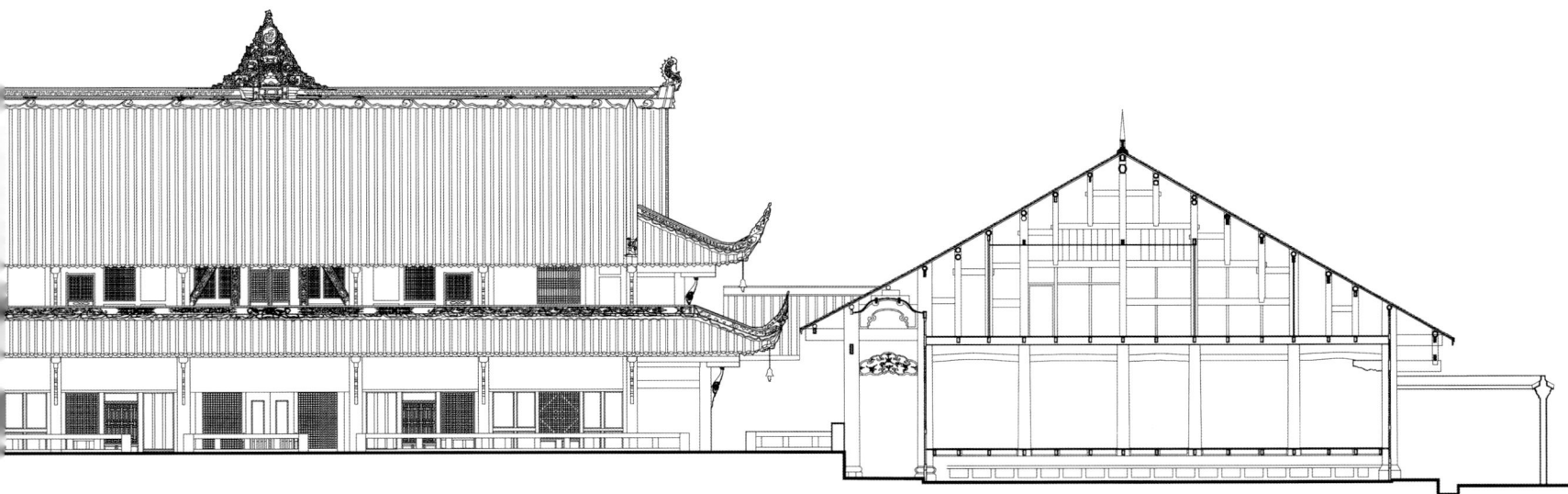

文殊殿　　　　　　　　　　　　　　　　禅堂

0　　　　　5　　　　　10m

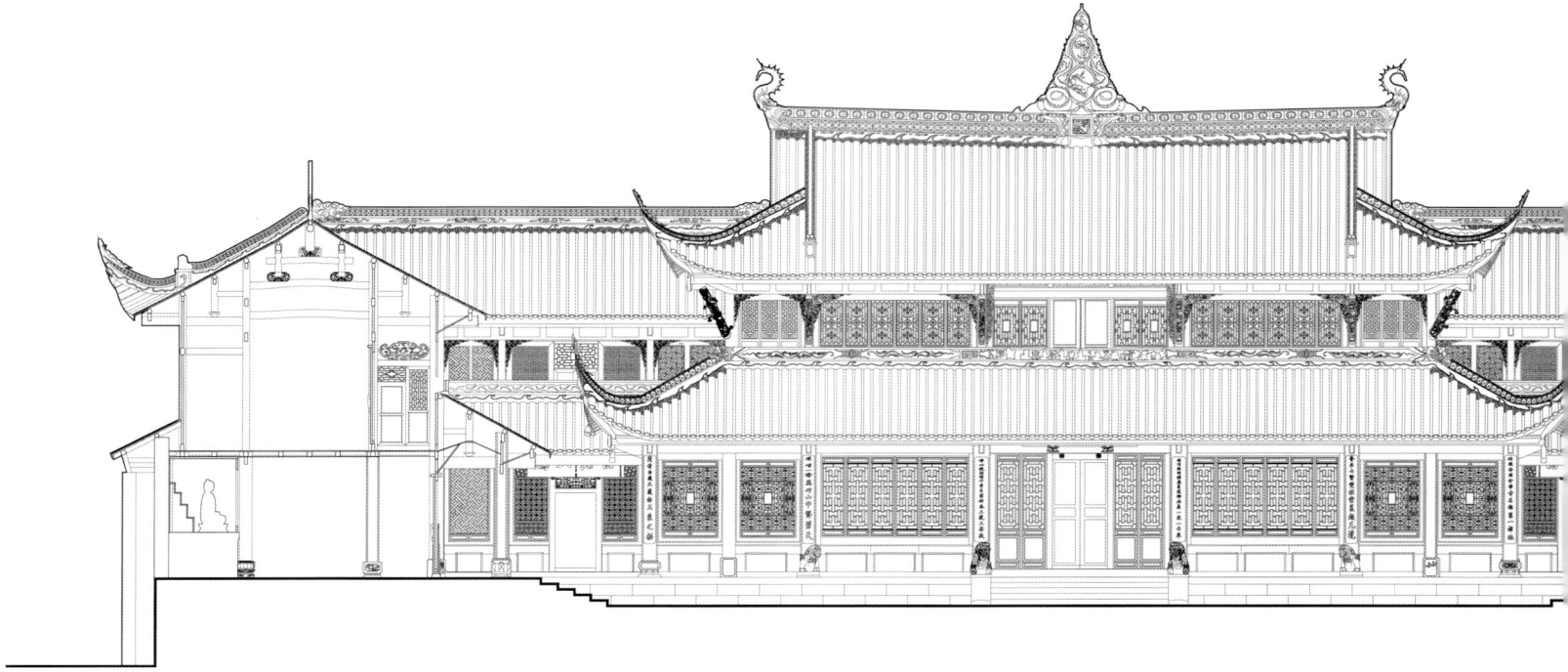

藏经楼

双桂堂五进院落东向横剖面图

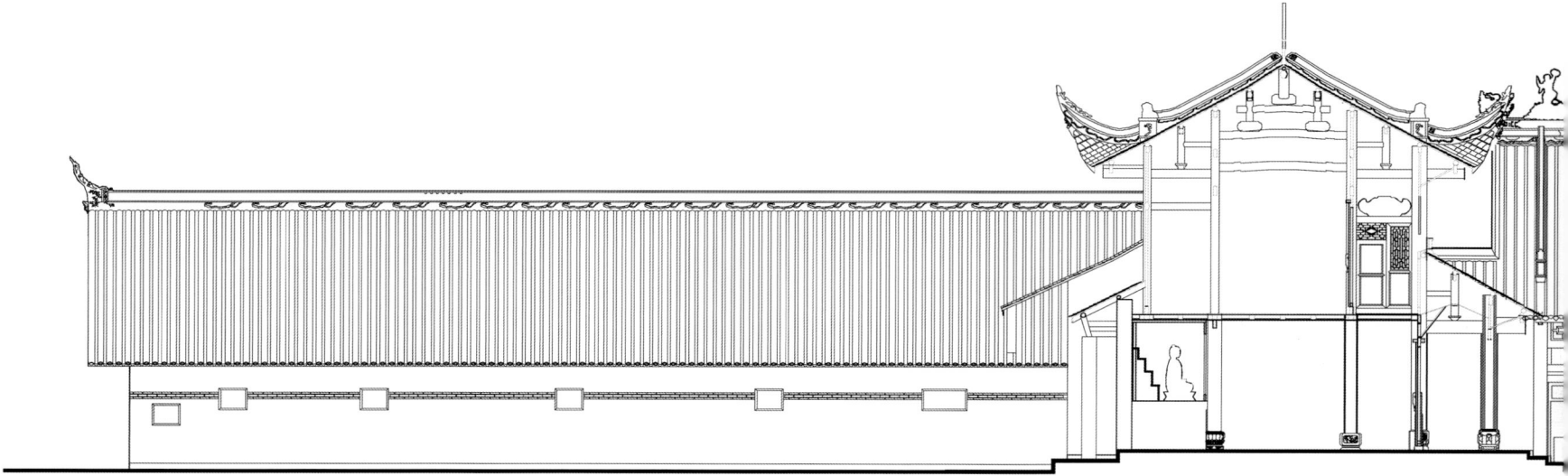

藏经楼南侧殿

双桂堂五进院落西向横剖面图

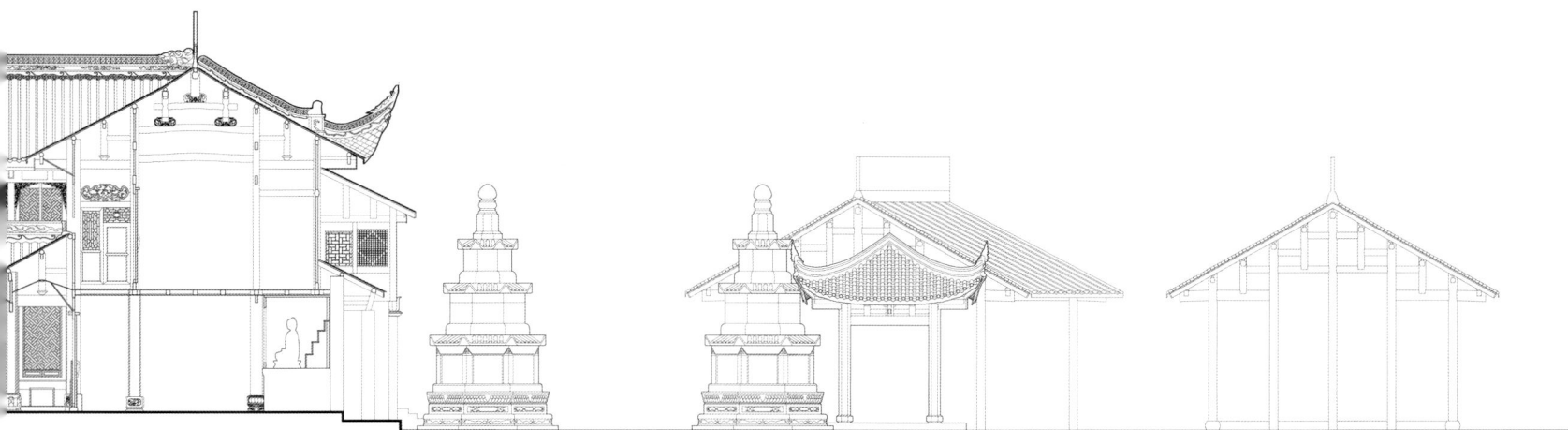

竹禅塔

0   5   10m

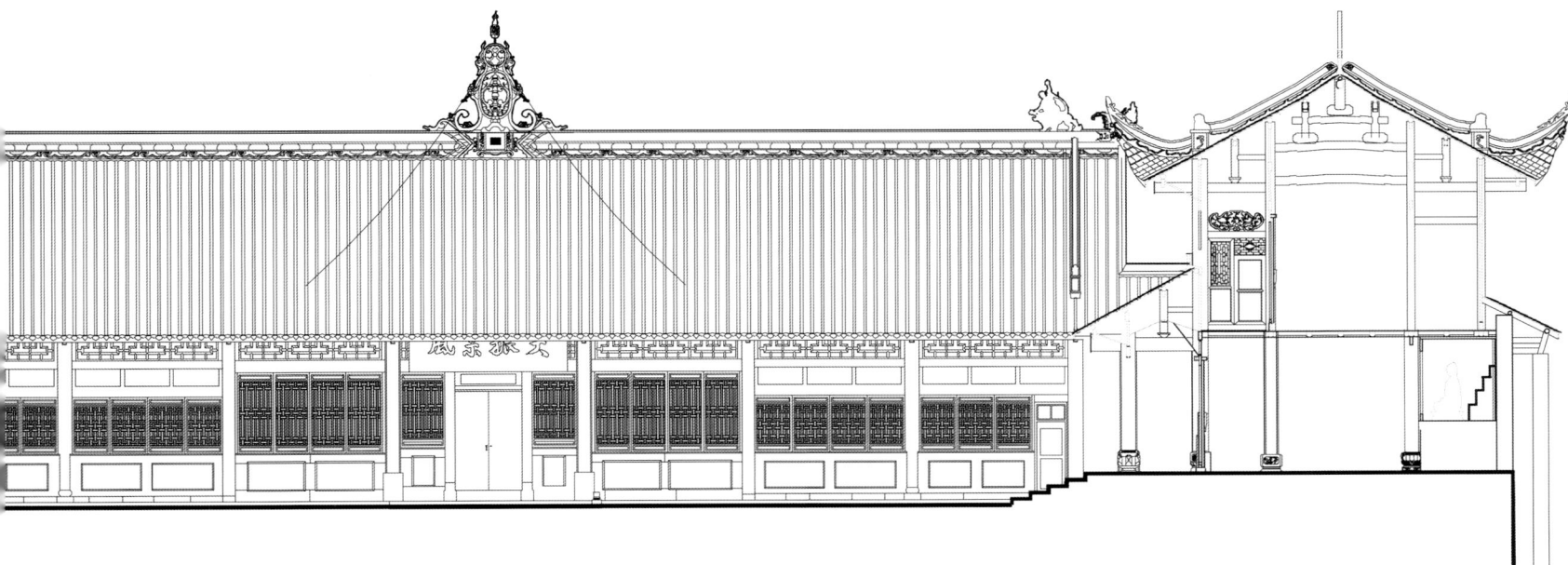

大悲殿   藏经楼北侧殿

0   5   10m

详细建筑测绘图

南山门

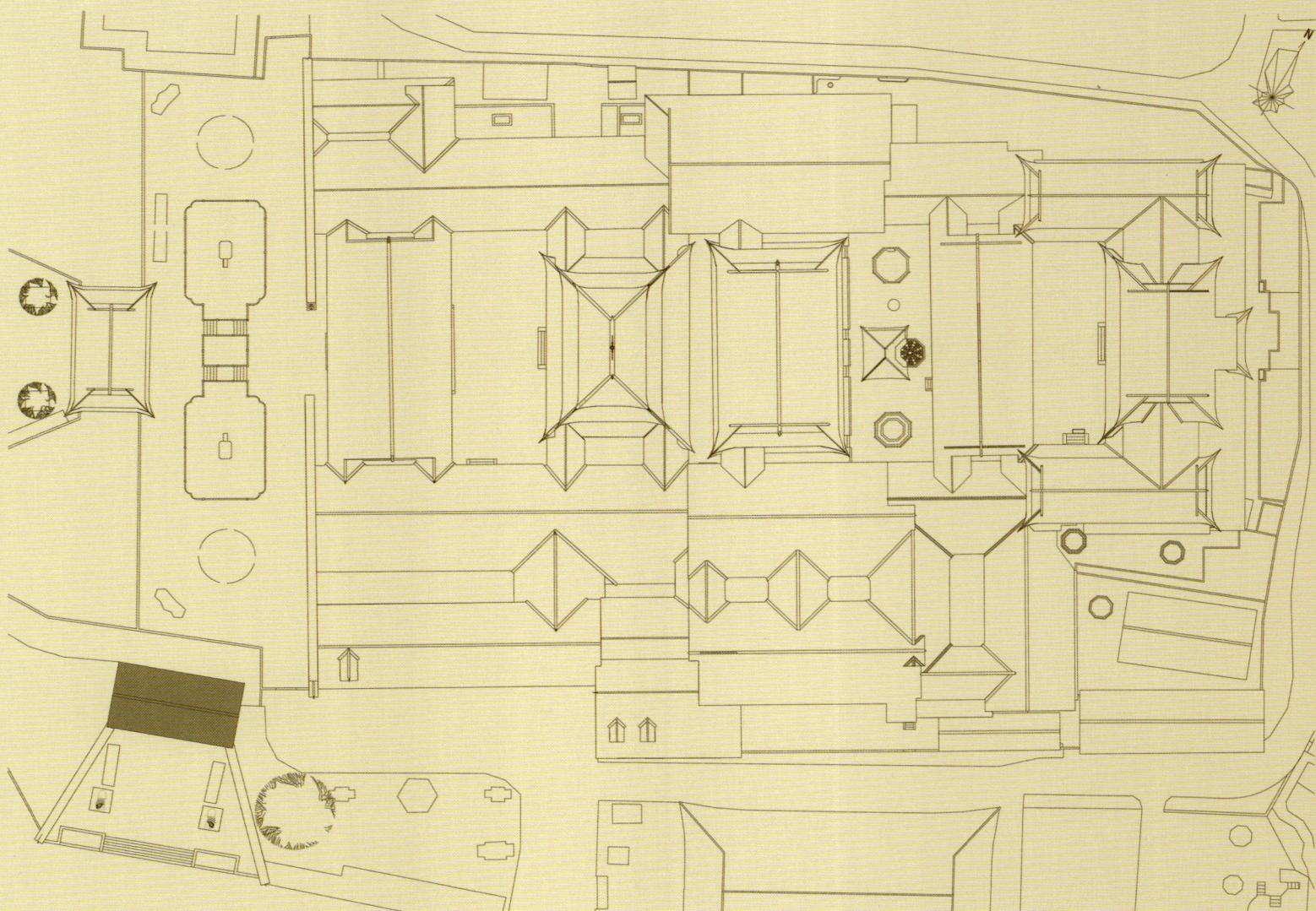

　　南山门面阔五间17.5米，进深7.8米。砖砌围护墙体，当心三间拱券门洞，是典型三门形制。二层楼阁，重檐歇山顶。石木组合式构架，底层石柱与楼层抬梁式构架组合。南山门是老山门改为关圣殿后，按照风水说重新选址而建。山门位于寺院西南角，坐北朝南，与寺院主轴线成90度夹角，通过轴线转折进入寺院主空间，有曲径通幽的寺庙园林空间特色。南山门始建于清乾隆四十四年（1779年），清道光二十五年（1845年）重修，清光绪二十五年（1899年）重建。

南山门正面

南山门侧面

16520

2000　3960　4600　3960　2000

7830

1940　1975　1975　1940

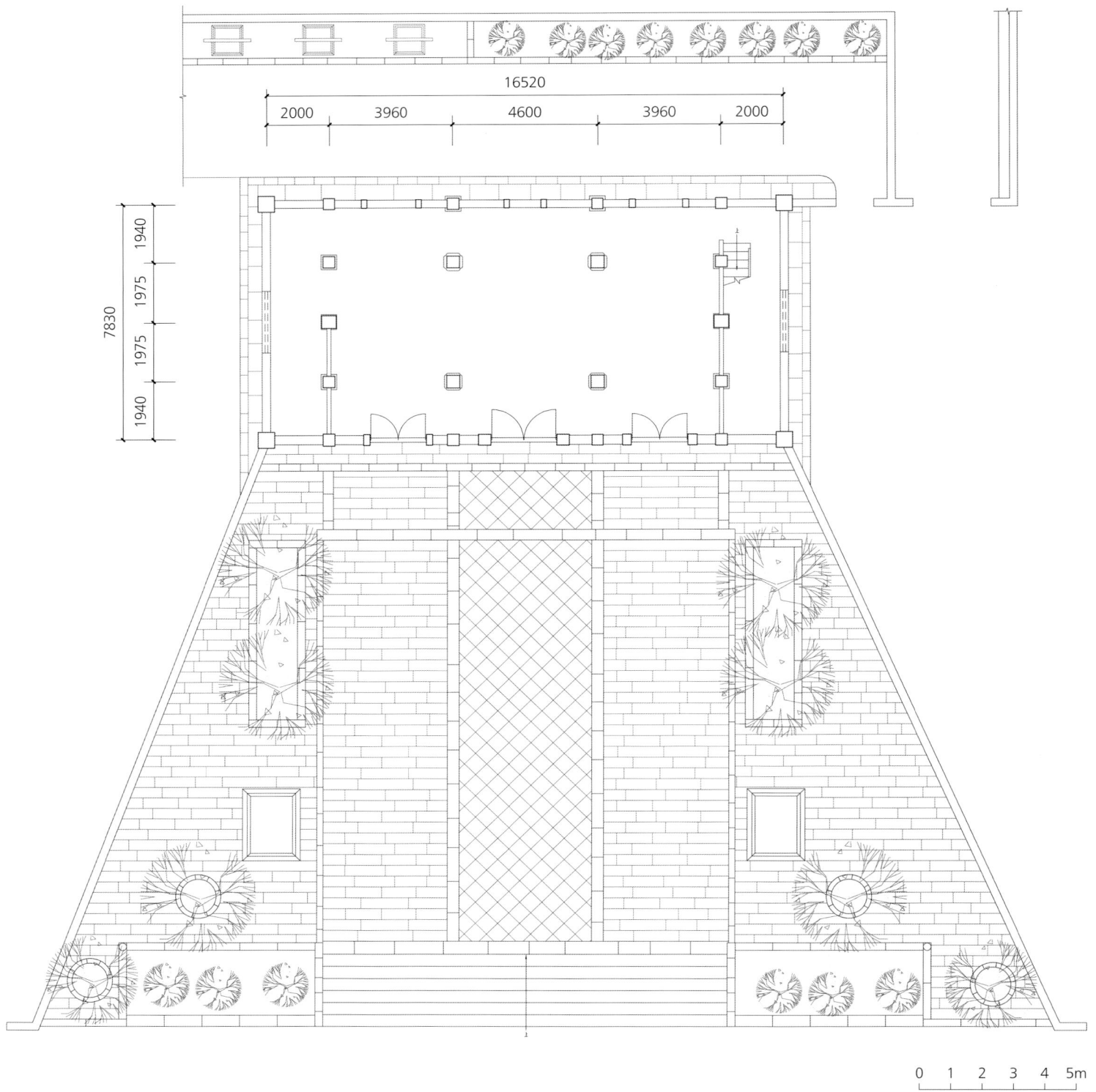

南山门入口及一层平面图

0　1　2　3　4　5m

940
1975
5830
1975
940

1000　3960　4600　3960　1000
14520

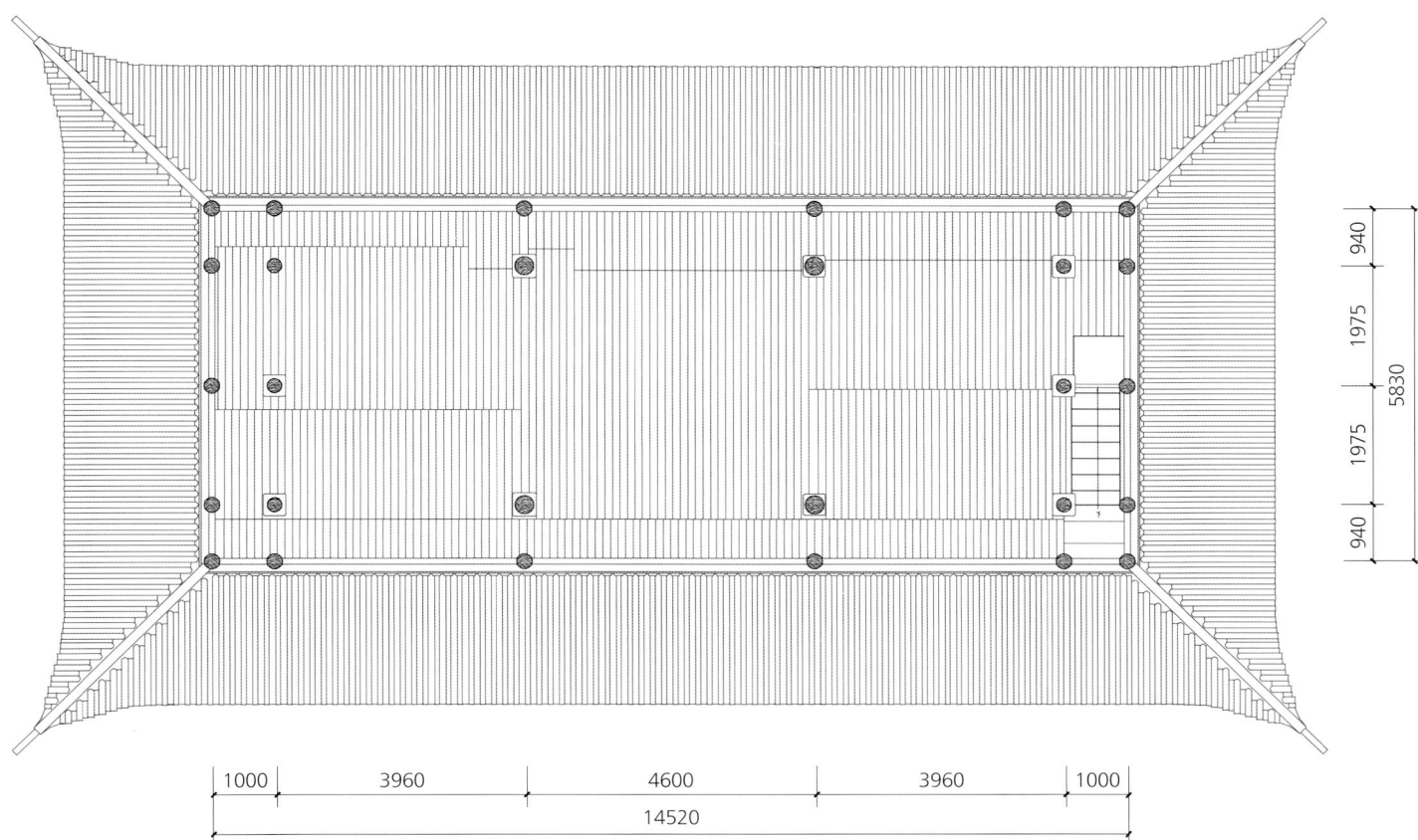

南山门二层平面图

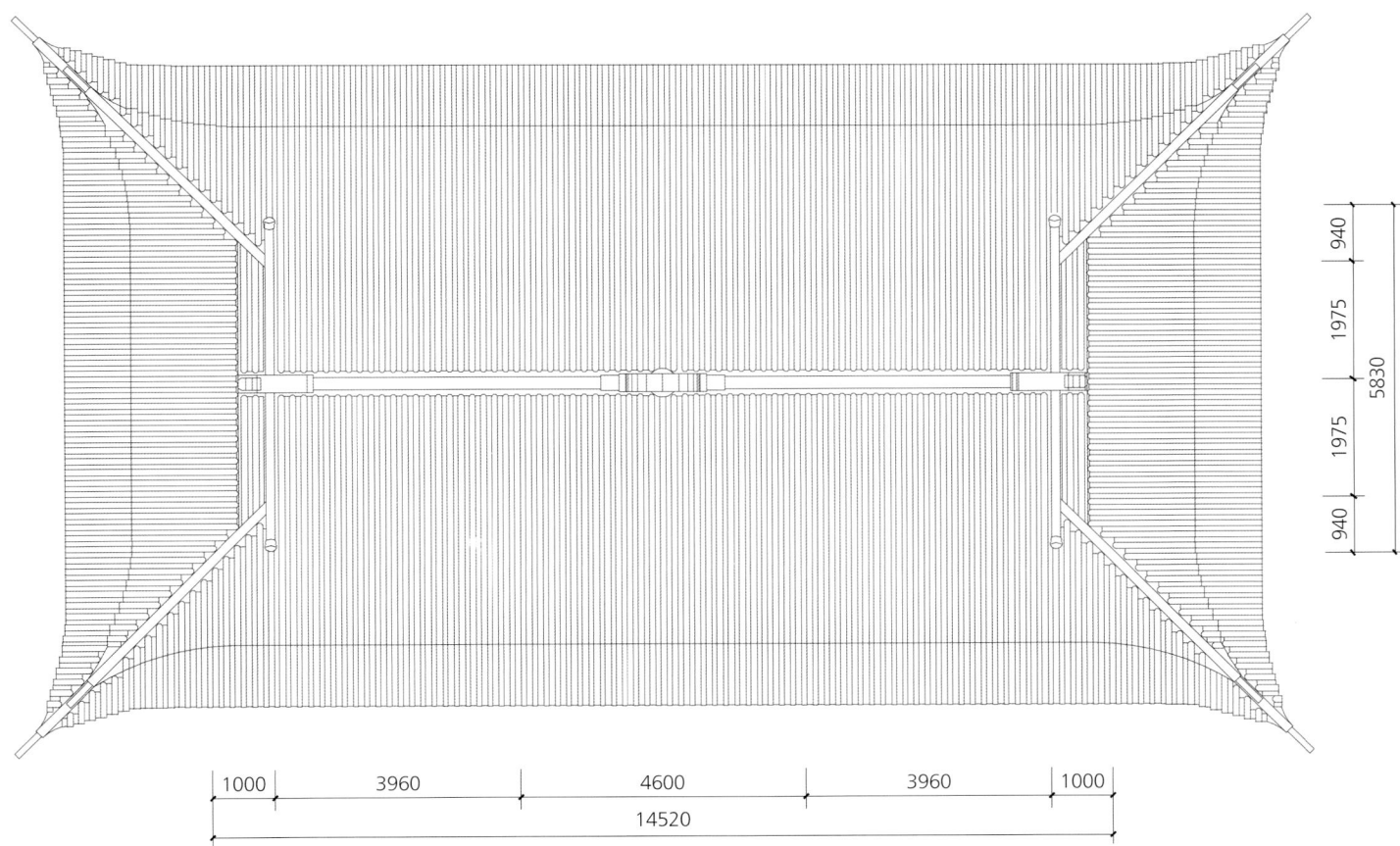

0　1　2　3　4　5m

940
1975
5830
1975
940

1000　3960　4600　3960　1000
14520

南山门屋顶平面图

0　1　2　3　4　5m

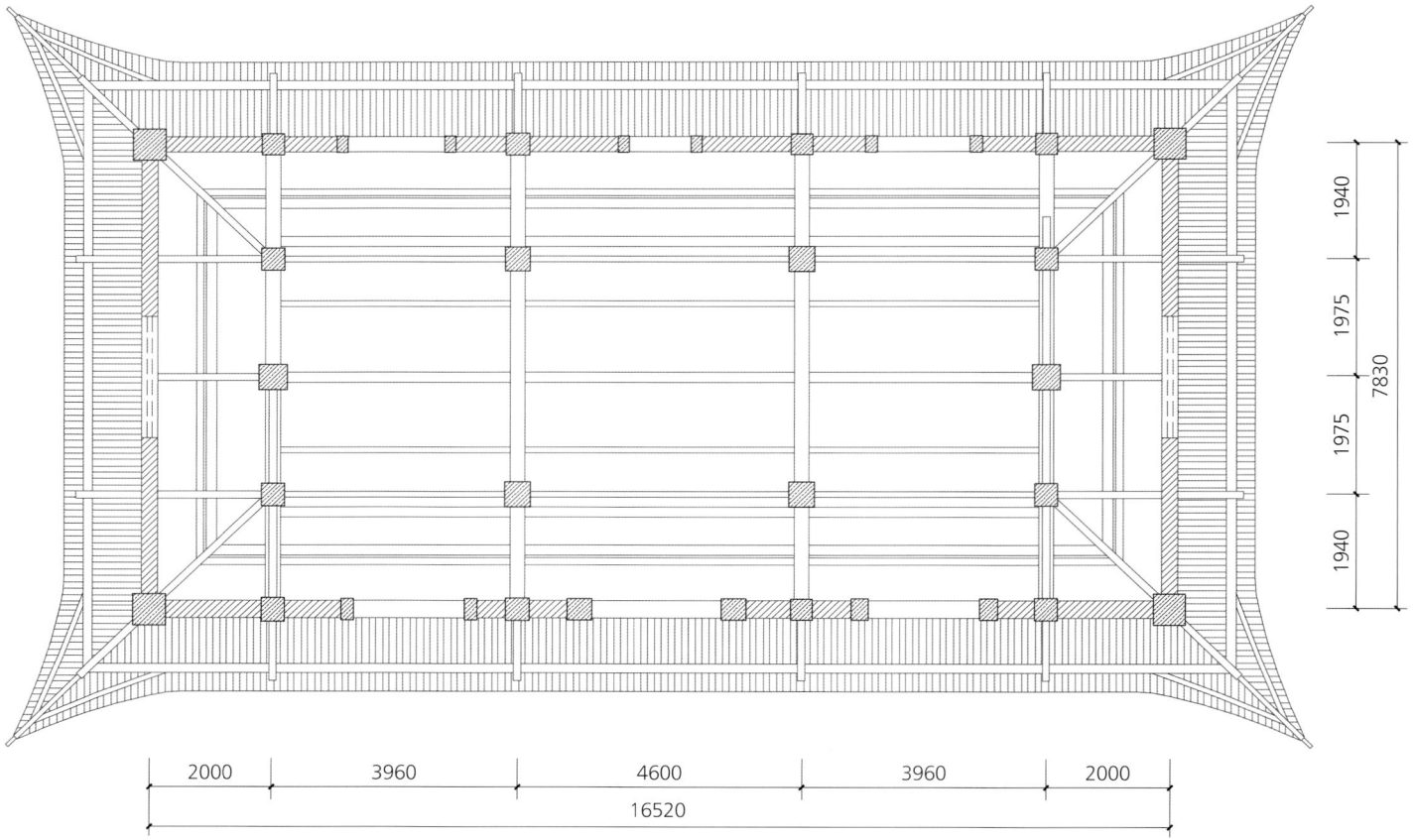

南山门一层天棚仰视平面图

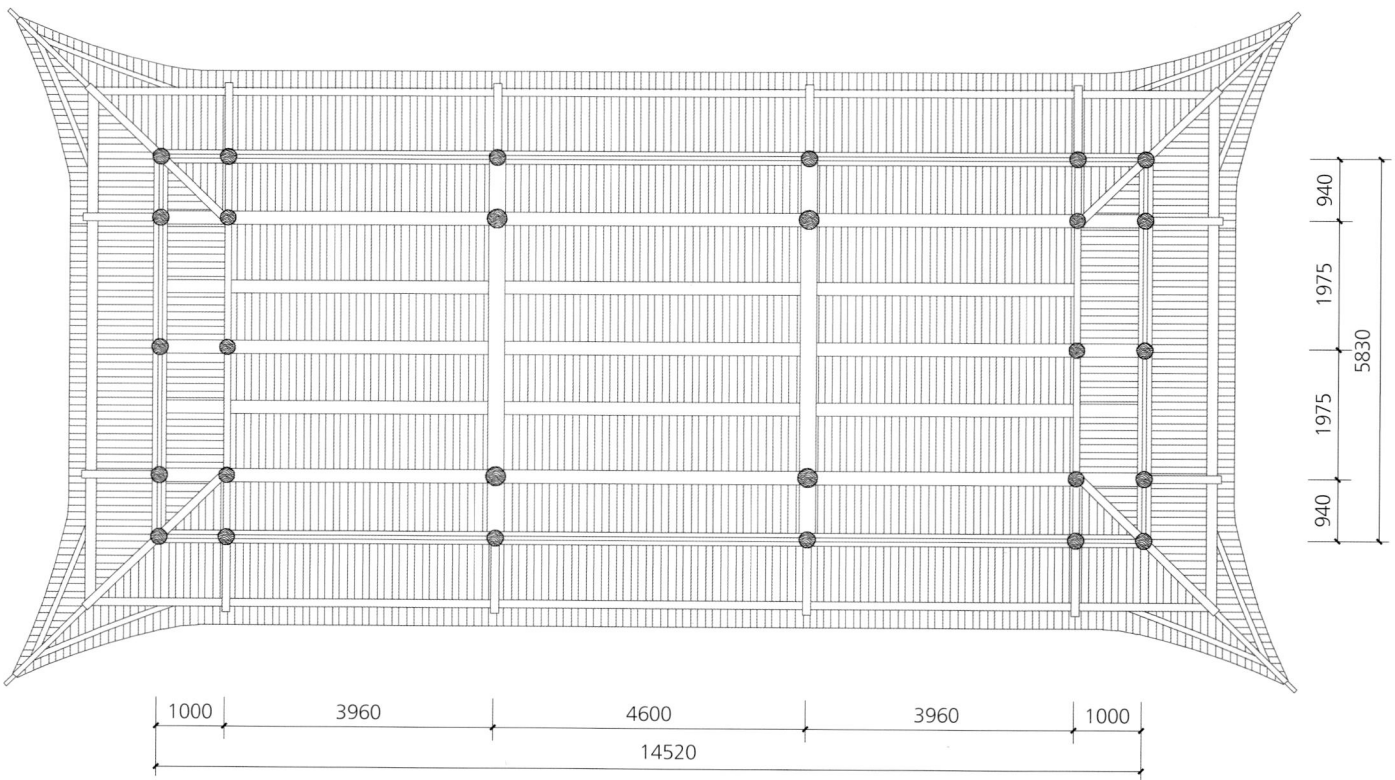

2000　3960　4600　3960　2000

16520

1940　1975　1975　1940

7830

0　1　2　3　4　5m

南山门二层天棚仰视平面图

1000　3960　4600　3960　1000

14520

940　1975　1975　940

5830

0　1　2　3　4　5m

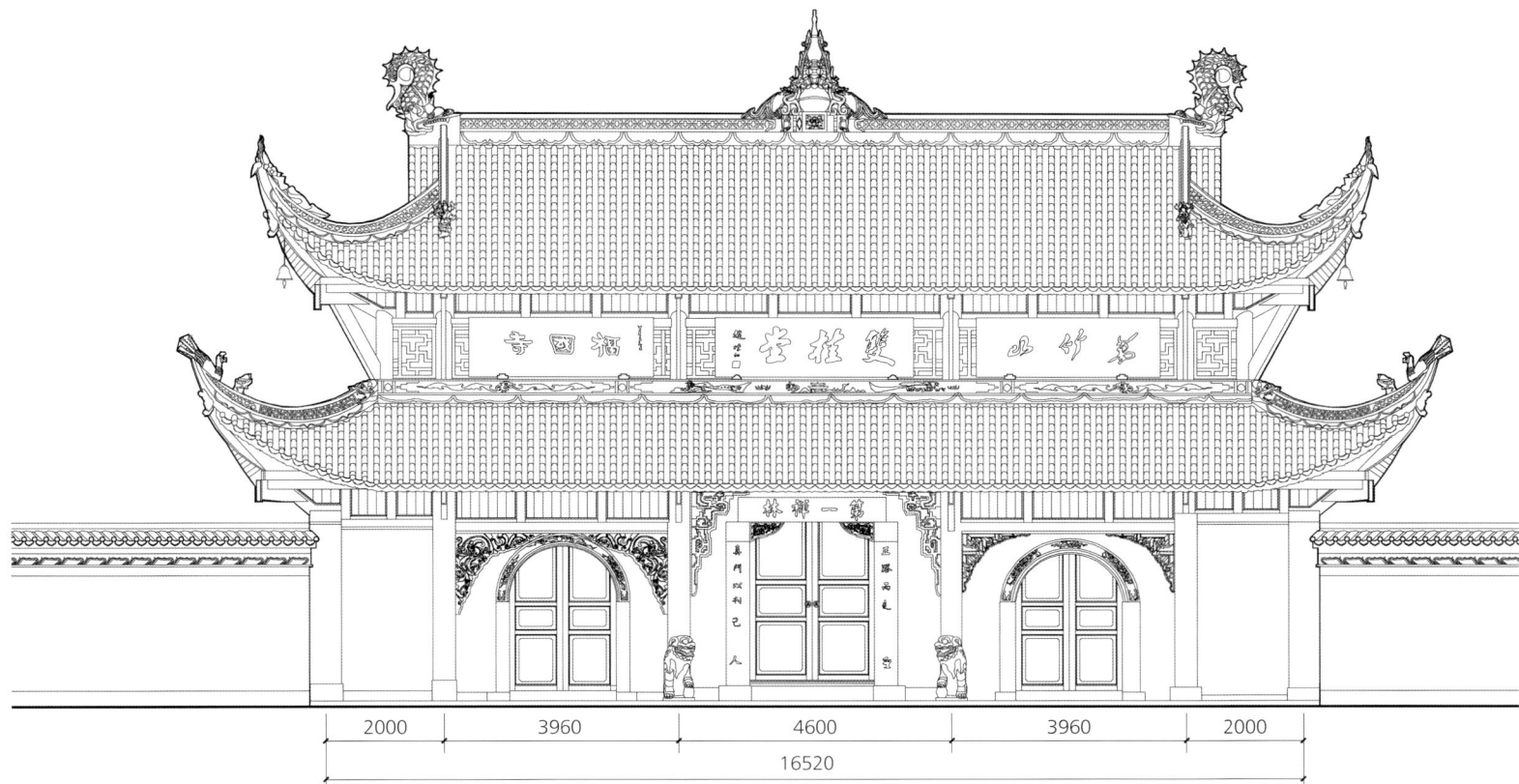

南山门正立面图

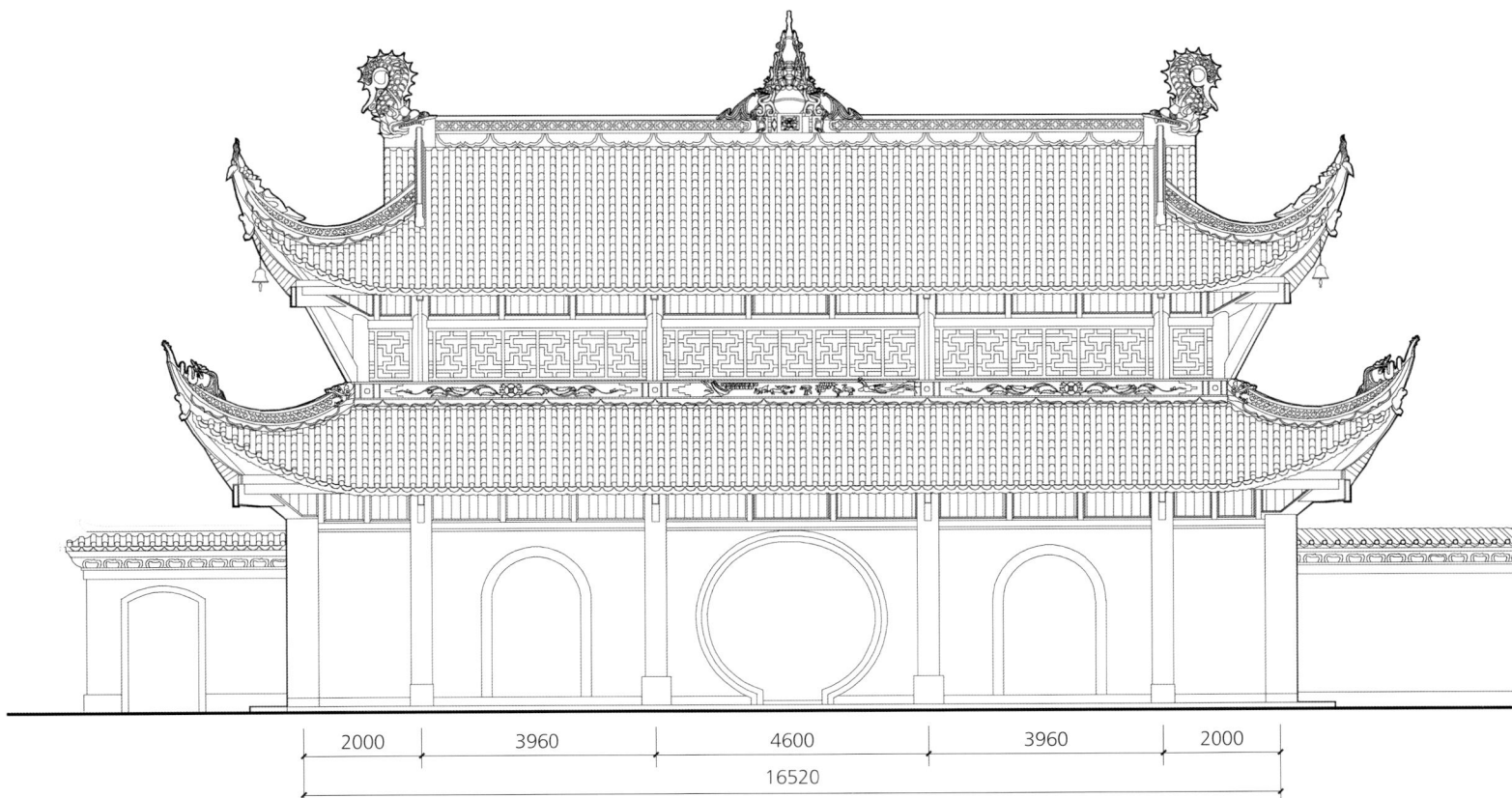

| 2000 | 3960 | 4600 | 3960 | 2000 |

16520

0　1　2　3　4　5m

南山门背立面图

| 2000 | 3960 | 4600 | 3960 | 2000 |

16520

0　1　2　3　4　5m

| 1000 | 5830 | 1000 |

7830

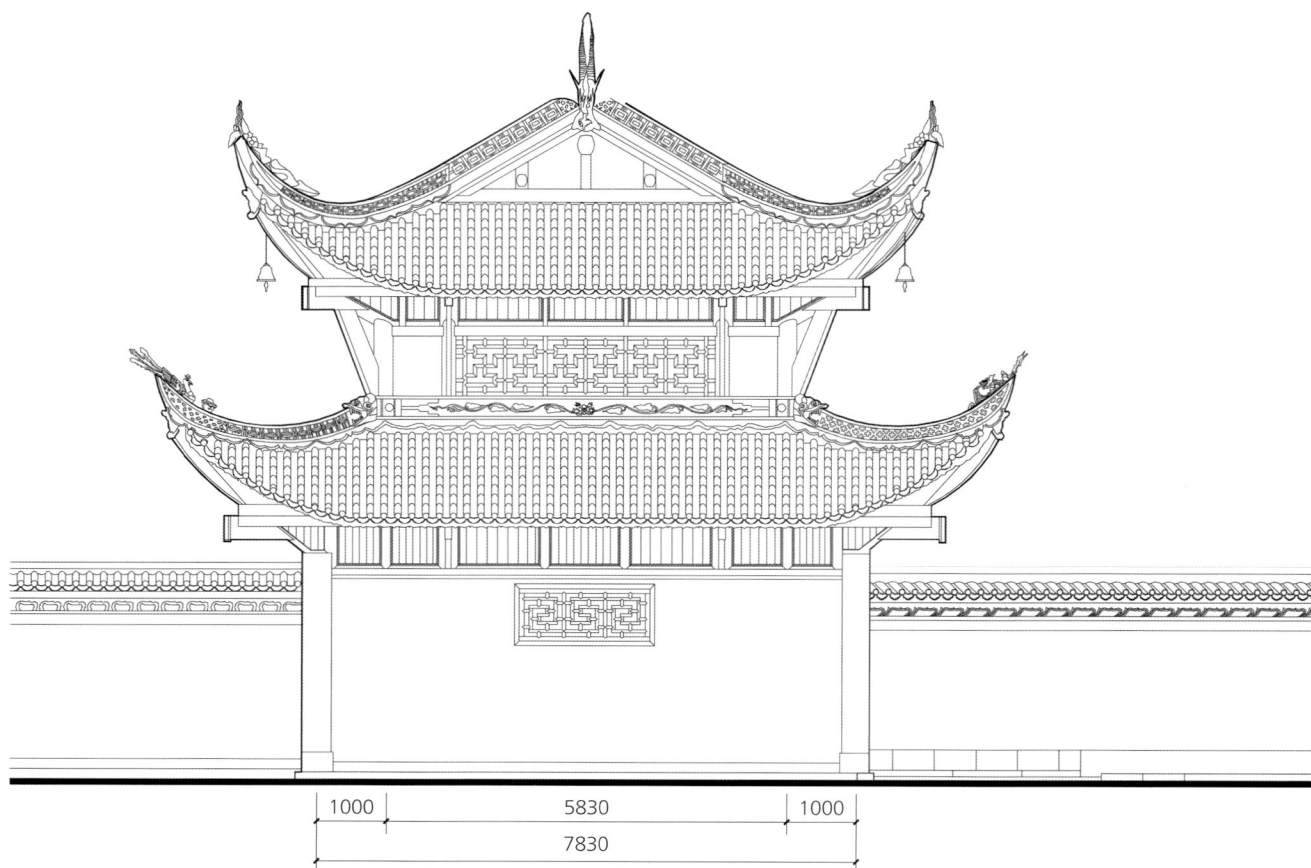

南山门侧立面图

0　1　2　3　4　5m

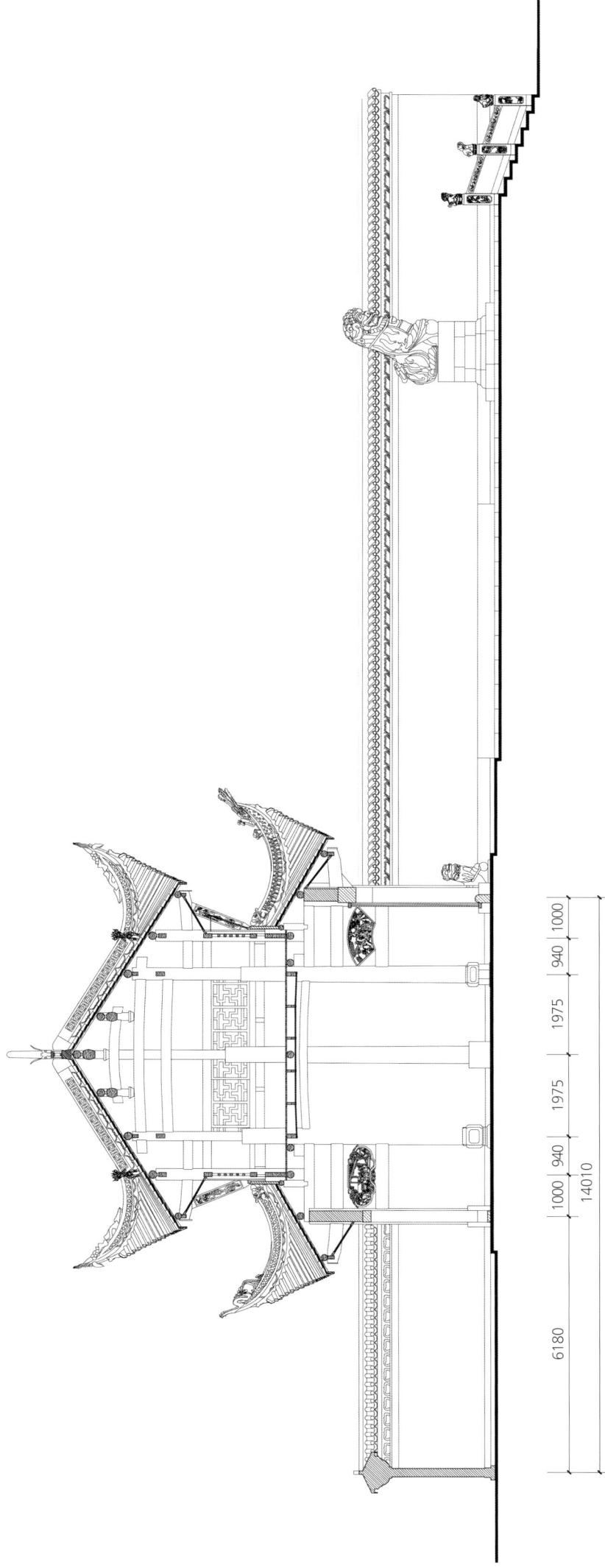

南山门明间剖面图

| 6180 | 1000 | 940 | 1975 | 1975 | 940 | 1000 |

14010

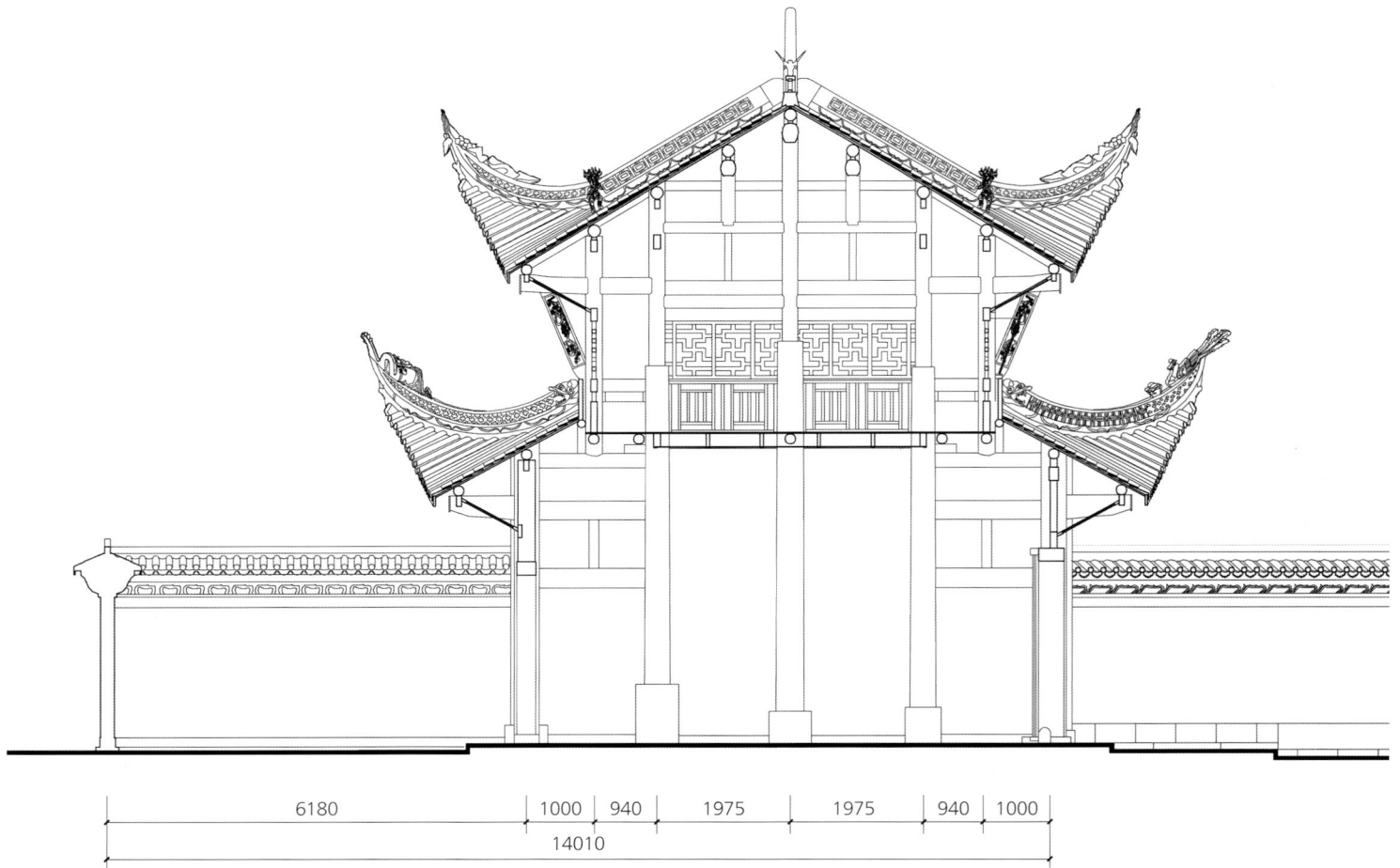

南山门次间剖面图

0　1　2　3　4　5m

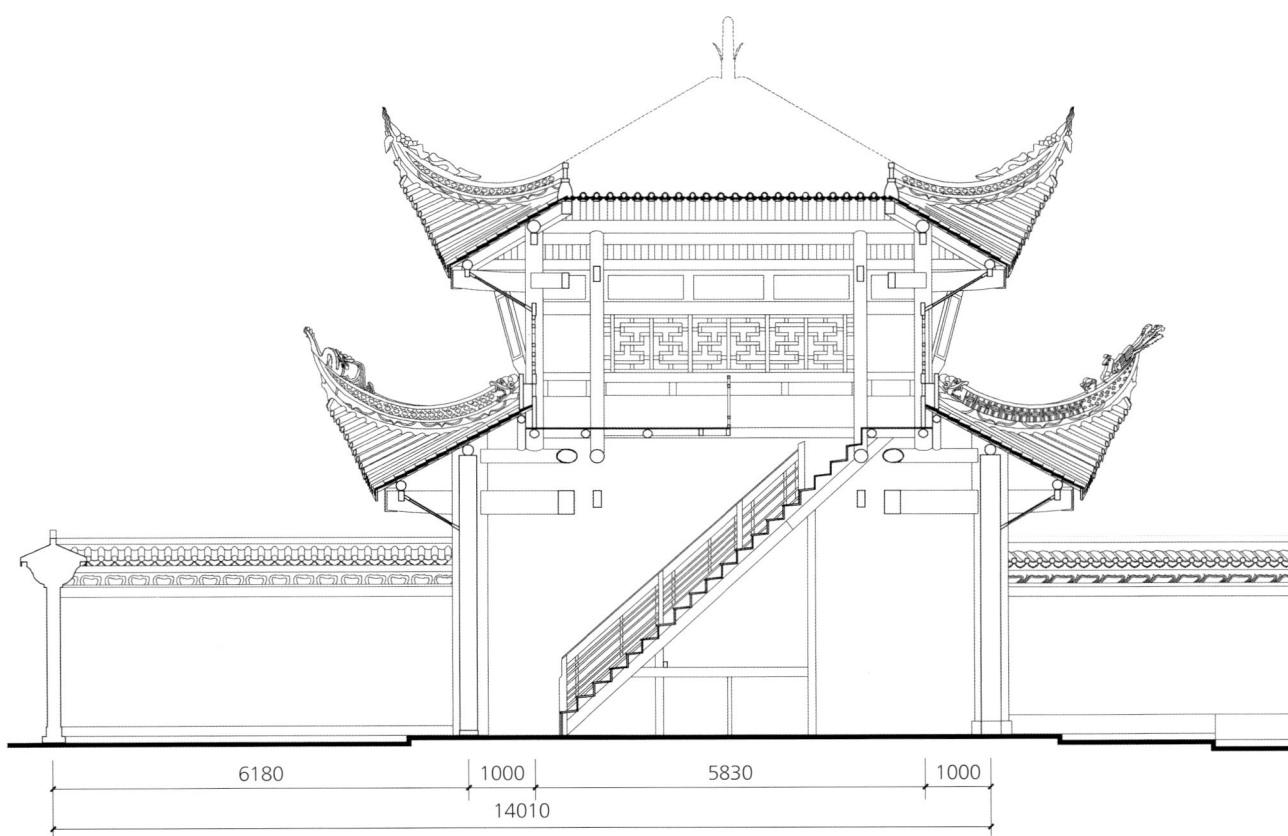

南山门梢间剖面图

| 6180 | 1000 | 5830 | 1000 |

14010

0　1　2　3　4　5m

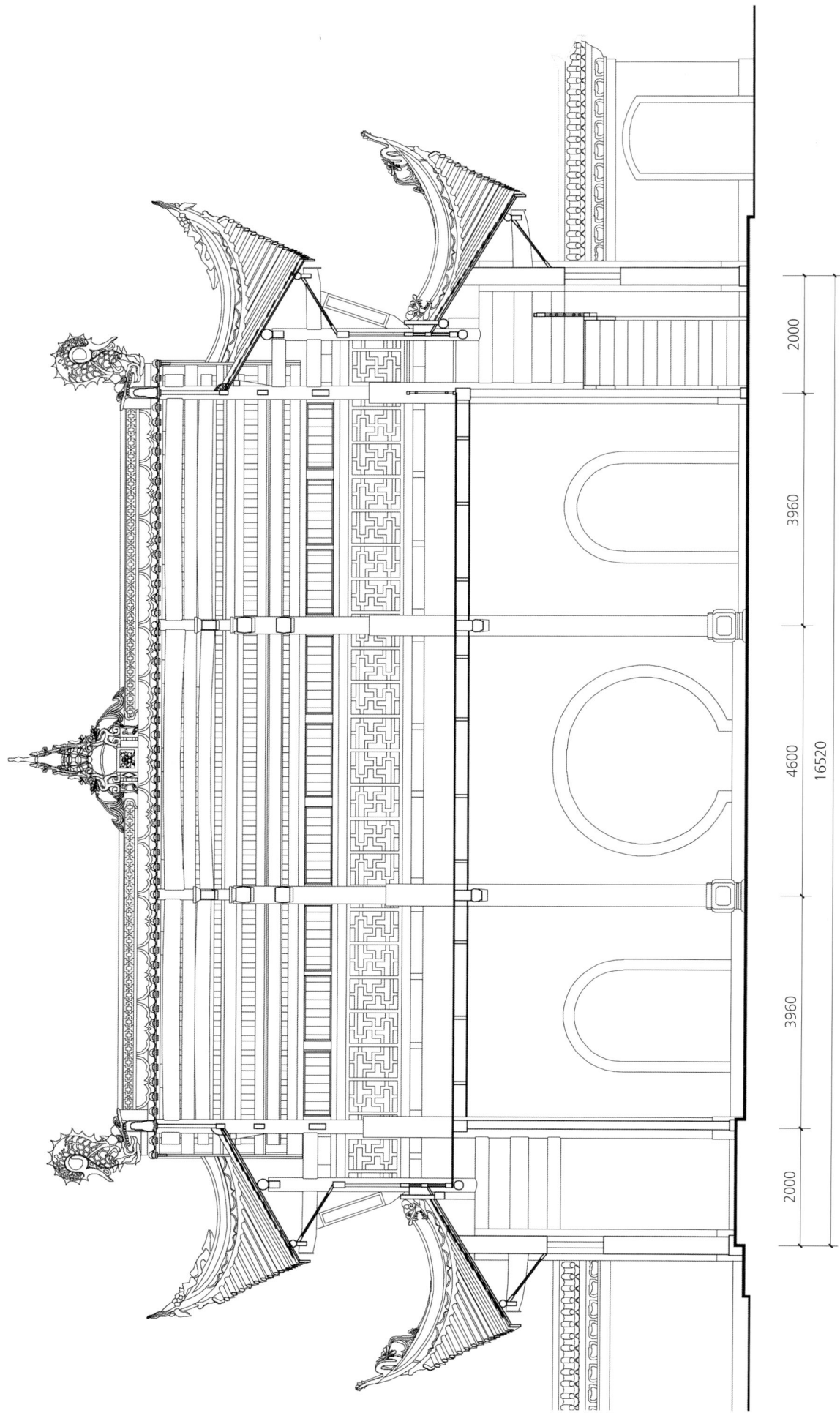

南山门横剖面图

南山门正脊饰样图

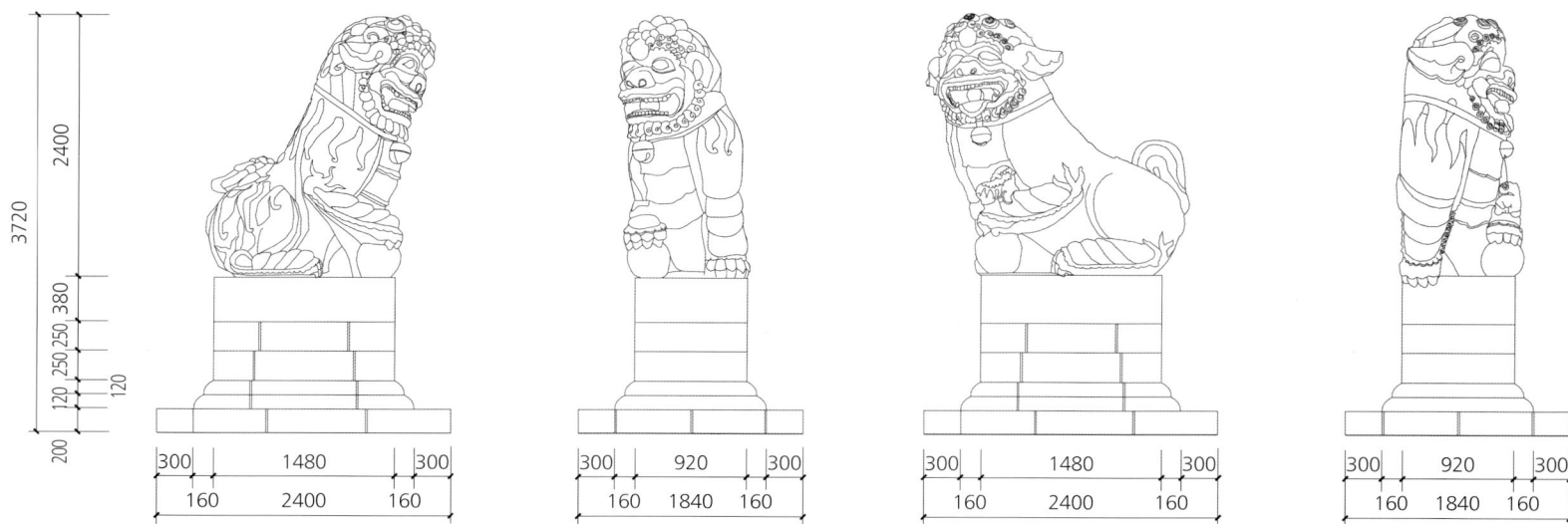

南山门入口栏杆及石狮大样图

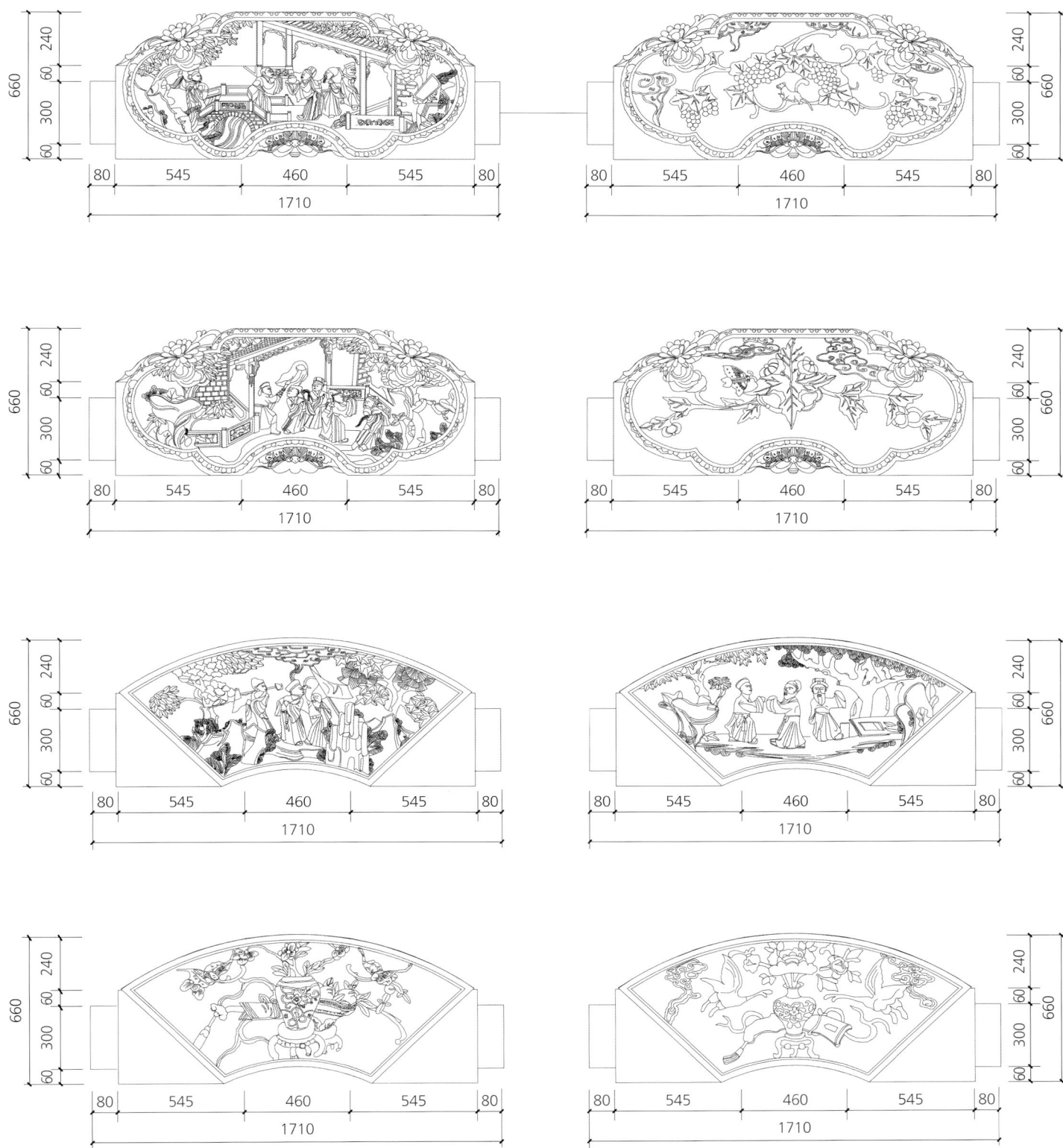

南山门扇面枋饰样图

光照大千山海镇宅不二法门

第一禅林

大清光绪二十五己亥岁
金身佛成立

真门以

正路而

南山门门罩饰样图

南山门瓦砌花窗饰样图

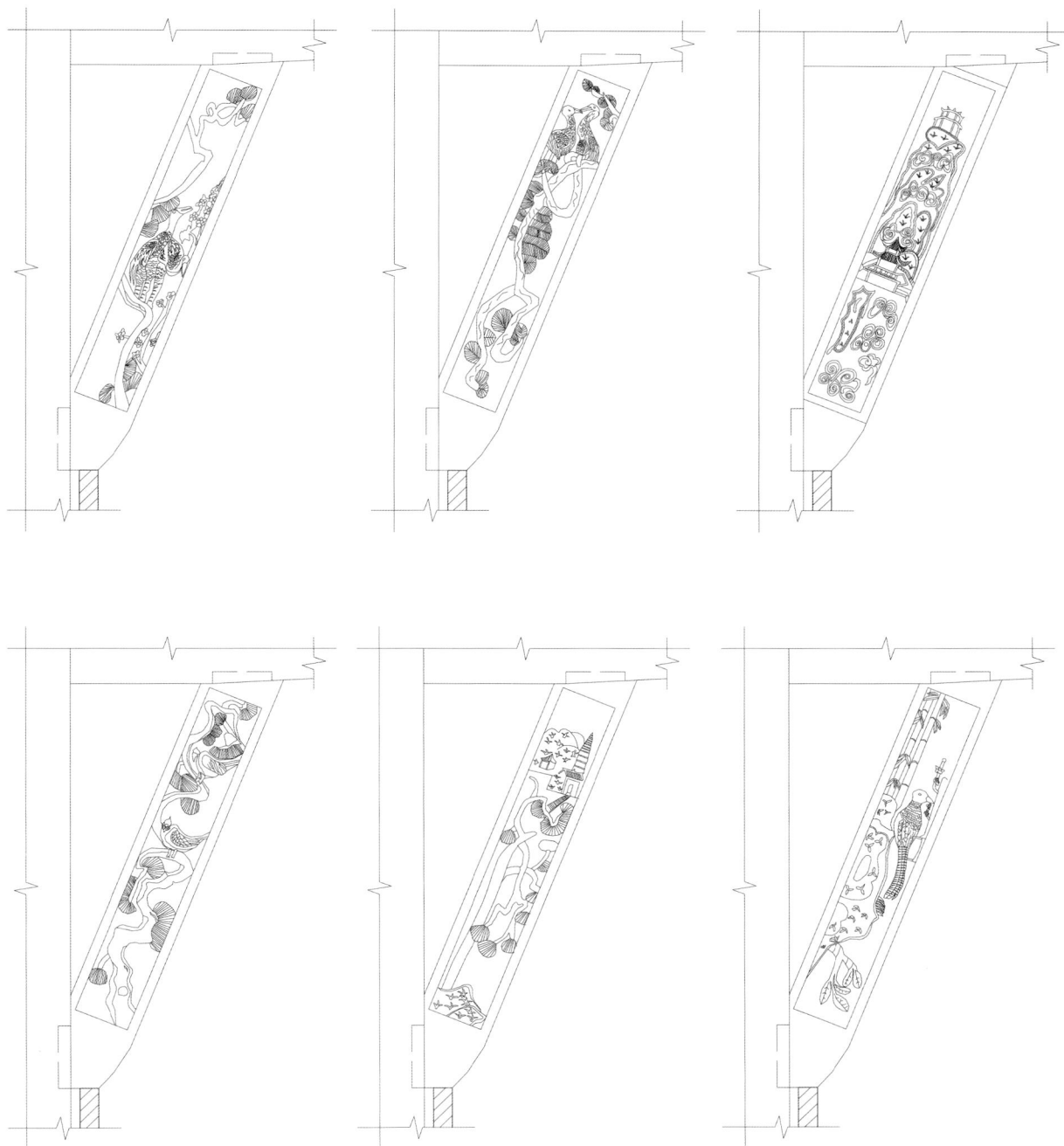

南山门撑拱饰样图

关圣殿

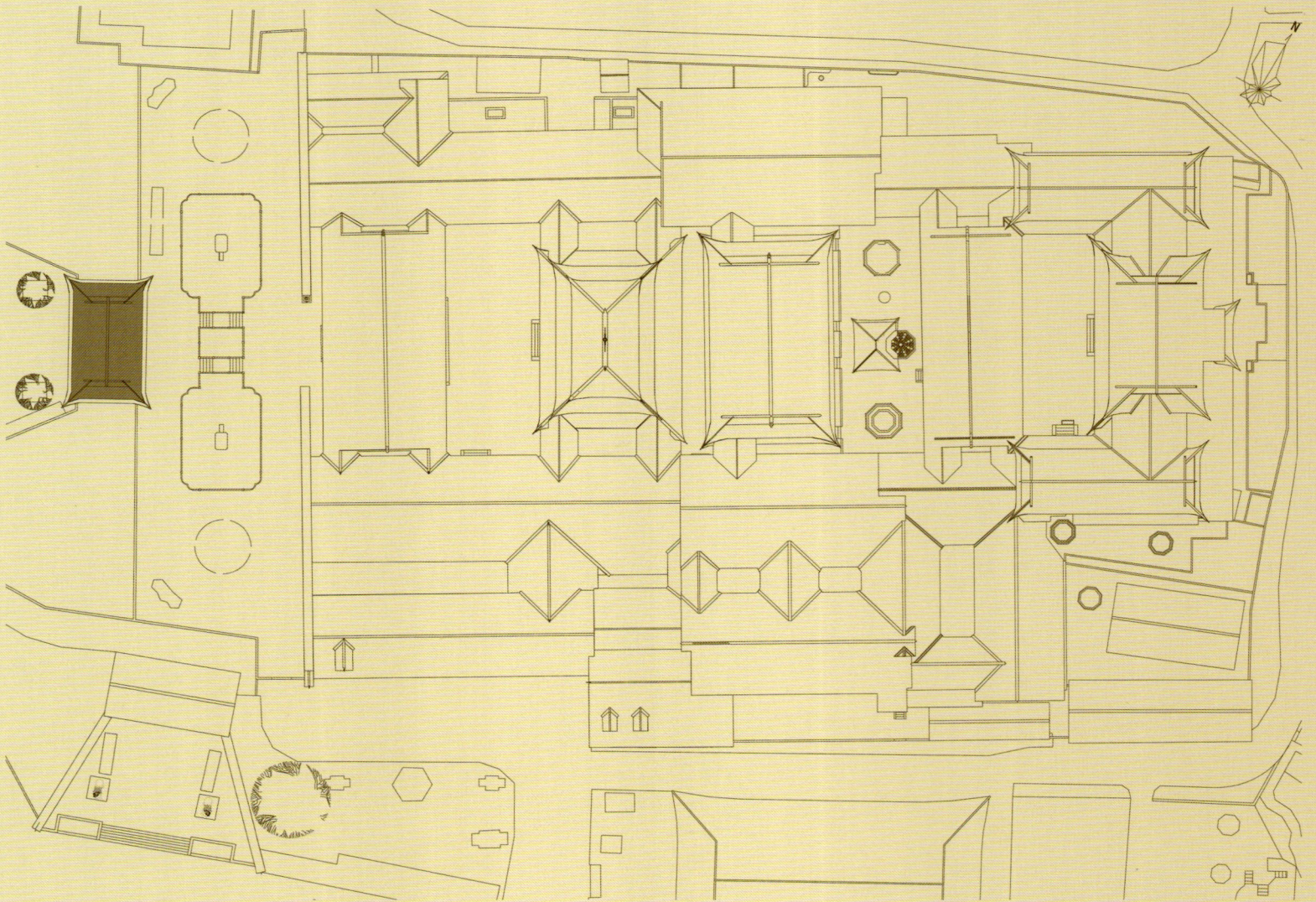

　　关圣殿面阔三间15.8米，进深8.7米。结构为石木组合构架，下段石柱高5米左右，与上部抬梁式构架组合而成。单层重檐歇山屋顶，砖砌围护墙体，当心间开门洞，两次间不设门窗，正面两端接八字围墙。殿前置石狮，是双桂堂早期的山门形制。后改为关圣殿，殿内正中主奉关羽，两侧侍周仓、关平。关圣殿始建于清顺治十年（1653年），清乾隆四十四年（1779年）重建。

关圣殿正立面图

关圣殿背立面图

关圣殿明间佛龛

关圣殿次间佛龛

关圣殿屋顶空间与构架

2095

8730

4560

2075

2095

8730

4560

2075

| 1990 | 3830 | 4120 | 3920 | 2030 |

15890

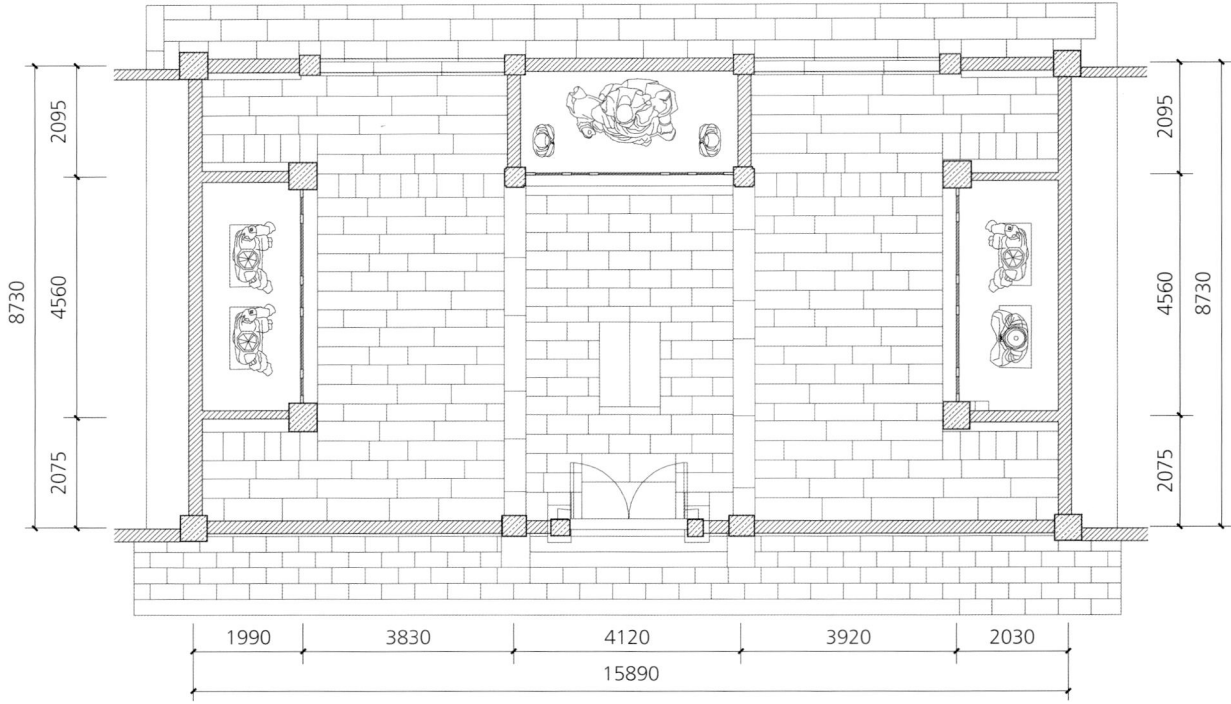

关圣殿平面图

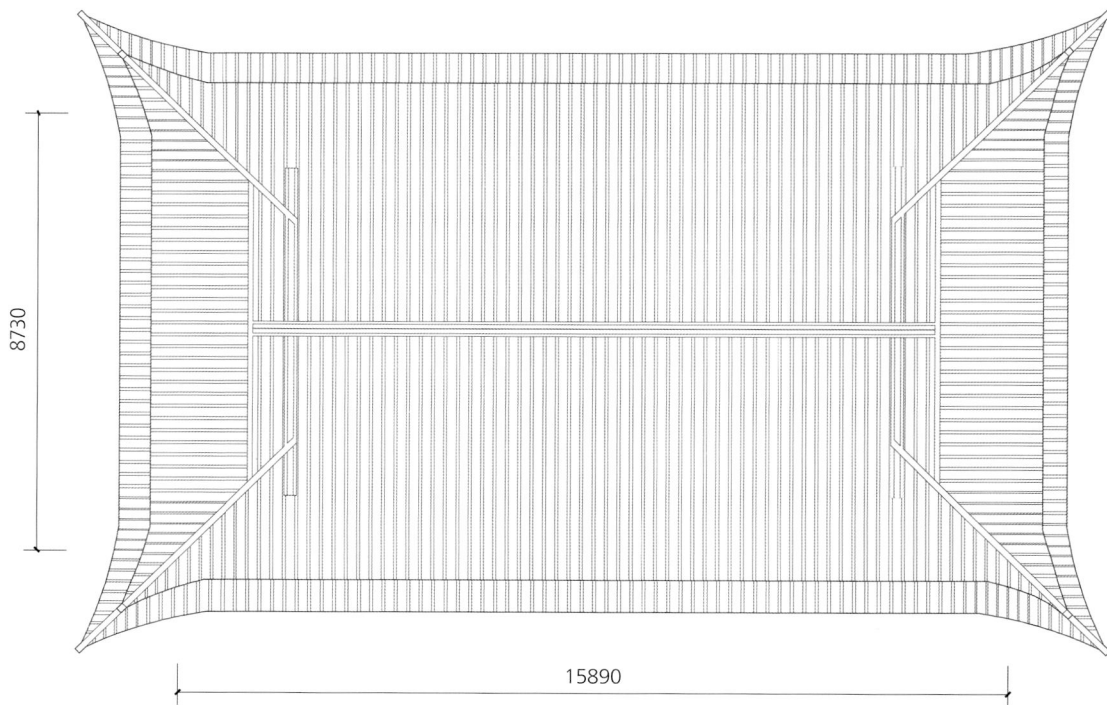

0　1　2　3　4　5m

8730

15890

关圣殿屋顶平面图

0　1　2　3　4　5m

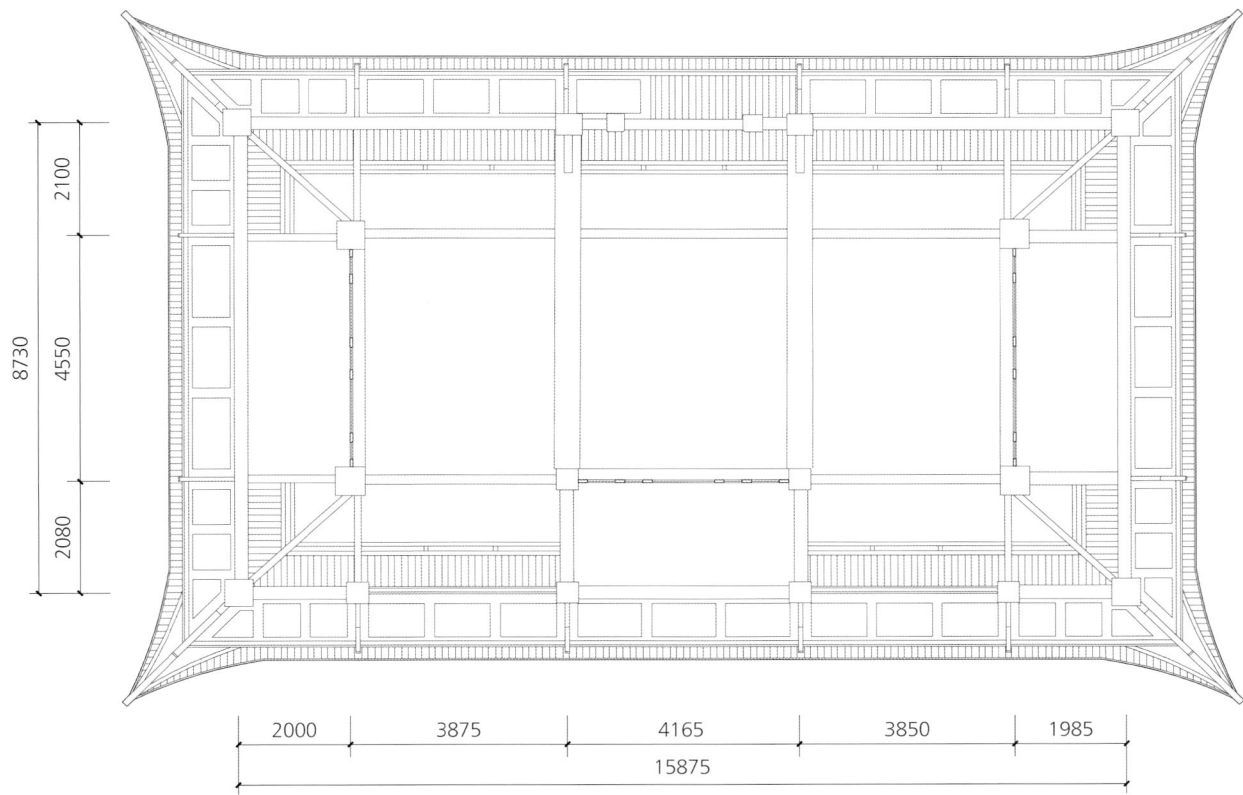

关圣殿下重檐仰视平面图

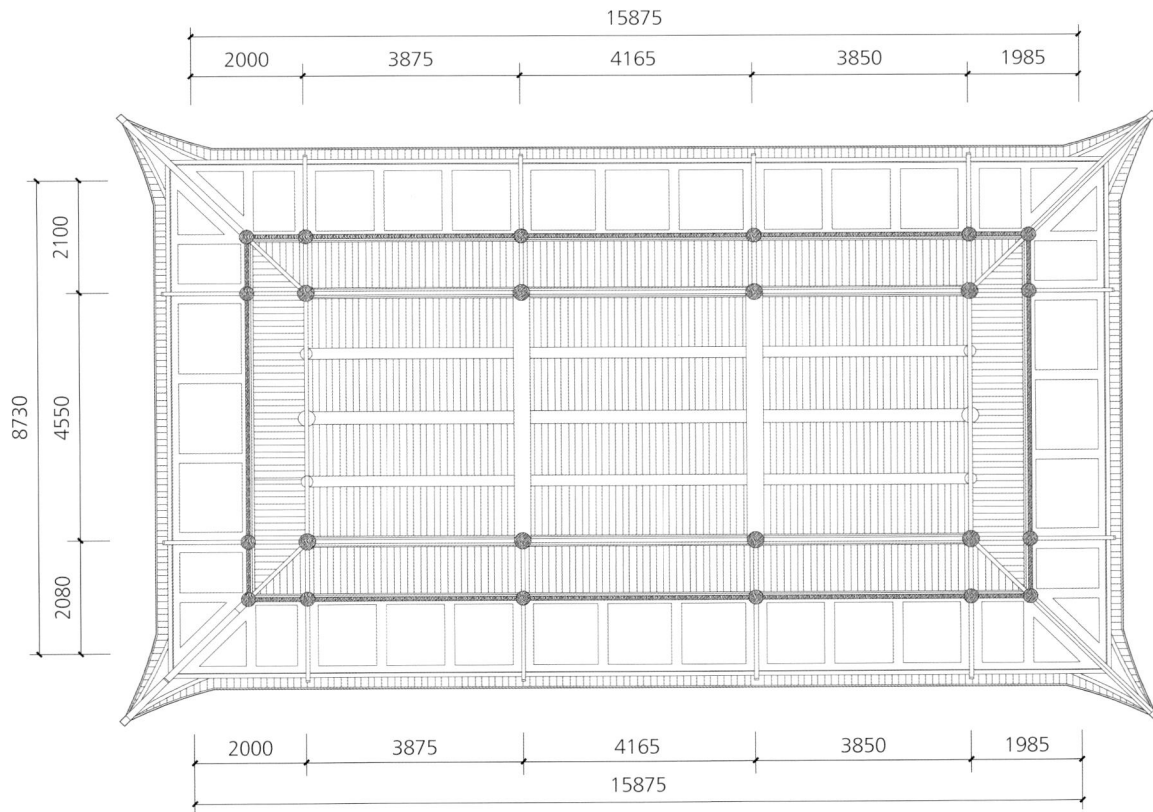

2000　3875　4165　3850　1985
15875

2100
8730
4550
2080

0　1　2　3　4　5m

关圣殿上重檐屋顶仰视平面图

15875
2000　3875　4165　3850　1985

2100
8730
4550
2080

2000　3875　4165　3850　1985
15875

0　1　2　3　4　5m

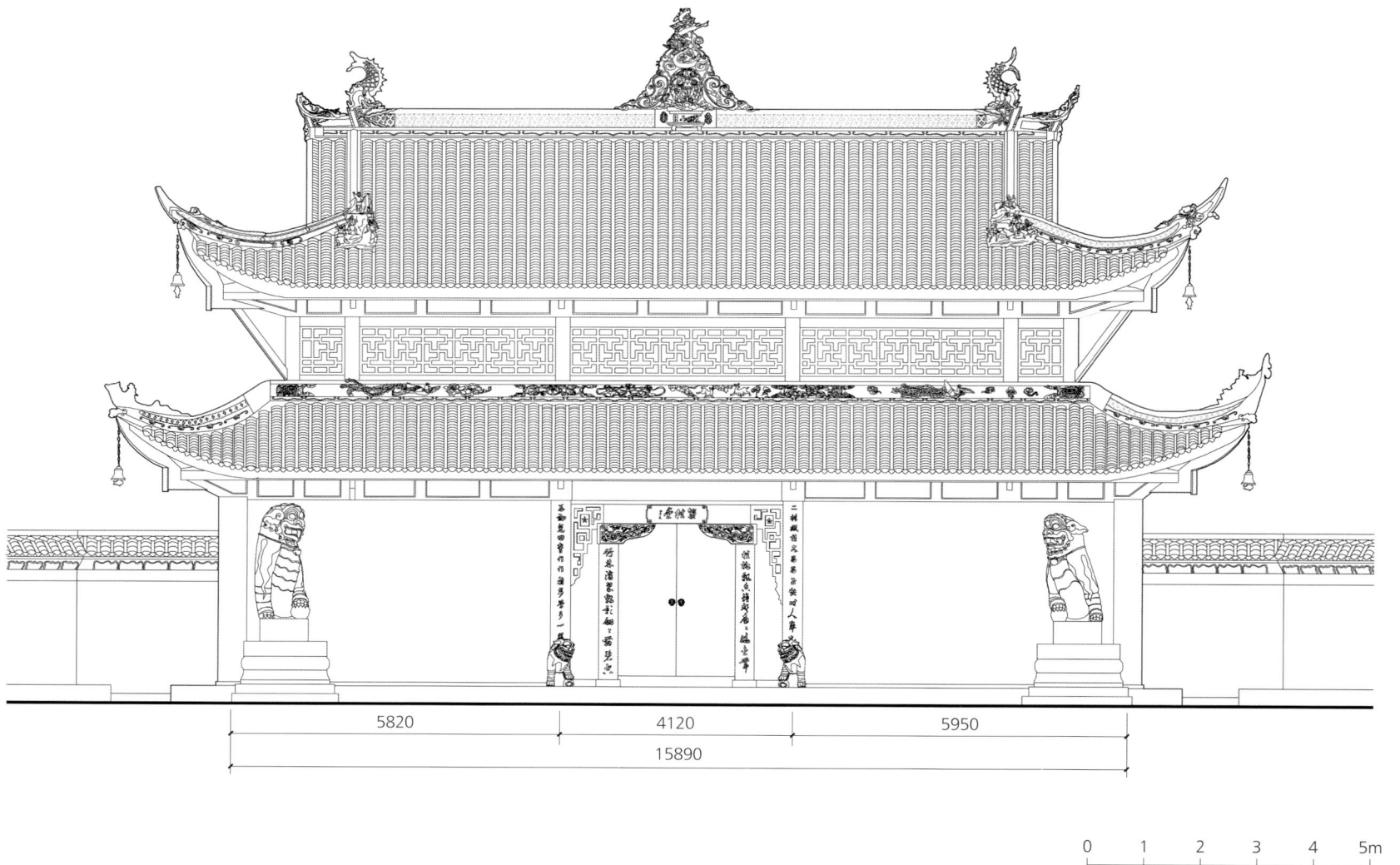

5820　　　4120　　　5950

15890

0　1　2　3　4　5m

关圣殿正立面图

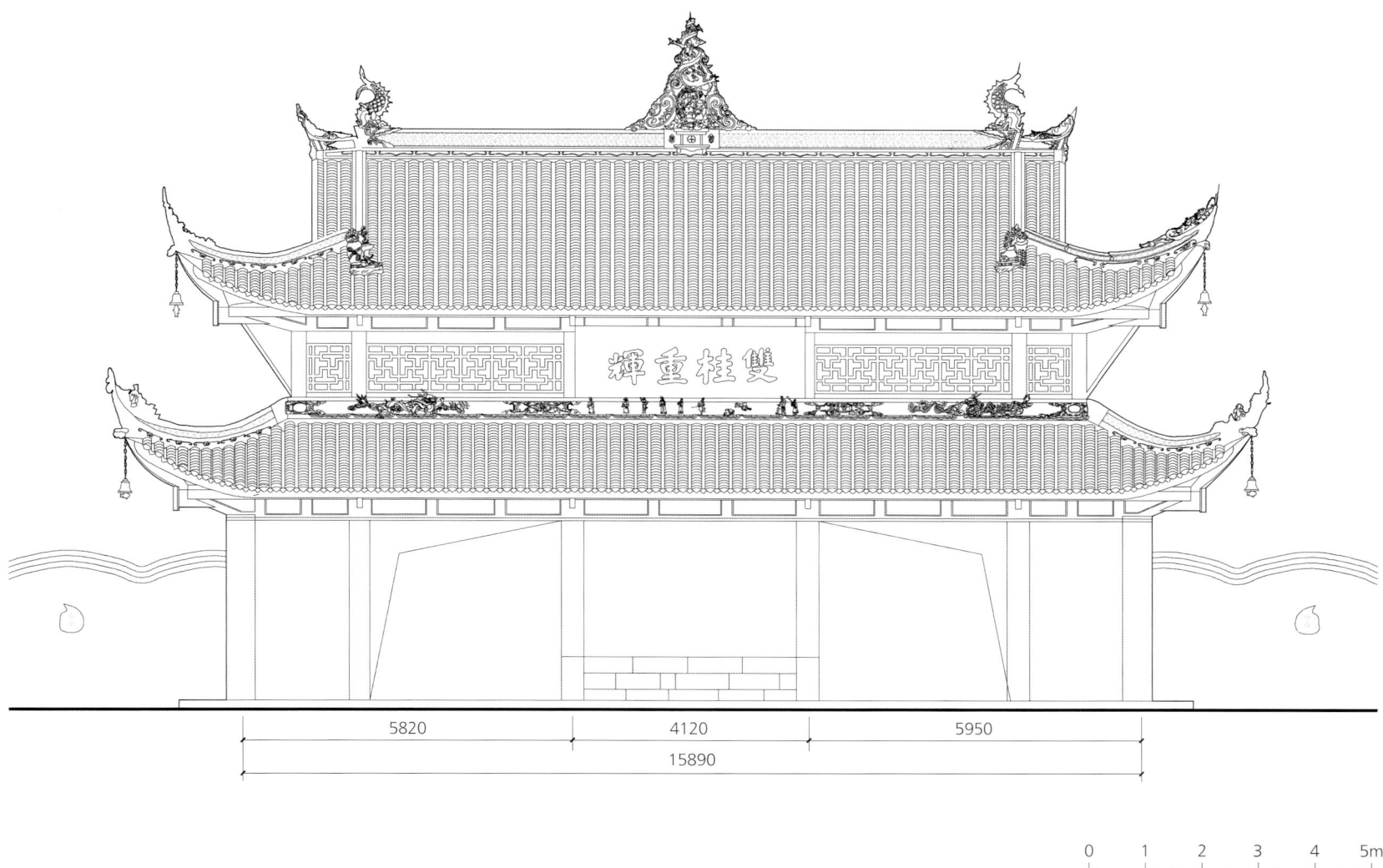

双桂重辉

| 5820 | 4120 | 5950 |

15890

0　1　2　3　4　5m

关圣殿背立面图

1100 8700 1355 300

0 1 2 3 4 5m

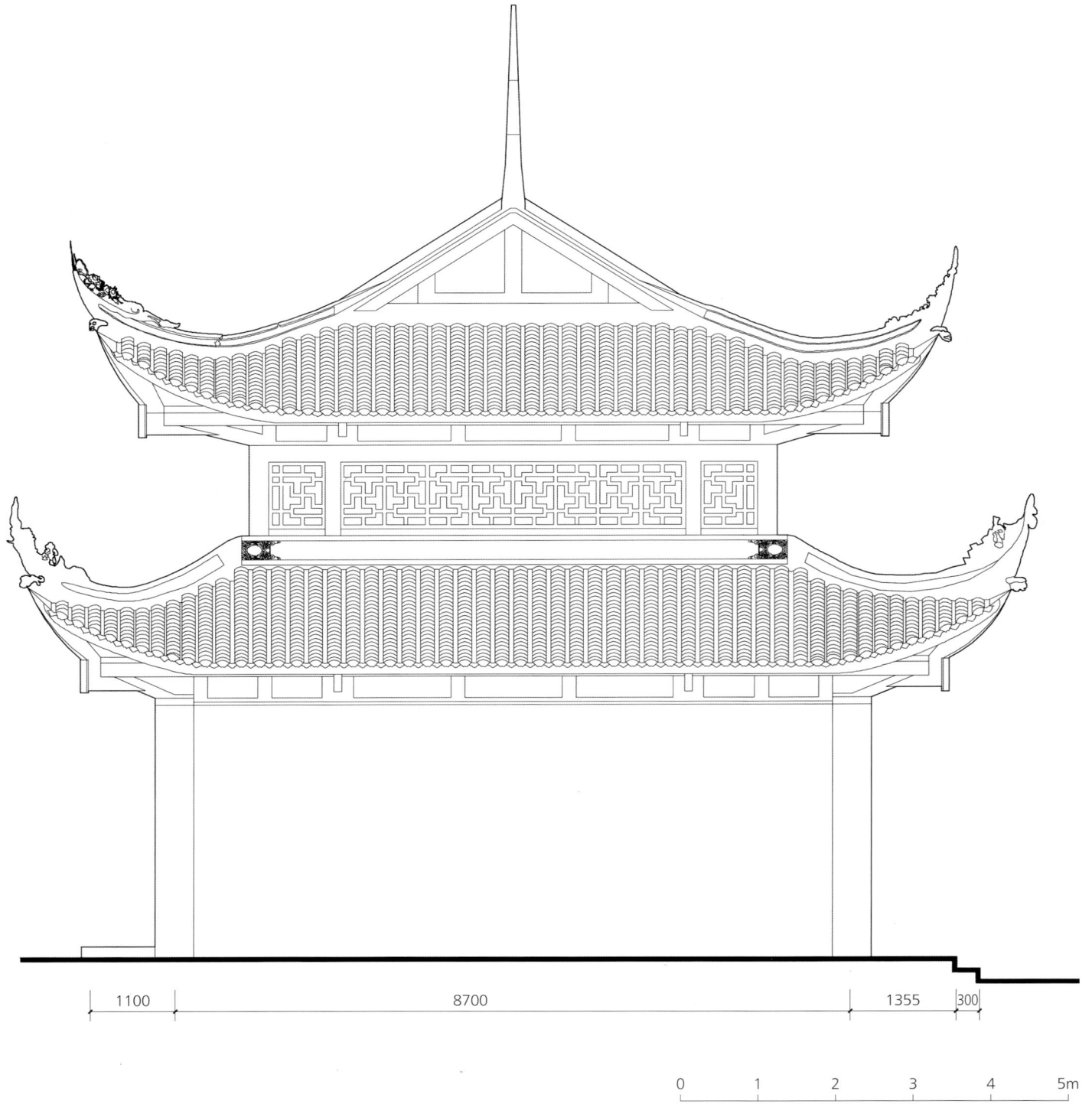

关圣殿侧立面图

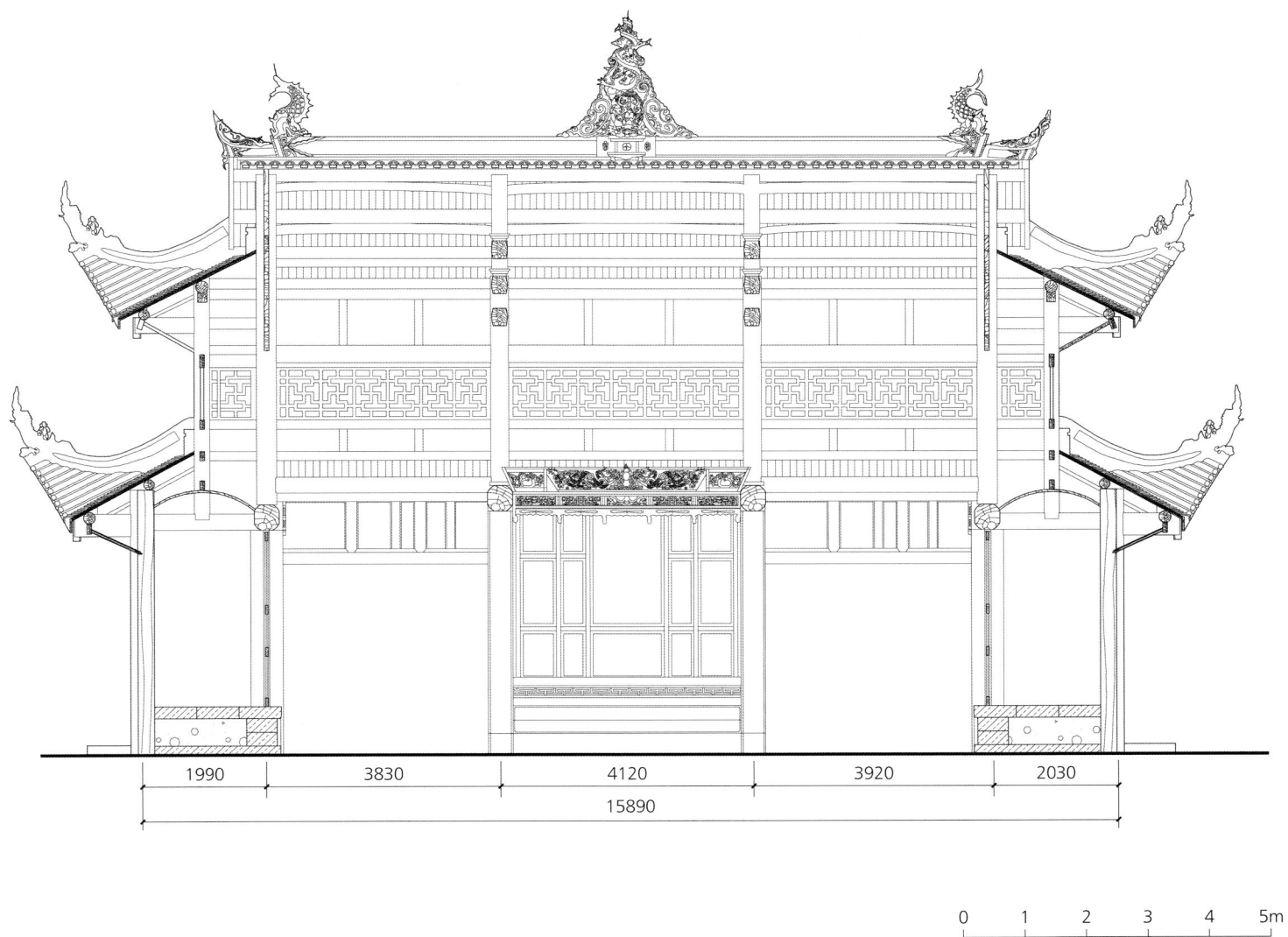

| 1990 | 3830 | 4120 | 3920 | 2030 |

15890

0 1 2 3 4 5m

关圣殿横剖面图

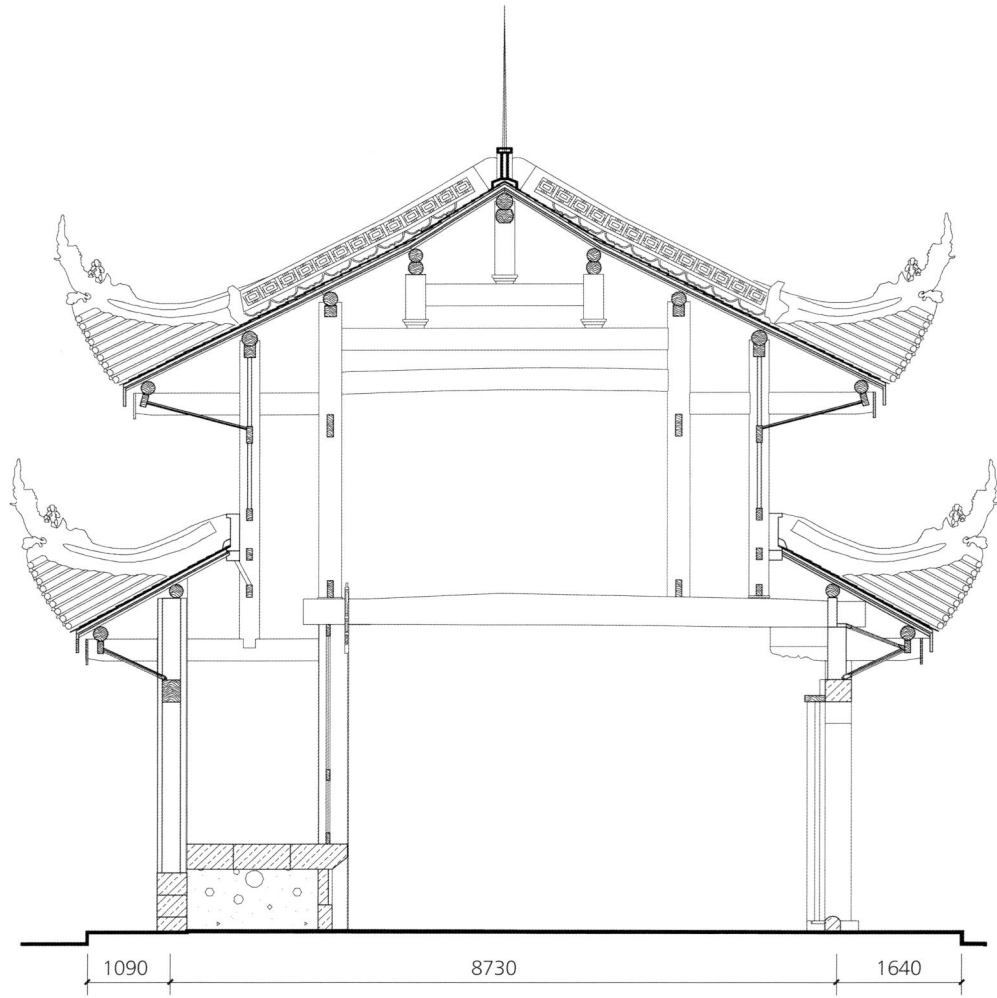

关圣殿明间剖面图

| 1090 | 8730 | 1640 |

0　1　2　3　4　5m

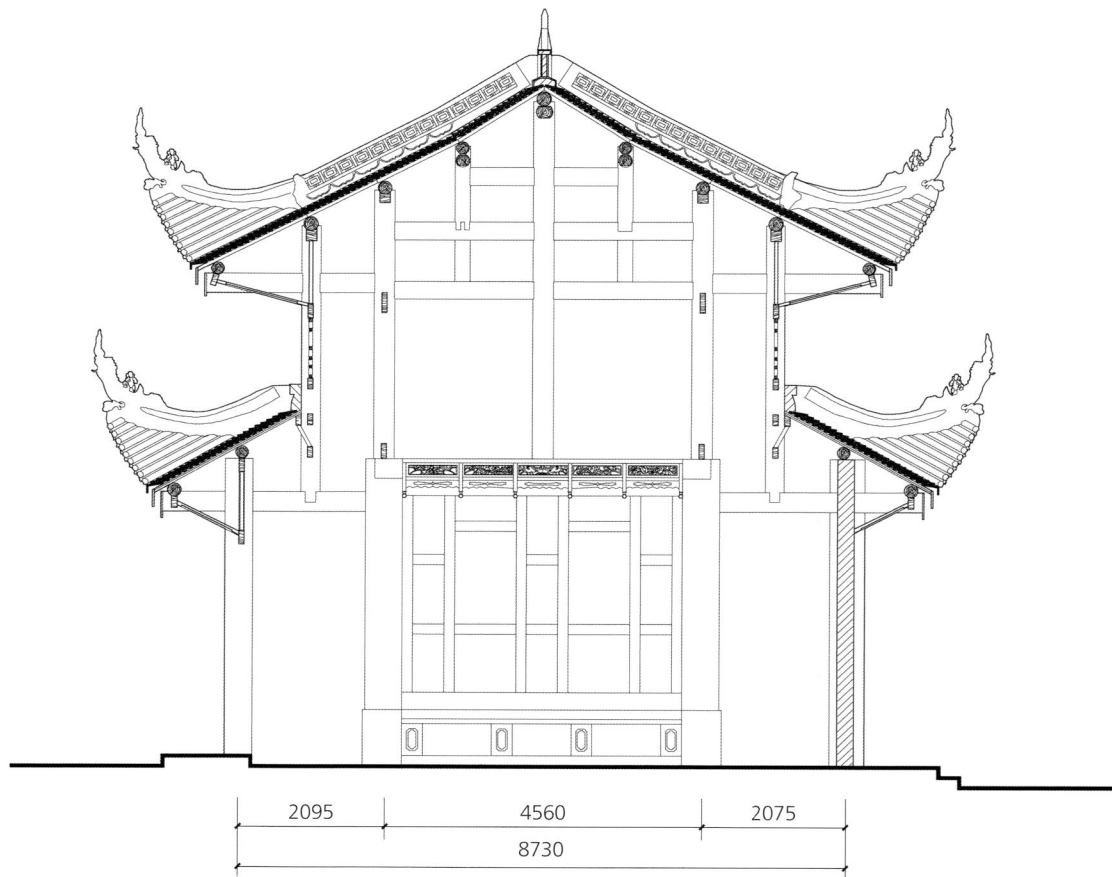

关圣殿次间剖面图

| 2095 | 4560 | 2075 |
| 8730 |

0　1　2　3　4　5m

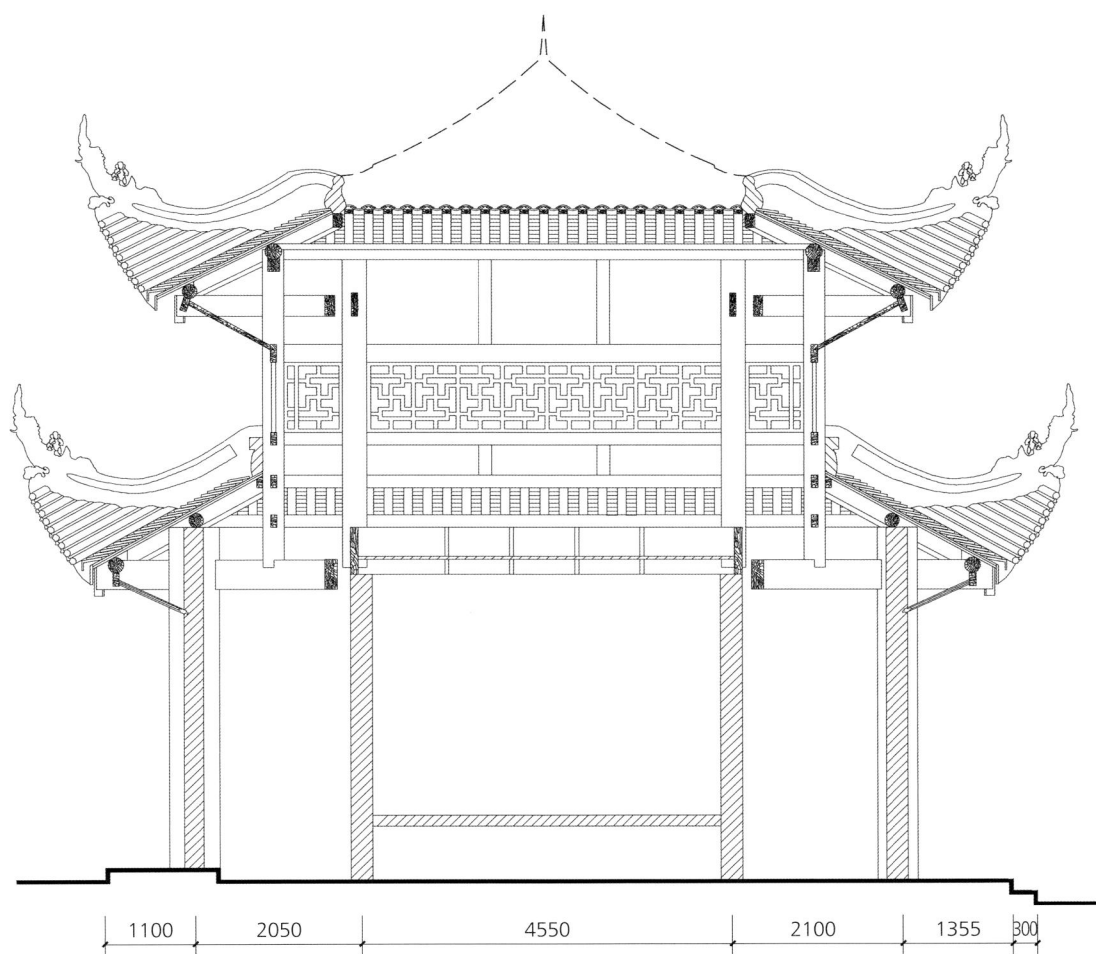

关圣殿梢间剖面图

| 1100 | 2050 | 4550 | 2100 | 1355 | 300 |

0　1　2　3　4　5m

关圣殿博脊饰样图

关圣殿明间佛帐饰样图

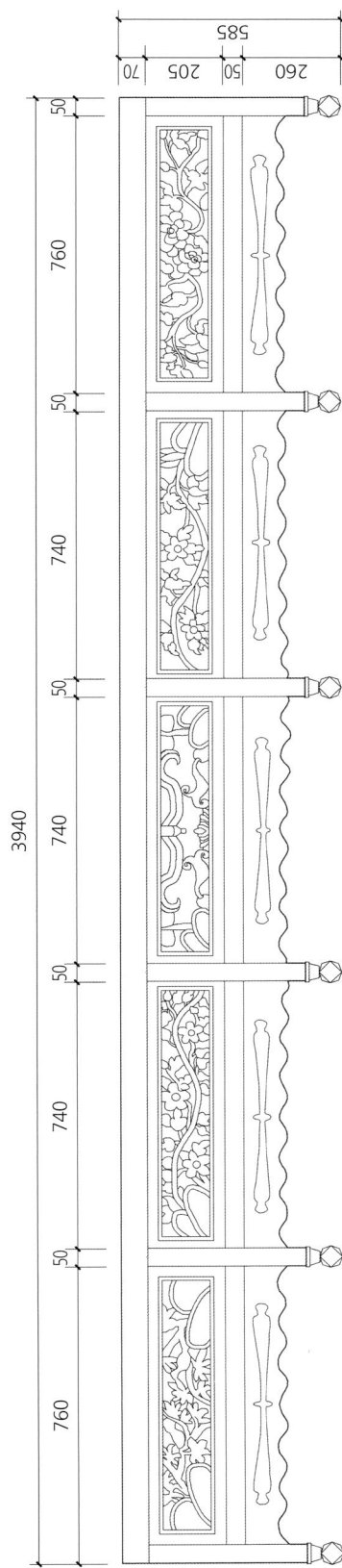

关圣殿次间佛帐饰样图

放生池

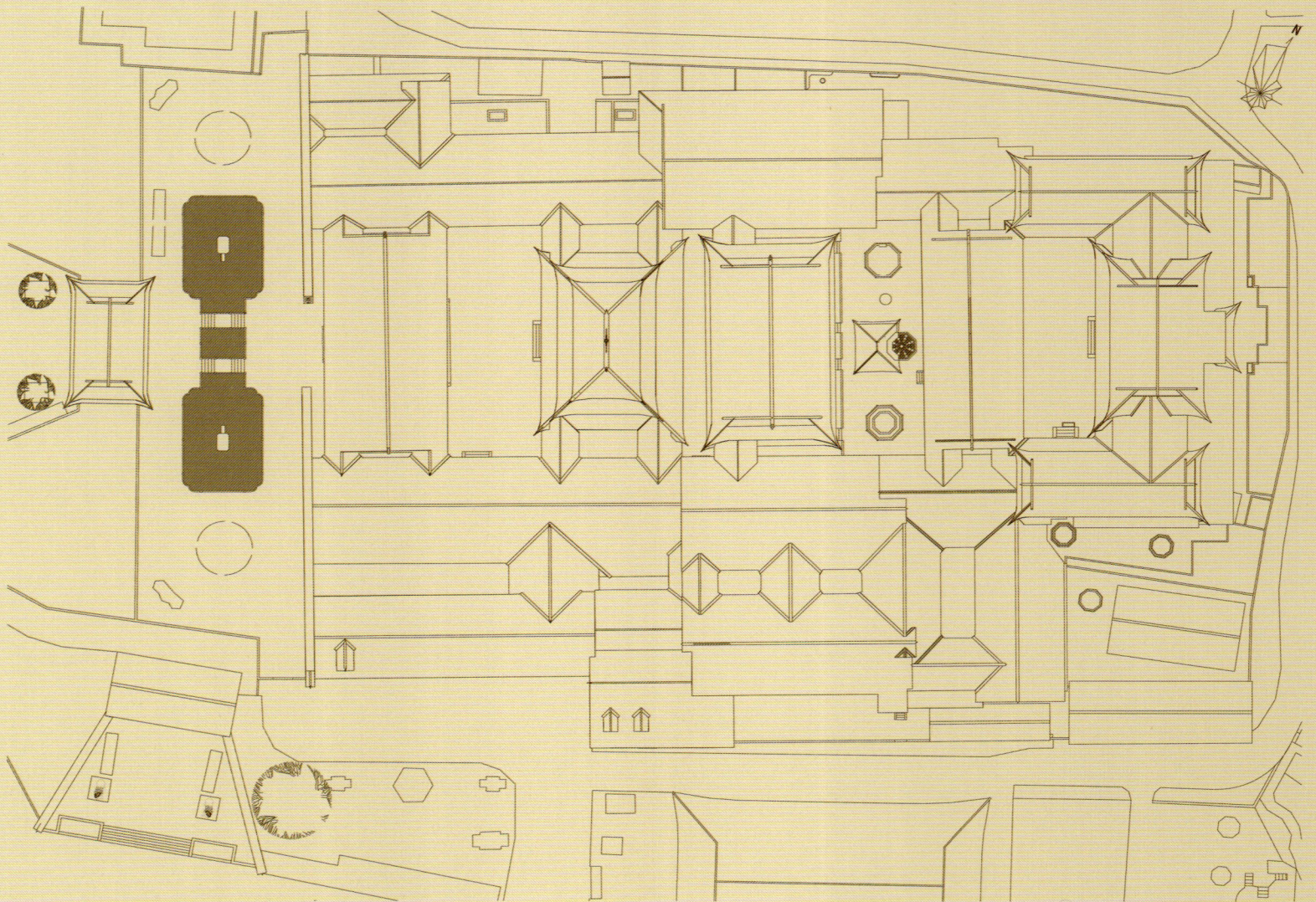

　　放生池池面南北宽44.1米横向展开，东西深11.4米，沿中轴线设石拱桥两座，将池面分成南、北相等两部分。池壁周边有石栏杆围护，栏板望柱均饰雕刻图案。雕刻艺术精湛，以八仙人物故事为题材，反映佛道融合的文化特色。放生池正面的封火山墙横向展开宽90余米，天际轮廓线起伏变换，是双桂堂的突出标志。放生池始建于清宣统元年（1909年），20世纪90年代重修，正面封火墙上有《论放生》碑刻。

放生池

放生池栏杆望柱石雕

放生池

弥勒殿

放生池

关圣殿

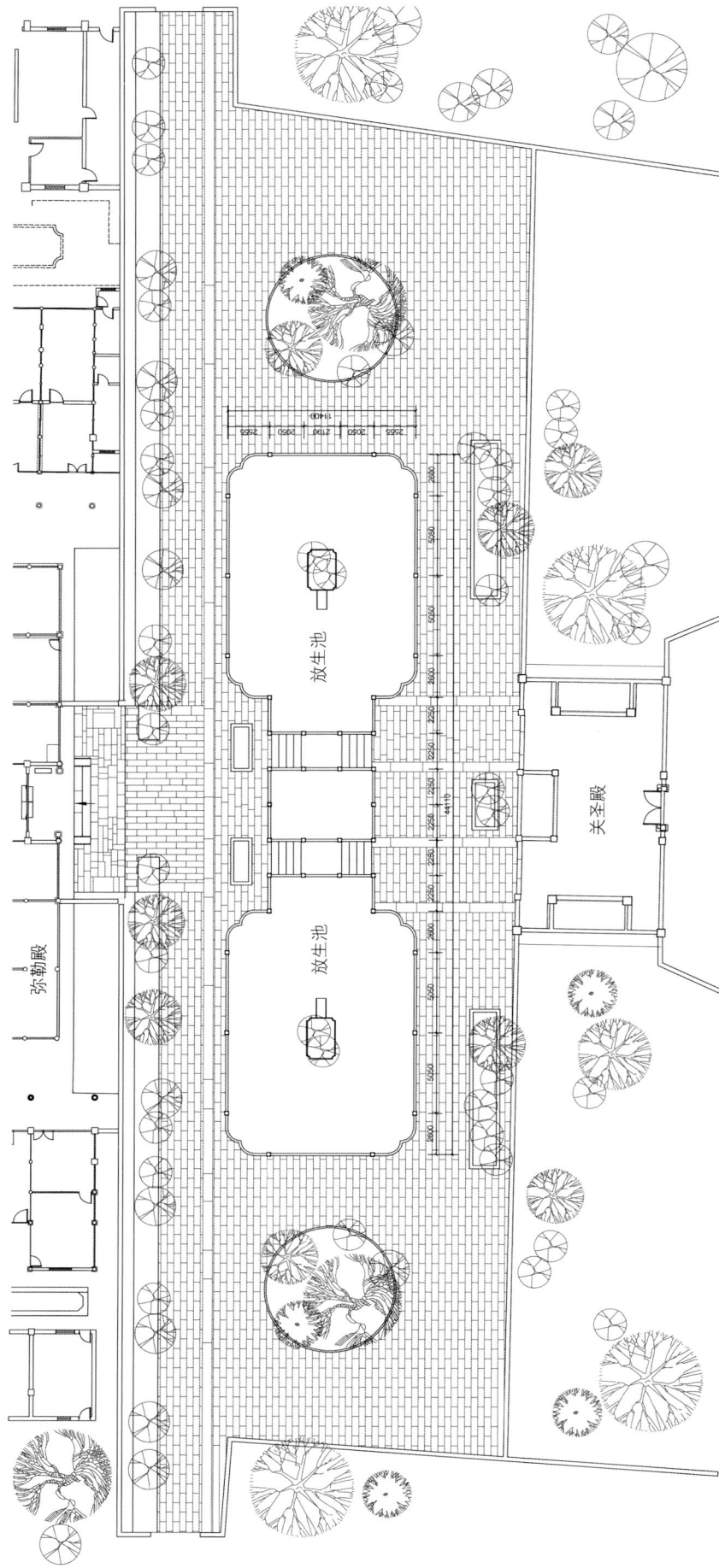

放生池平面图

0　　5　　10m

放生池

2.125
1.635
1.310
0.820
0.620
0.290
±0.000

-1.100

3m
2
1
0

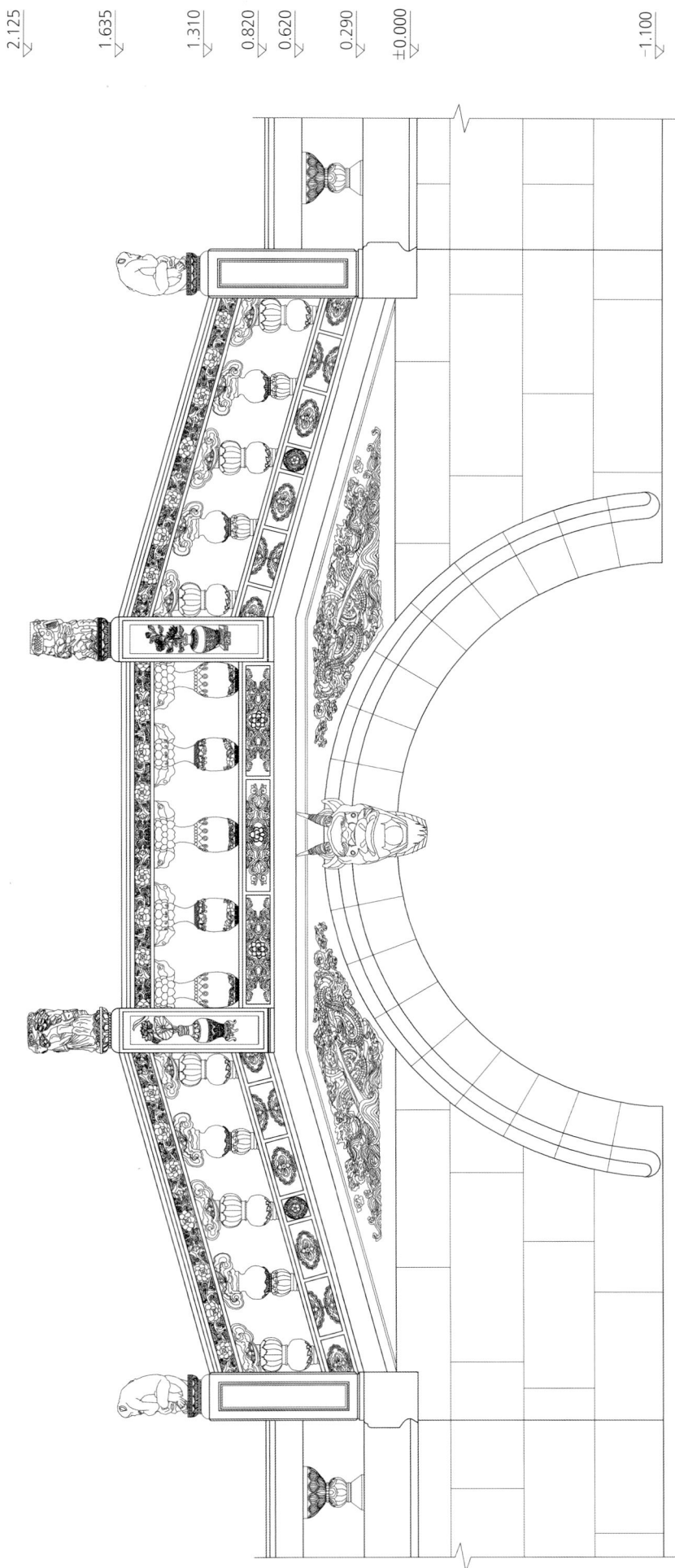

放生池石拱桥立面图

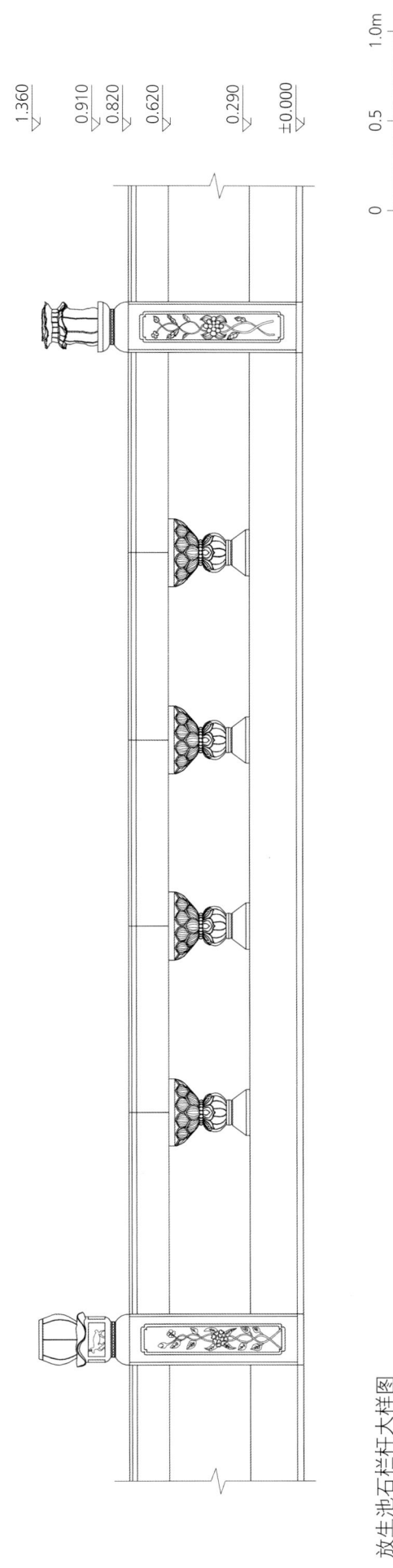

1.360
0.910
0.820
0.620
0.290
±0.000

1.0m
0.5
0

放生池石栏杆大样图

0　　　0.5　　　1.0m

放生池石拱桥栏板大样图

1940

185

185

185

185

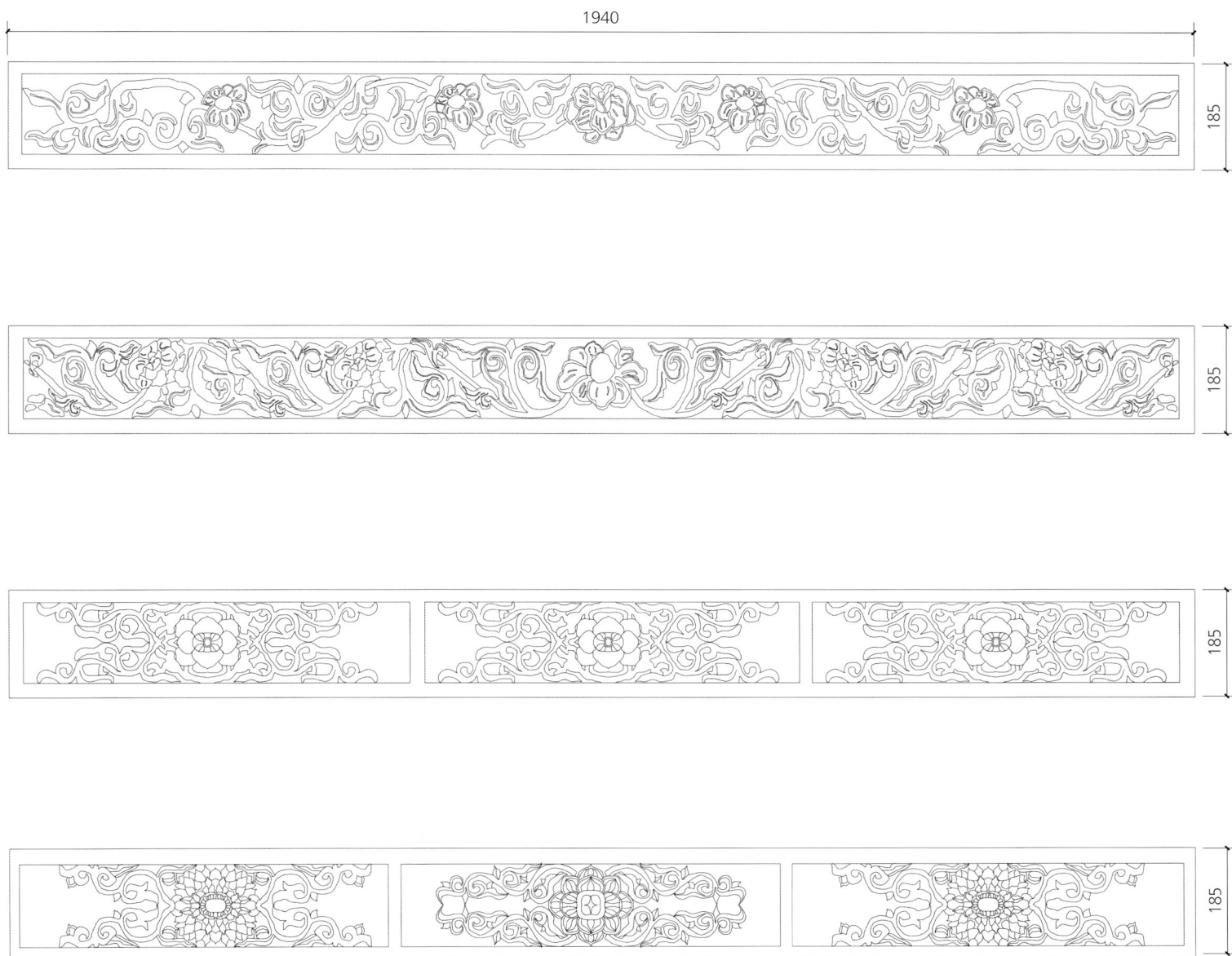

放生池石拱桥栏板浮雕图案

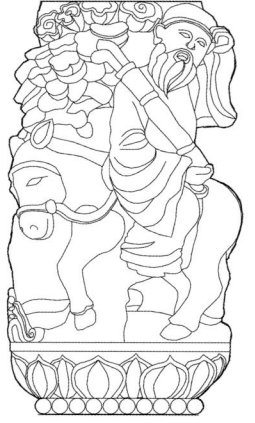

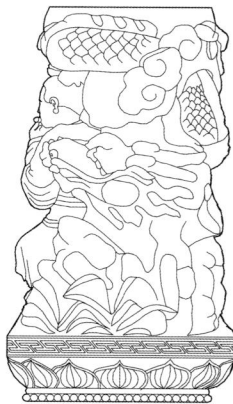

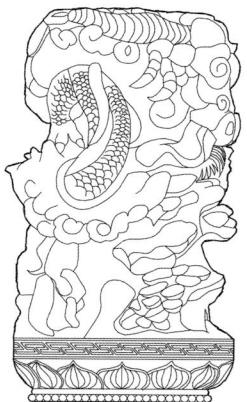

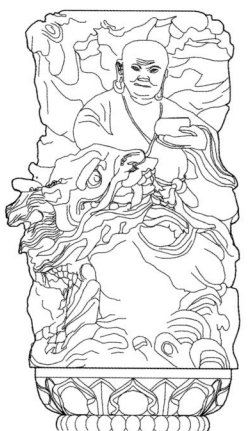

放生池石拱桥望柱头饰样图

450

880

250　250　250　250

放生池石拱桥望柱饰样图

250

450

放生池栏杆望柱头饰样图

弥勒殿

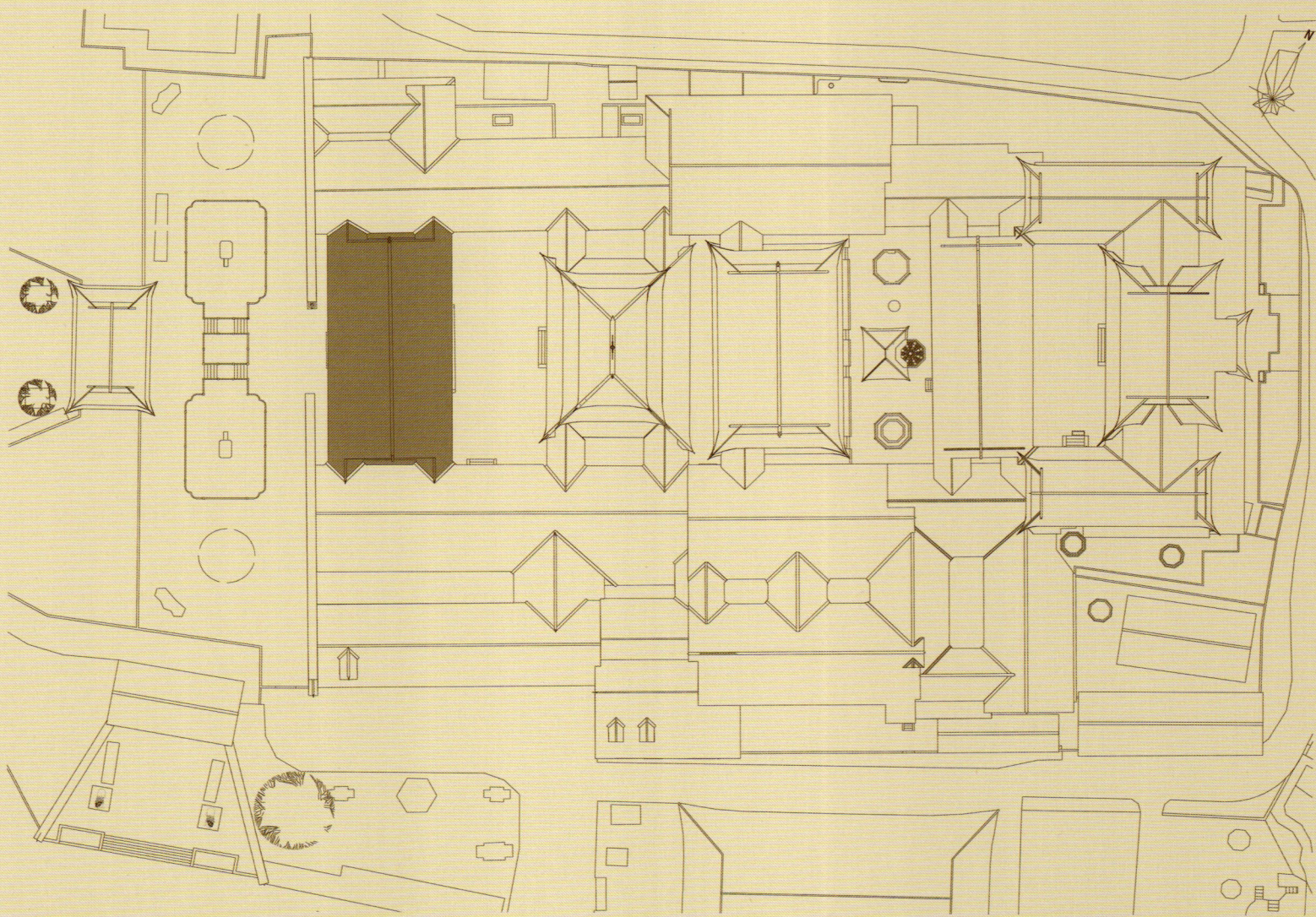

　　弥勒殿面阔七间29.7米，通进深14.5米，大殿进深12.7米，背面檐廊深1.8米，与两侧配殿檐廊连通。当心三间为主殿，明间为木构抬梁式构架，梢间和尽间为穿斗构架夹壁隔墙。殿内正面祀奉弥勒佛，背面韦驮菩萨，南北两侧四大天王；殿内靠前两侧架设钟鼓，替代钟鼓楼的空间功能，铜钟上镌刻有光绪二十五年（1899年）的《大铜钟铭》。单檐悬山顶，正面当心三间檐廊敞开，梢间与尽间前两米处有封火山墙隔离，形成天井式空间。弥勒殿始建于清康熙十二年（1673年），乾隆三十四年（1769年）重建，道光五年（1825年）重修。

弥勒殿正面入口

弥勒殿背立面檐廊

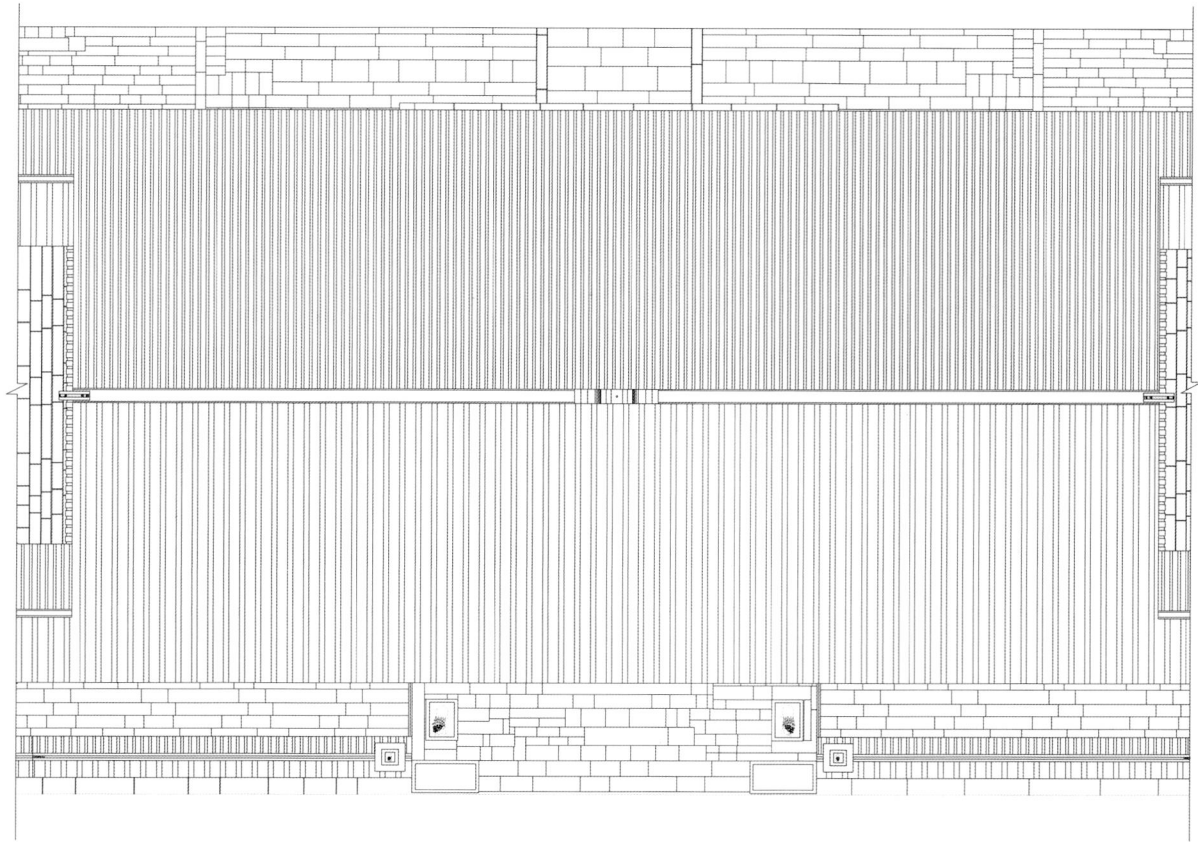

弥勒殿屋顶平面图

0 1 2 3 4 5m

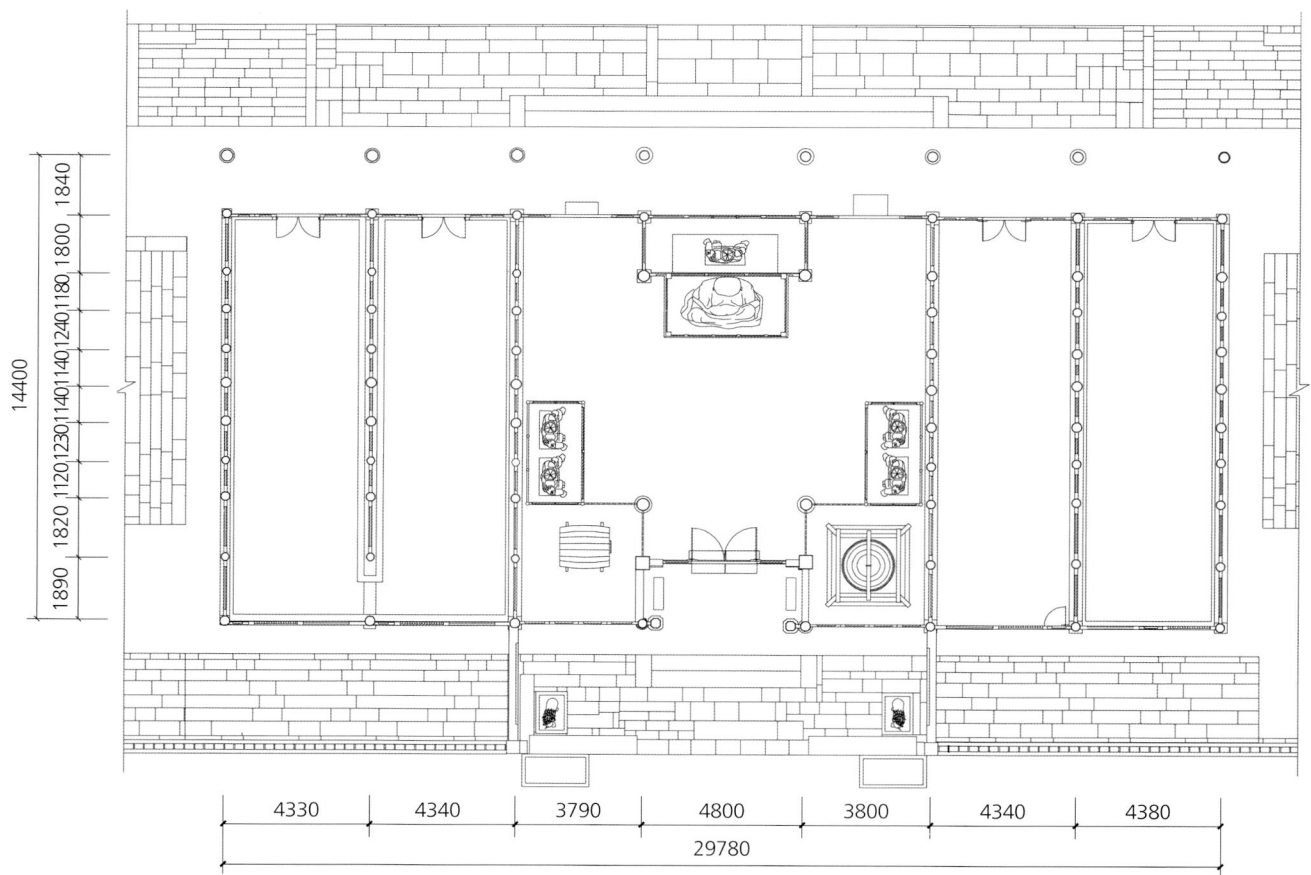

弥勒殿平面图

0 1 2 3 4 5m

1890 1820 1120 1230 1140 1240 1180 1800 1840

14400

4330 4340 3790 4800 3800 4340 4380

29780

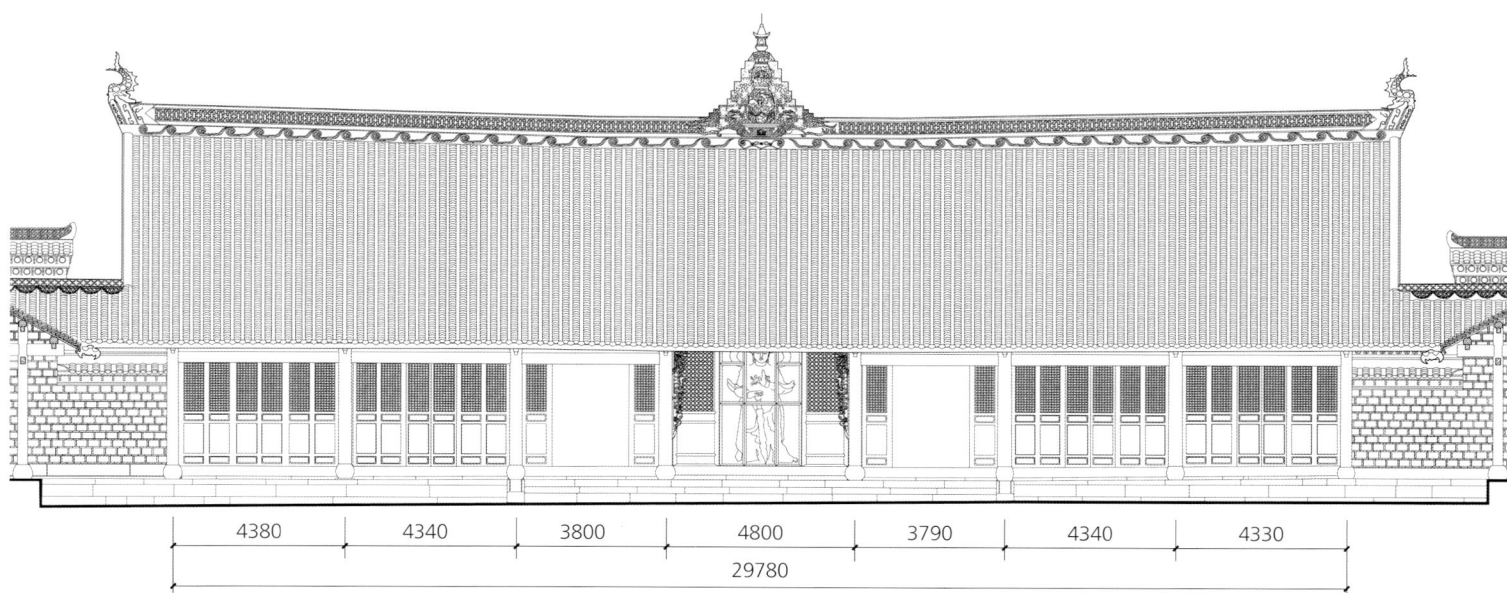

弥勒殿背立面图

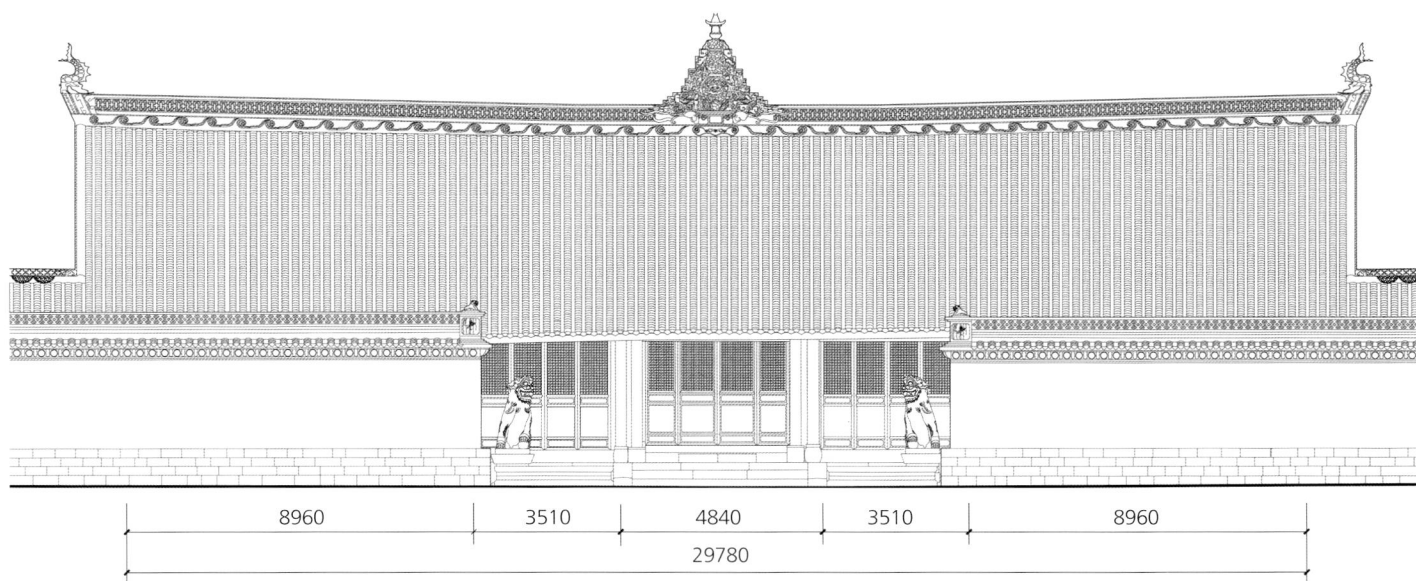

| 4380 | 4340 | 3800 | 4800 | 3790 | 4340 | 4330 |

29780

0　1　2　3　4　5m

弥勒殿正立面图

| 8960 | 3510 | 4840 | 3510 | 8960 |

29780

0　1　2　3　4 5m

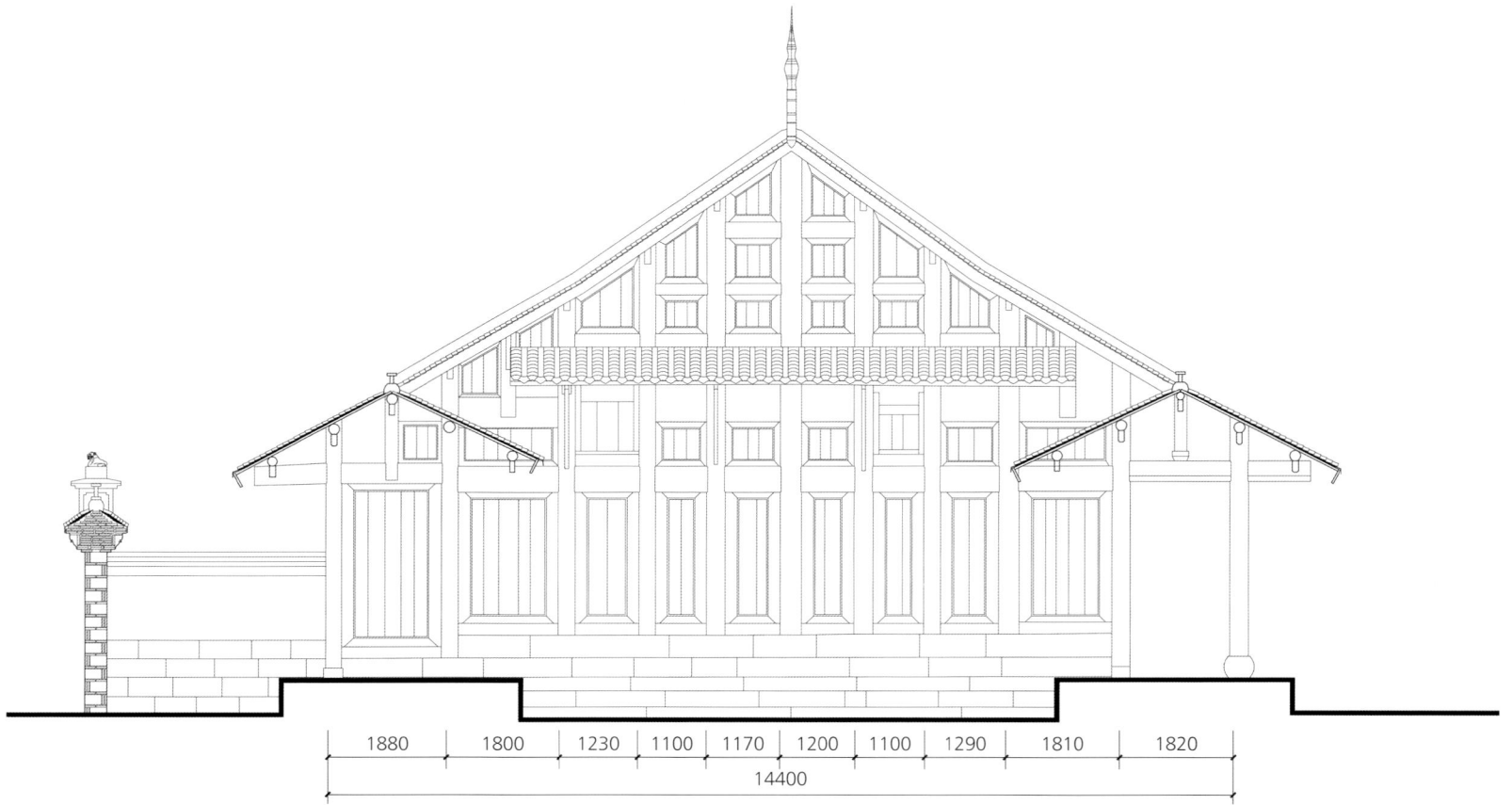

弥勒殿侧立面图

| 1880 | 1800 | 1230 | 1100 | 1170 | 1200 | 1100 | 1290 | 1810 | 1820 |

14400

0　1　2　3m

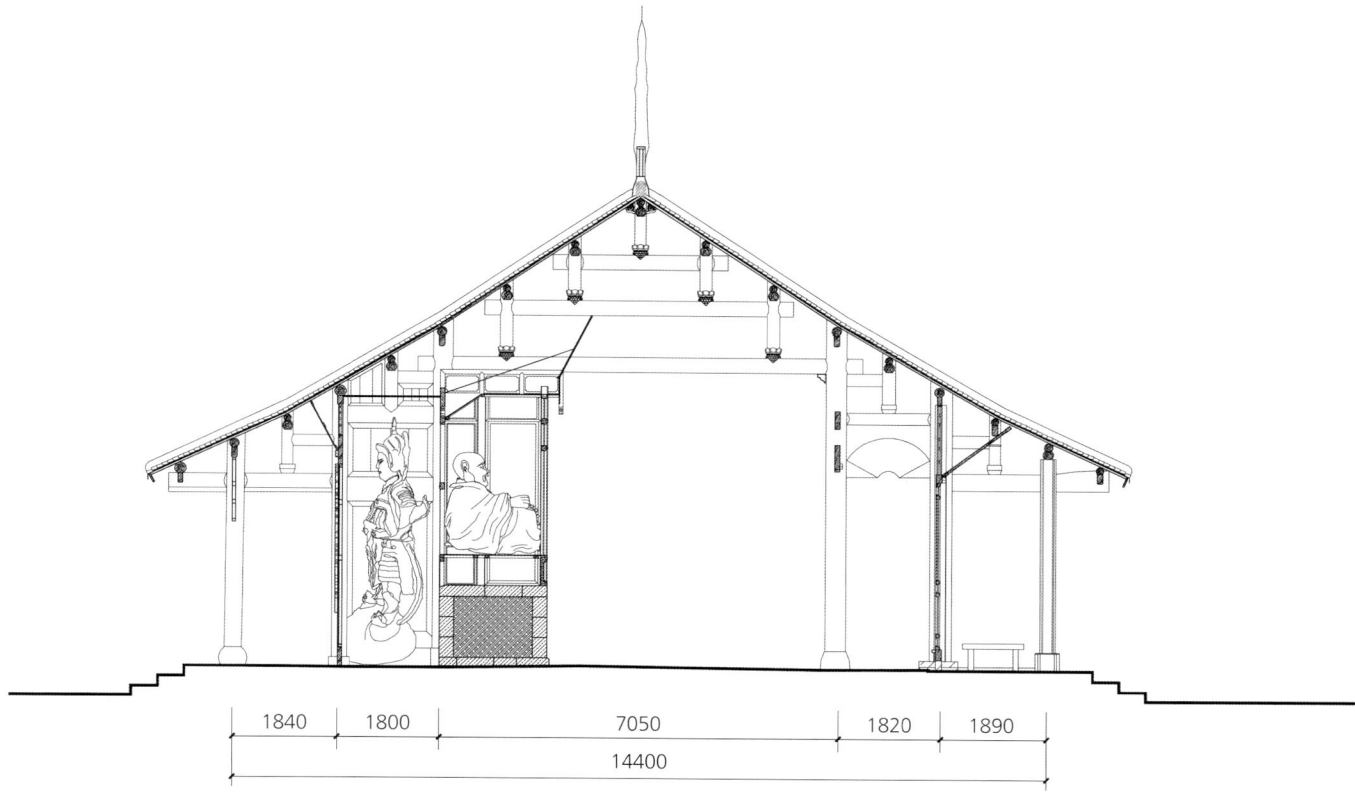

弥勒殿明间剖面图

| 1840 | 1800 | 7050 | 1820 | 1890 |

14400

0　1　2　3m

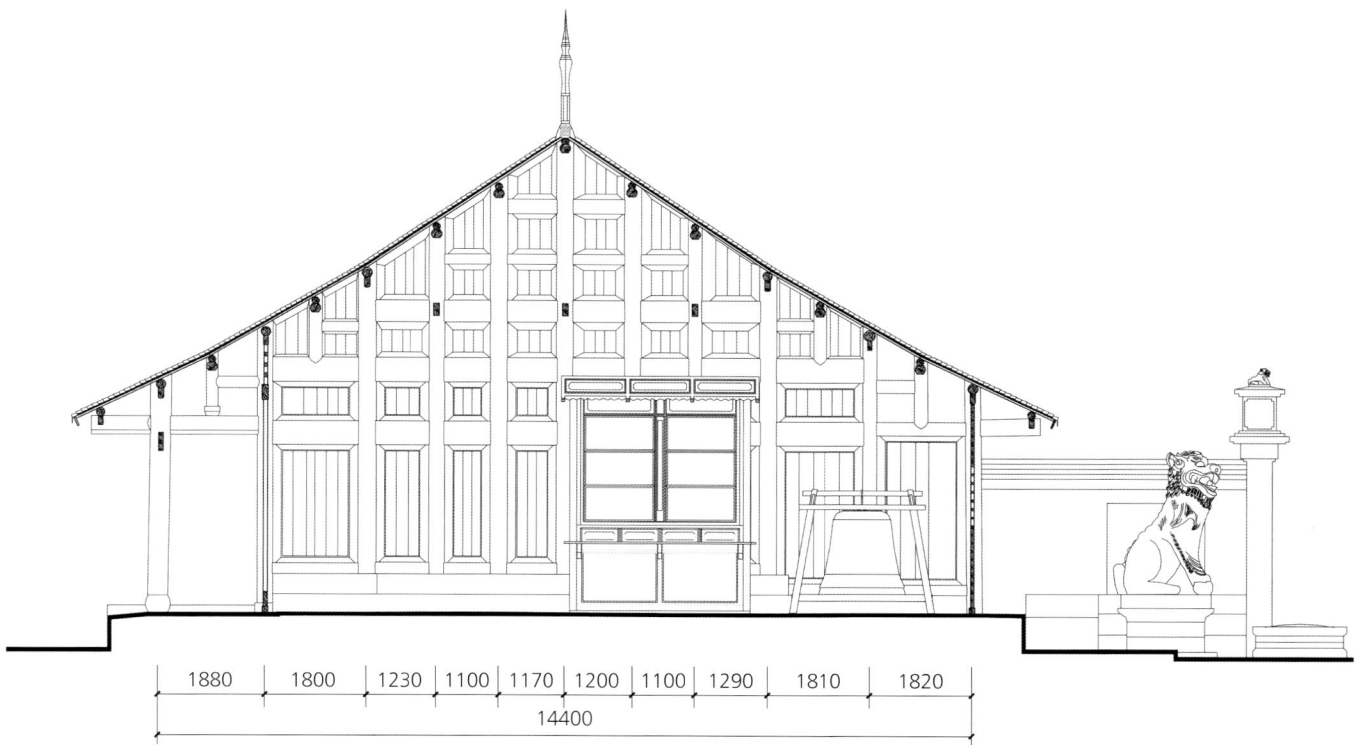

弥勒殿次间剖面图

| 1880 | 1800 | 1230 | 1100 | 1170 | 1200 | 1100 | 1290 | 1810 | 1820 |

14400

0　1　2　3m

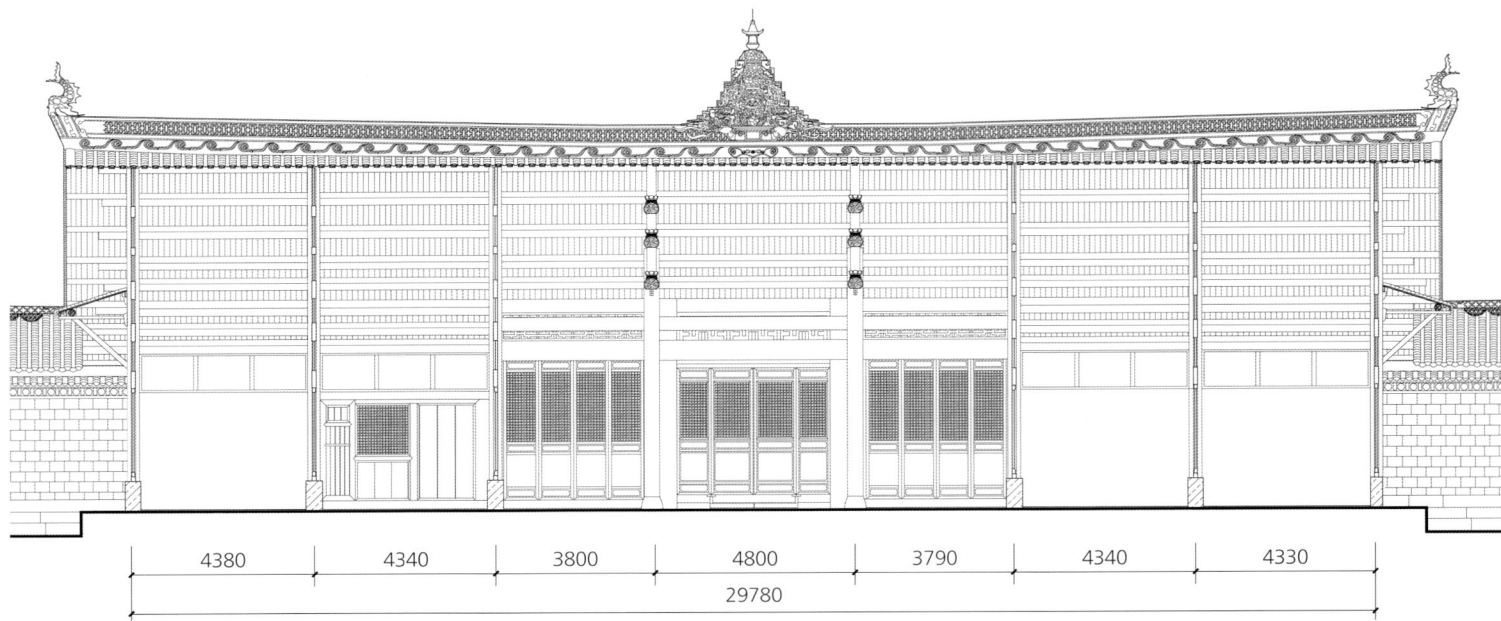

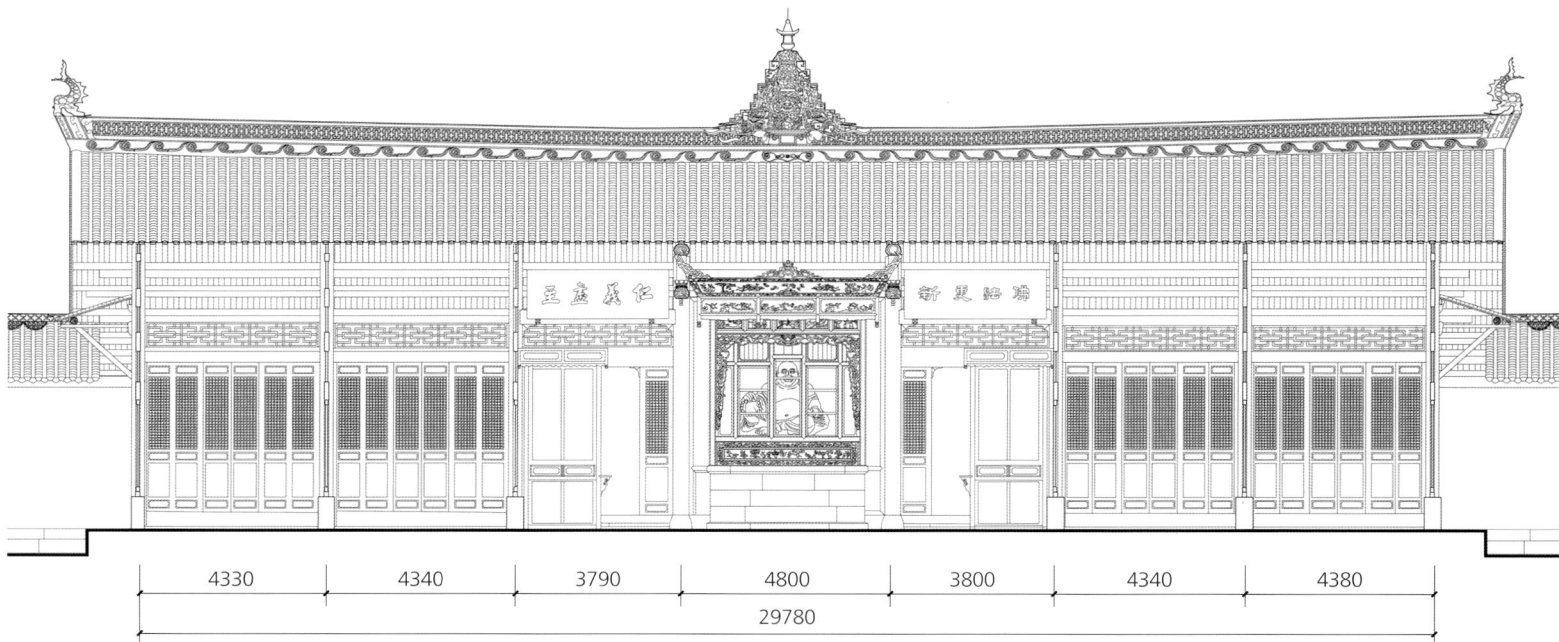

弥勒殿横剖面图

4380	4340	3800	4800	3790	4340	4330

29780

0　1　2　3　4　5m

弥勒殿横剖面图

4330	4340	3790	4800	3800	4340	4380

29780

0　1　2　3　4　5m

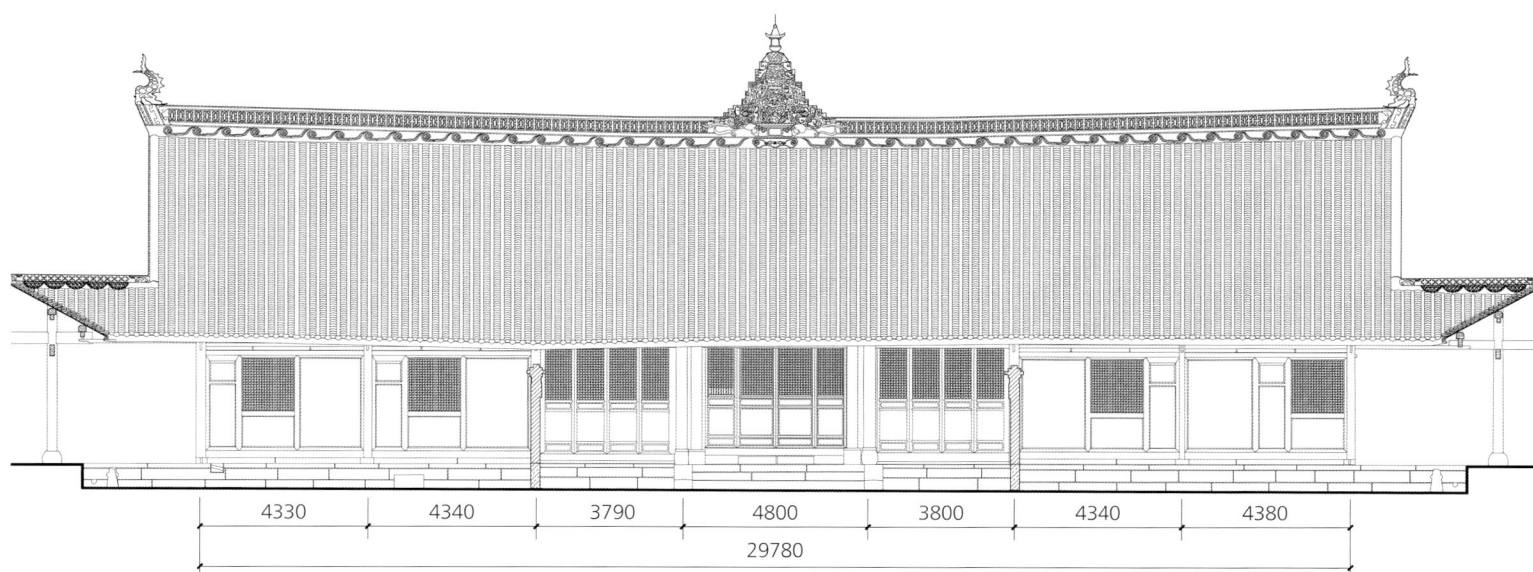

弥勒殿檐廊剖面图

| 4330 | 4340 | 3790 | 4800 | 3800 | 4340 | 4380 |

29780

0 1 2 3 4 5m

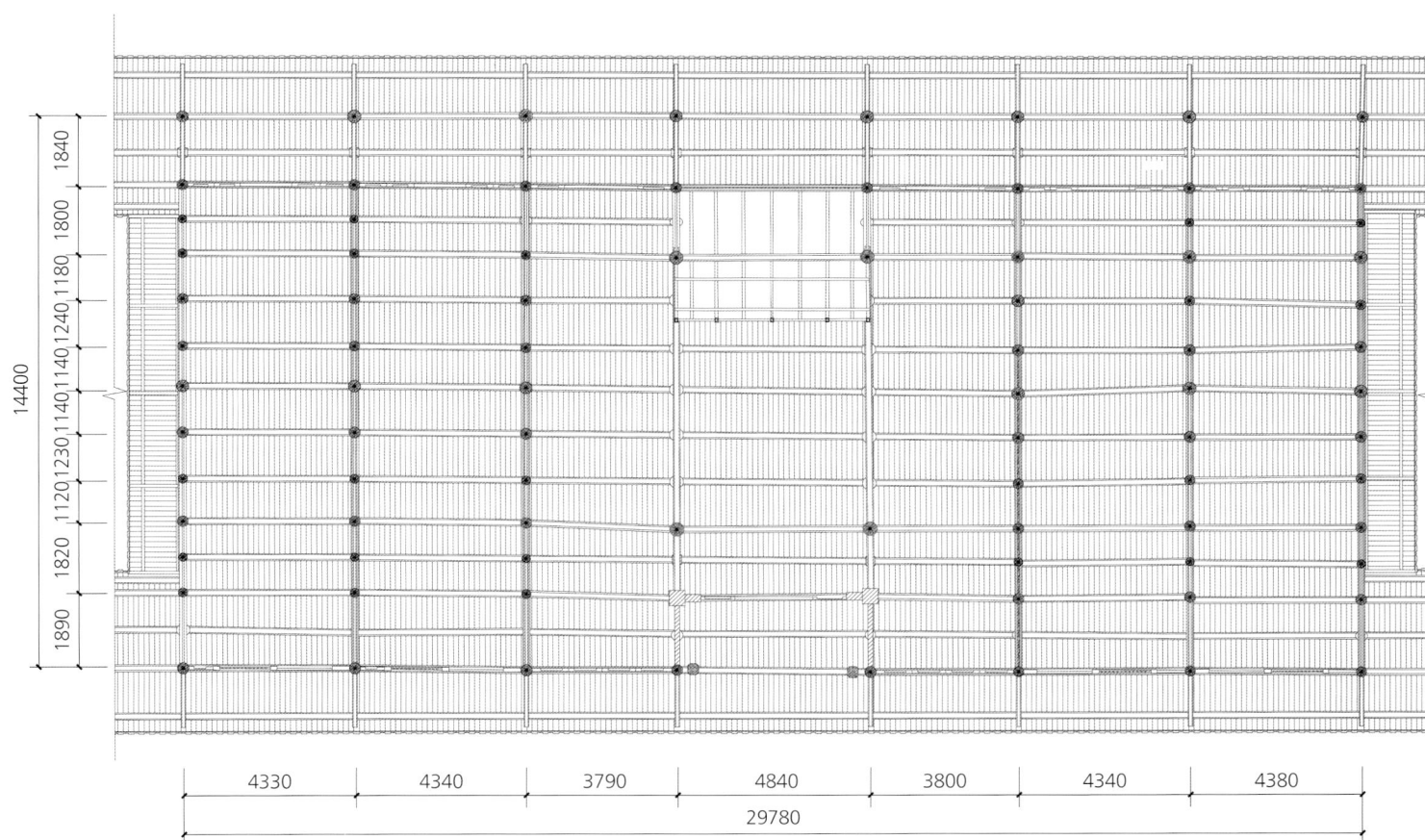

弥勒殿一层楼面仰视平面图

1840
1800
1180 1240 1140 1230 1120
14400
1820
1890

| 4330 | 4340 | 3790 | 4840 | 3800 | 4340 | 4380 |

29780

0 1 2 3 4 5m

弥勒殿正脊饰样图

0　　0.5　　1.0　　1.5　　2.0m

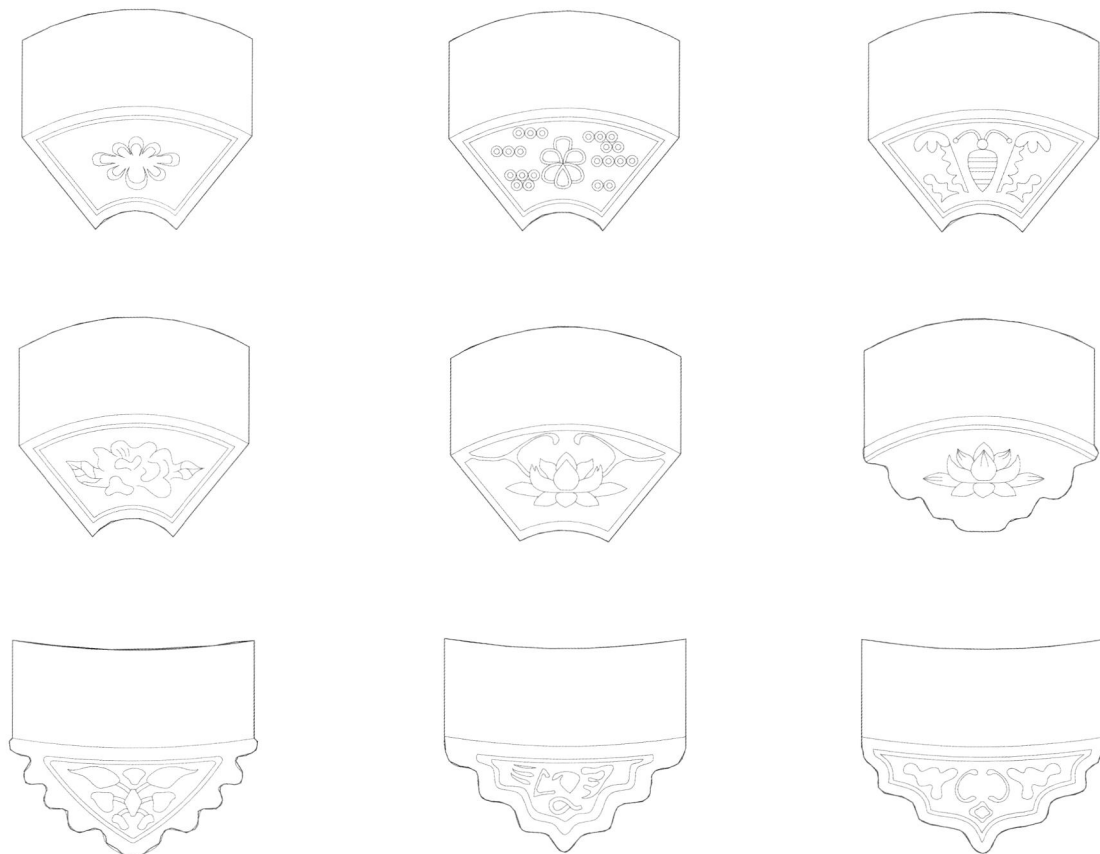

弥勒殿瓦当滴水饰样图

弥勒殿封火墙墨绘瓦当饰样图

大雄宝殿

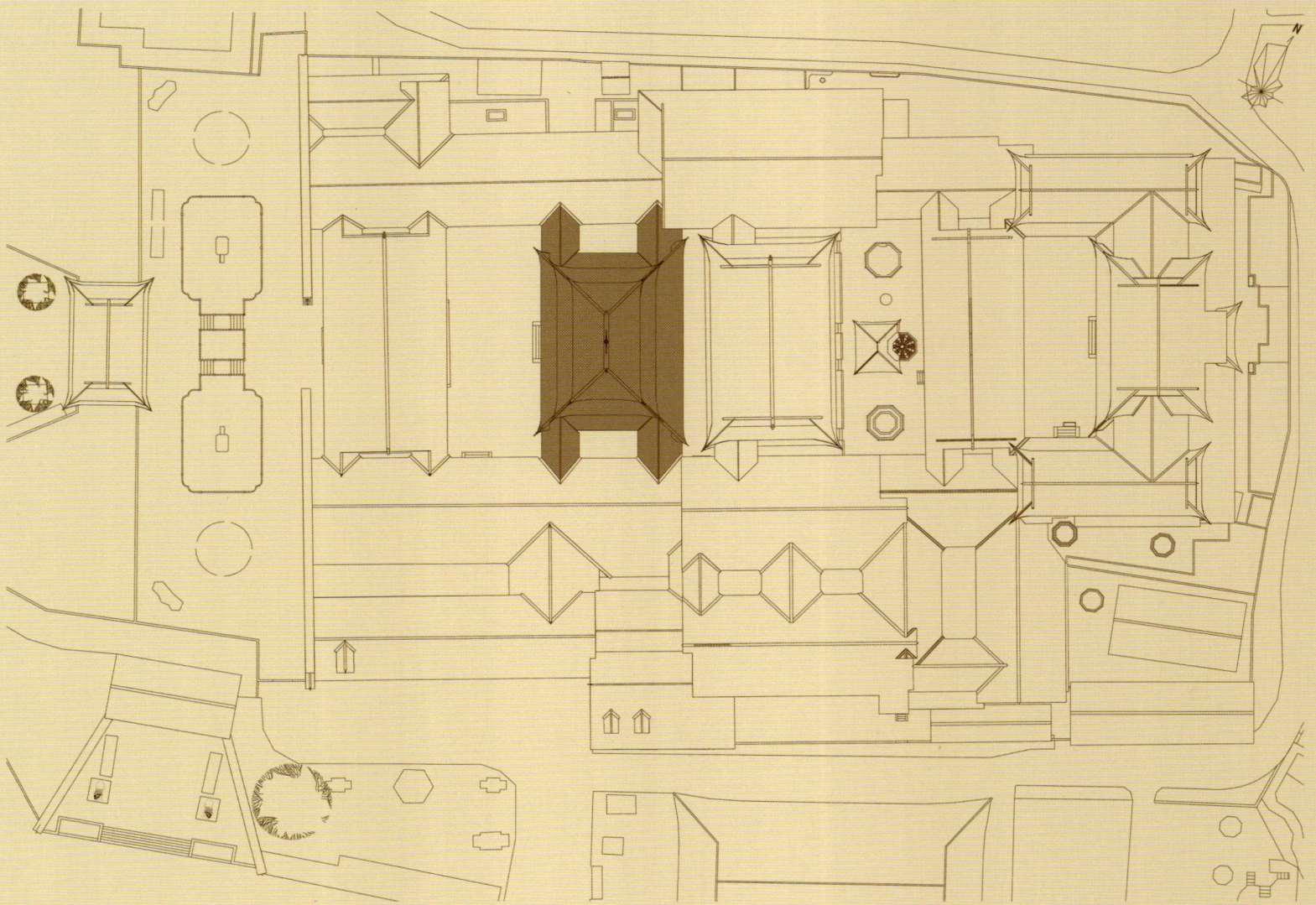

大雄宝殿面阔七间24.3米，大殿空间面阔五间19.1米，两尽间为开敞檐廊；通进深18.1米，殿堂进深13.9米，前檐廊深三步架2.5米，后檐廊深两步架1.7米，檐廊两端设连廊与配殿连通。殿内以前后金柱将其分为内外槽空间，内槽空间天棚高度9米，外槽空间天棚高度7.2米。结构为石木组合构架，天棚以下立柱均为整体石材，与上部抬梁构架组合而成。单层三重檐庑殿顶，总高20余米，重重翼角起翘与厚重的石构围护墙，具有硕大而轻盈飘逸的建筑气势。殿内明间祀奉释迦牟尼，背面奉三世佛，两侧壁龛祀奉十八尊者。殿内楹联与石柱整体雕刻而成，九米高的石柱镌刻五十九字，是寺院内最长的楹联；石构山墙镶嵌清代碑文铭记；匾额题刻甚多，是双桂堂寺院历史文化的见证。大雄宝殿始建于清顺治十年（1653年），清乾隆二十三年（1758年）重建，清光绪十九年（1893年）改建。

大雄宝殿

大雄宝殿檐廊

大雄宝殿木构屋架

大雄宝殿石木构架

大雄宝殿石柱檐廊

大雄宝殿石柱楹联

大雄宝殿转角撑拱

大雄宝殿俯视图

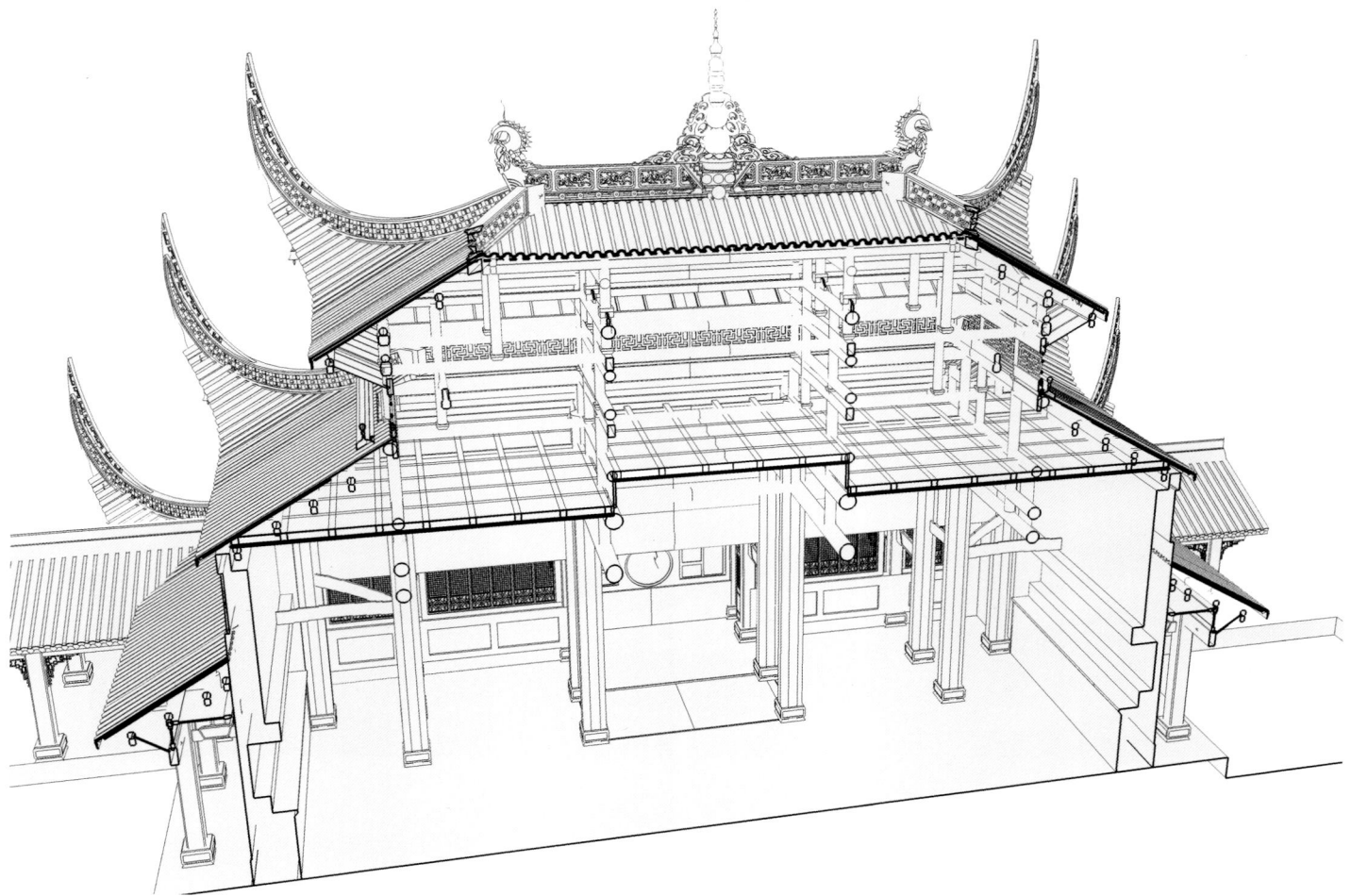

大雄宝殿横向剖视图

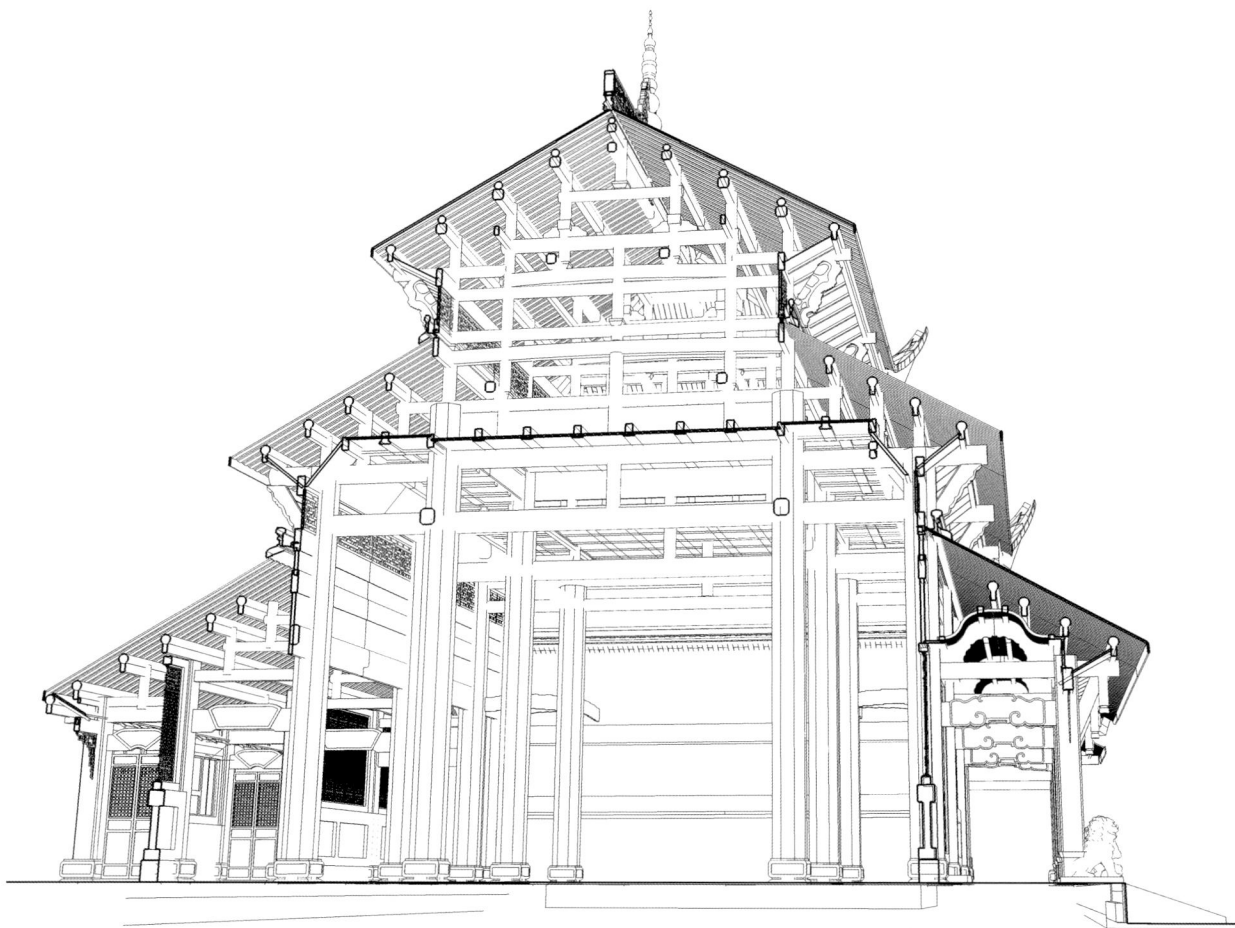

大雄宝殿纵向剖视图

大雄宝殿构架剖视图

1660

2510

2430

18140

6600

2540

2400

4970　4530　5300　4530　4970

24300

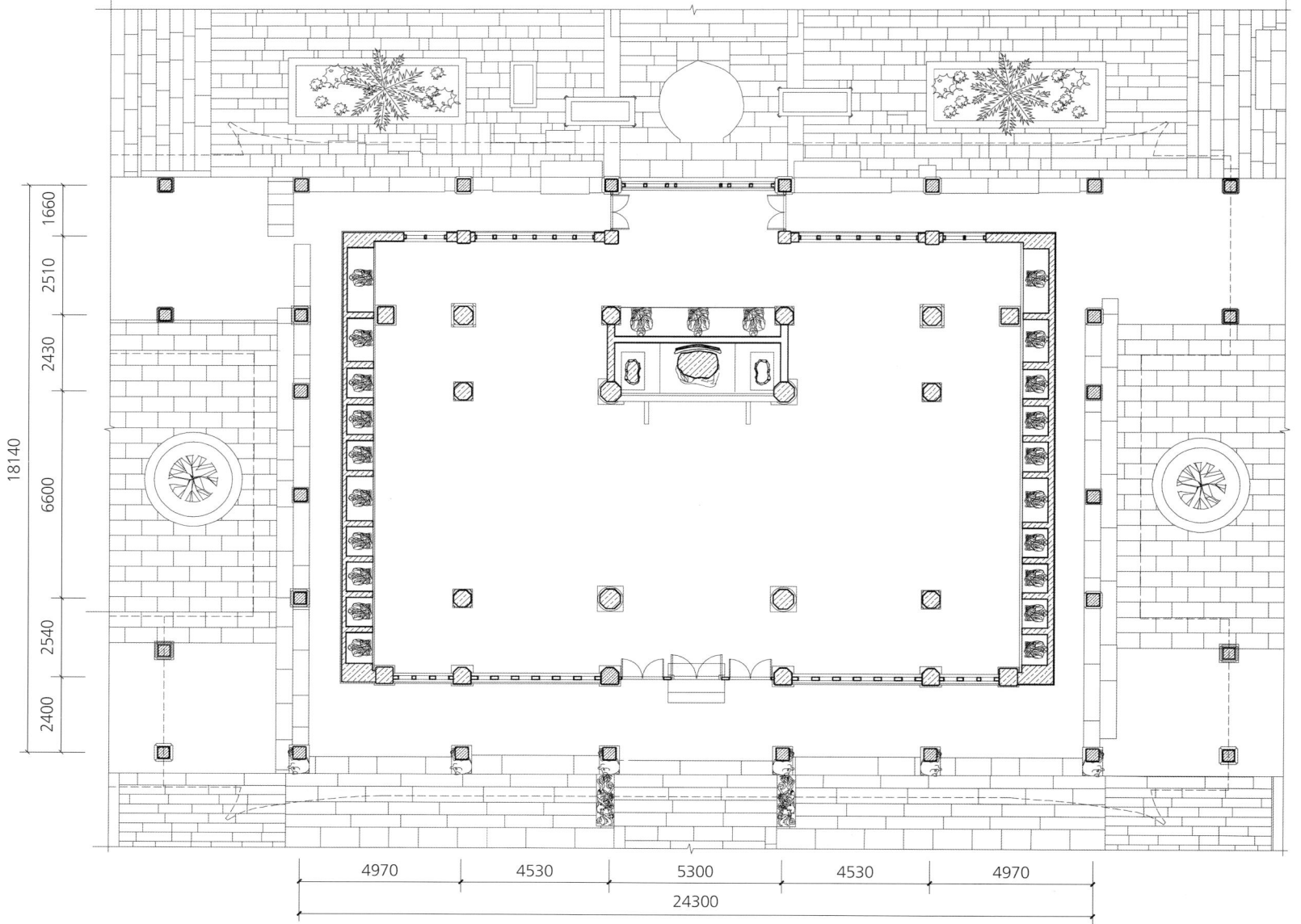

大雄宝殿平面图

0　1　2　3　4　5m

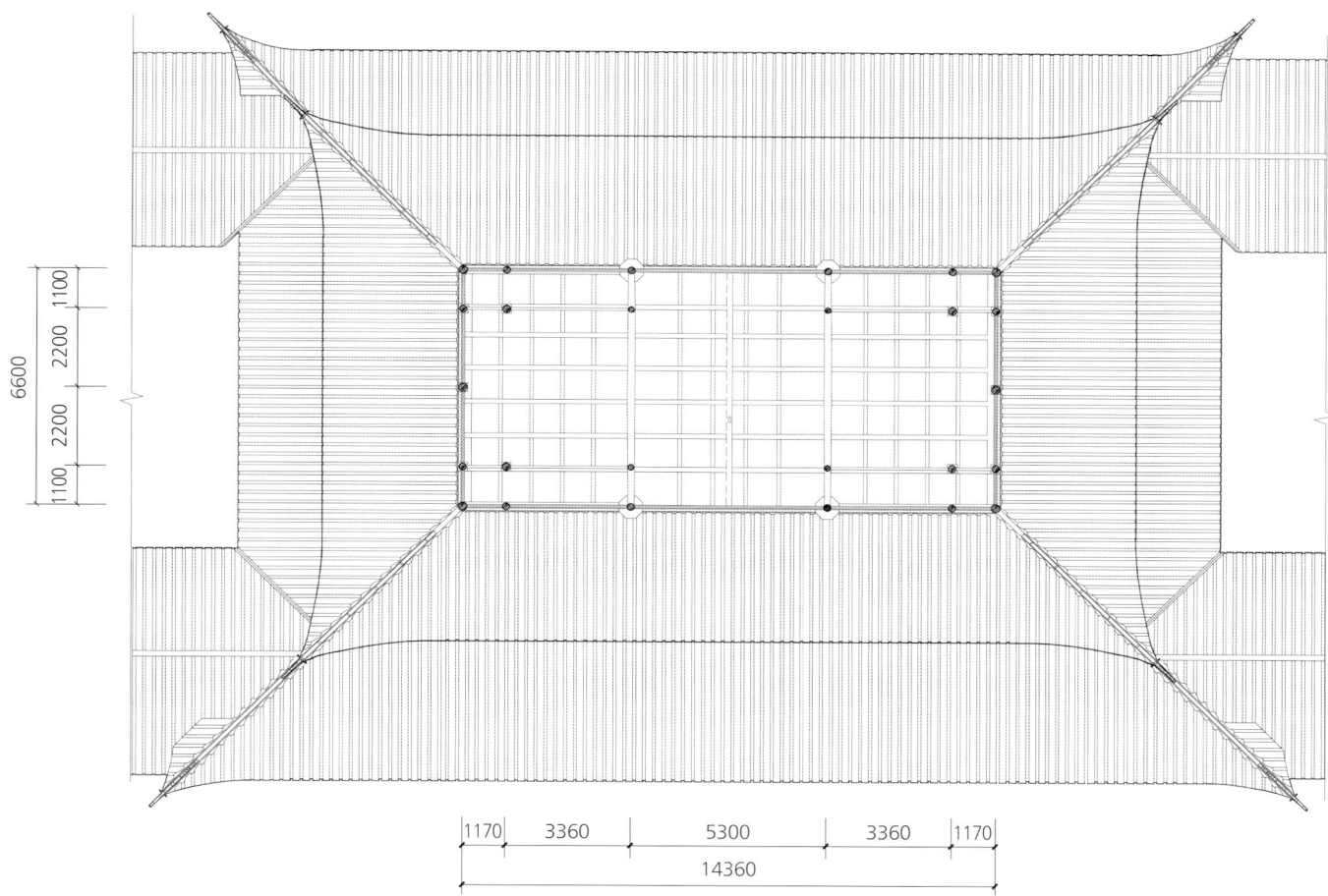

大雄宝殿天棚层平面图

0 1 2 3 4 5m

6600
1100
2200
2200
1100

1170　3360　5300　3360　1170
14360

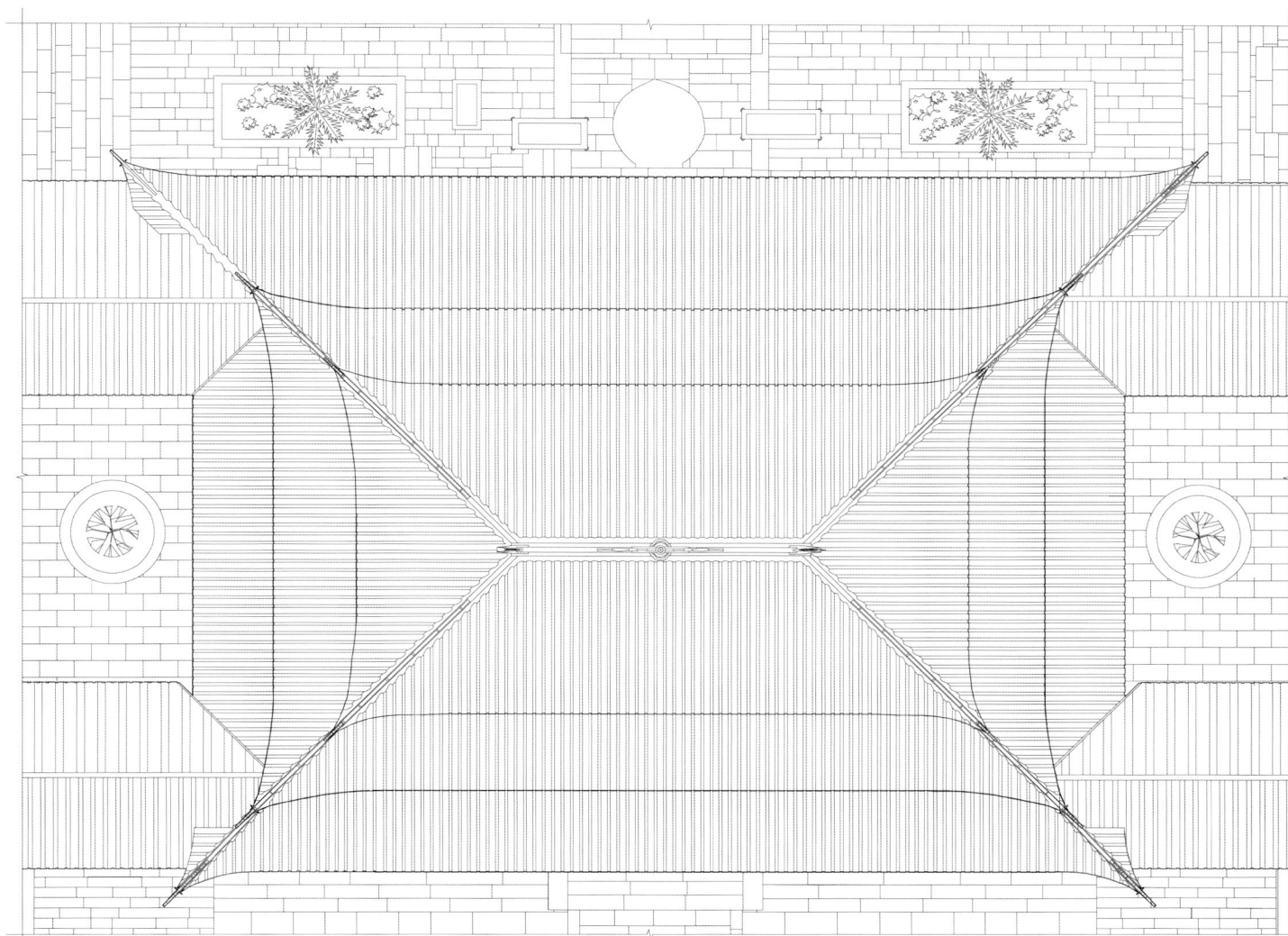

大雄宝殿屋顶平面图

0 1 2 3 4 5m

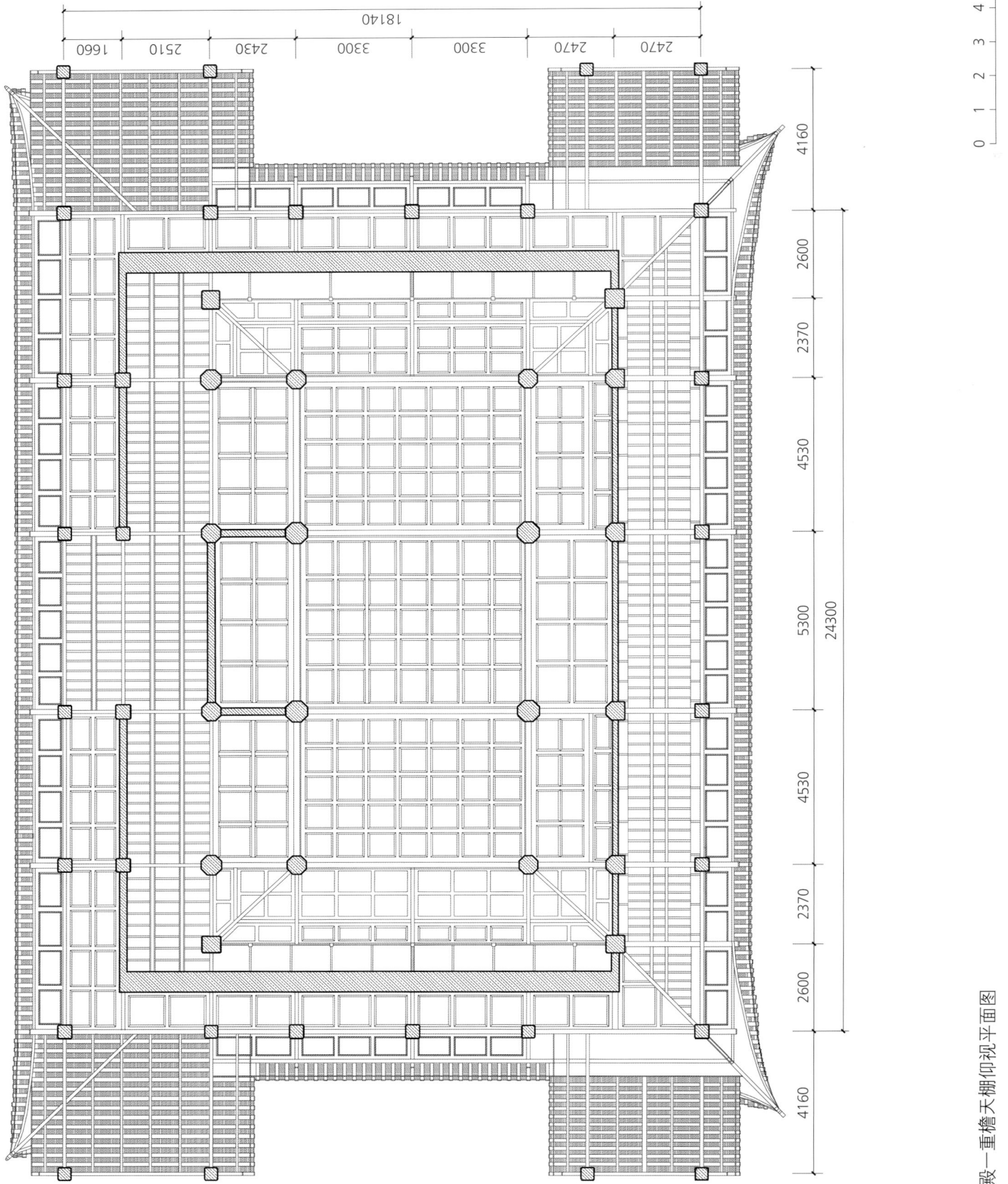

大雄宝殿—重檐天棚仰视平面图

18140

1660 2510 2430 3300 3300 2470 2470 1660

4160 2600 2370 4530 5300 4530 2370 2600 4160

24300

0 1 2 3 4 5m

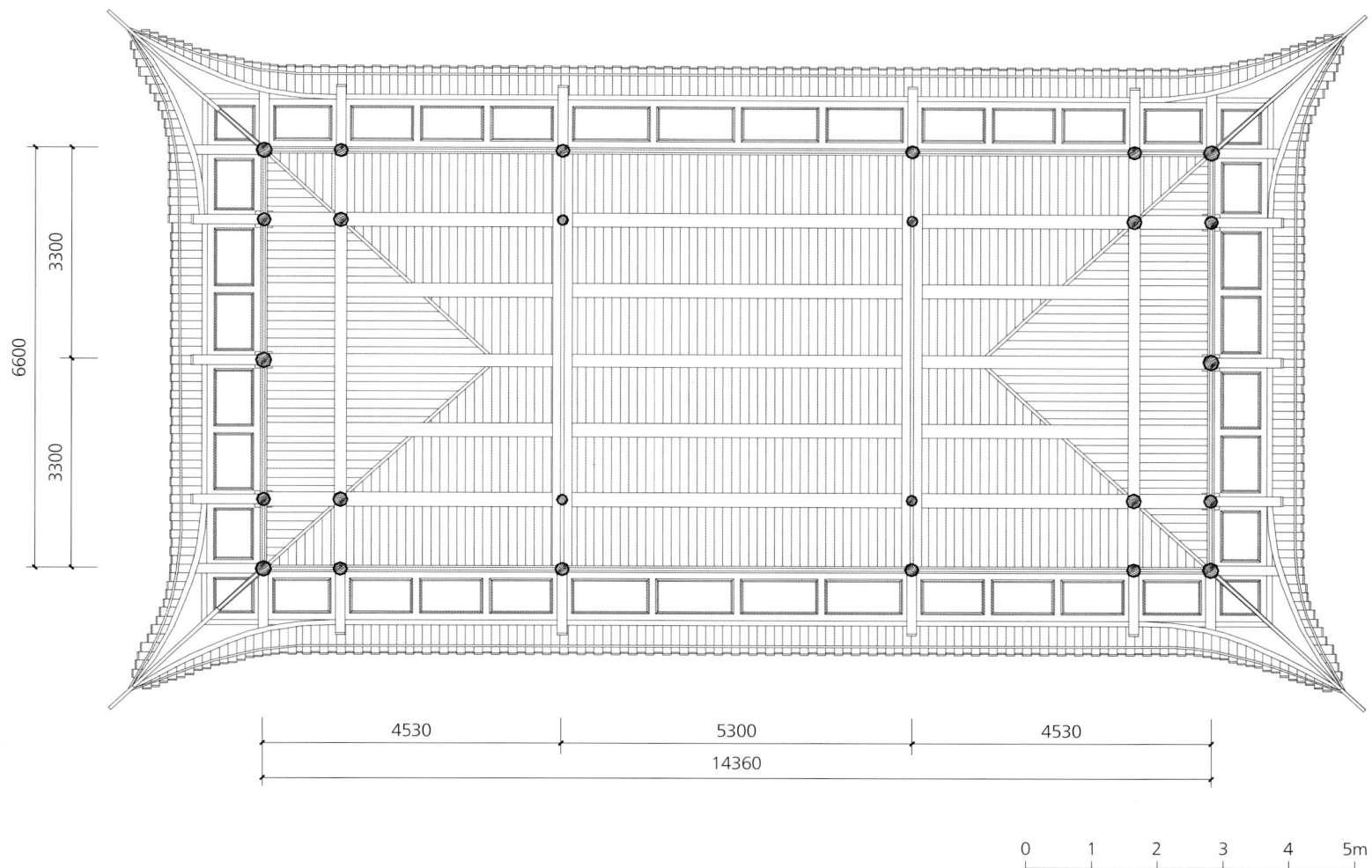

大雄宝殿三重檐屋顶仰视平面图

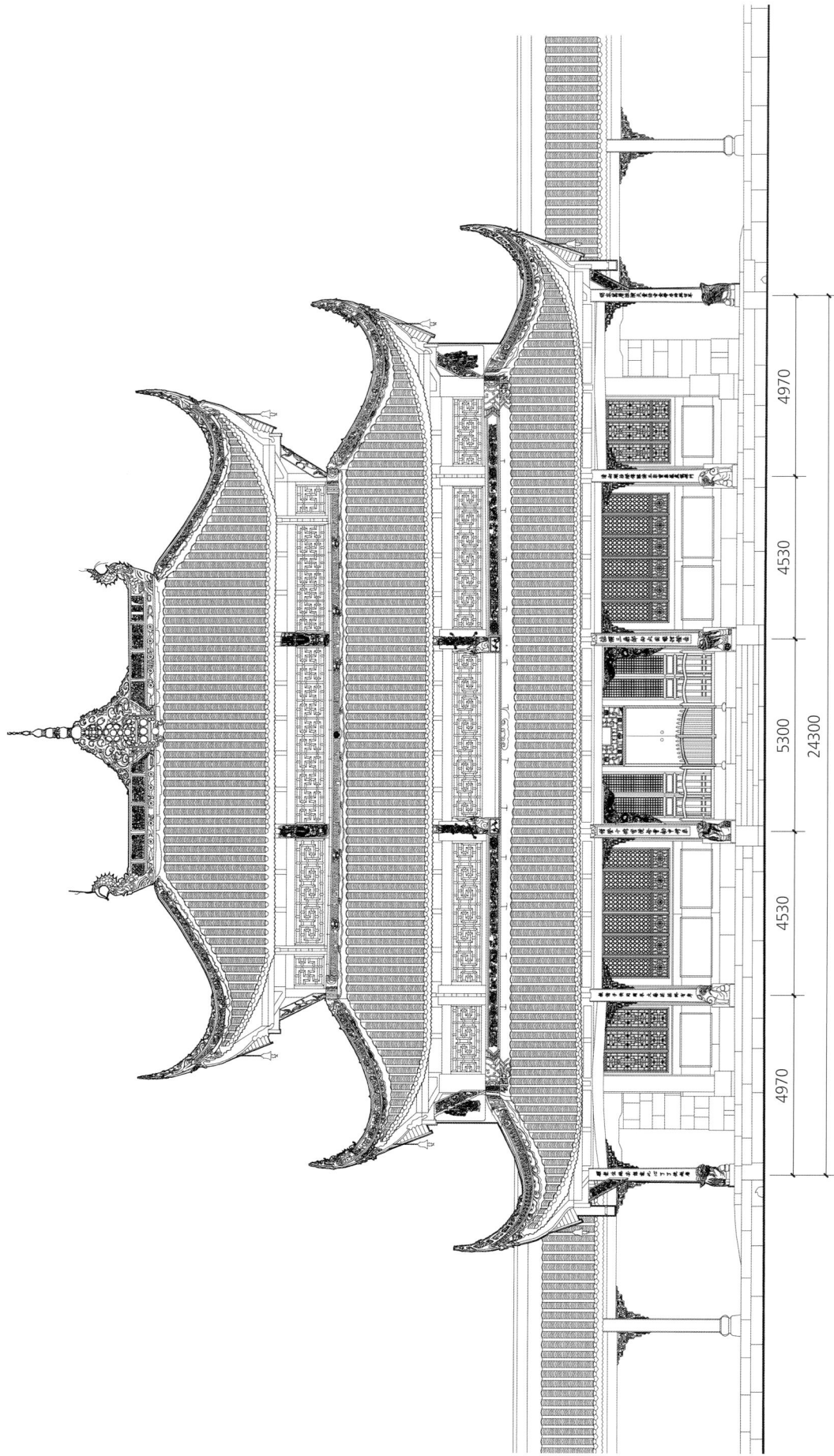

大雄宝殿正立面图

4970　4530　5300　4530　4970

24300

0　1　2　3　4　5m

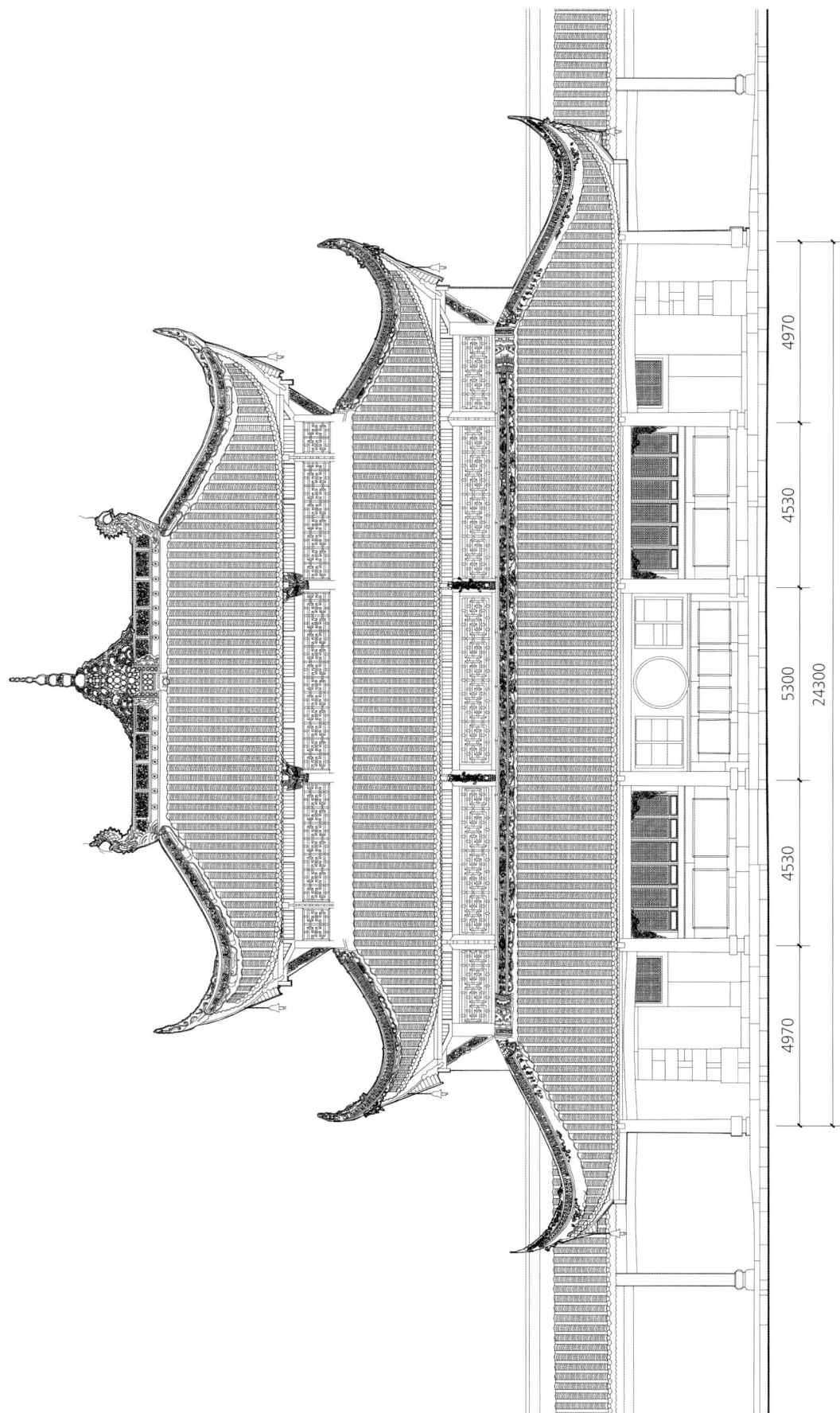

大雄宝殿背立面图

4970　4530　5300　4530　4970

24300

0 1 2 3 4 5m

客堂

4940

3300

18140

大雄宝殿

3300

2430

4170

文殊殿

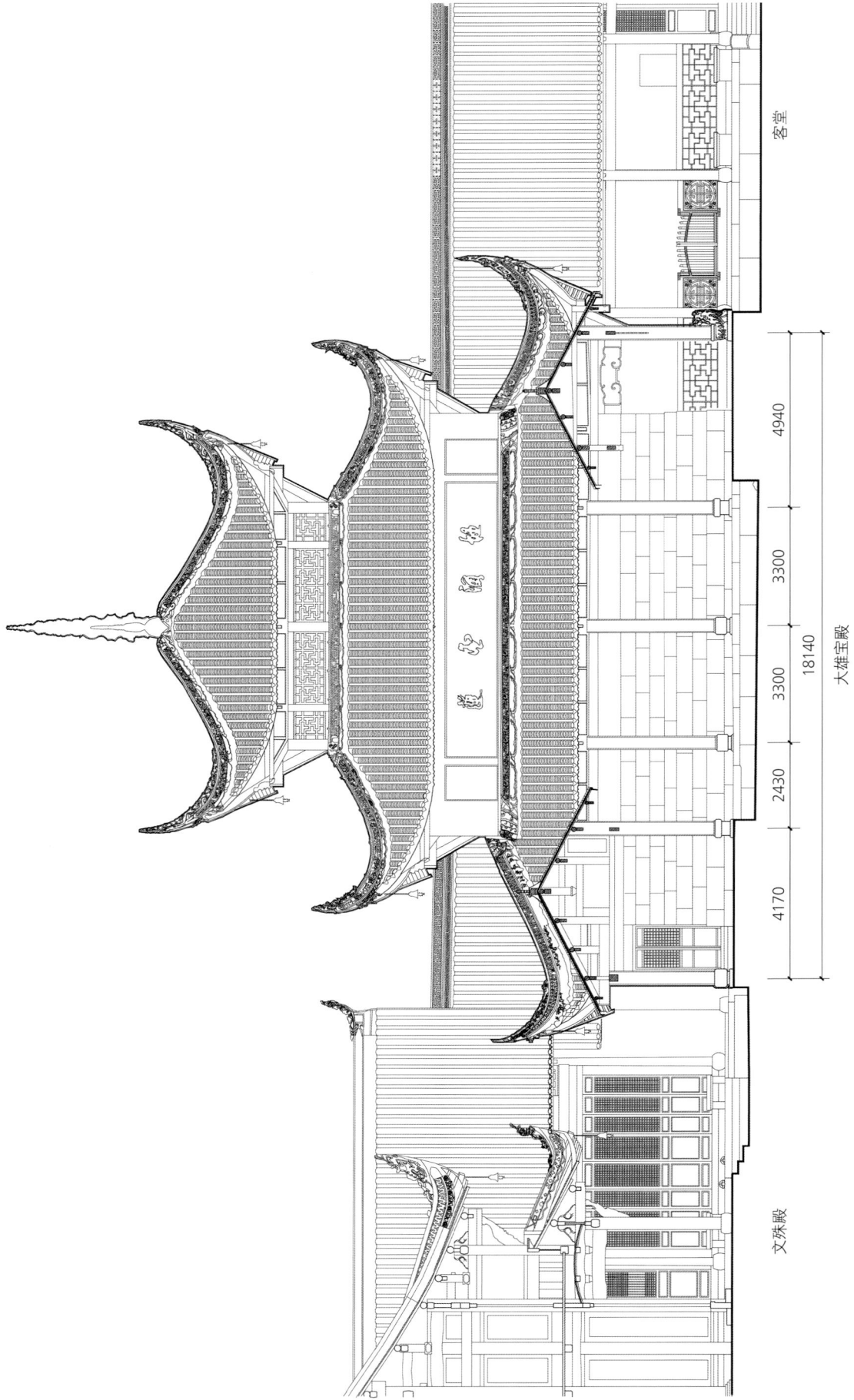

大雄宝殿北侧立面图

0　1　2　3　4　5m

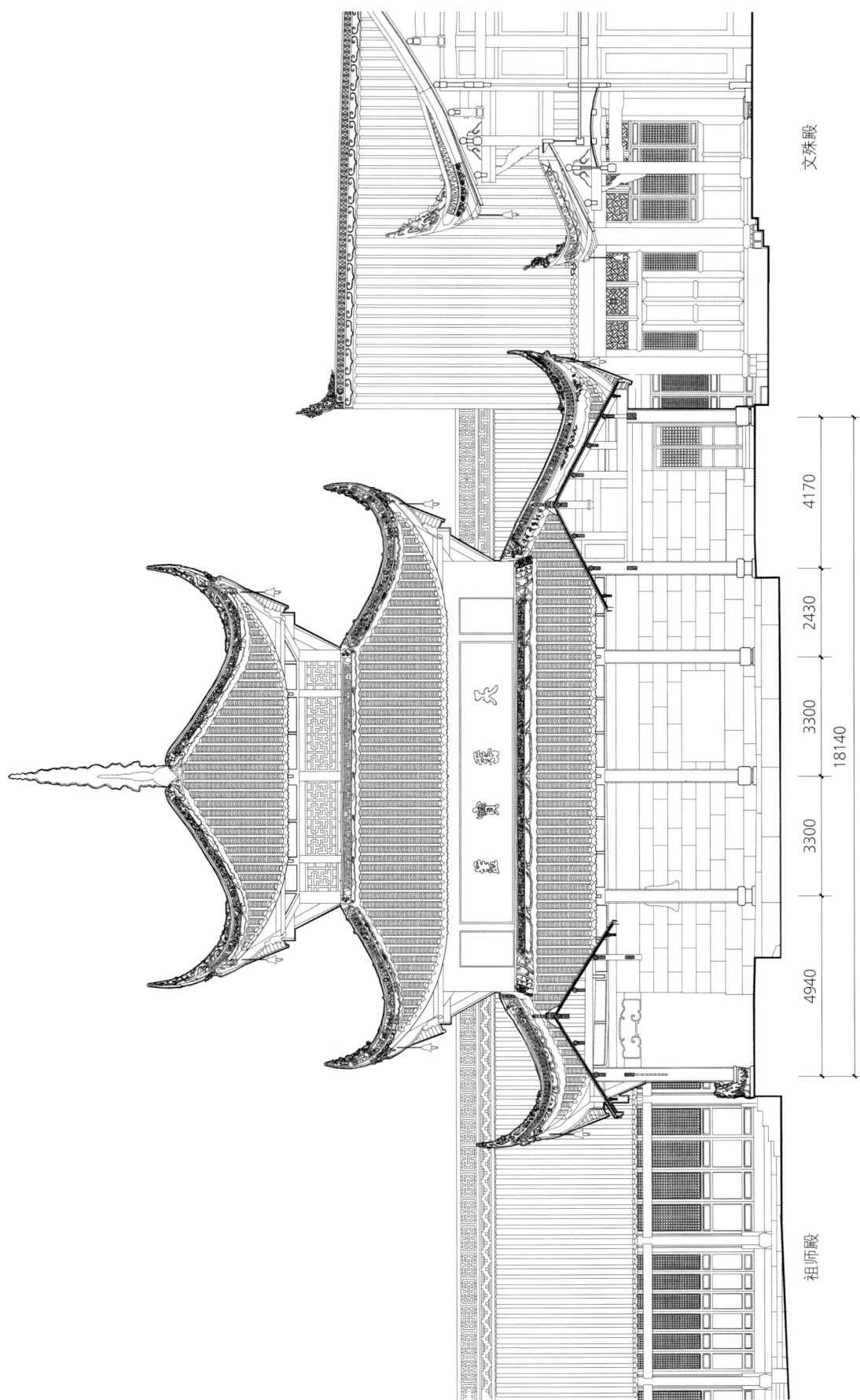

文殊殿

祖师殿

大雄宝殿南侧立面图

4170　2430　3300　3300　4940

18140

0　1　2　3　4　5m

| 2400 | 2540 | 6600 | 2430 | 2510 | 1660 |

18140

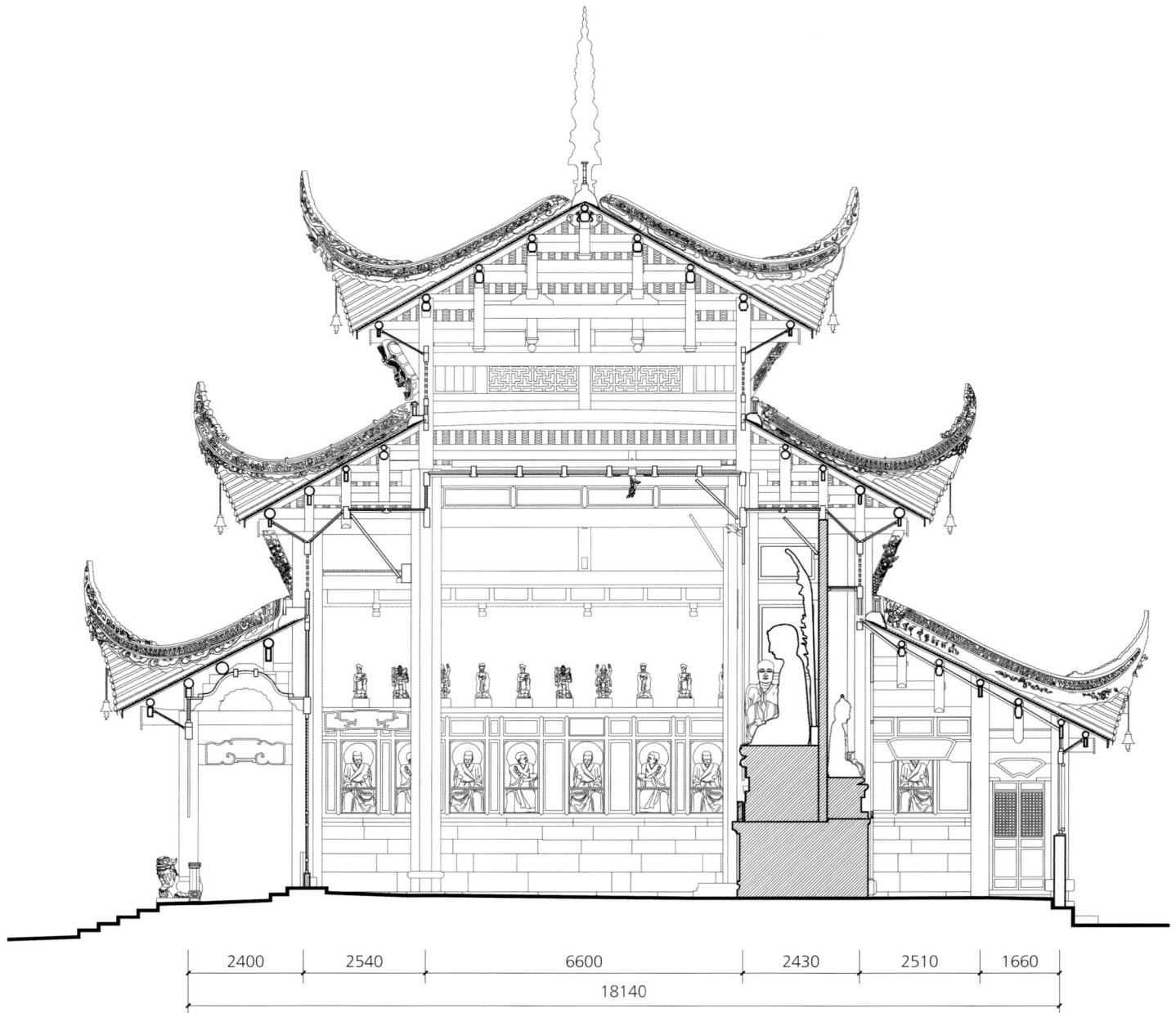

大雄宝殿明间剖面图

0　1　2　3　4　5m

| 1660 | 2510 | 2430 | 6600 | 2540 | 2400 |

18140

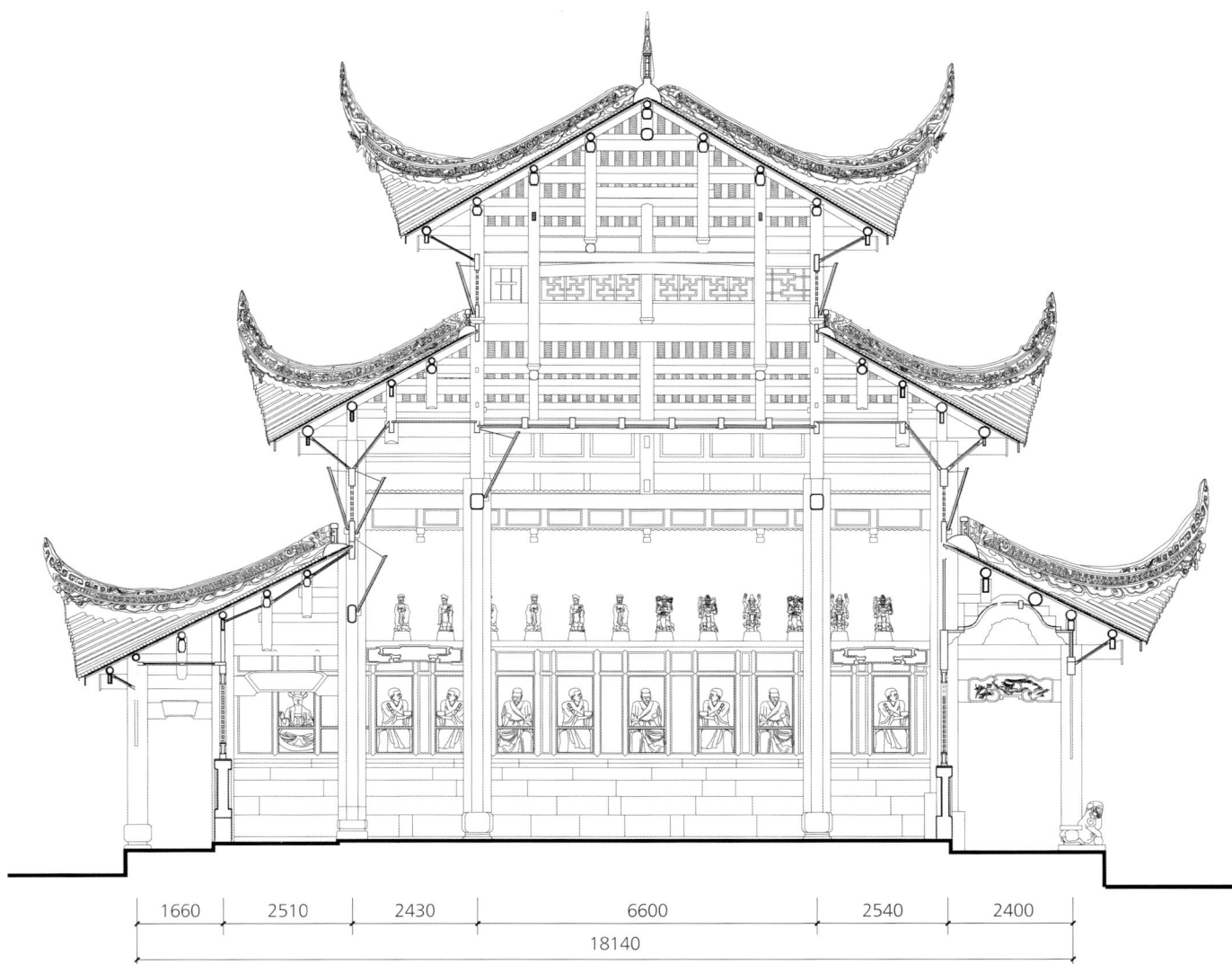

大雄宝殿次间剖面图

0　1　2　3　4　5m

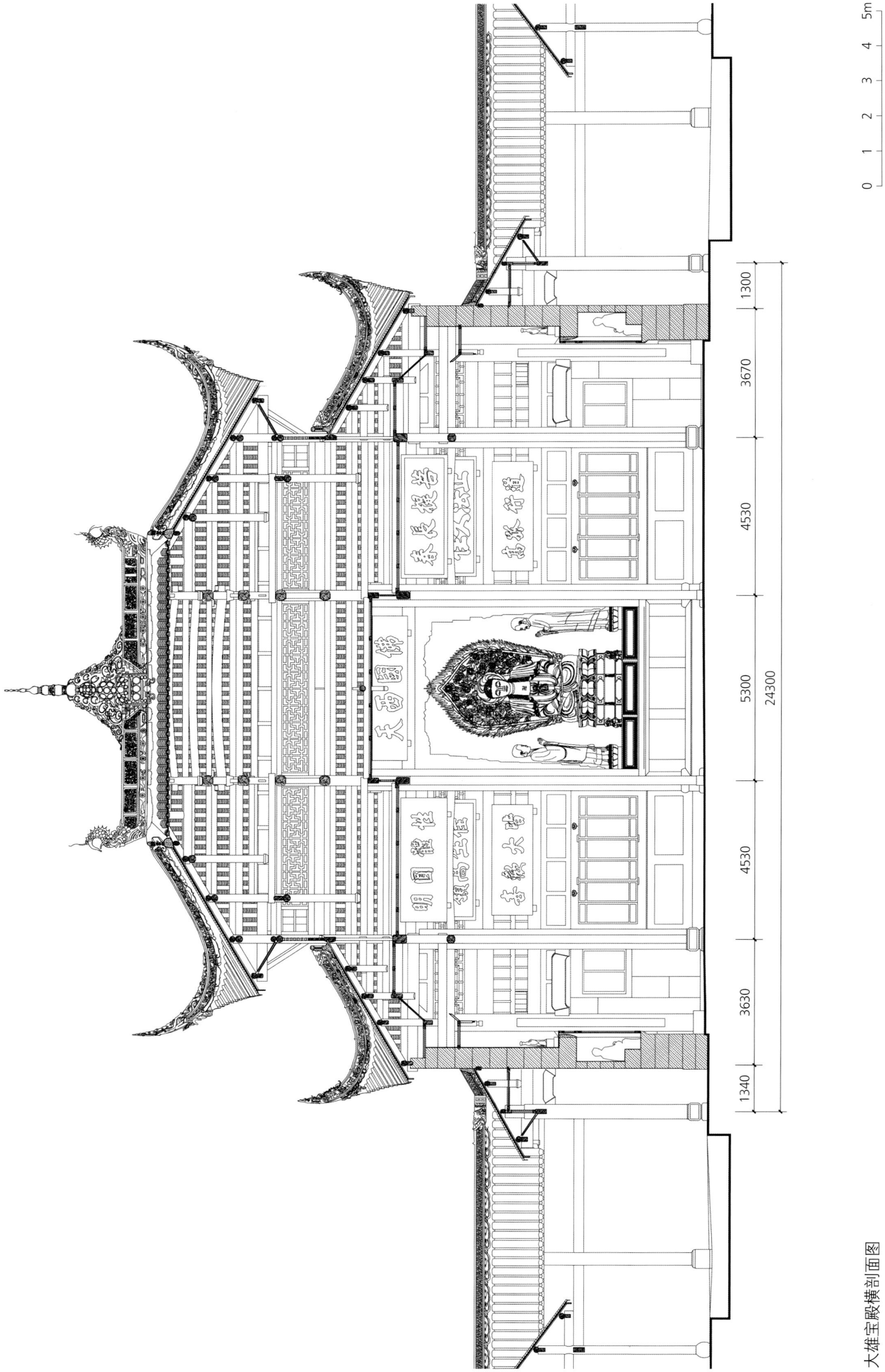

大雄宝殿横剖面图

1340　3630　4530　5300　4530　3670　1300

24300

0　1　2　3　4　5m

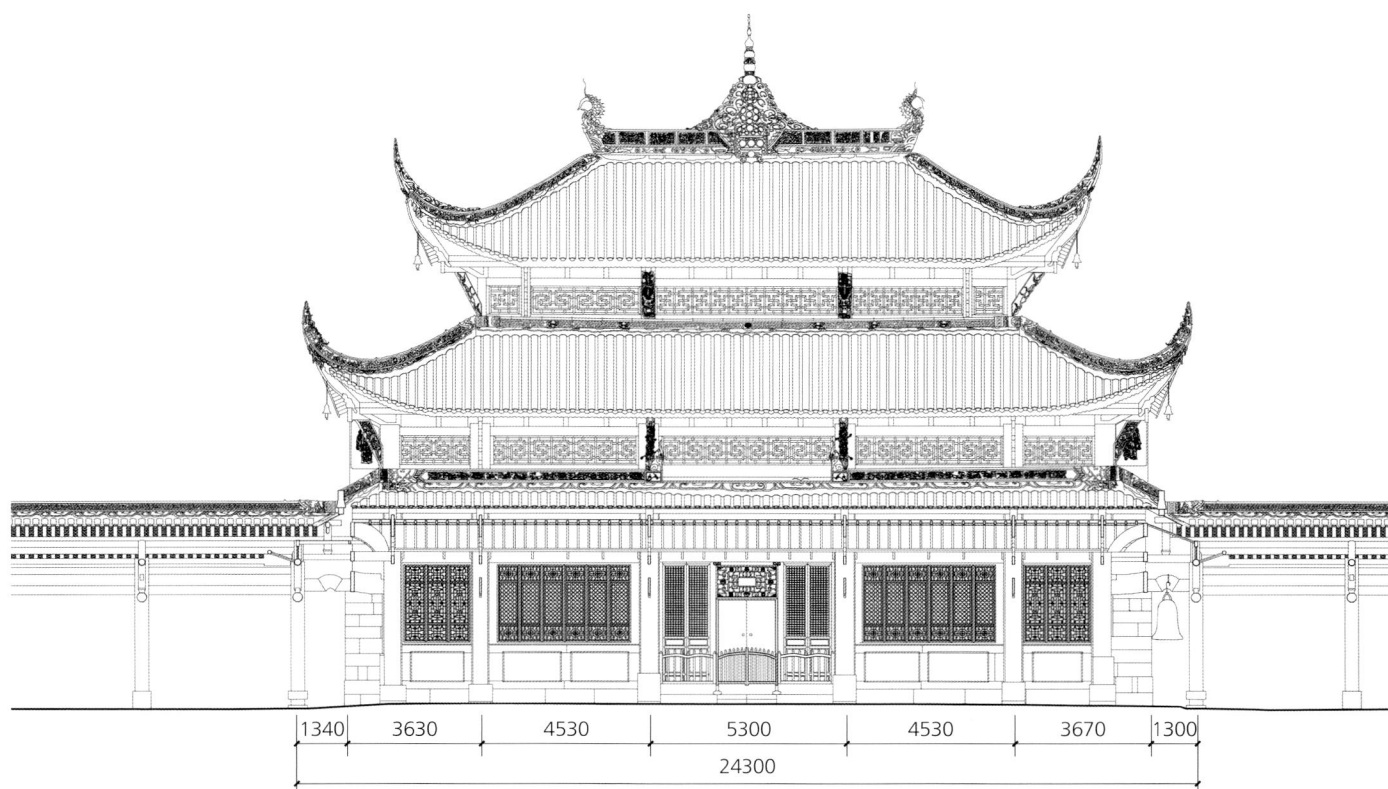

大雄宝殿正面檐廊剖面图

| 1340 | 3630 | 4530 | 5300 | 4530 | 3670 | 1300 |

24300

0 1 2 3 4 5m

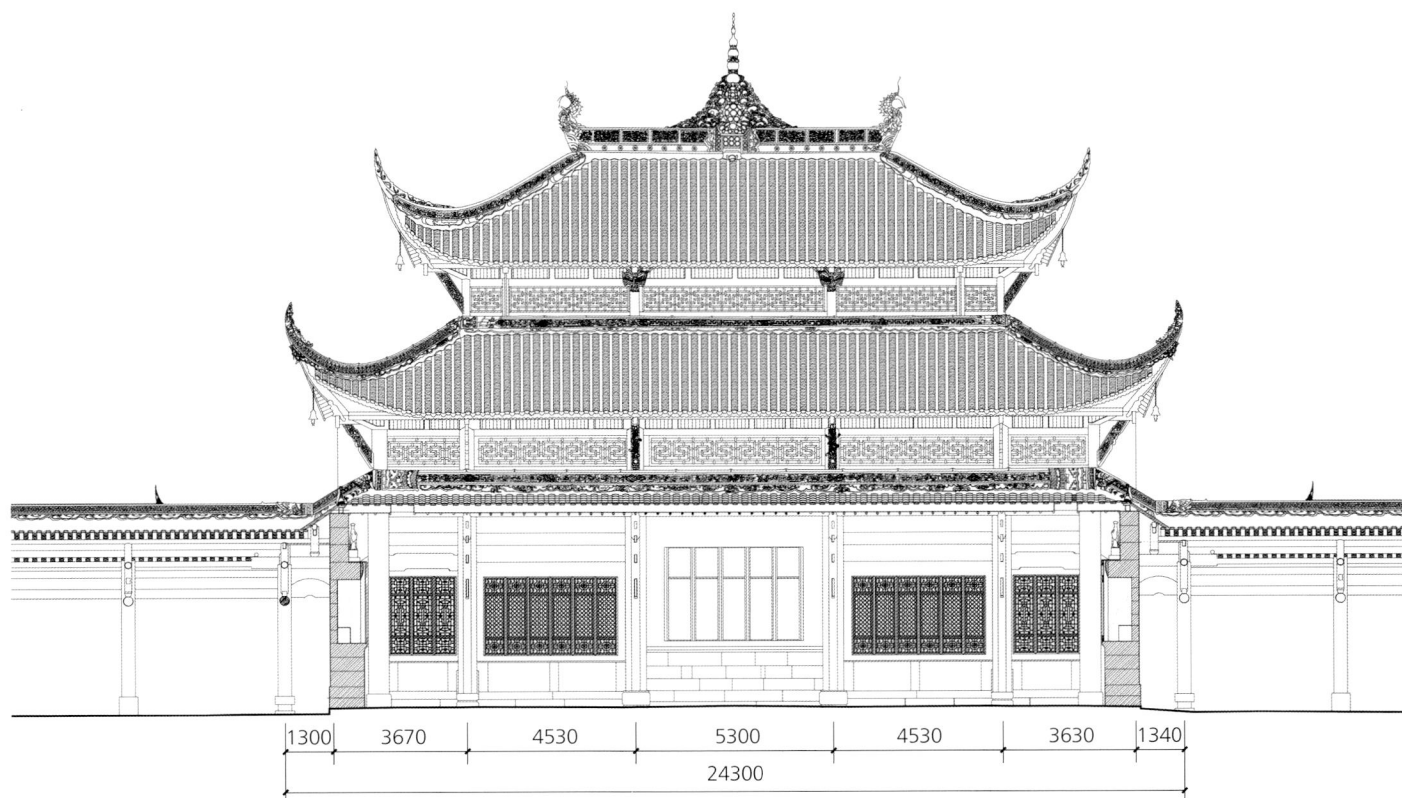

大雄宝殿背面檐廊剖面图

| 1300 | 3670 | 4530 | 5300 | 4530 | 3630 | 1340 |

24300

0 1 2 3 4 5m

4860

490　40　1800　40　470　220　1800

3930

2200

1730

4740

90　1280　160　1680　160　1280　90

3970

3460

510

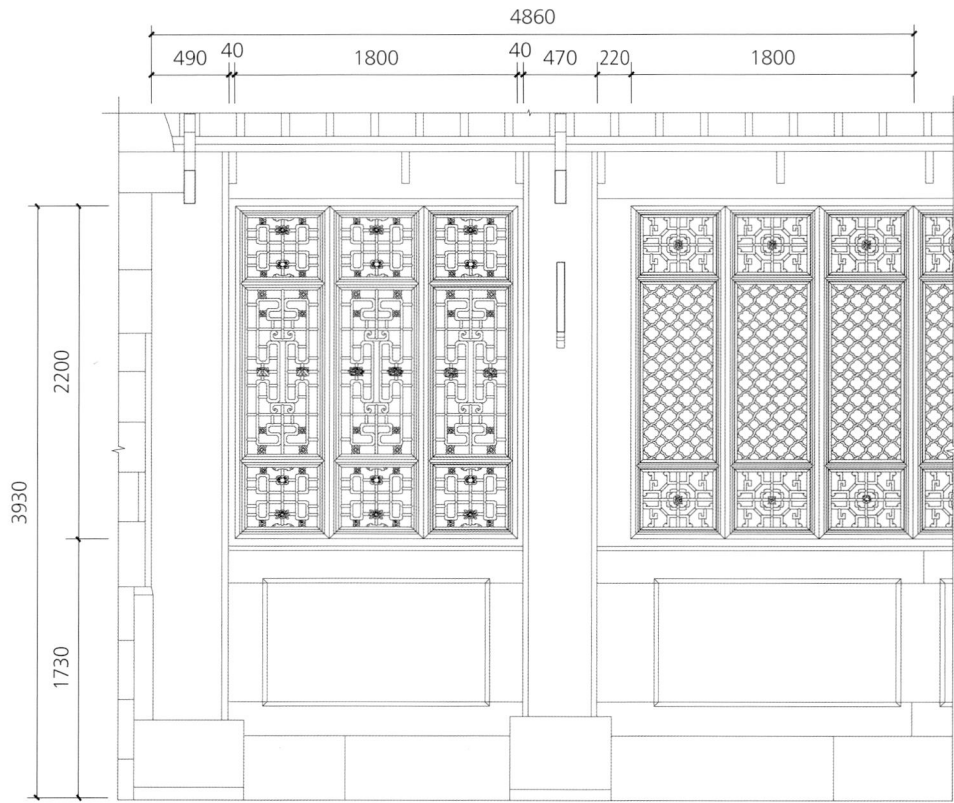

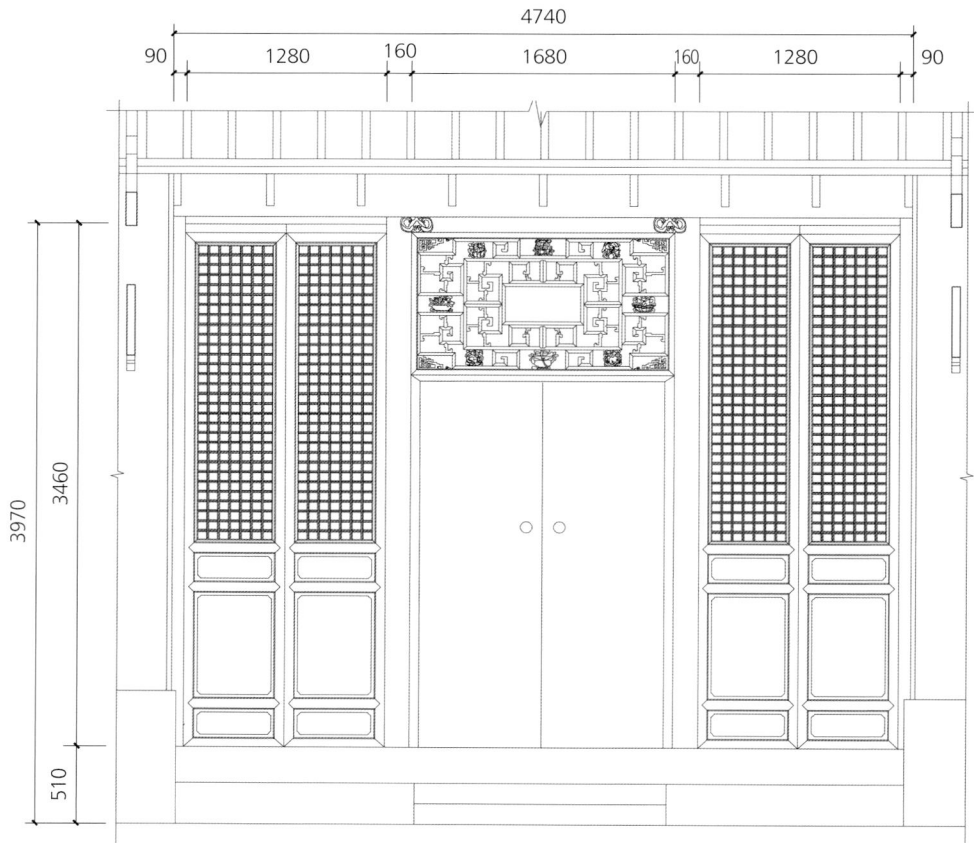

大雄宝殿门窗饰样图

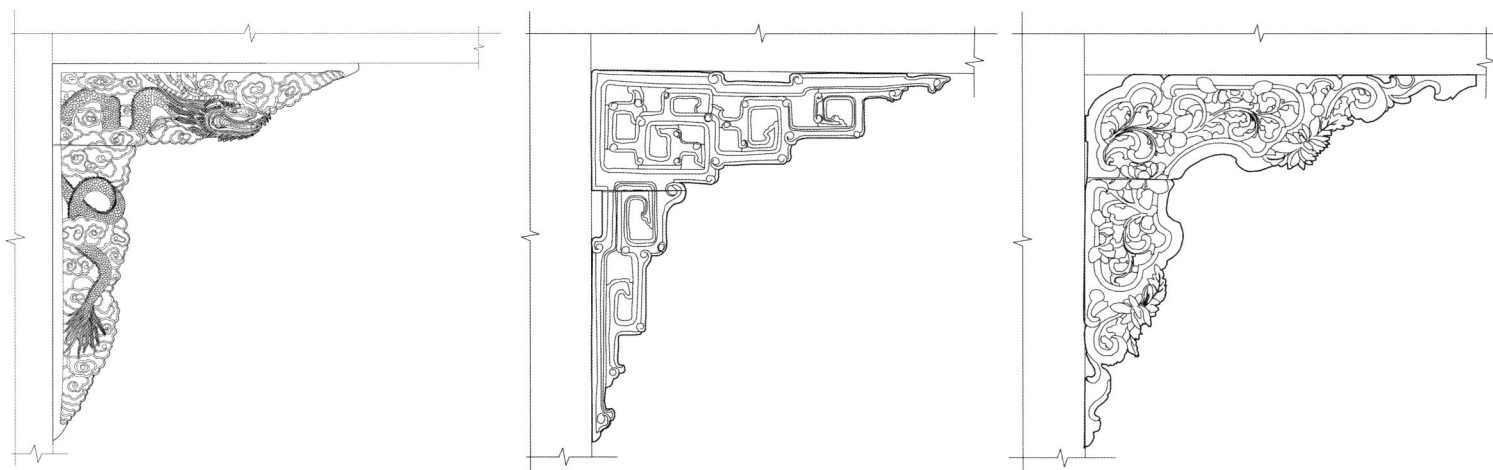

大雄宝殿角花饰样图

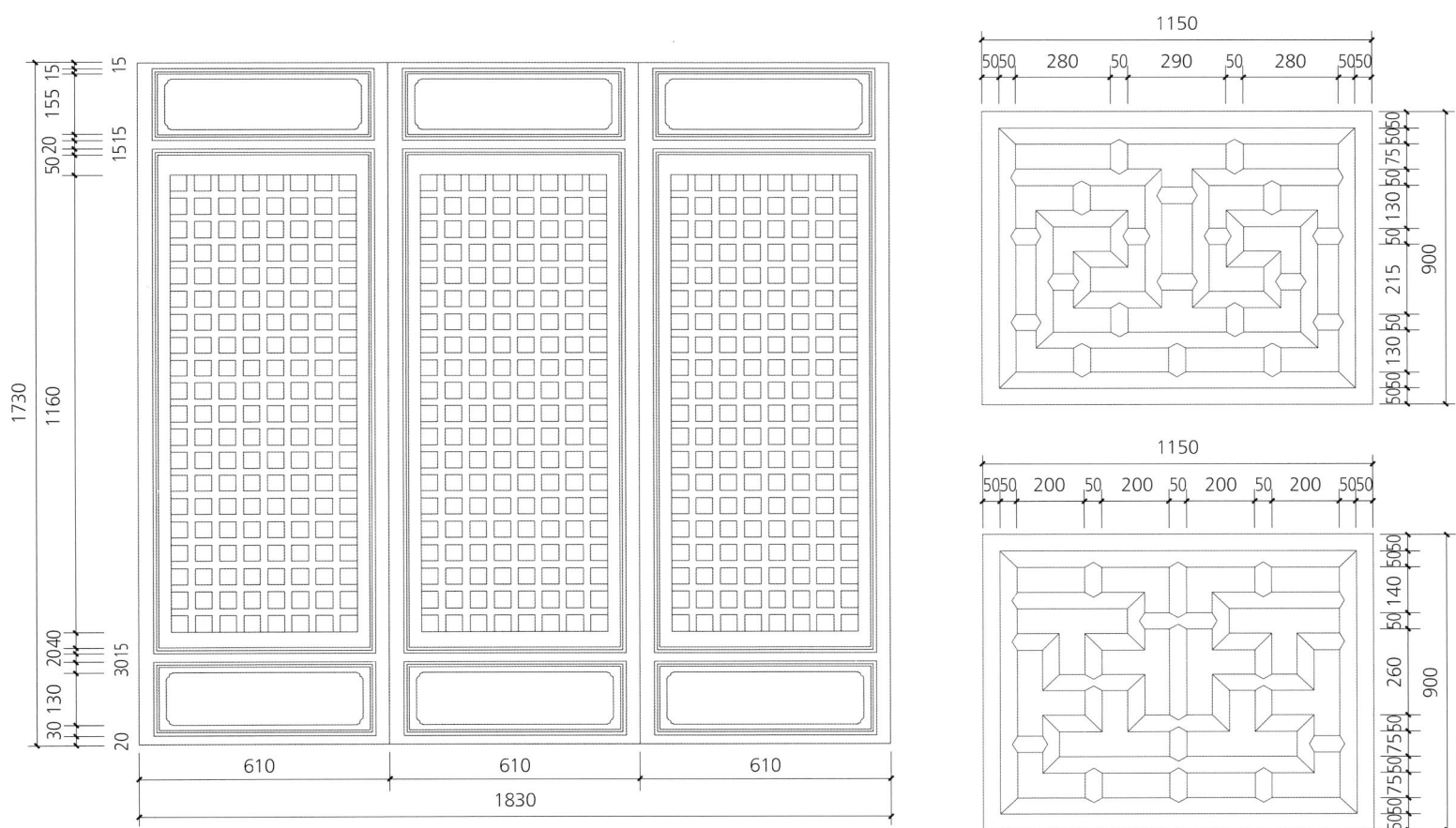

大雄宝殿门窗饰样图

1045
560　485

640
390　250

1055
690　365

770
1435
665

900
1440
540

1055
1440
385

760
445　315

1045
560　485

940
620　320

980
1420
440

770
1435
665

1045
1530
385

760
445　315

635
345　100　190

635
345　100　190

910
1435
525

700
1160
460

760
1140
380

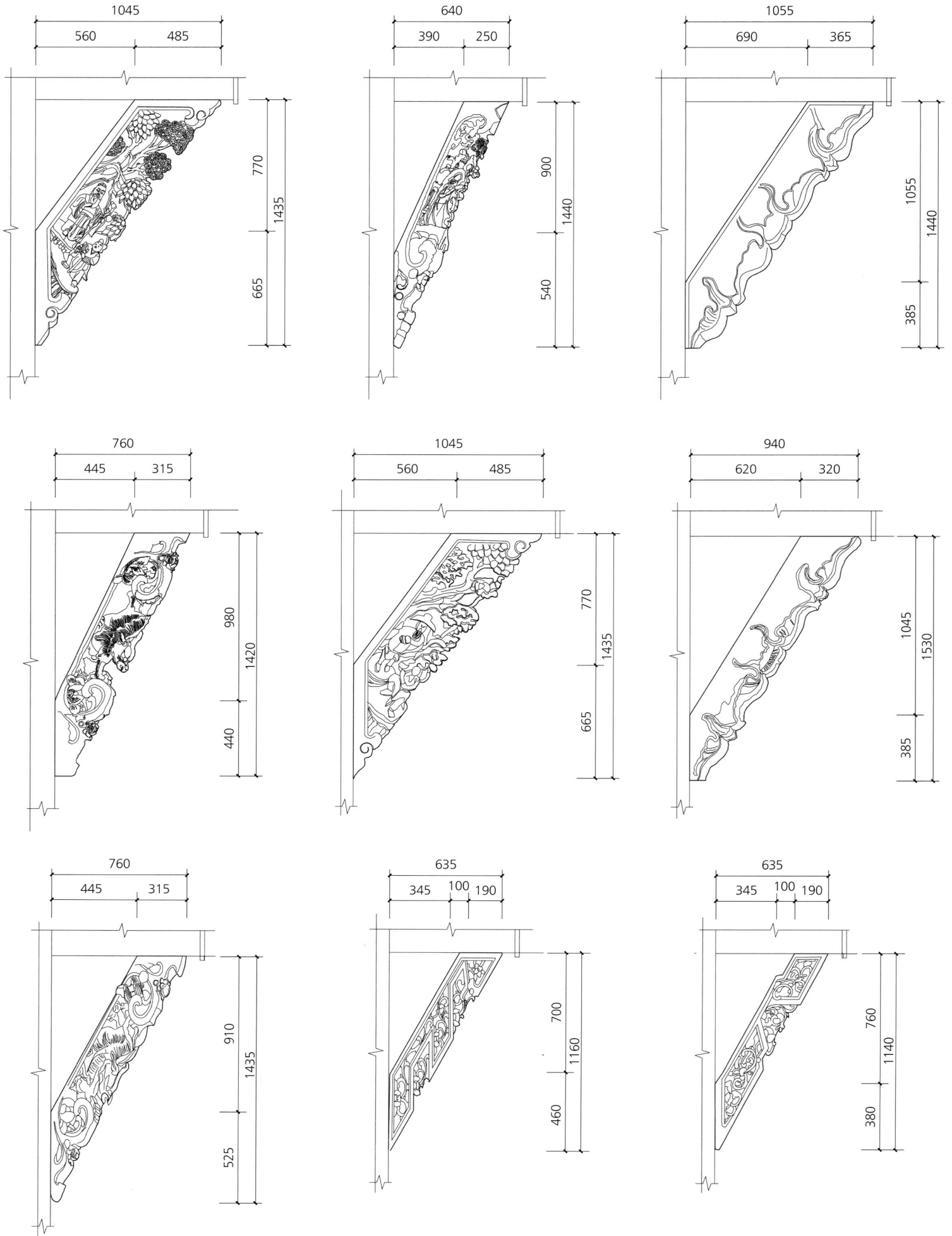

大雄宝殿撑拱饰样图

500

370

370

500

1400

1400

1400

1400

225

225

1555

1555

185

205

1470

1470

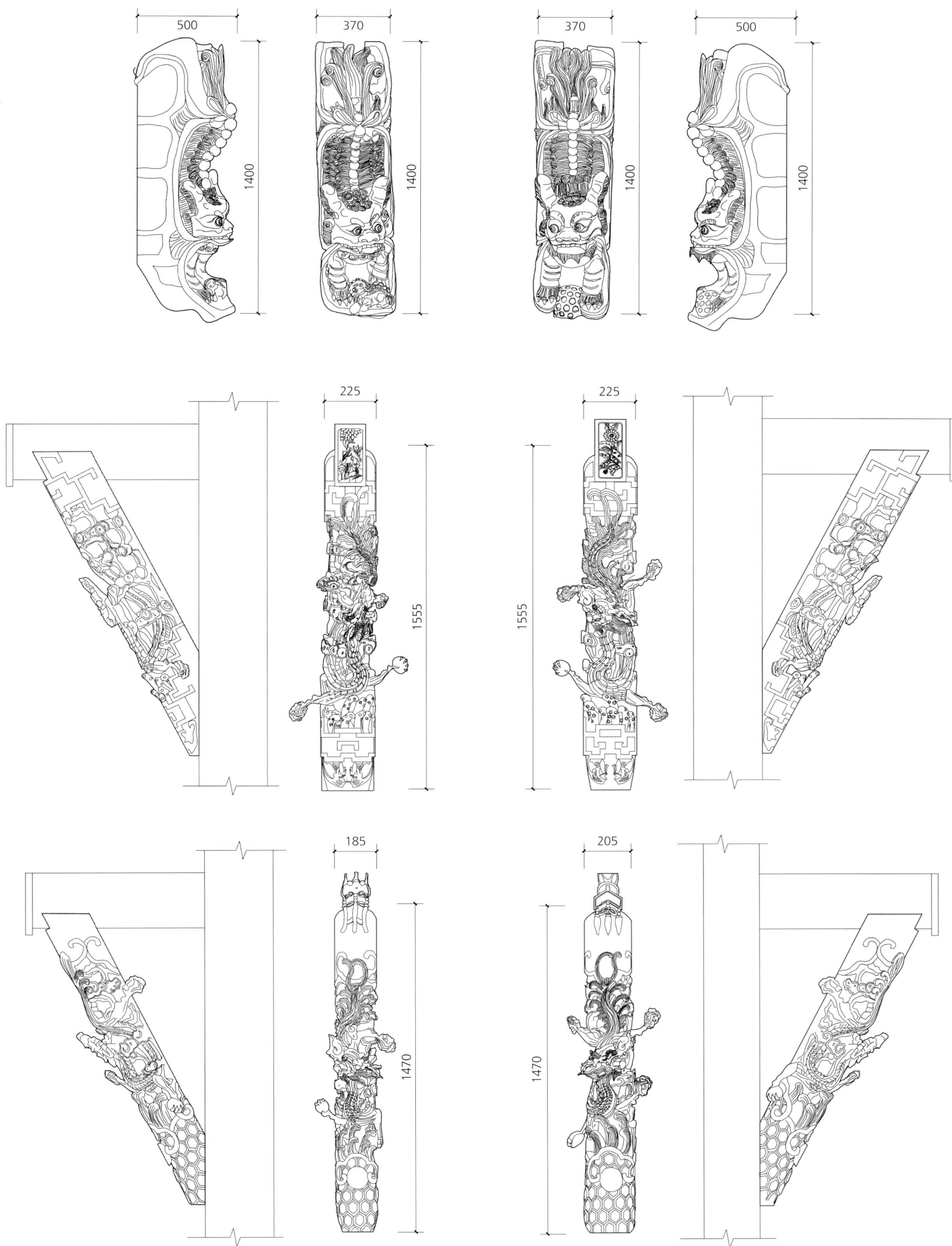

大雄宝殿撑拱饰样图

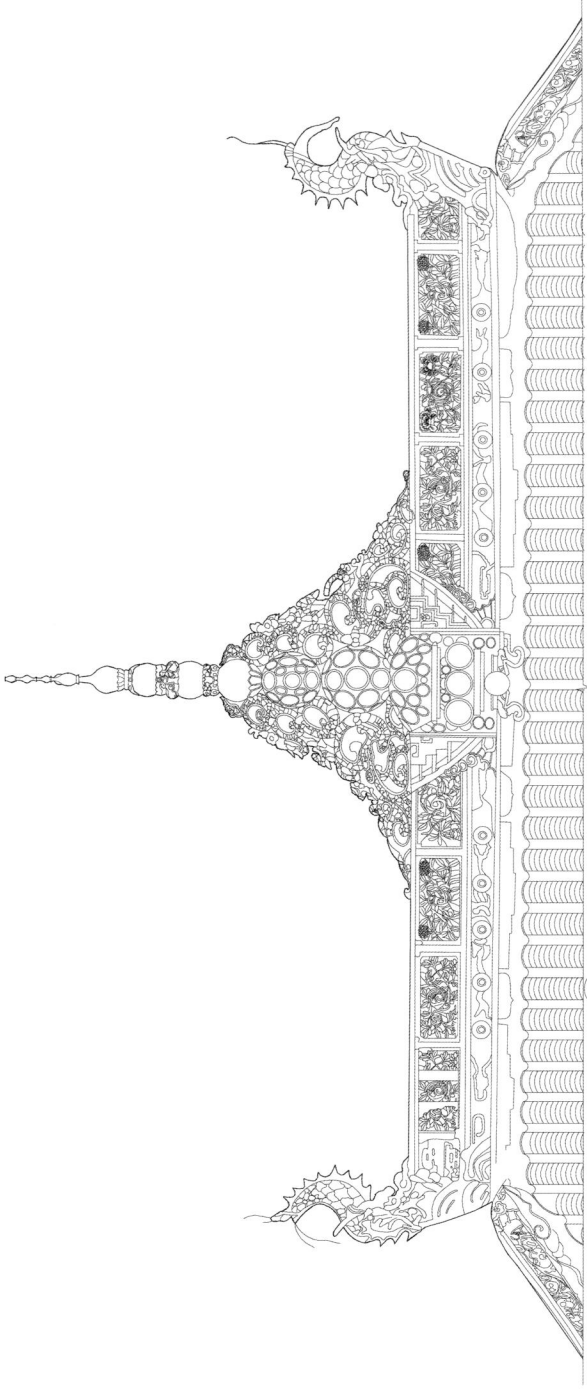

大雄宝殿正脊饰祥图

大雄宝殿博脊饰祥图

大雄宝殿博脊饰样图

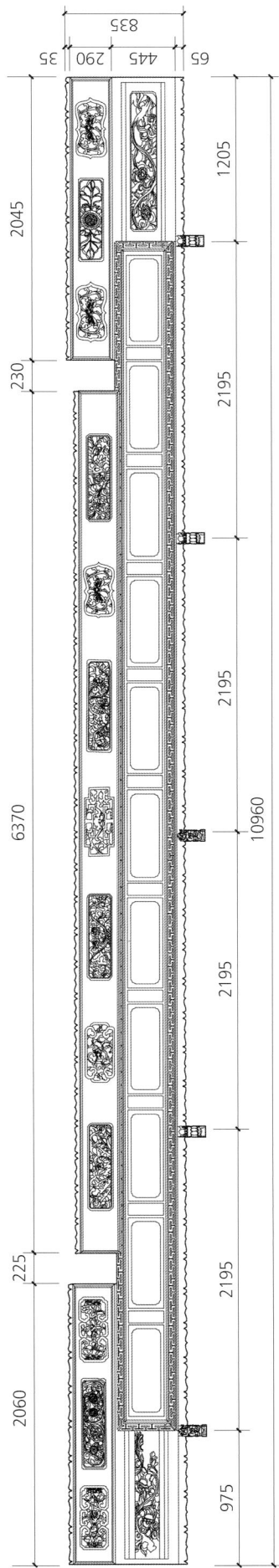

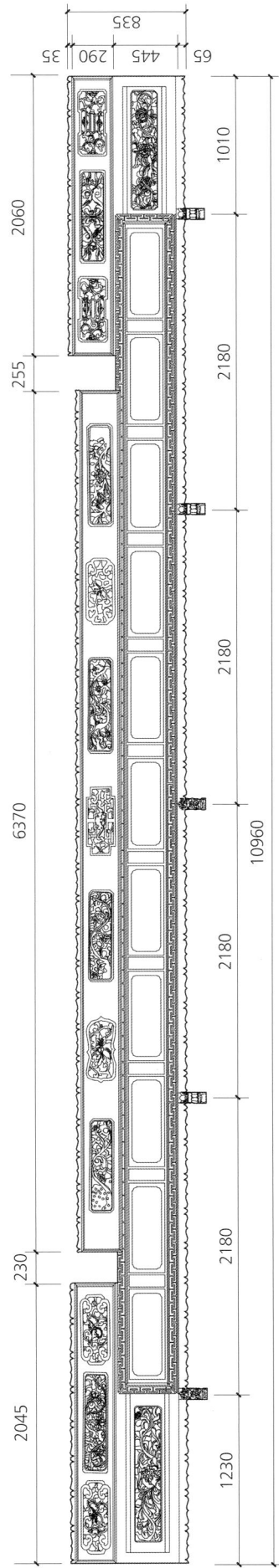

大雄宝殿佛龛罩面大样图

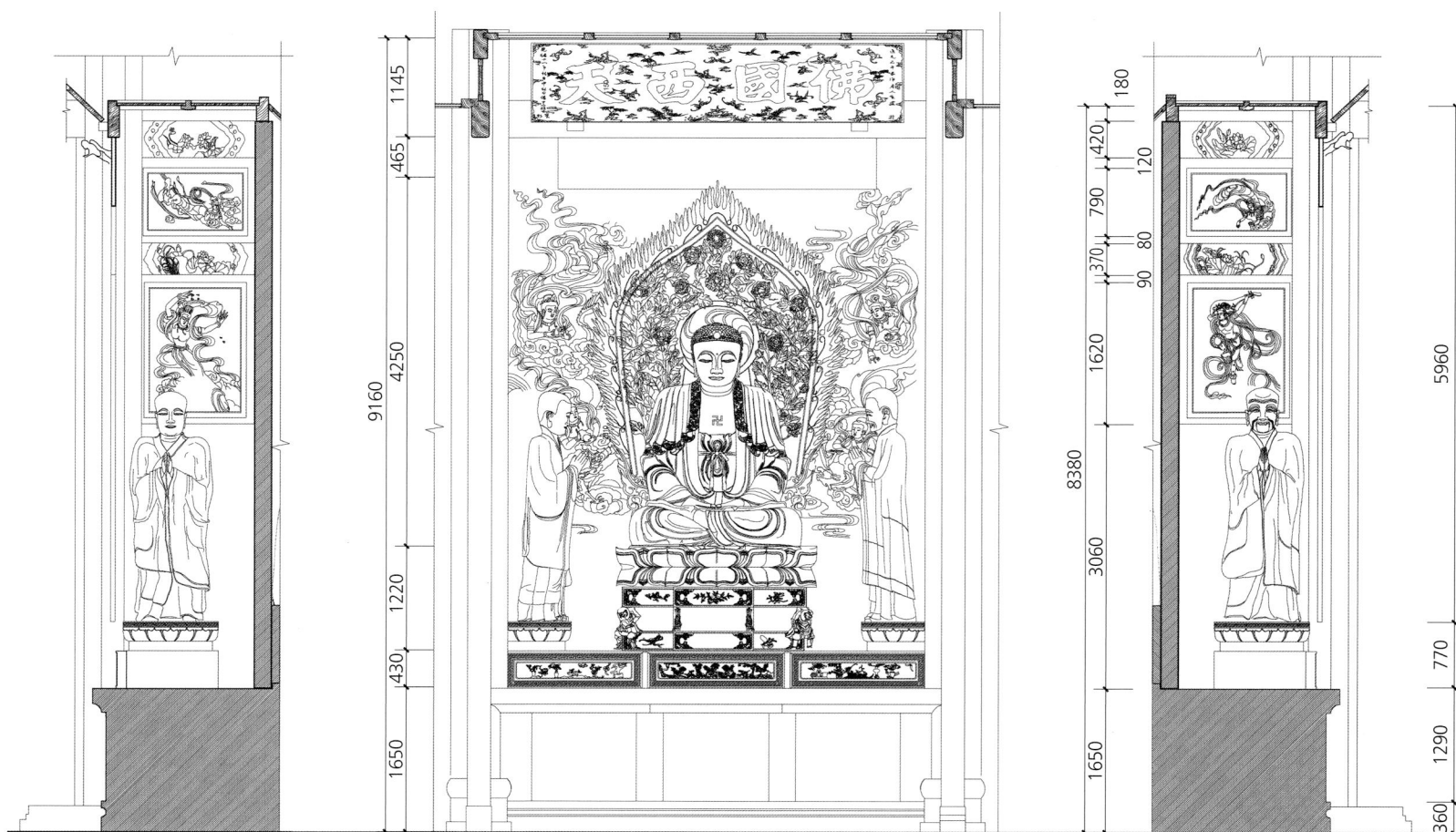

大雄宝殿佛龛大样图

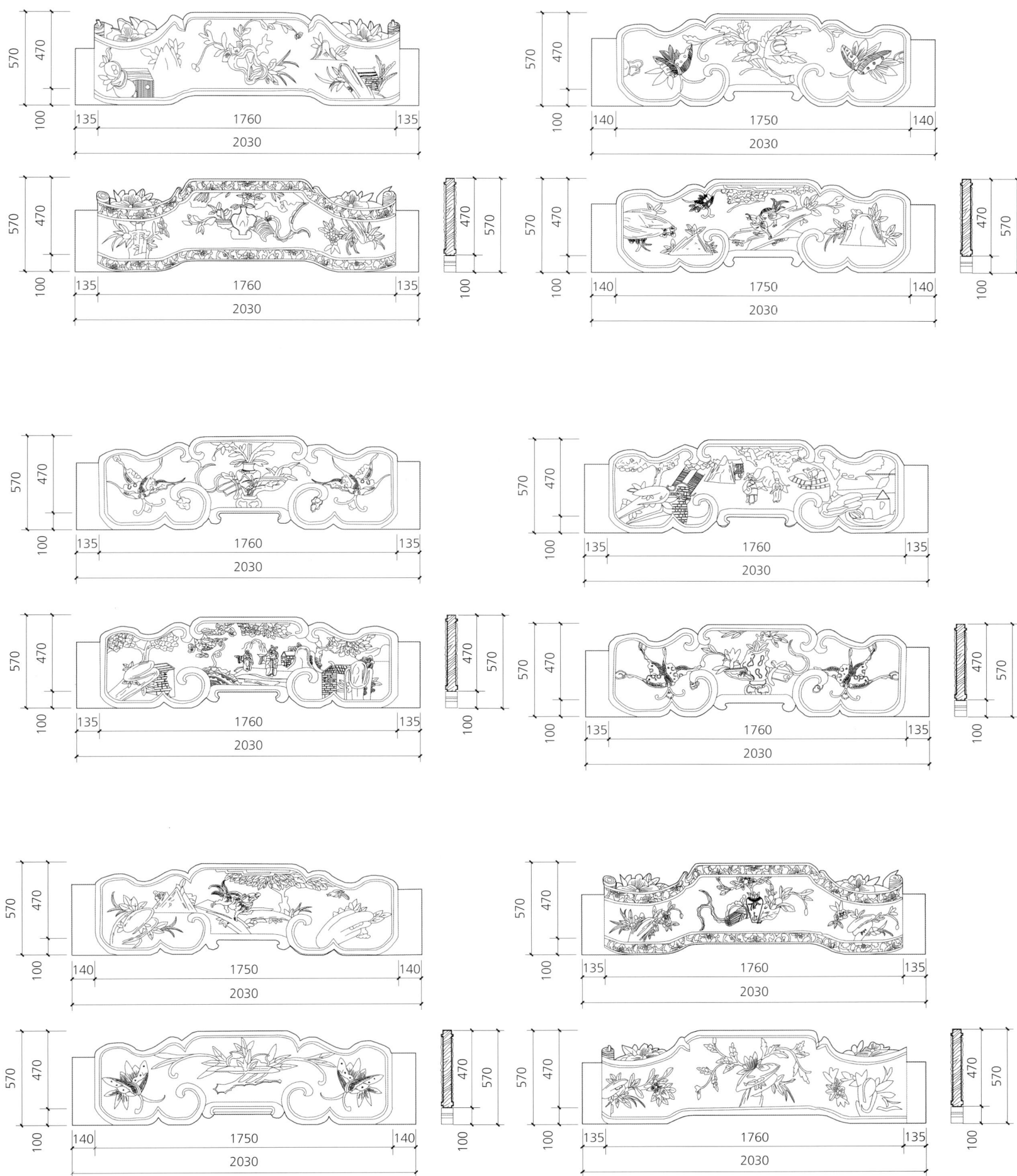

大雄宝殿檐廊扇面枋饰样图

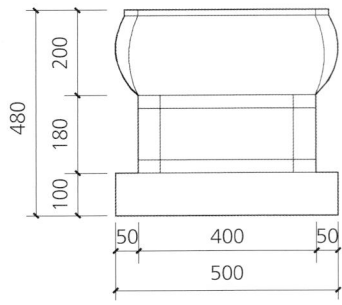

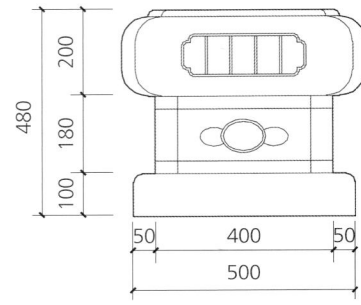

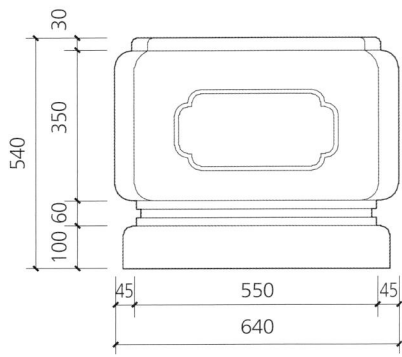

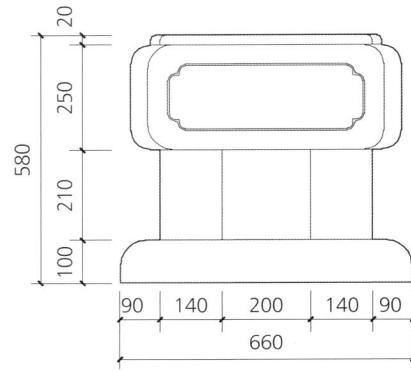

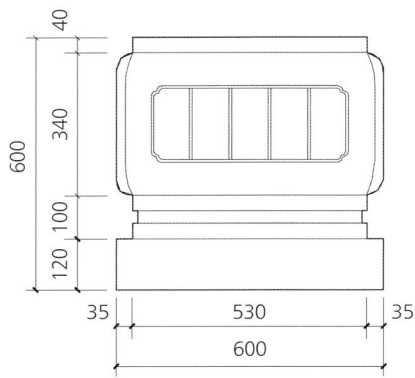

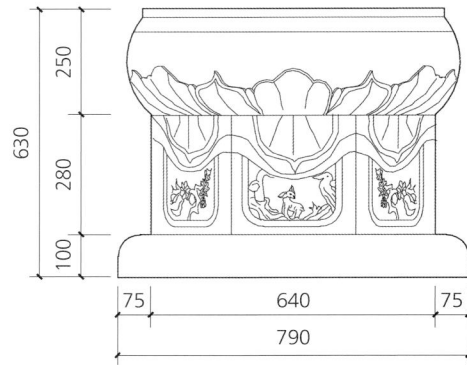

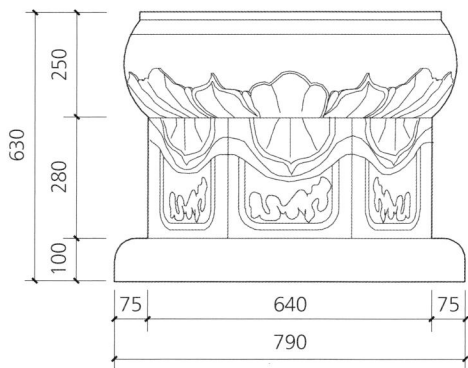

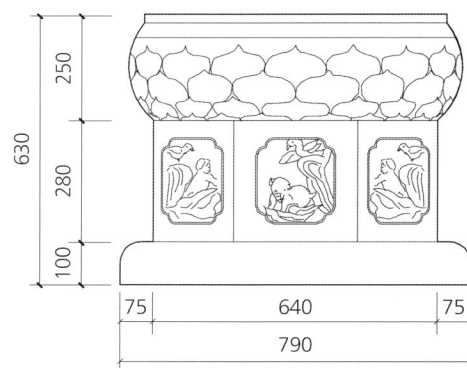

大雄宝殿柱础大样图

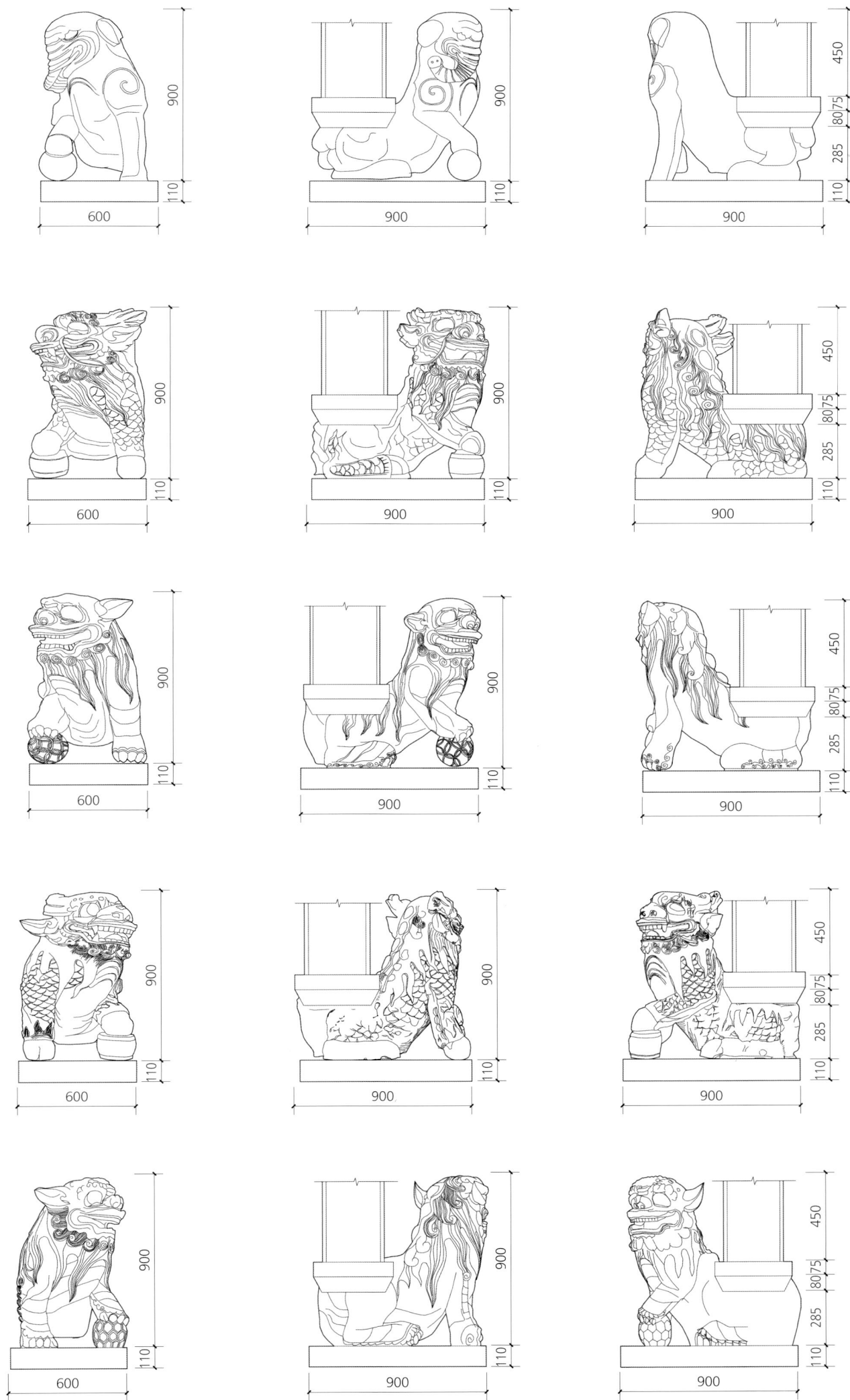

大雄宝殿正面檐廊石柱础大样图

文殊殿

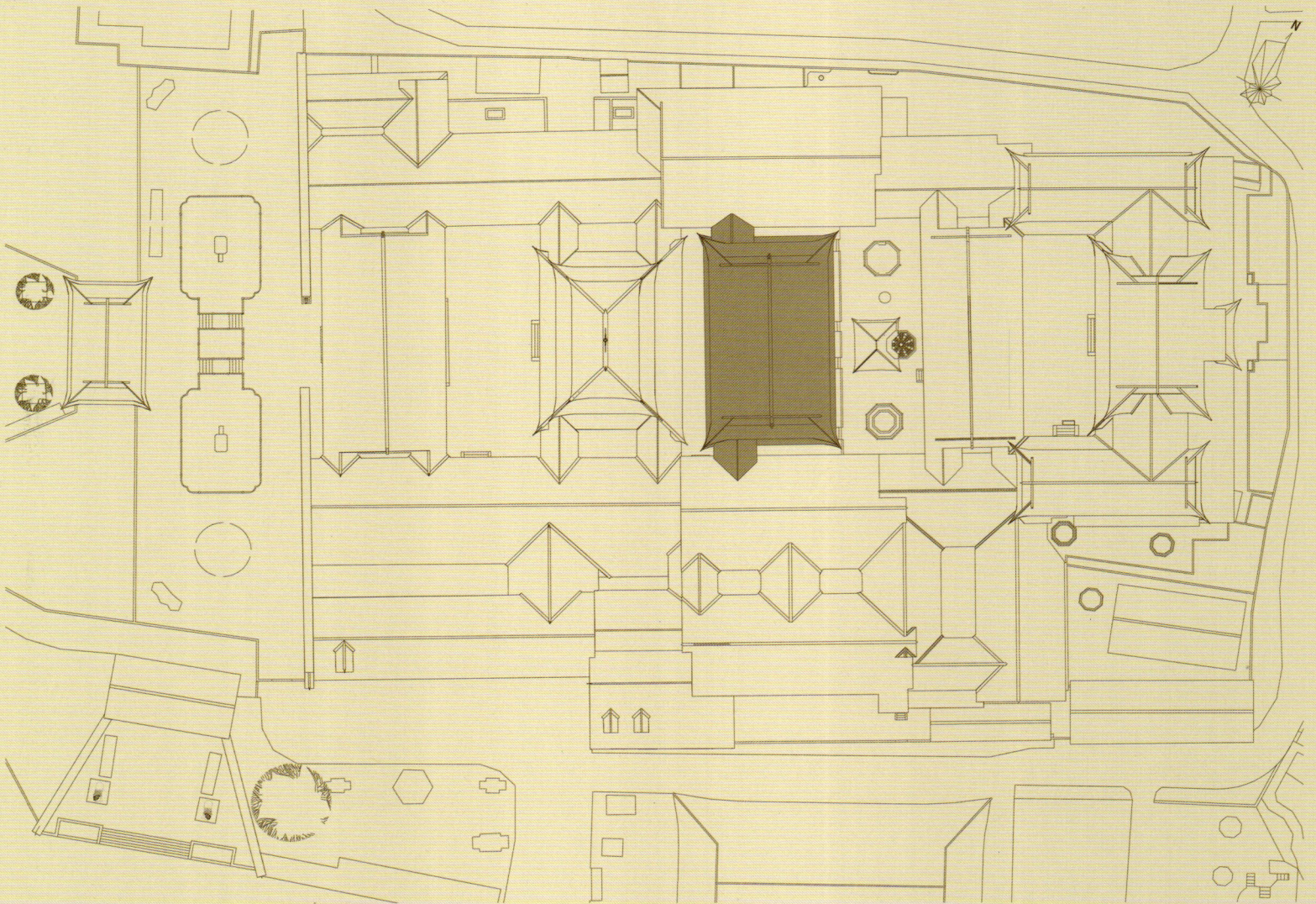

　　文殊殿面阔七间27.3米，当心三间为殿堂，明间为抬梁式构架，梢间为穿斗式构架板壁墙分隔，尽间为开敞的檐廊；通进深15.1米，殿堂进深12.8米，正面檐廊深2.3米。二层楼阁式建筑，重檐歇山顶。老角梁与仔角梁叠合的翼角起翘、翼角扇形交汇的翼角檐椽、飞檐椽出挑的构筑方式，有北方官式建筑特征，这是双桂堂遗存建筑形式的孤例。有覆盆式柱础与雕刻精美的莲瓣，一层鱼龙形撑拱、二层象鼻形撑拱，装饰风格独特。殿内一层正面祀奉文殊菩萨、背面达摩菩萨。文殊殿始建于清康熙二十年（1681年），雍正八年（1730年）重建。

文殊殿正面

文殊殿二楼构架

文殊殿一角

文殊殿象鼻式撑拱

文殊殿檐廊轩棚

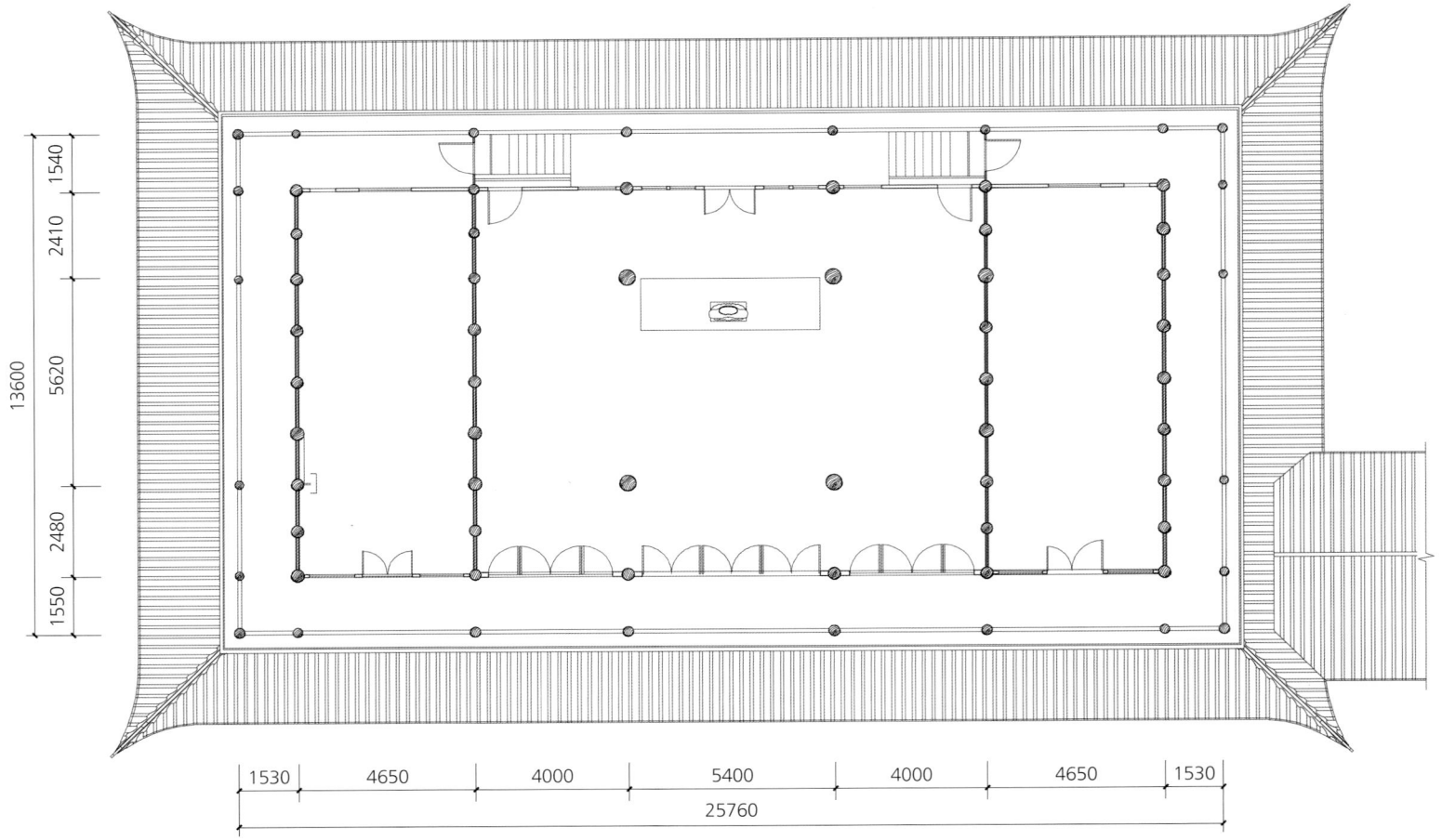

文殊殿二层平面图

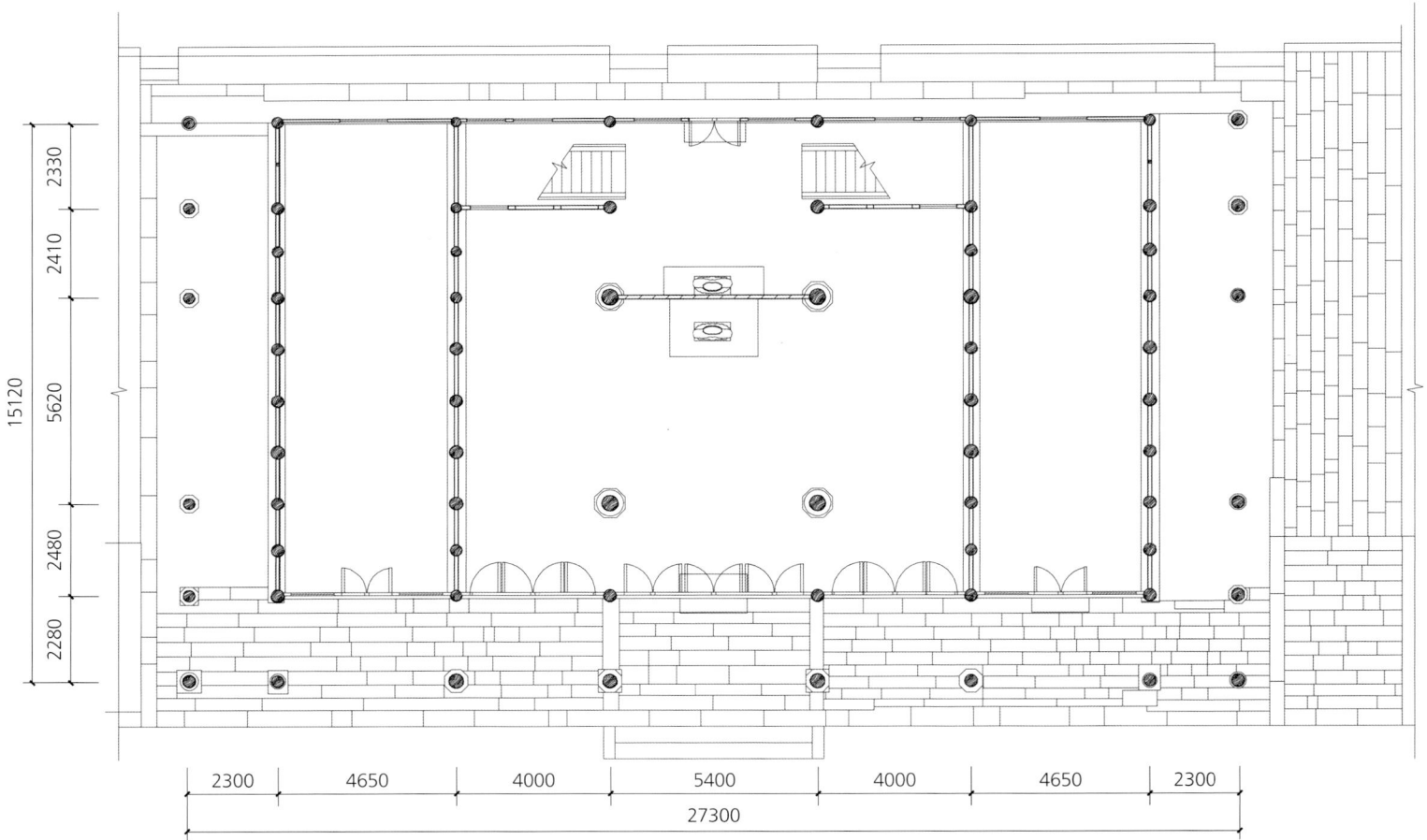

文殊殿一层平面图

0　1　2　3　4　5m

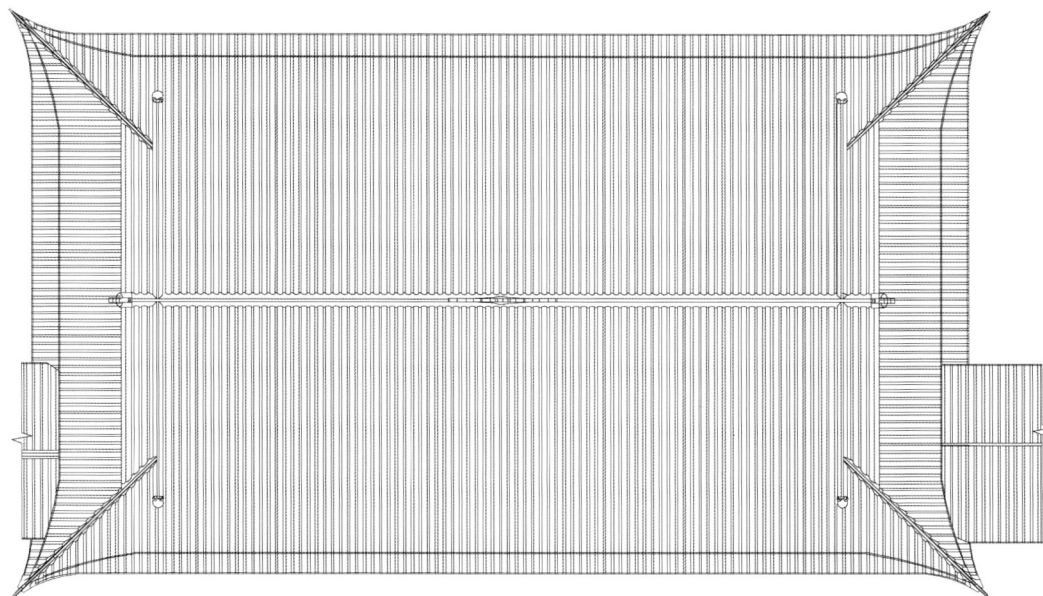

文殊殿屋顶平面图

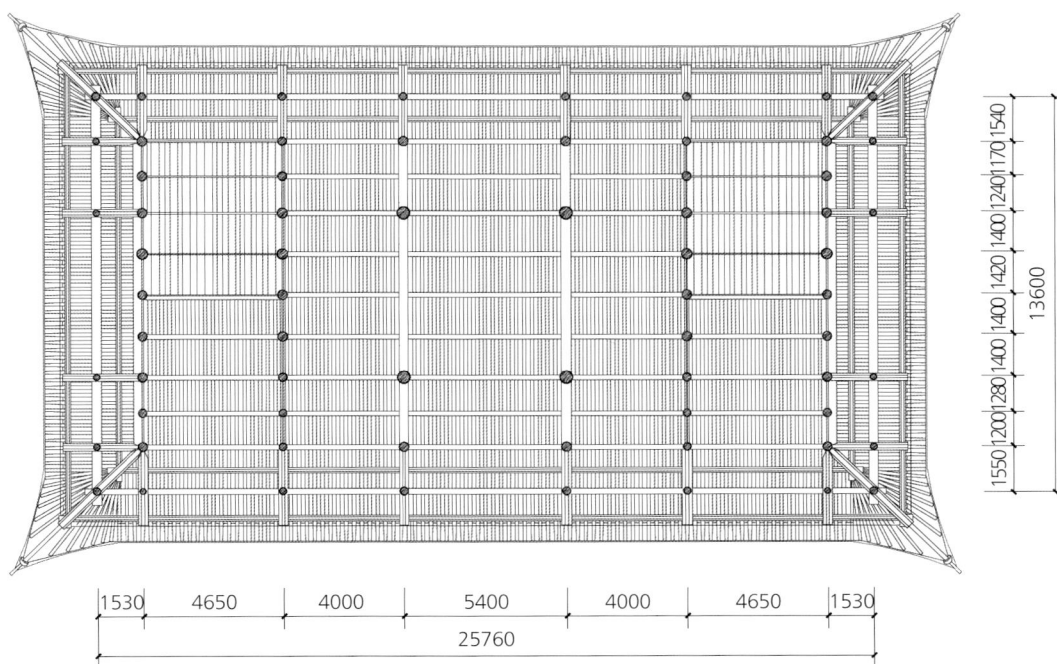

文殊殿上重檐仰视平面图

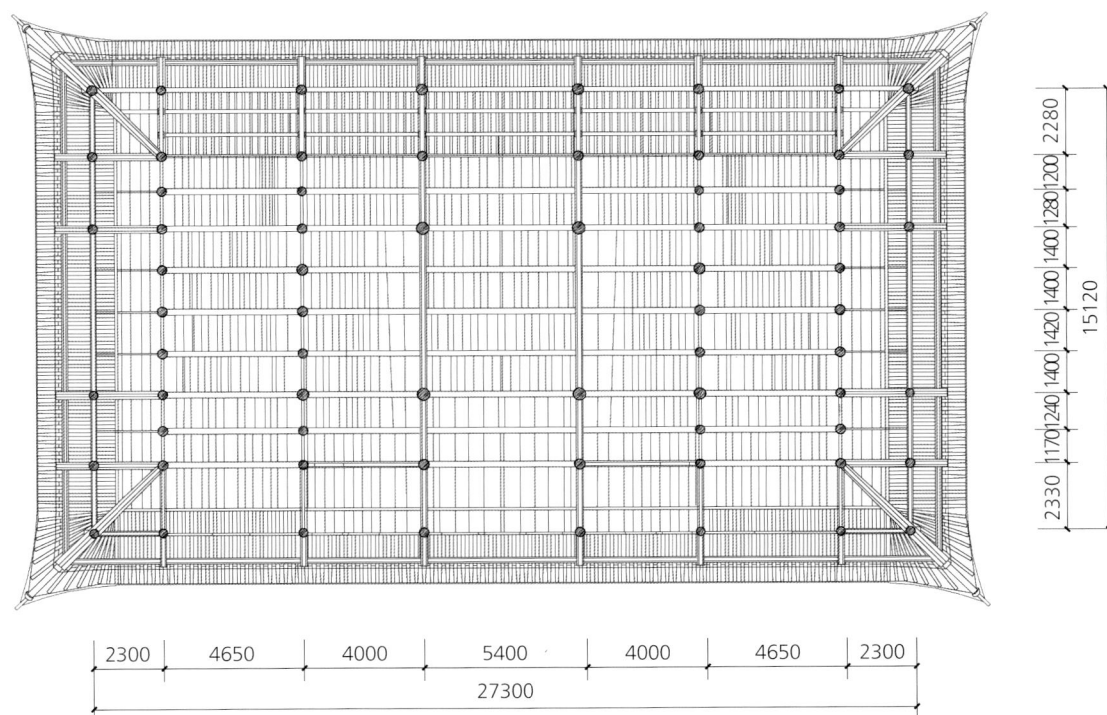

1550 | 1200 | 1280 | 1400 | 1420 | 1400 | 1240 | 1170 | 1540
13600

1530 | 4650 | 4000 | 5400 | 4000 | 4650 | 1530
25760

文殊殿下重檐仰视平面图

2330 | 1170 | 1240 | 1400 | 1420 | 1400 | 1280 | 1200 | 2280
15120

2300 | 4650 | 4000 | 5400 | 4000 | 4650 | 2300
27300

0 1 2 3 4 5m

765 1535

4650

4000

5400

27300

4000

4650

1565 735

0 1 2 3 4 5m

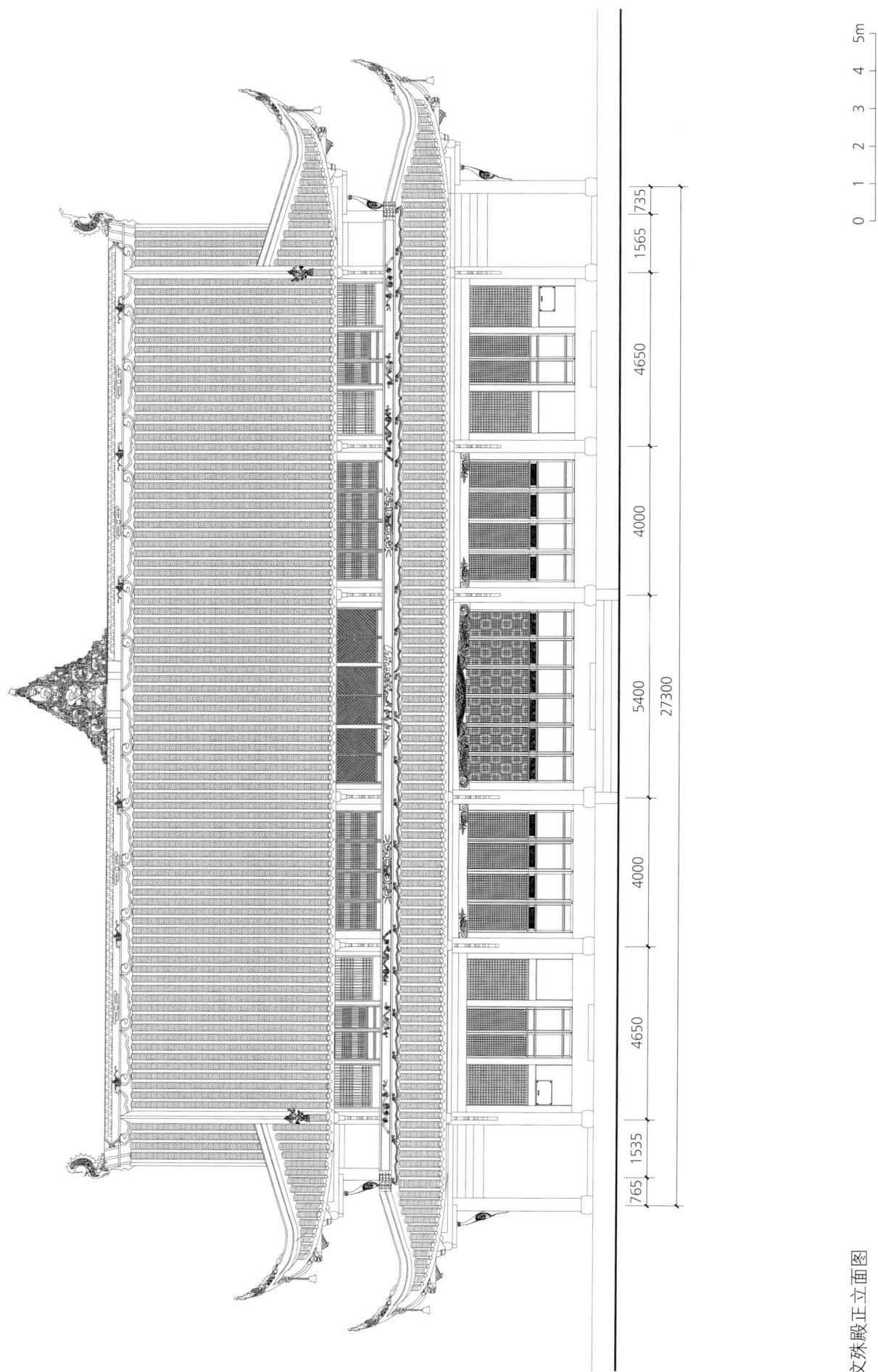

文殊殿正立面图

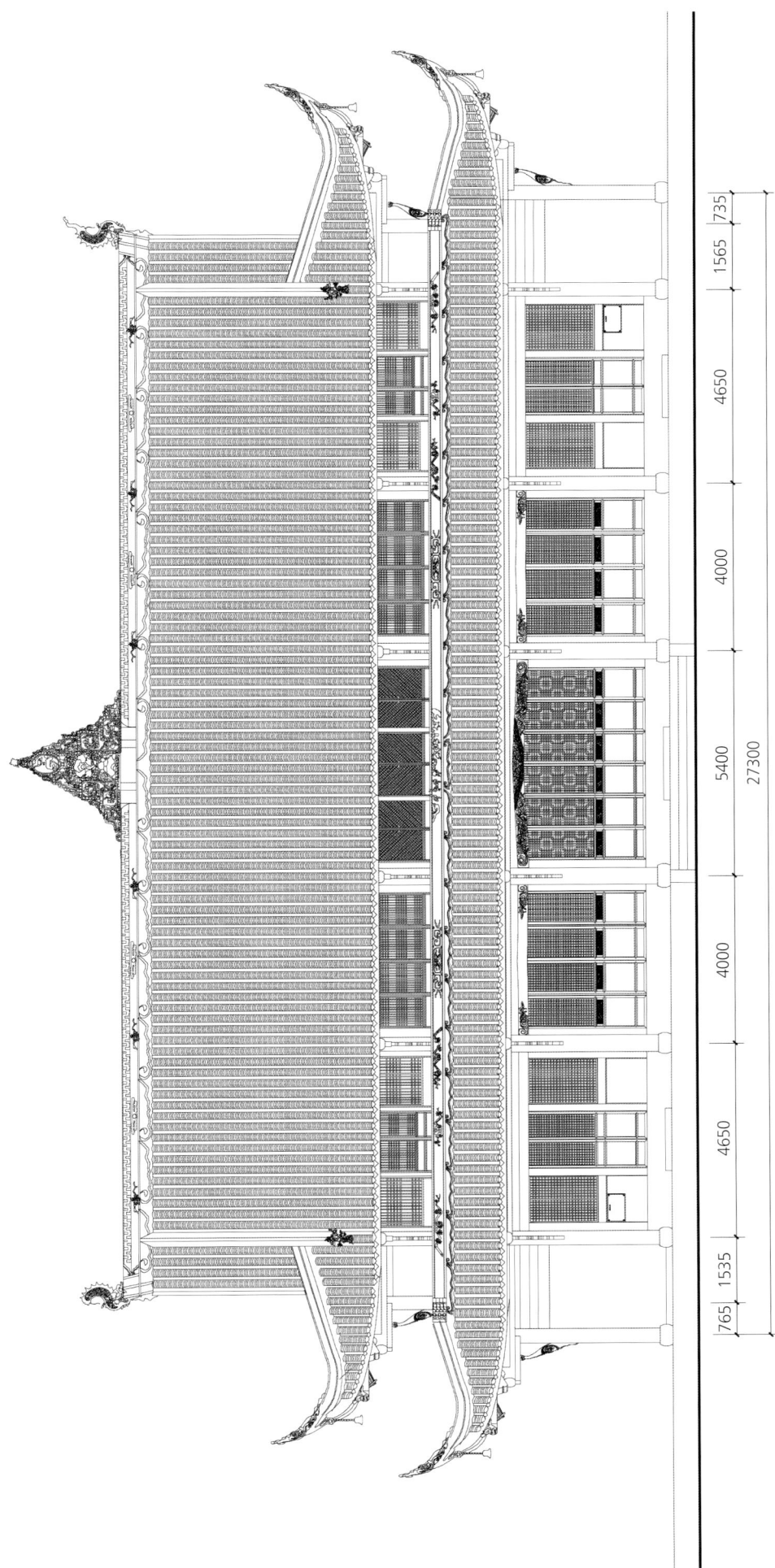

文殊殿背立面图

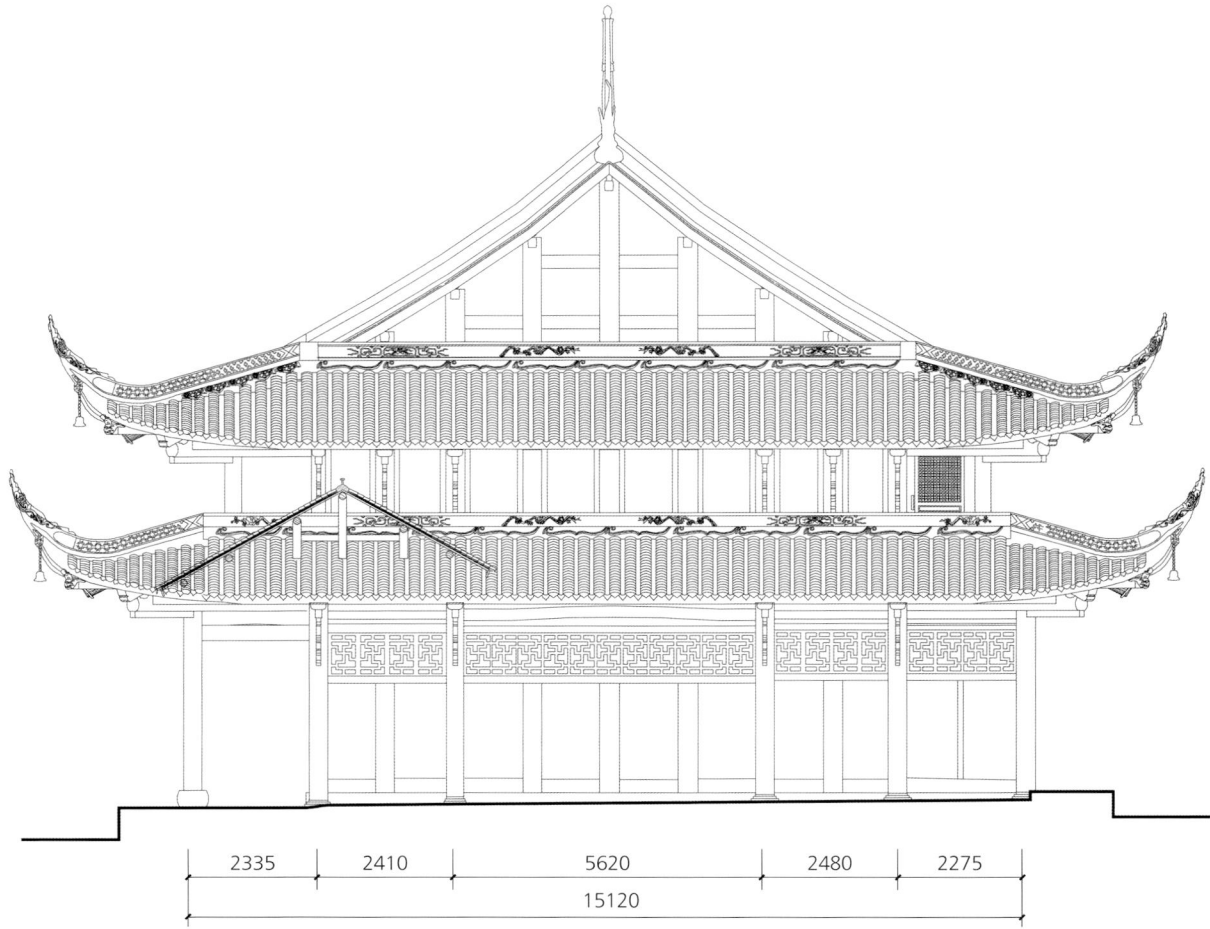

文殊殿南立面图

| 2335 | 2410 | 5620 | 2480 | 2275 |
| 15120 |

0　1　2　3　4　5m

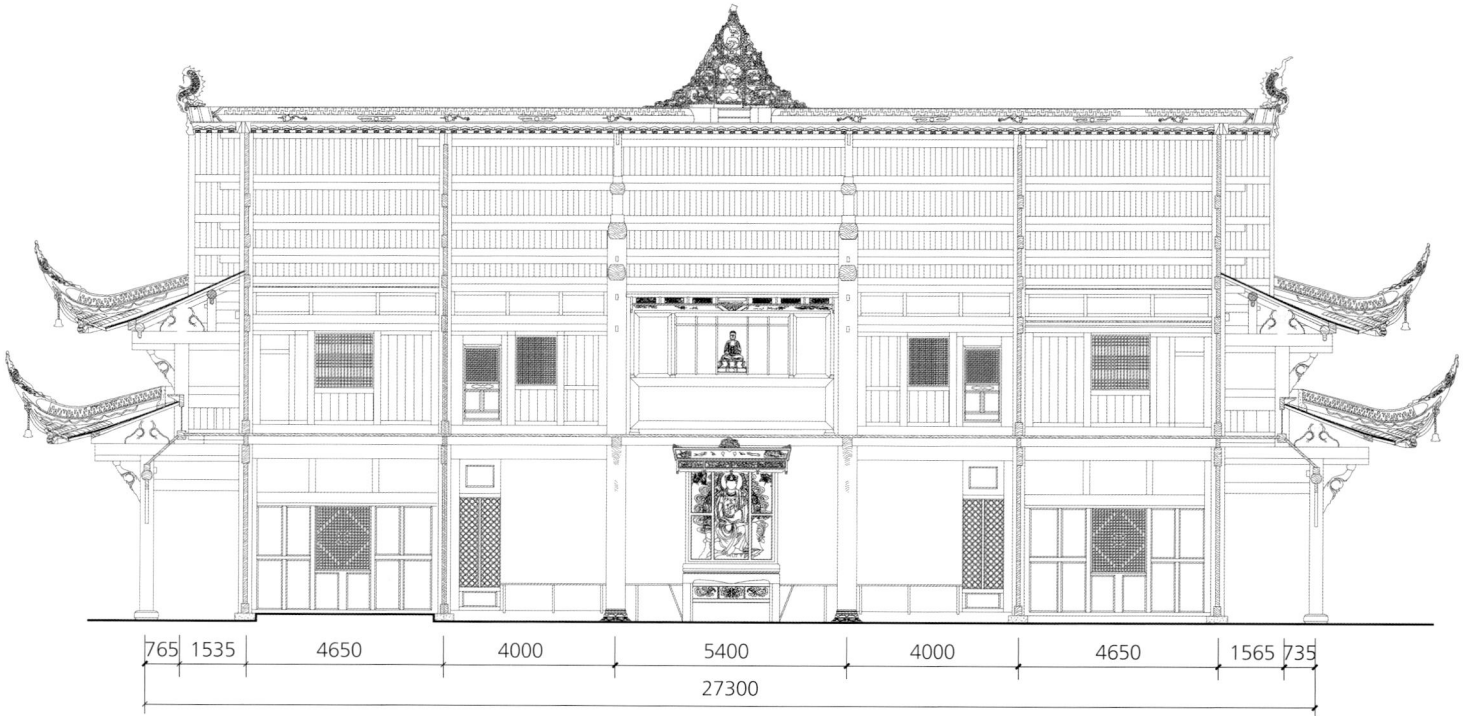

文殊殿横剖面图

| 765 | 1535 | 4650 | 4000 | 5400 | 4000 | 4650 | 1565 | 735 |
| 27300 |

0　1　2　3　4　5m

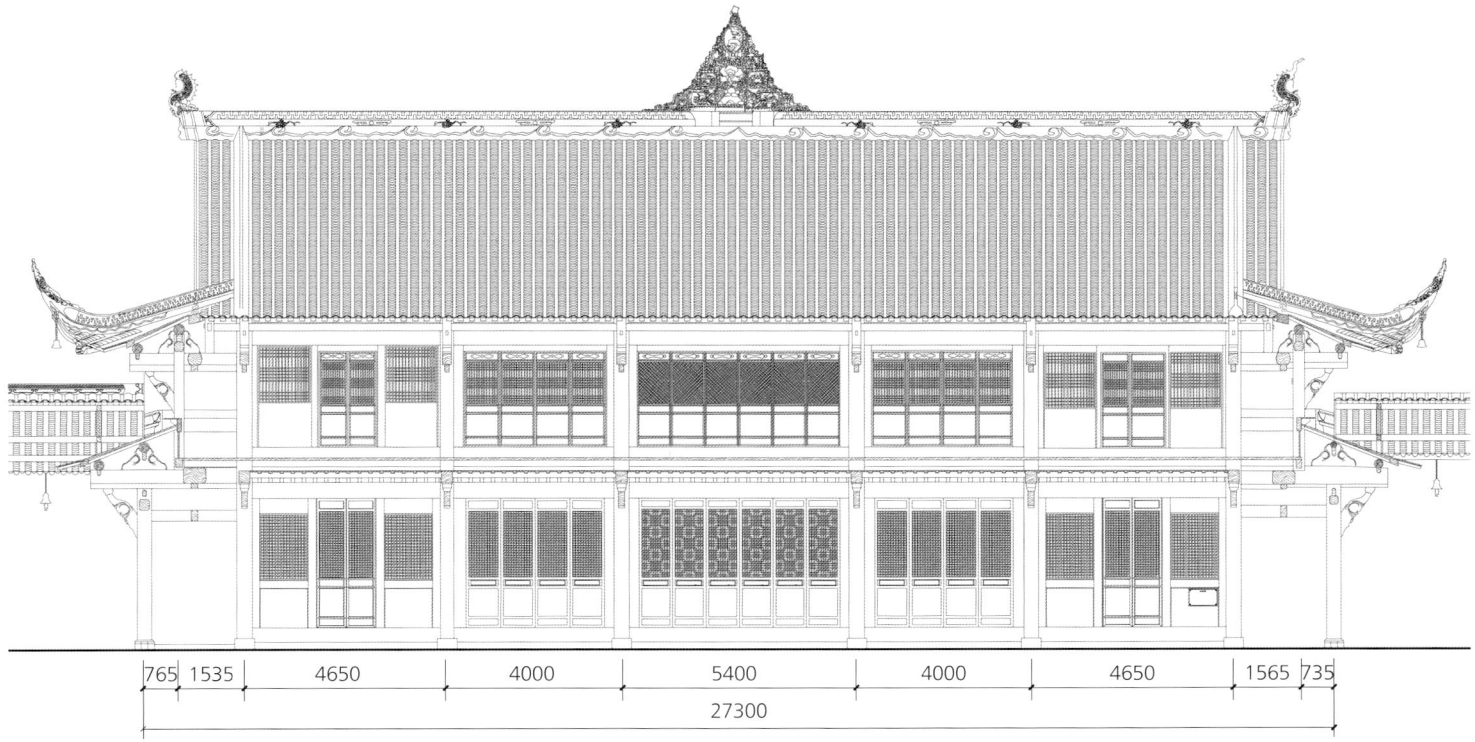

文殊殿檐廊横剖面图

765 1535 4650 4000 5400 4000 4650 1565 735

27300

0 1 2 3 4 5m

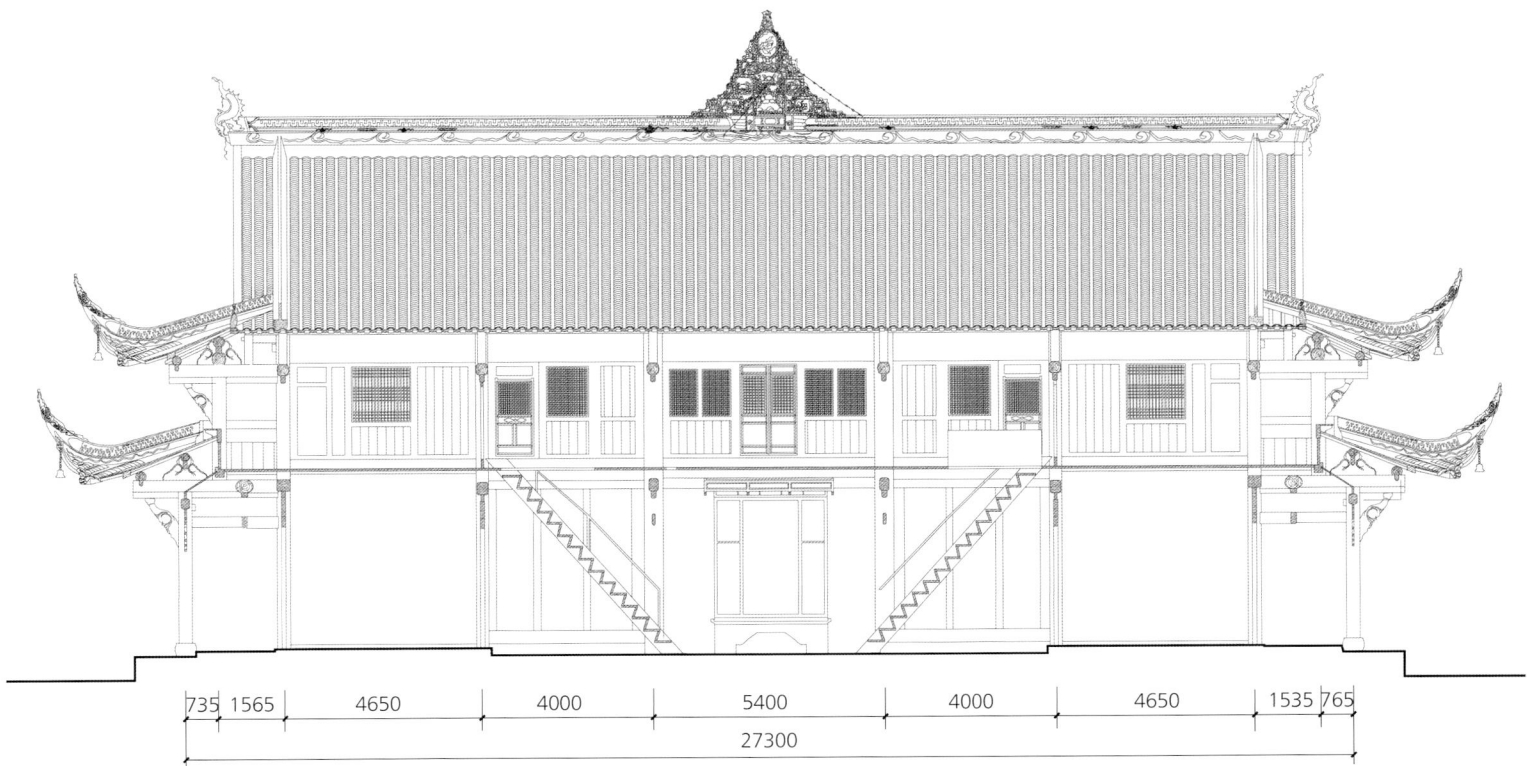

文殊殿梯间处横剖面图

735 1565 4650 4000 5400 4000 4650 1535 765

27300

0 1 2 3 4 5m

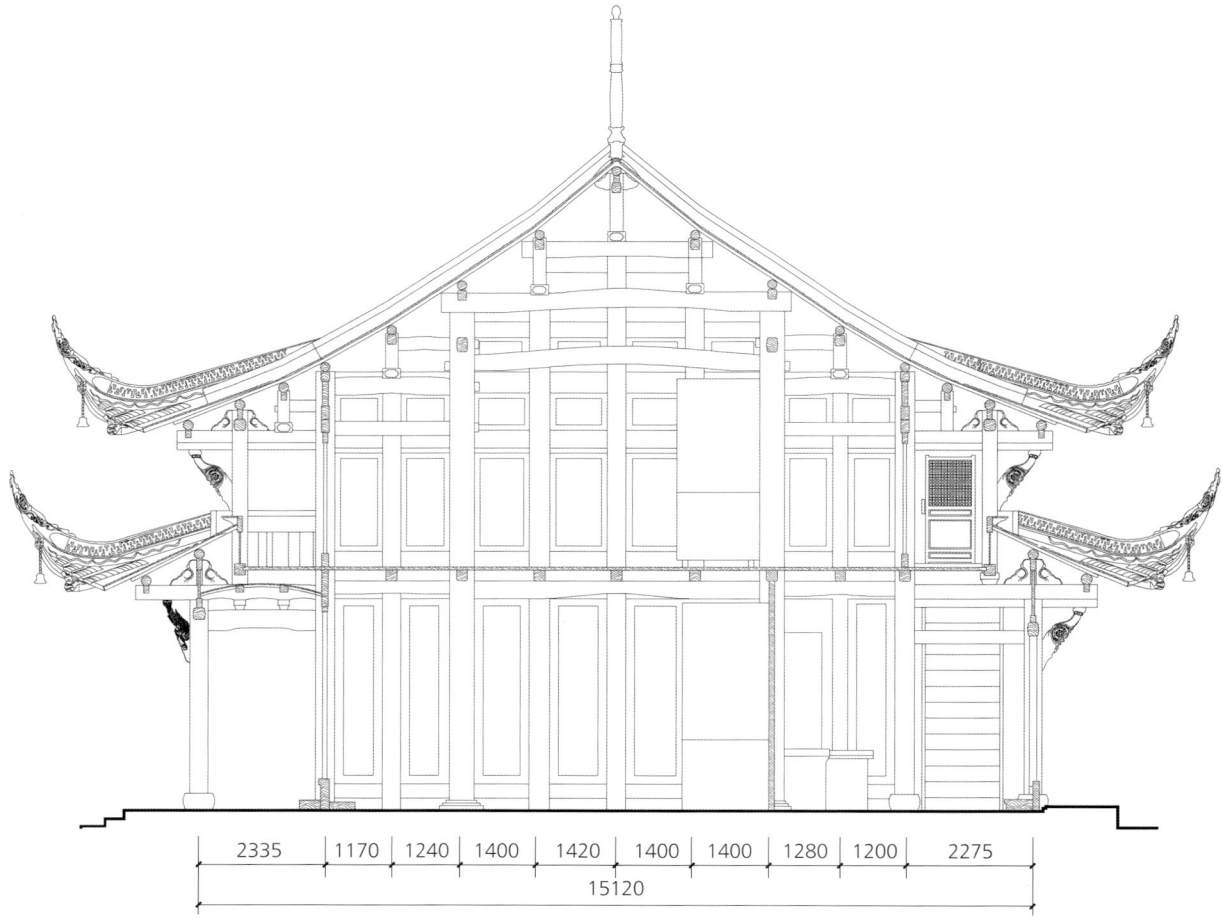

文殊殿明间剖面图

| 2335 | 1170 | 1240 | 1400 | 1420 | 1400 | 1400 | 1280 | 1200 | 2275 |

15120

0　1　2　3　4　5m

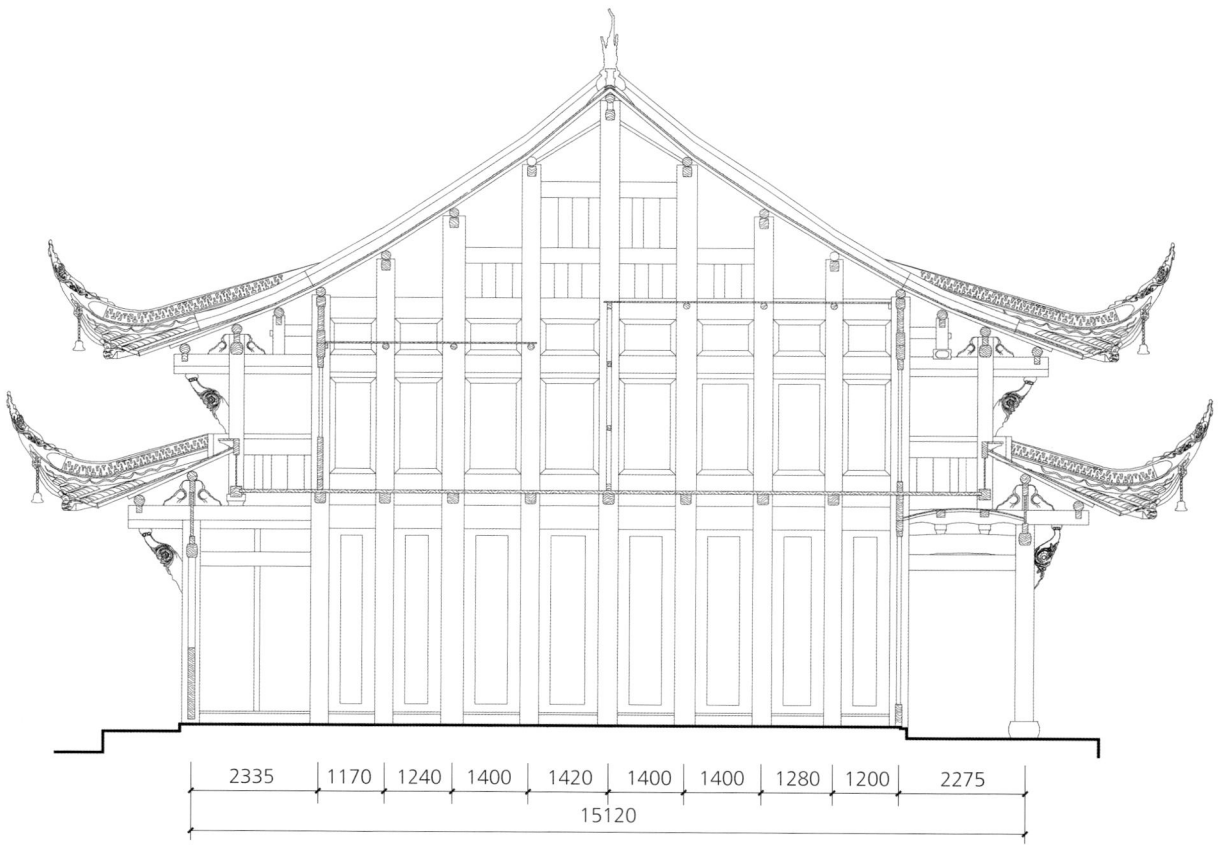

文殊殿梢间剖面图

| 2335 | 1170 | 1240 | 1400 | 1420 | 1400 | 1400 | 1280 | 1200 | 2275 |

15120

0　1　2　3　4　5m

文殊殿正脊饰样图

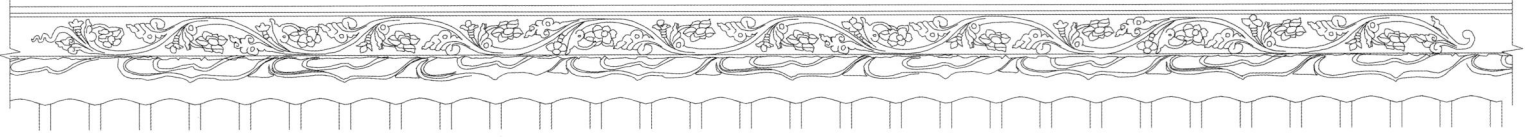

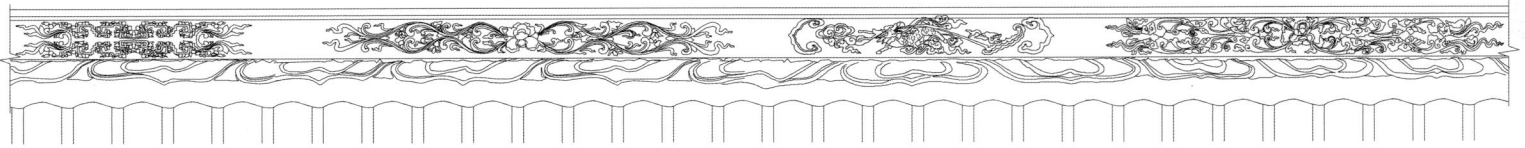

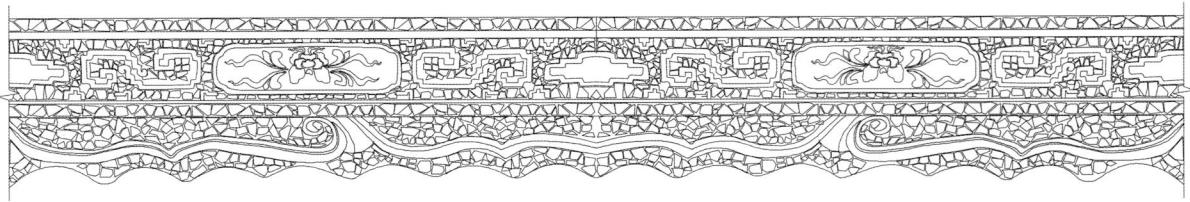

文殊殿博脊饰样图

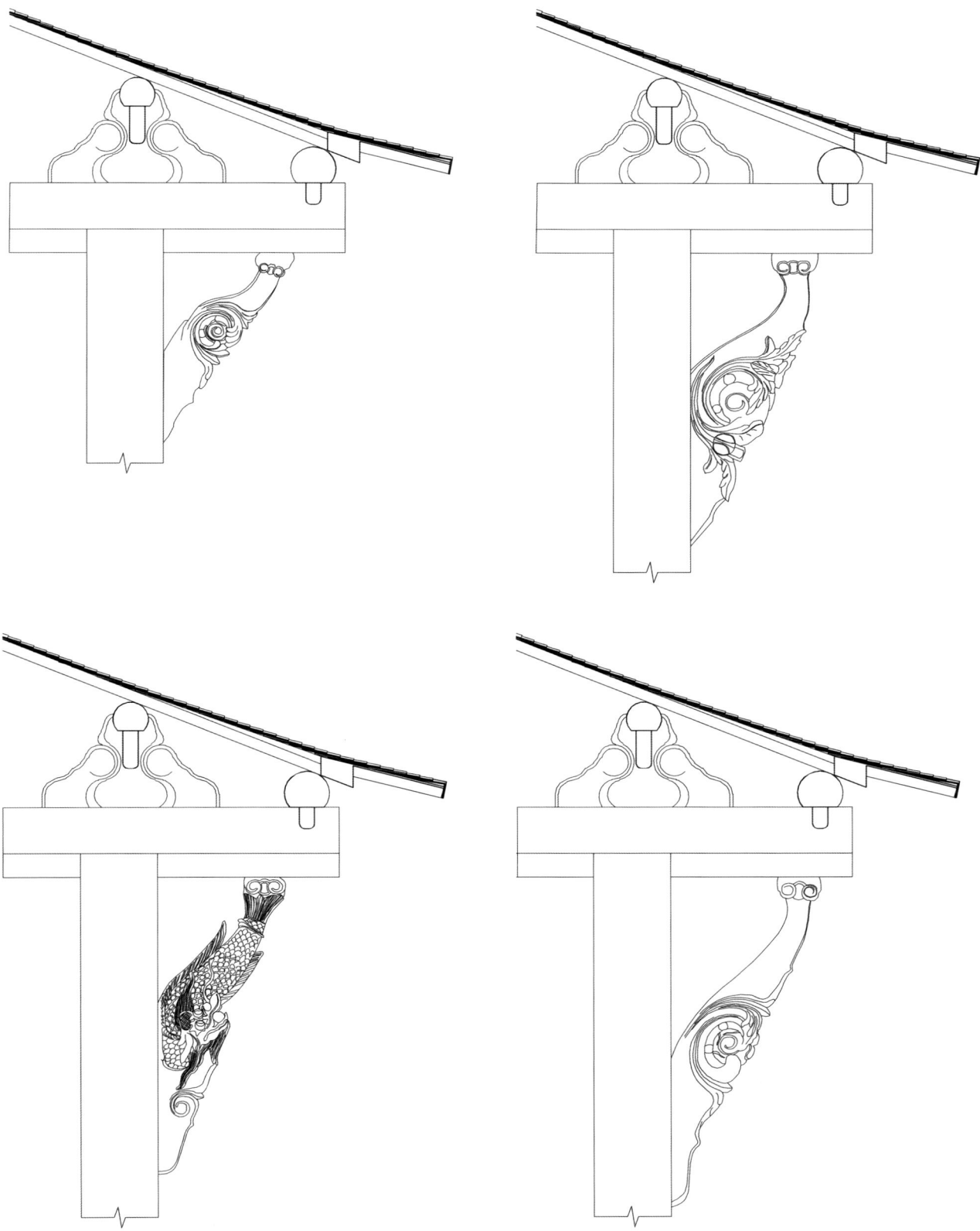

文殊殿撑拱立面图

5400

5400

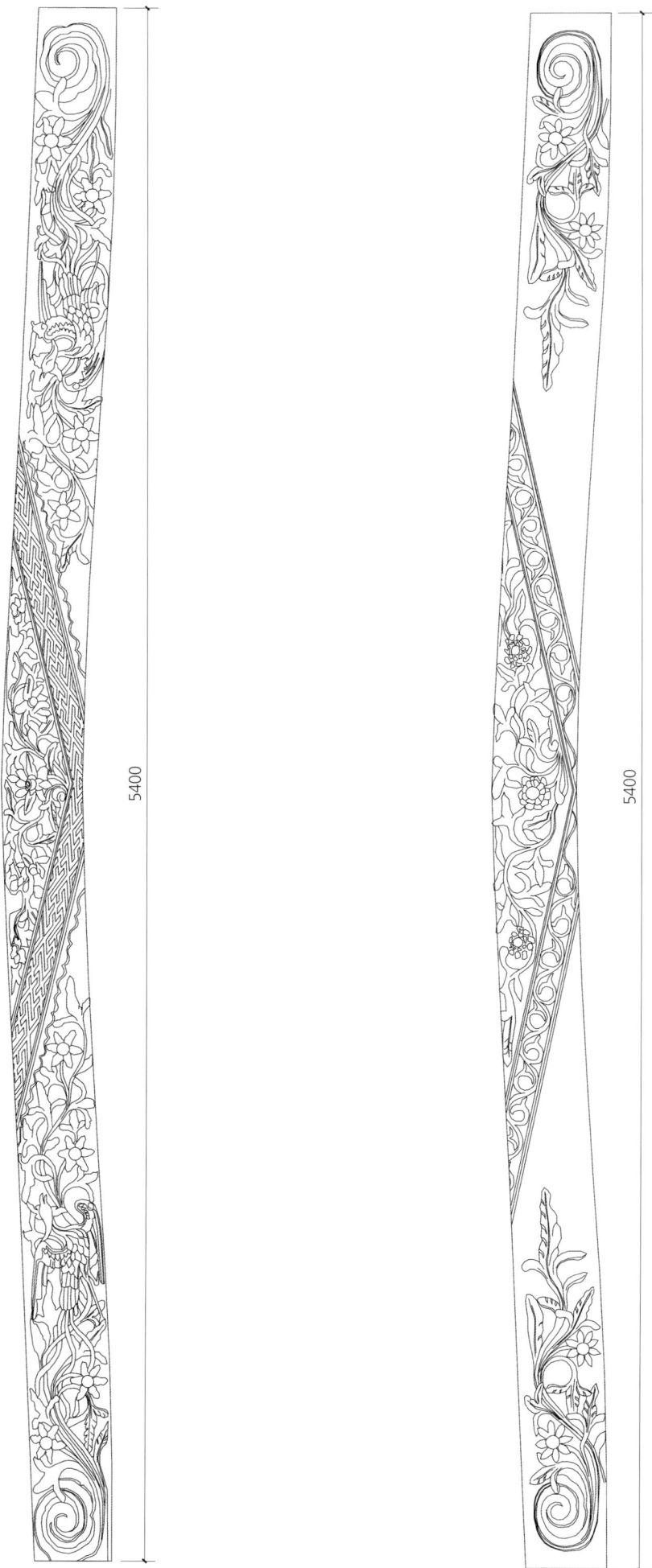

文殊殿明间梁枋雕饰样图

文殊殿门扇饰样图

1100 1320

1300 1550

1160 1340

3100

770　770　770　770　770　770

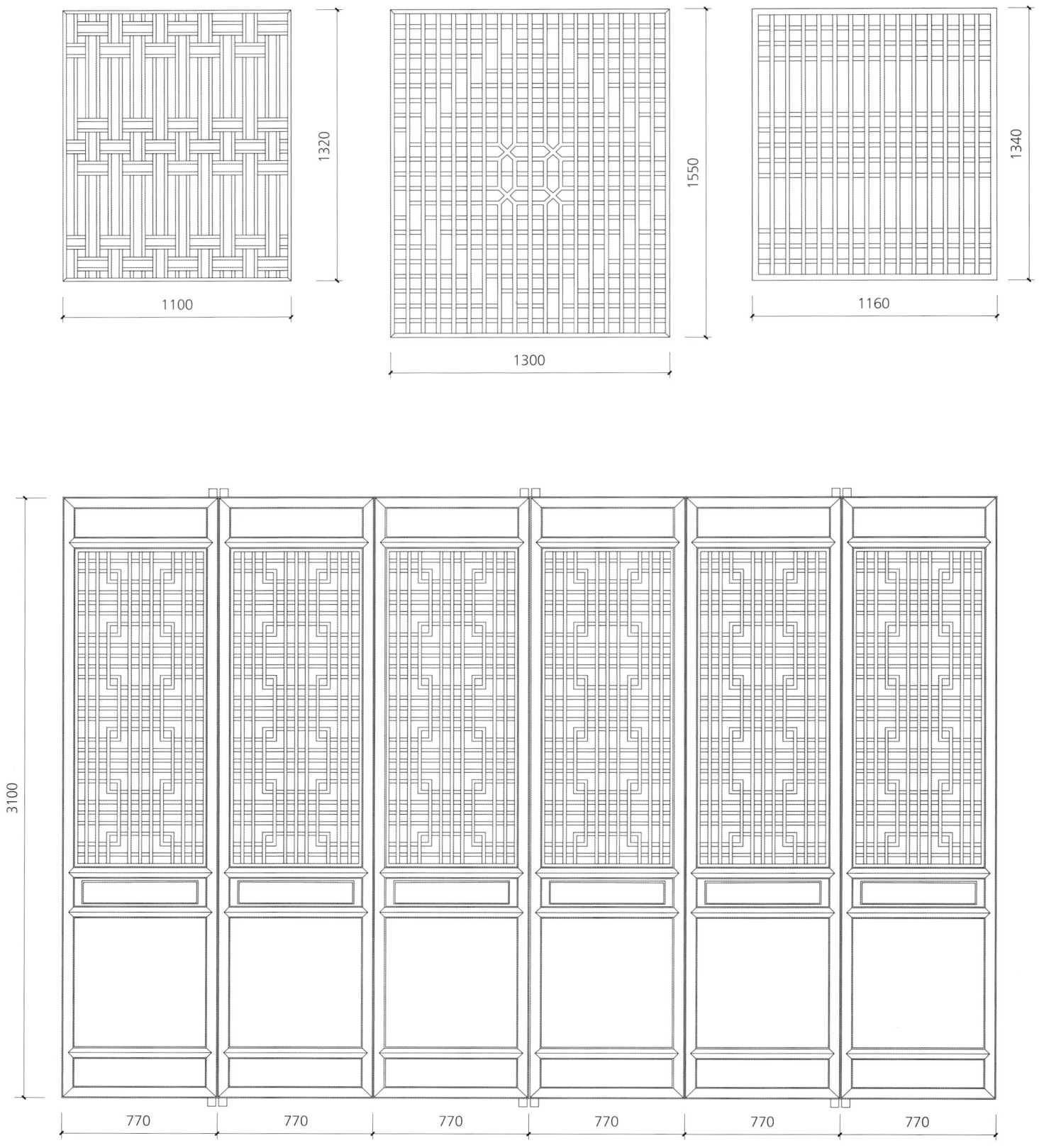

五观堂门窗饰样图

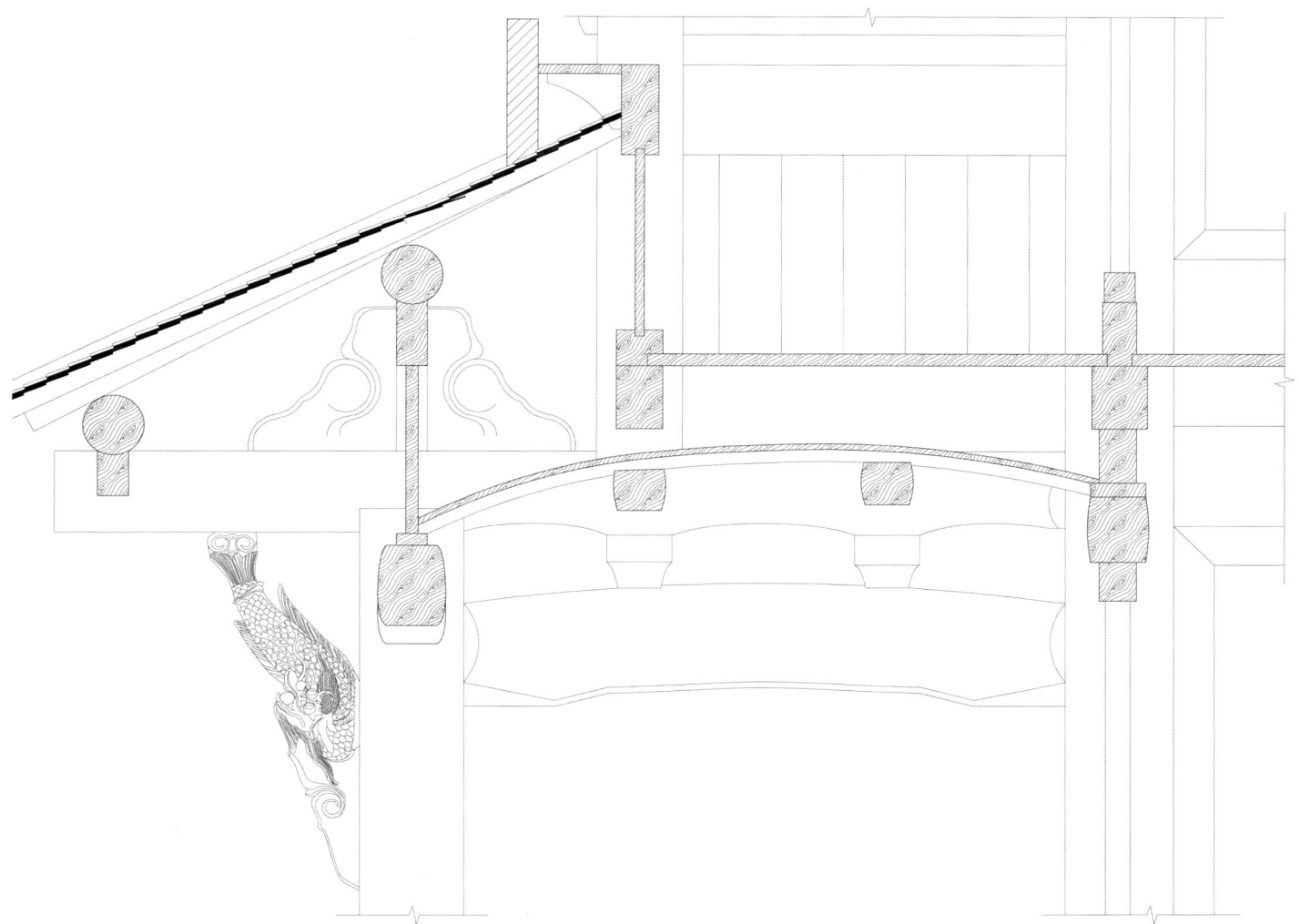

文殊殿檐廊轩棚大样图

0　　　　　　0.5　　　　　　1m

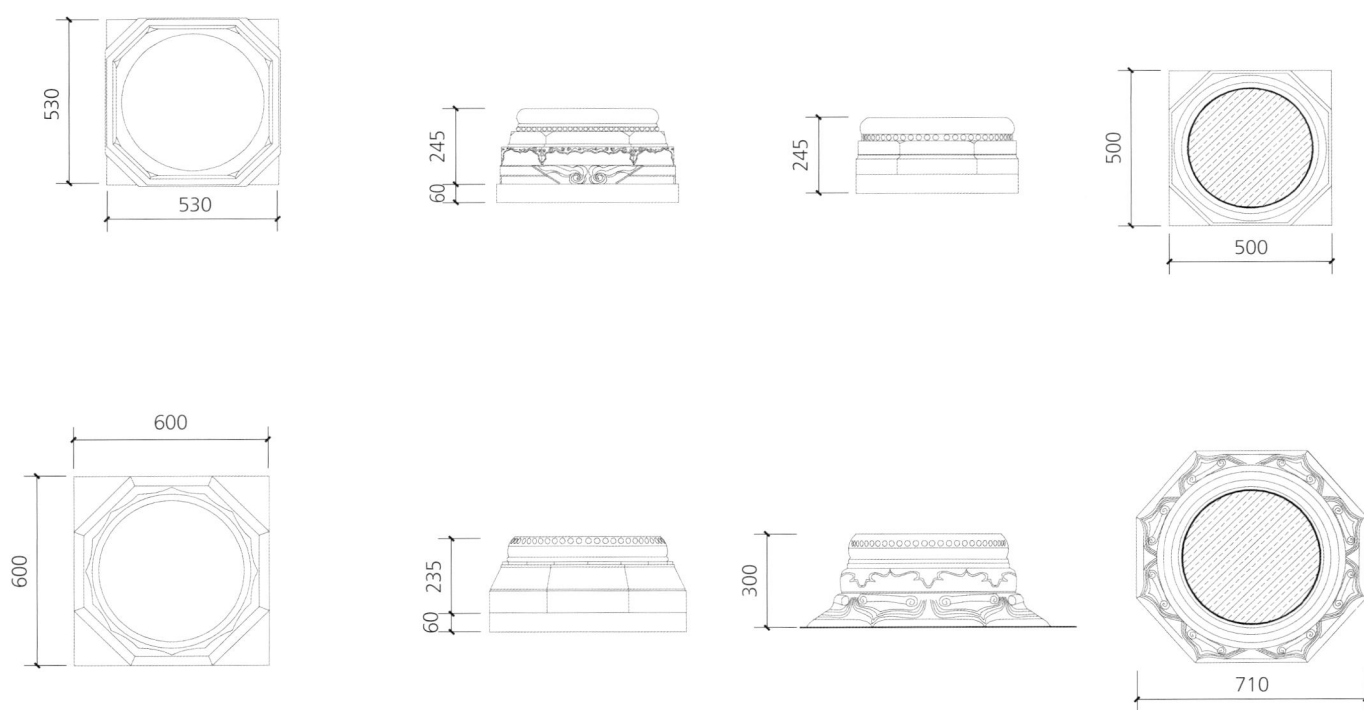

文殊殿柱础大样图

破山塔

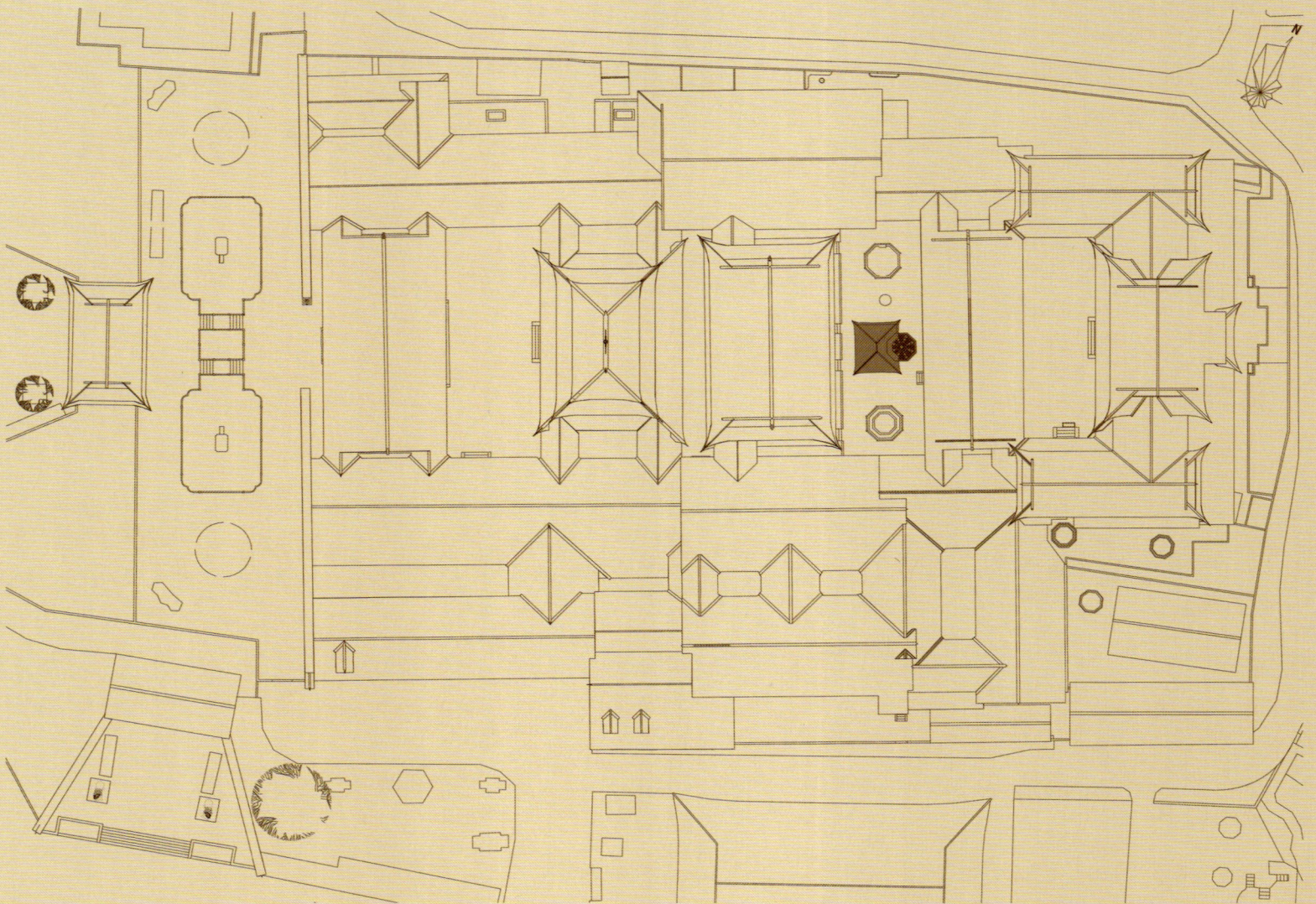

破山塔是为双桂堂创始人破山海明而建的舍利石塔，位于大悲殿前庭院的中轴线上。八边形平面，塔高7.5米，塔身三层，由下至上层层收分，一层塔身直径3米，到三层塔身直径1.4米，塔身有扶壁柱，塔檐雕刻成筒瓦屋面，是简化的仿木建筑做法。须弥座塔基高1.15米，莲花线雕图案简练有力。舍利塔的背面有石构牌坊屏风，其上有纪念破山海明的碑刻铭记。塔两侧各有古老桂树一株，联系着破山海明创建双桂堂的传奇故事，成为人们顶礼膜拜的神树。

破山海明墓塔

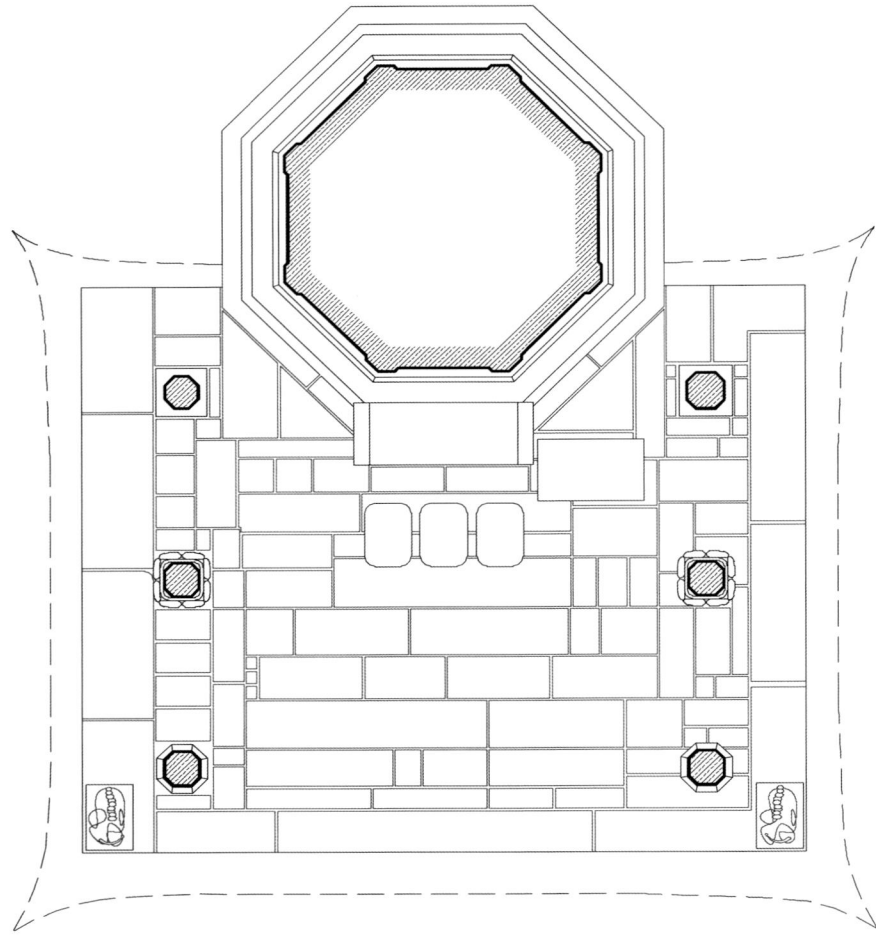

破山塔平面图

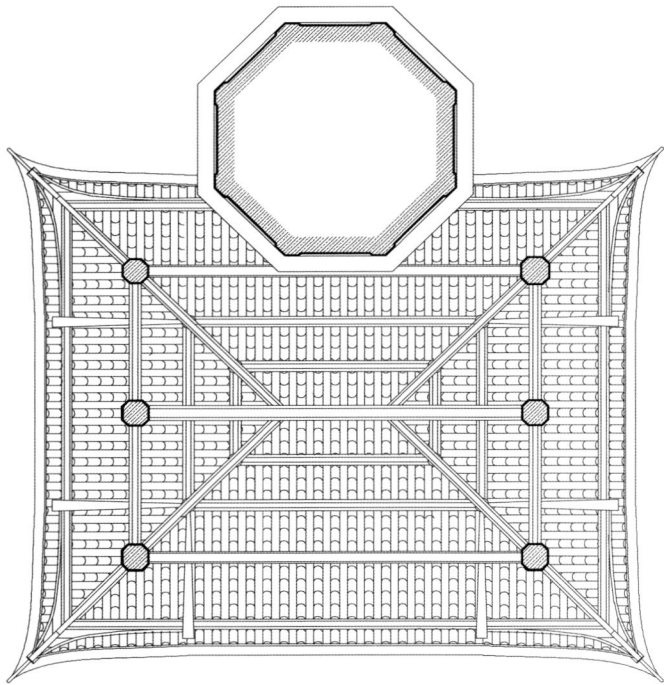

0　　1　　2　　3　　4　　5m

拜亭屋架平面图

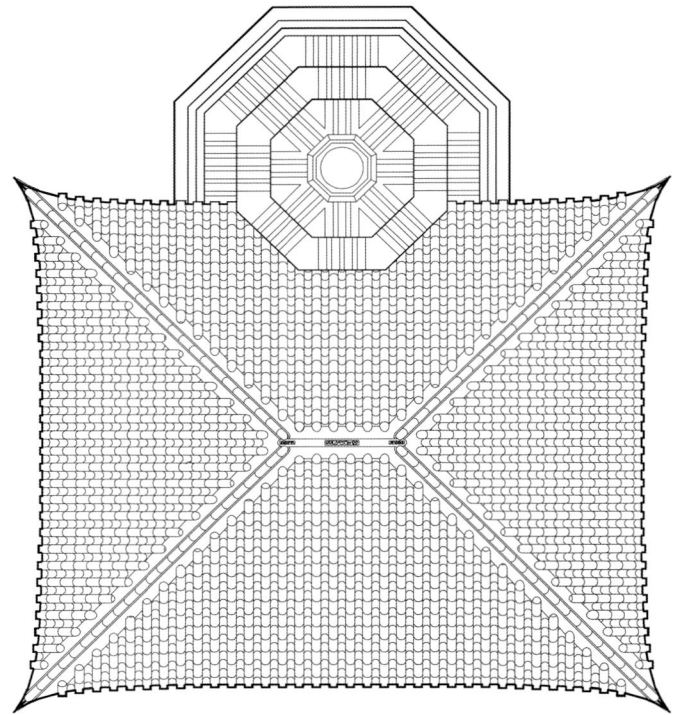

拜亭屋顶平面图

0　　1　　2　　3　　4　　5m

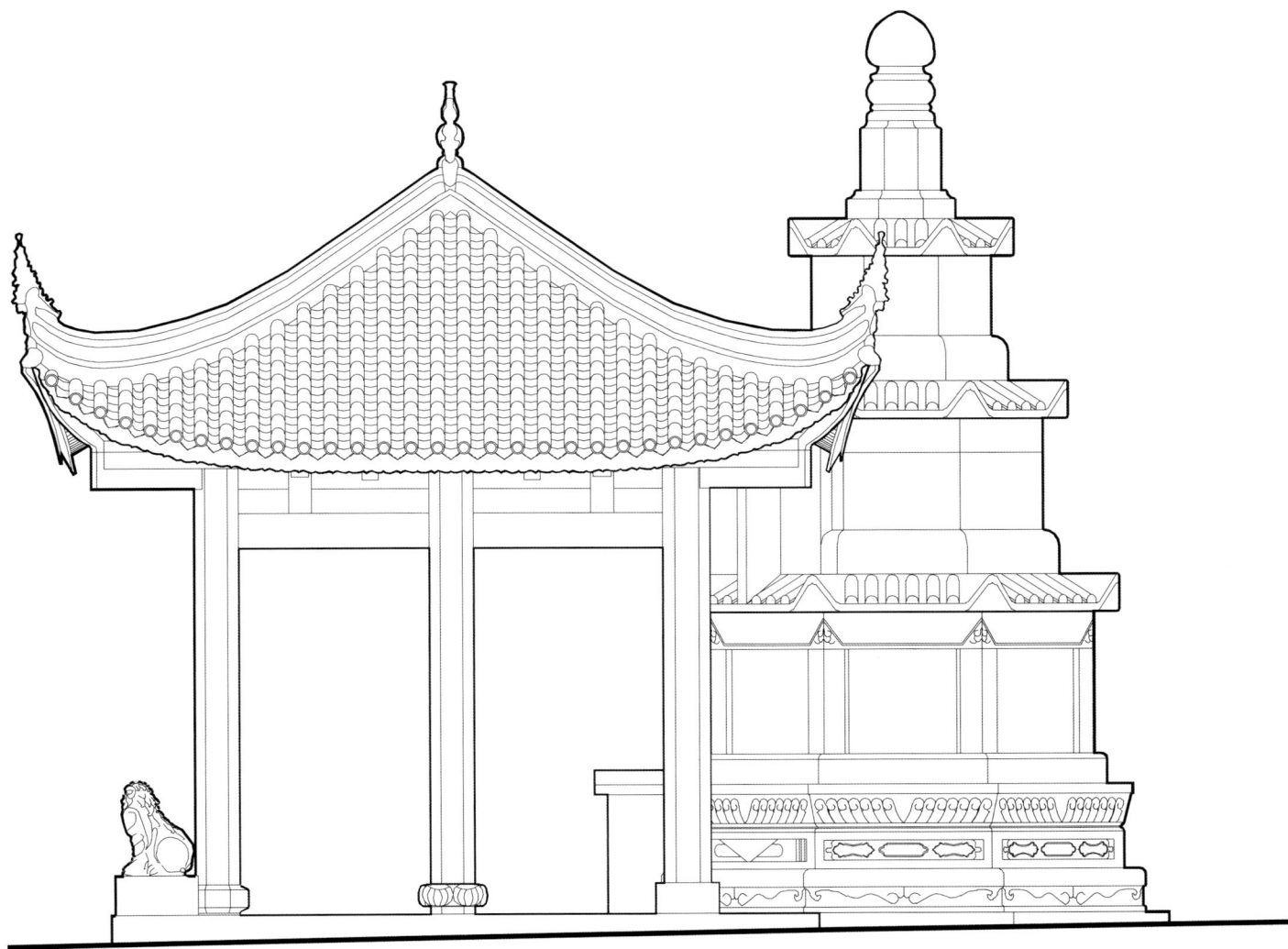

破山塔与拜亭

0　　　　1　　　　2　　　3m

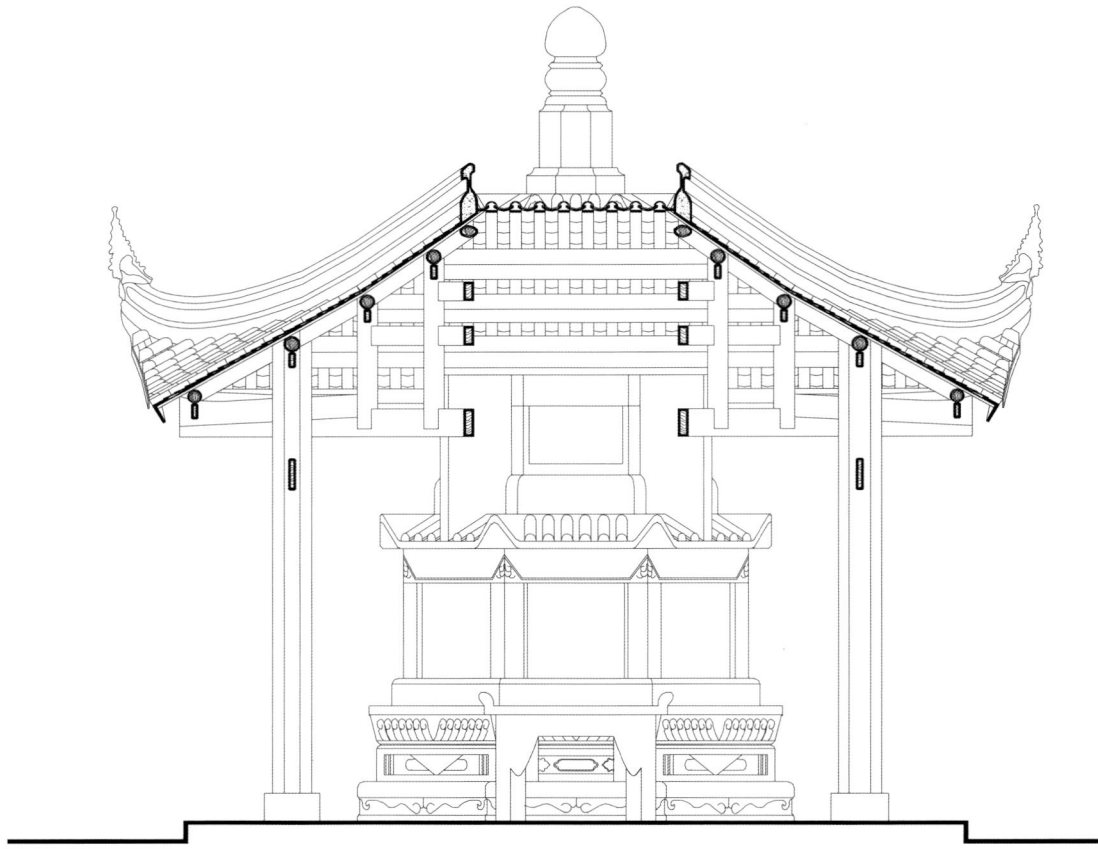

拜亭剖面图

0　　1　　2　　3　　4　　5m

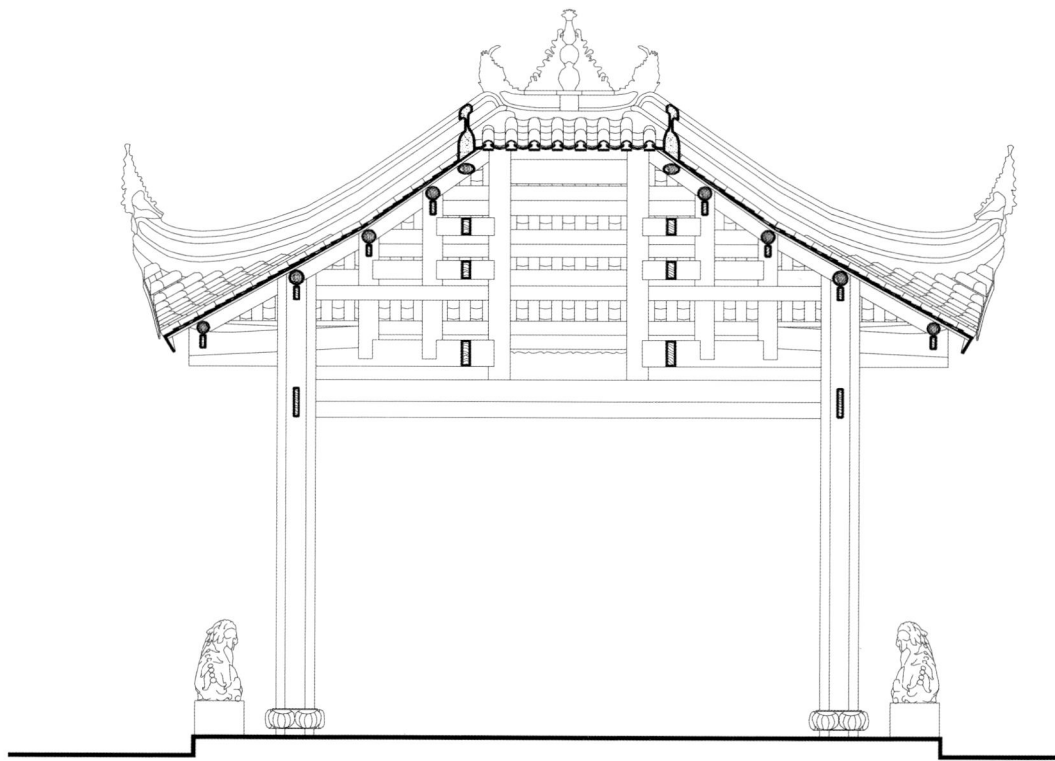

拜亭剖面图

0　　1　　2　　3　　4　　5m

拜亭脊饰图

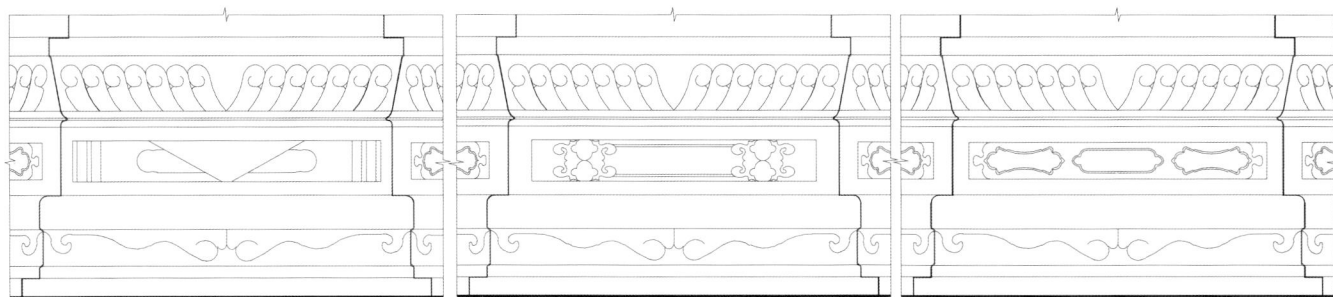

破山塔须弥座

大悲殿

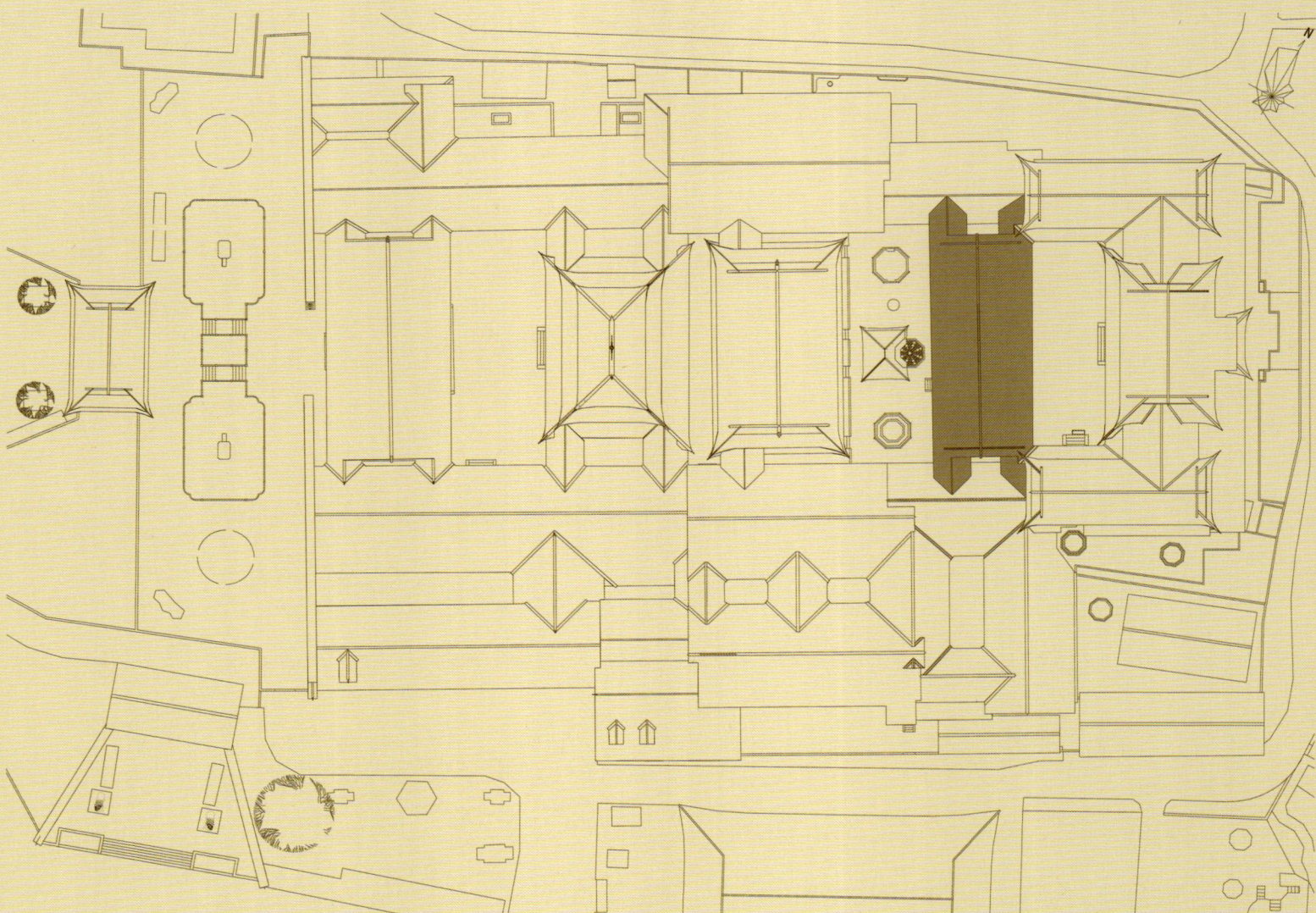

　　大悲殿面阔七间30.1米，当心三间为殿堂，明间为石木组合抬梁式构架，次间和梢间为砖砌墙体分隔；通进深11.4米，殿堂进深9.4米，正面设檐廊两步架深2米。单层单檐悬山屋顶，两侧梢间有后期加建木构楼层。殿内祀奉观音和西方三圣。大悲殿始建于清雍正八年（1730年），原名卧云阁，清嘉庆五年（1800年）改为大悲殿，清光绪十五年（1889年）重建。

大悲殿正面石柱檐廊

大悲殿背面

大悲殿屋面脊饰

大悲殿前檐廊

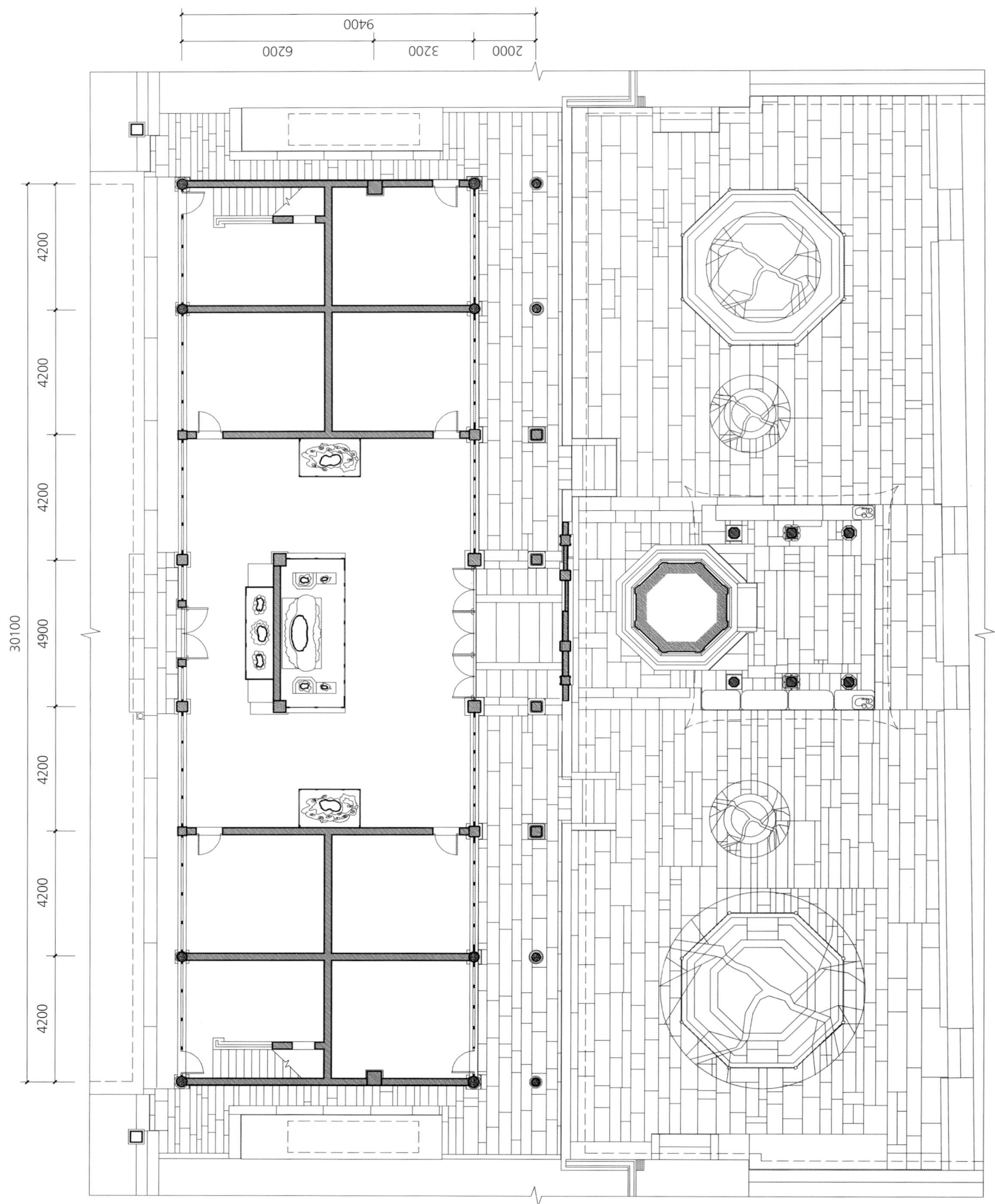

大悲殿一层平面图

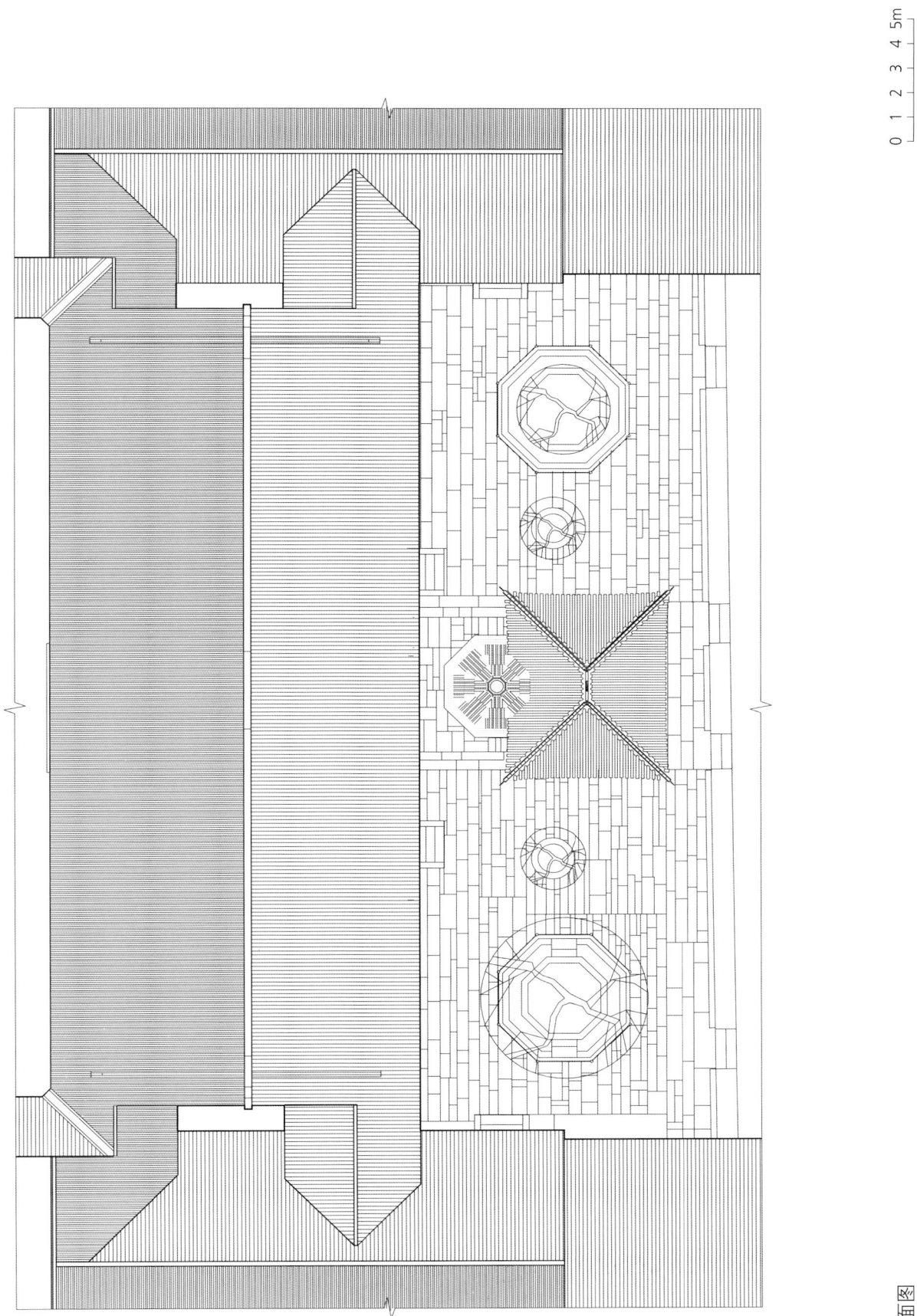

0 1 2 3 4 5m

大悲殿屋顶平面图

4200　4200　4200　4900　4200　4200　4200

30100

0　1　2　3　4　5m

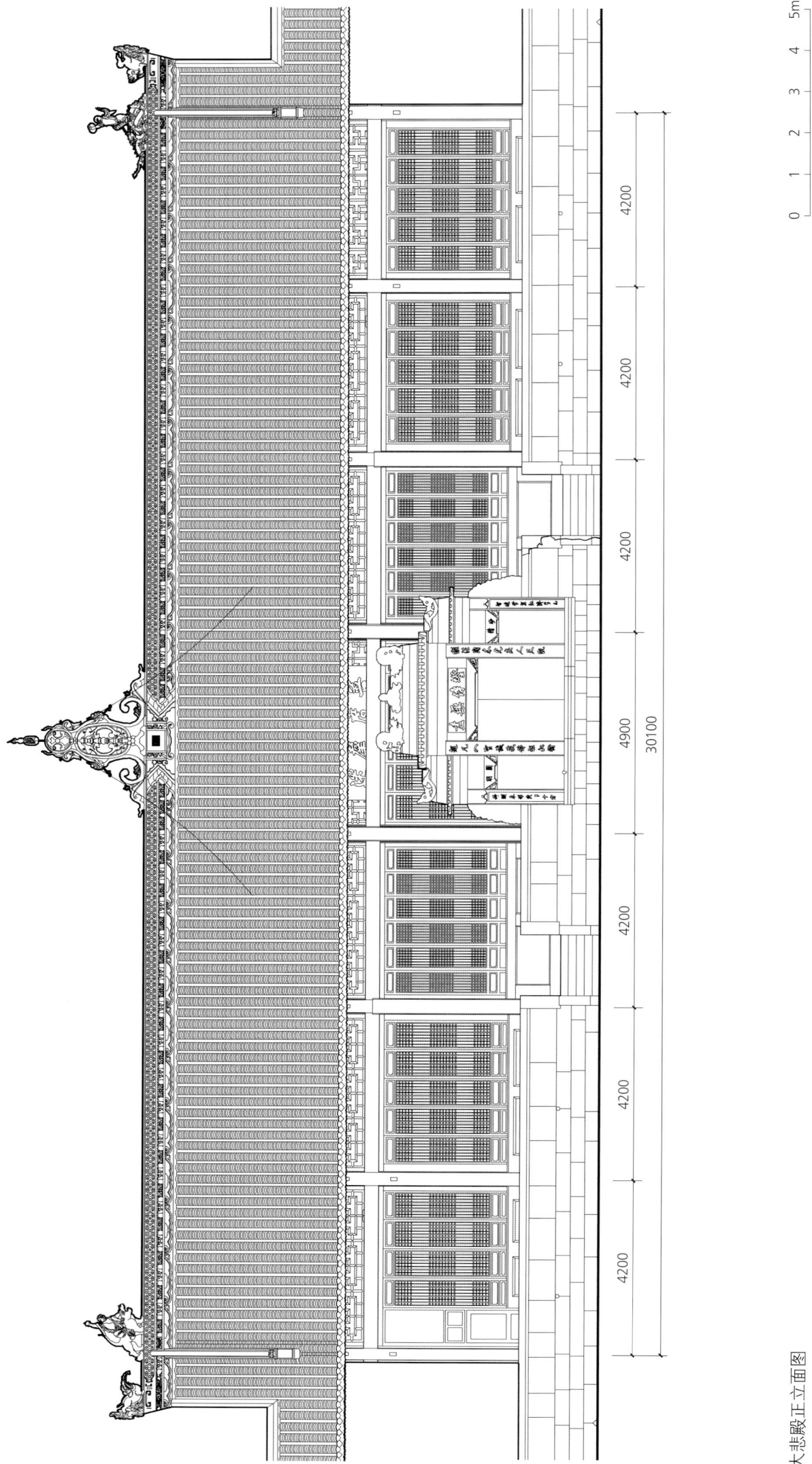

大悲殿正立面图

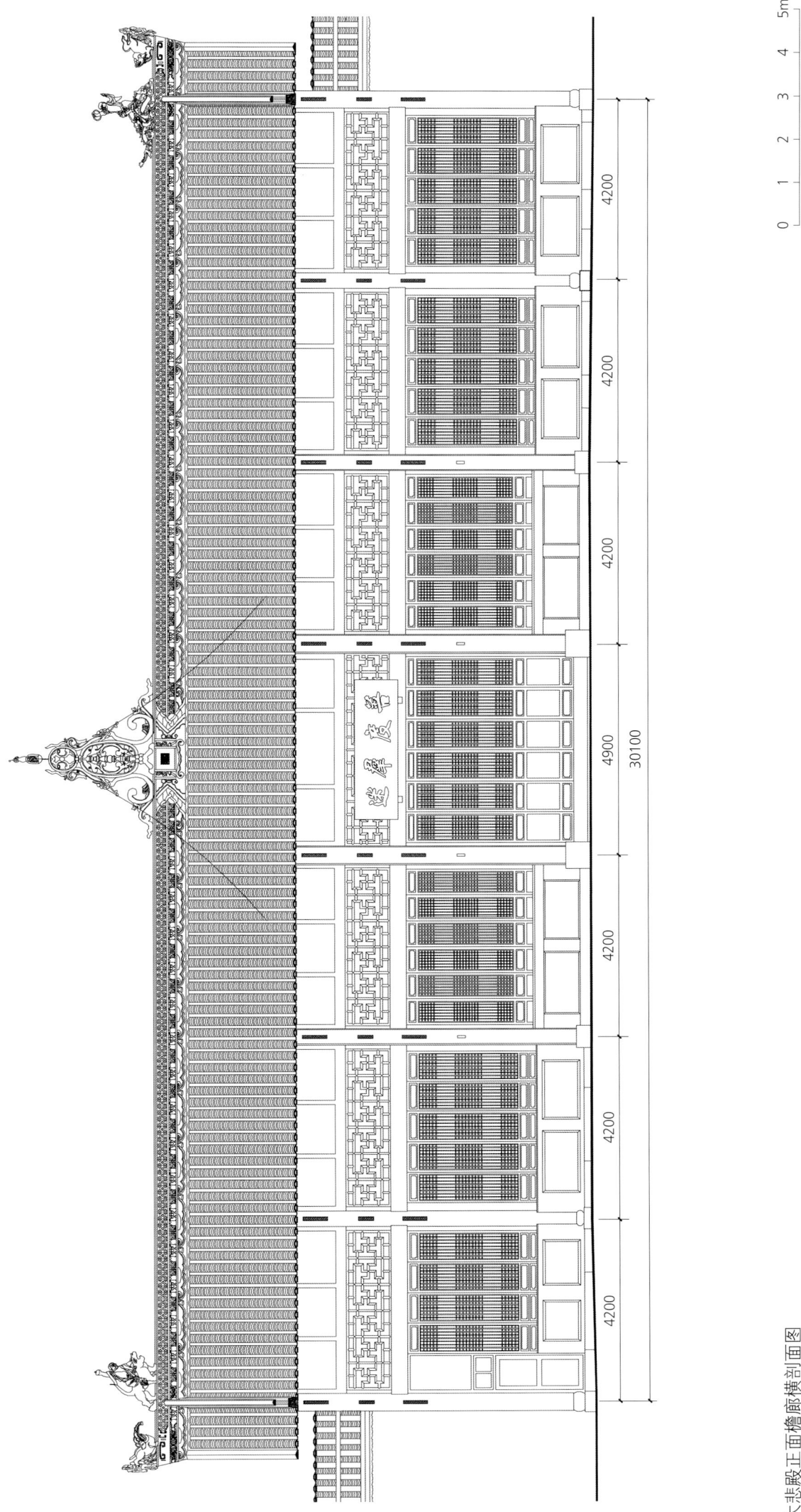

大悲殿正面檐廊横剖面图

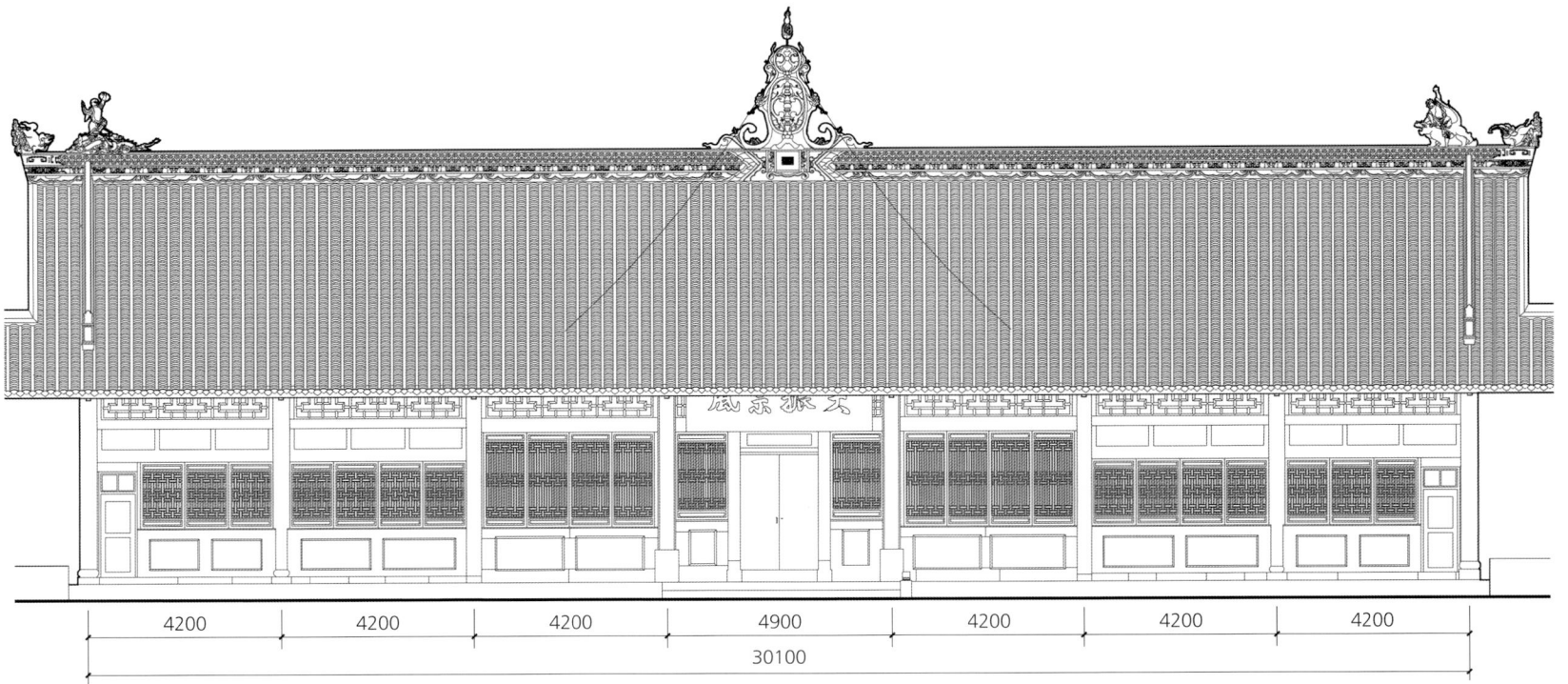

大悲殿背立面图

4200　4200　4200　4900　4200　4200　4200

30100

0　1　2　3　4　5m

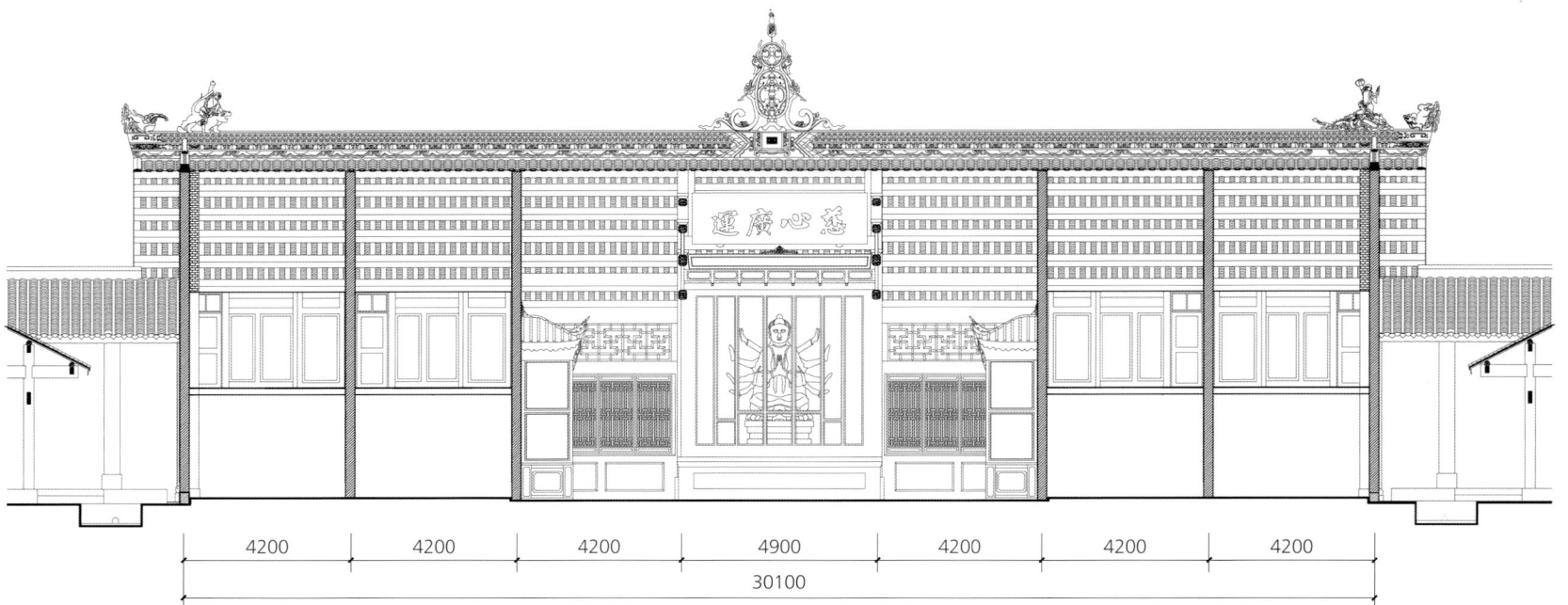

大悲殿横剖面图

4200　4200　4200　4900　4200　4200　4200

30100

0　1　2　3　4　5m

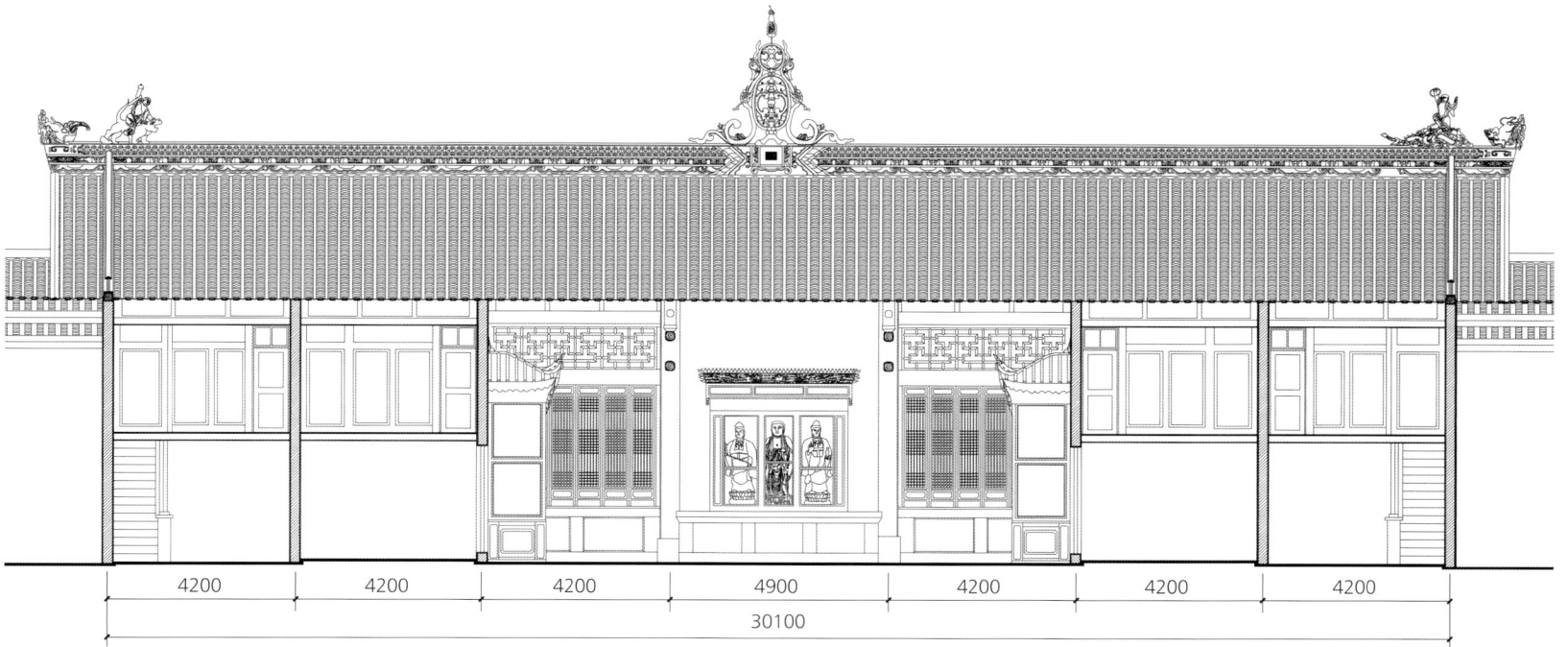

大悲殿横剖面图

| 4200 | 4200 | 4200 | 4900 | 4200 | 4200 | 4200 |

30100

0 1 2 3 4 5m

大悲殿正面门窗剖视图

| 4200 | 4200 | 4200 | 4900 | 4200 | 4200 | 4200 |

30100

0 1 2 3 4 5m

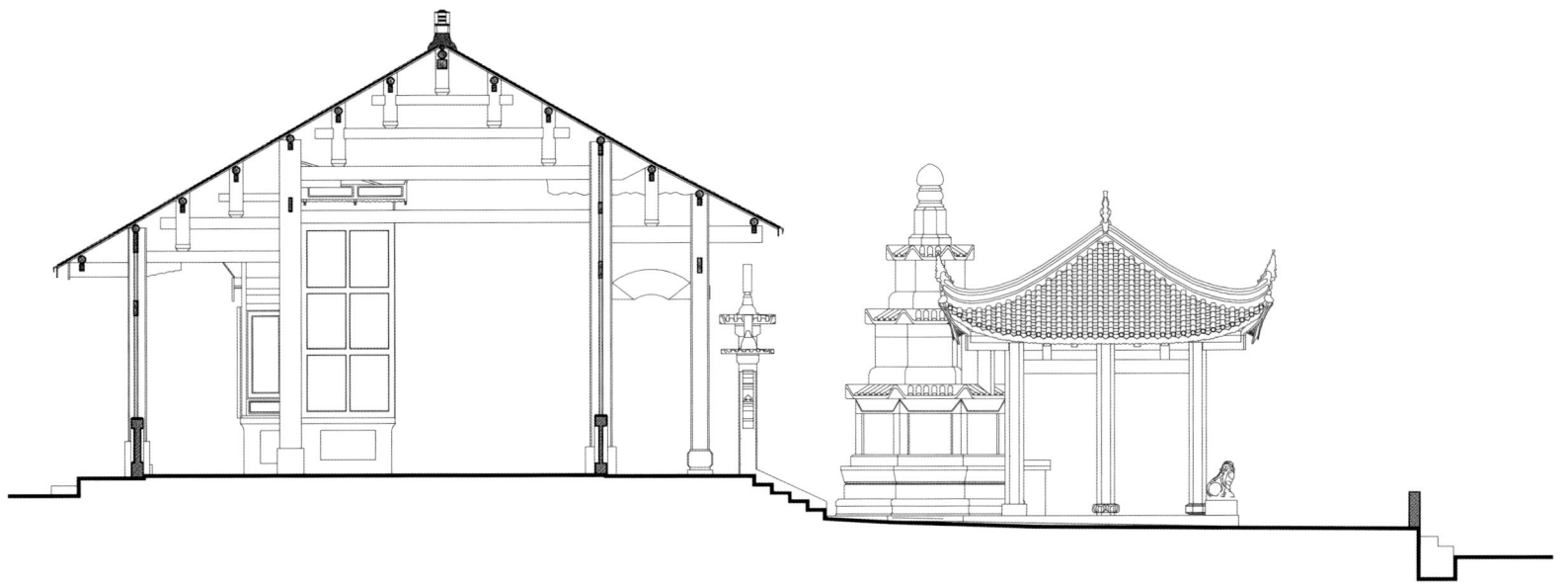

大悲殿次间剖面图（南向）

0　1　2　3　4　5m

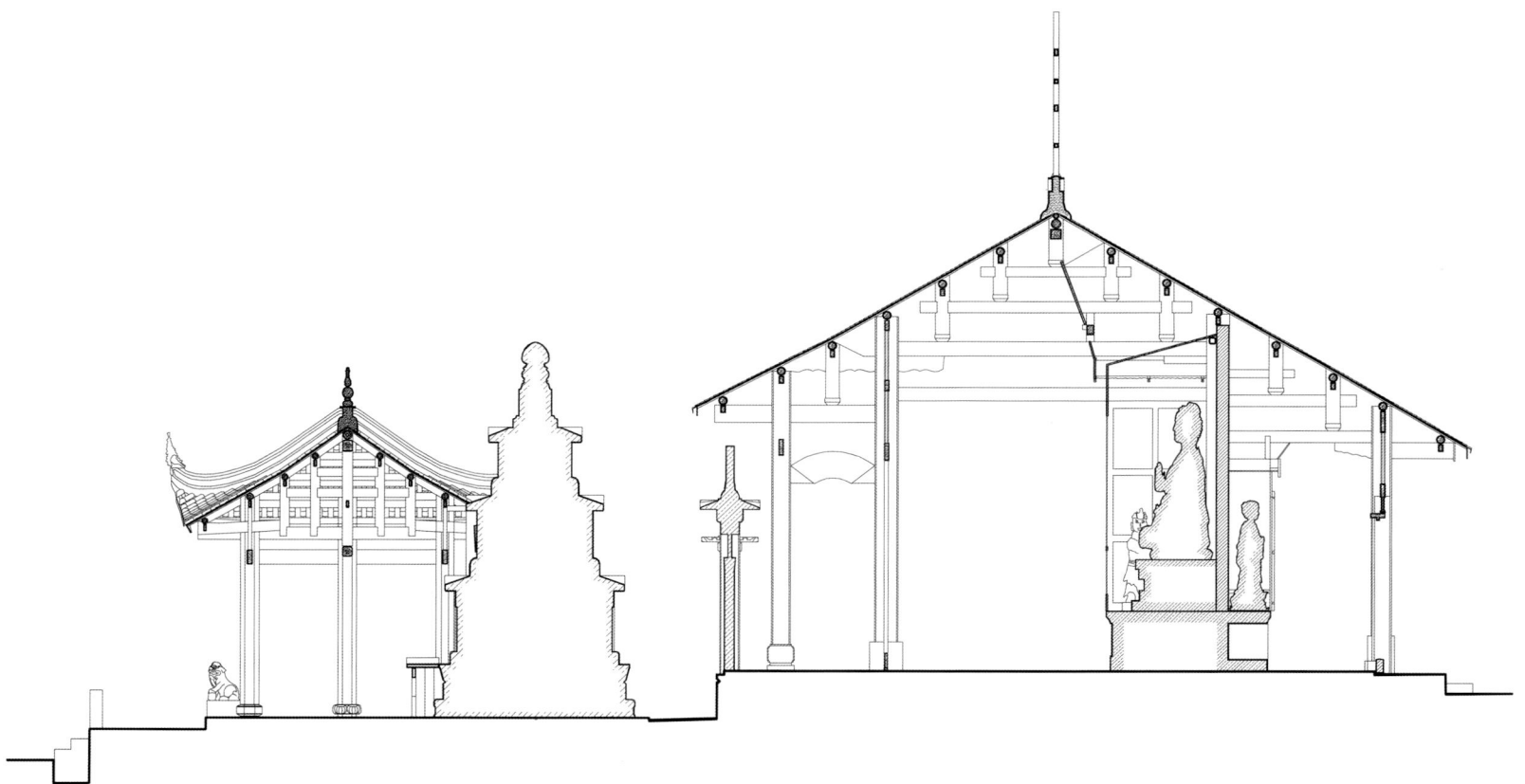

大悲殿明间剖面图

0　1　2　3　4　5m

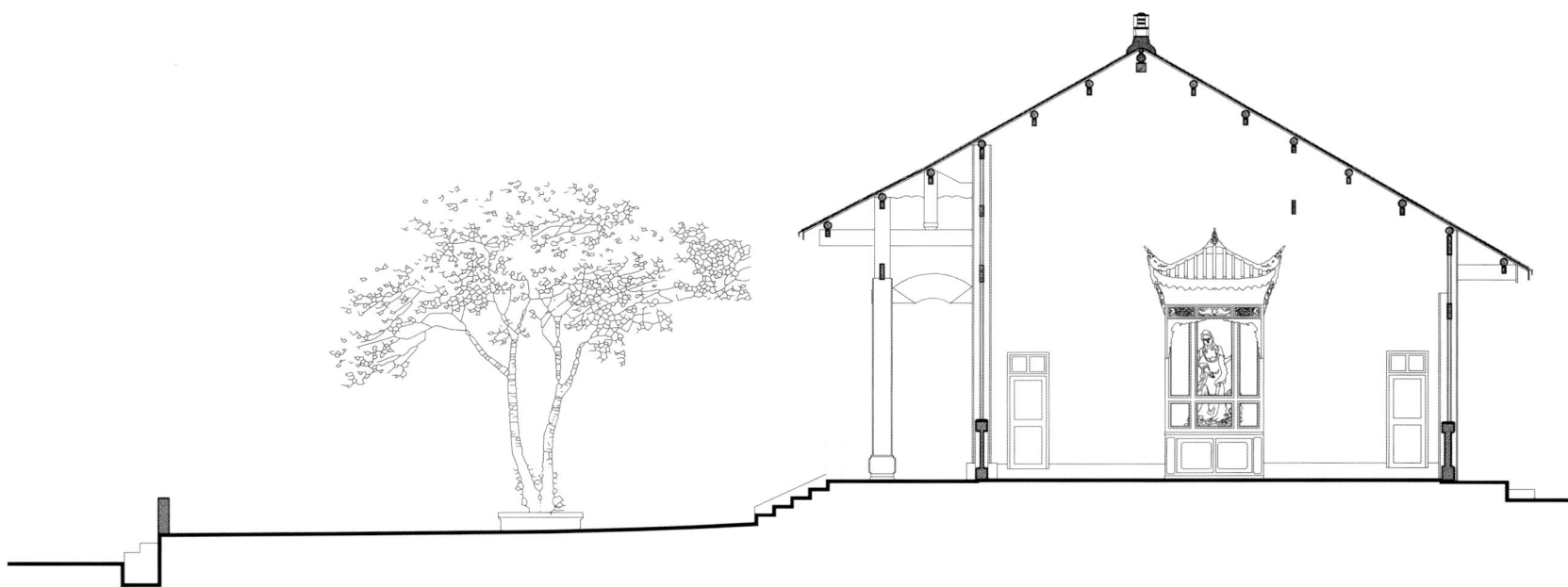

大悲殿次间剖面图（北向）

0　1　2　3　4　5m

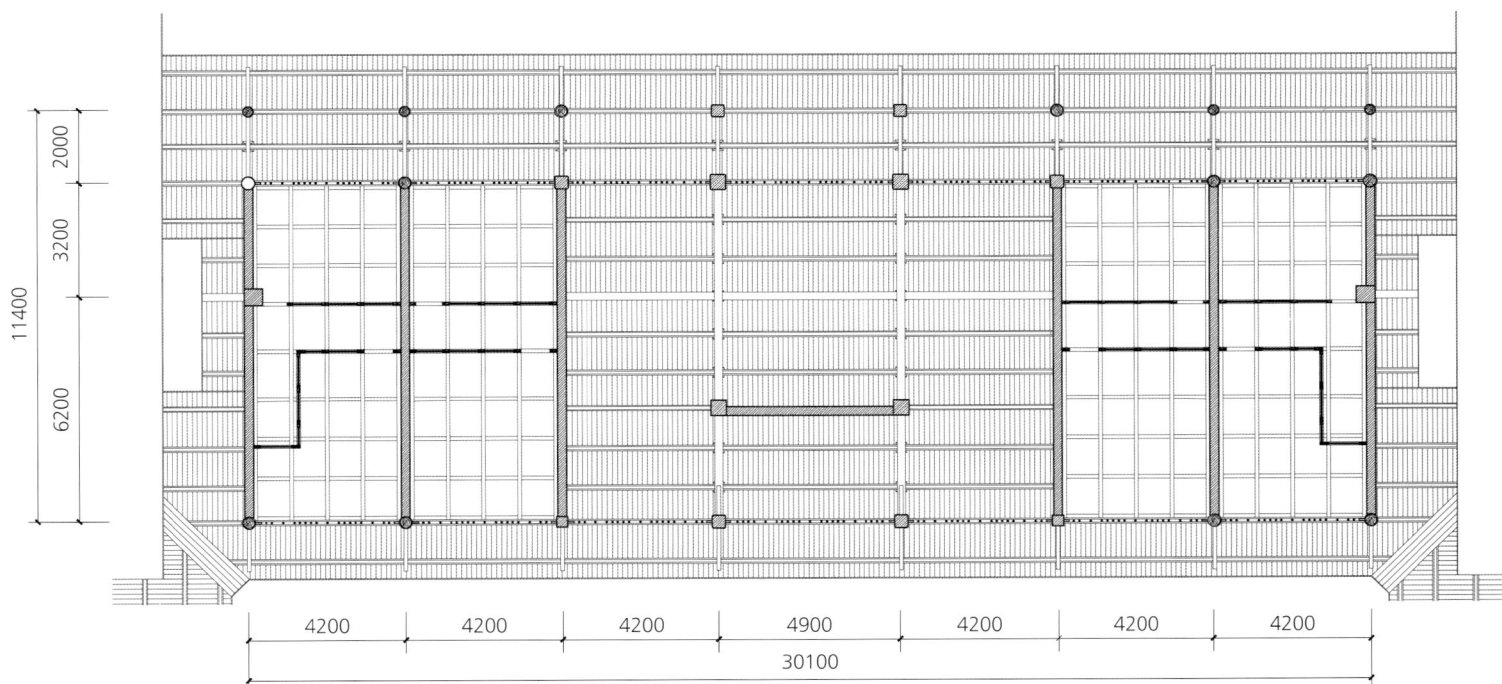

| 4200 | 4200 | 4200 | 4900 | 4200 | 4200 | 4200 |

30100

11400　2000　3200　6200

大悲殿屋架仰视平面图

0　1　2　3　4　5m

3750

720　720　720　720　720　720

4320

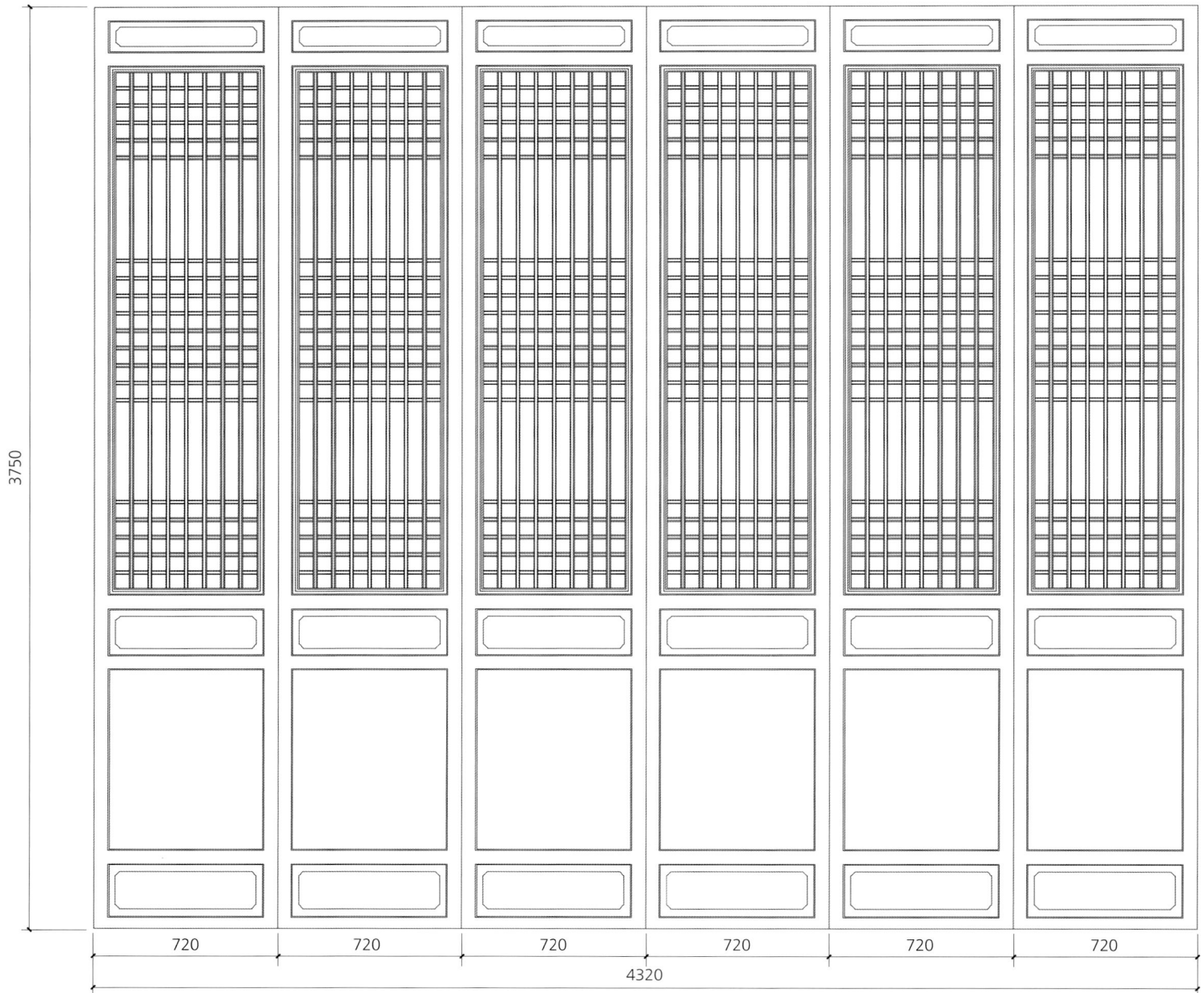

大悲殿明间隔扇饰样图

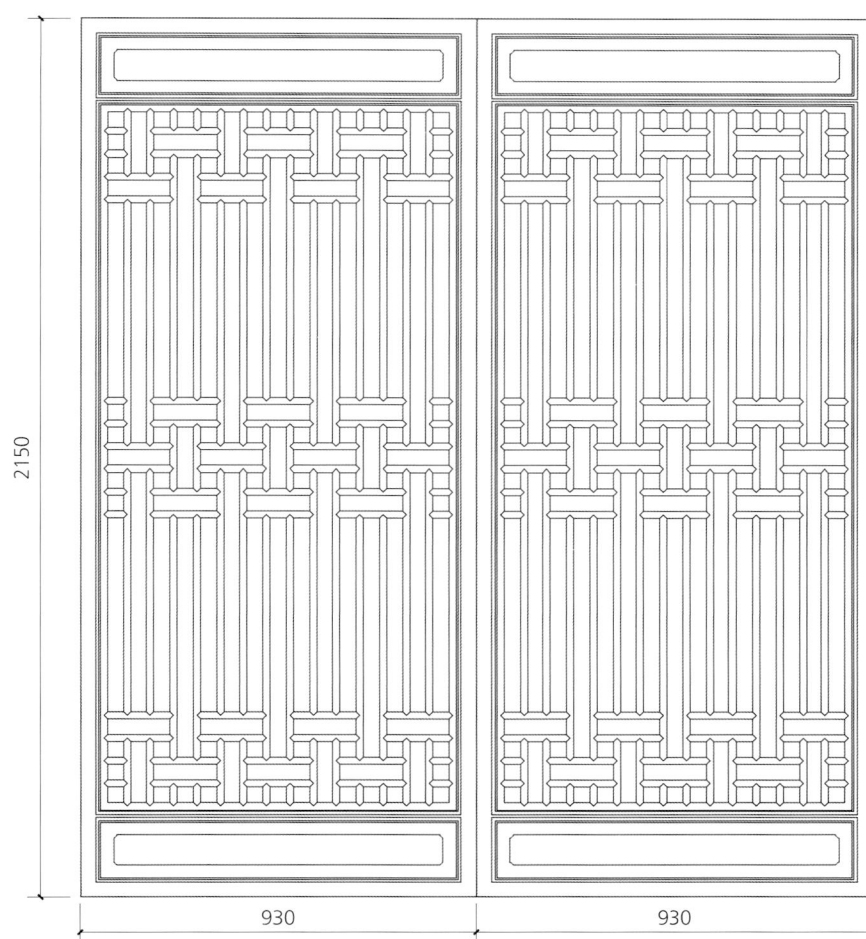

大悲殿槛窗饰样图

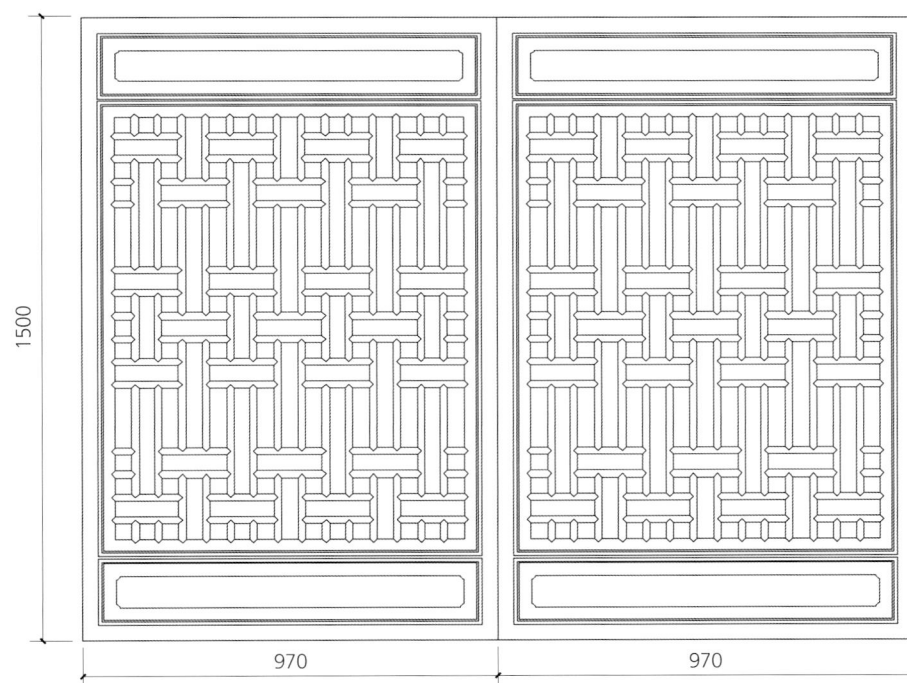

大悲殿背面槛窗饰样图

大悲殿正脊饰样图

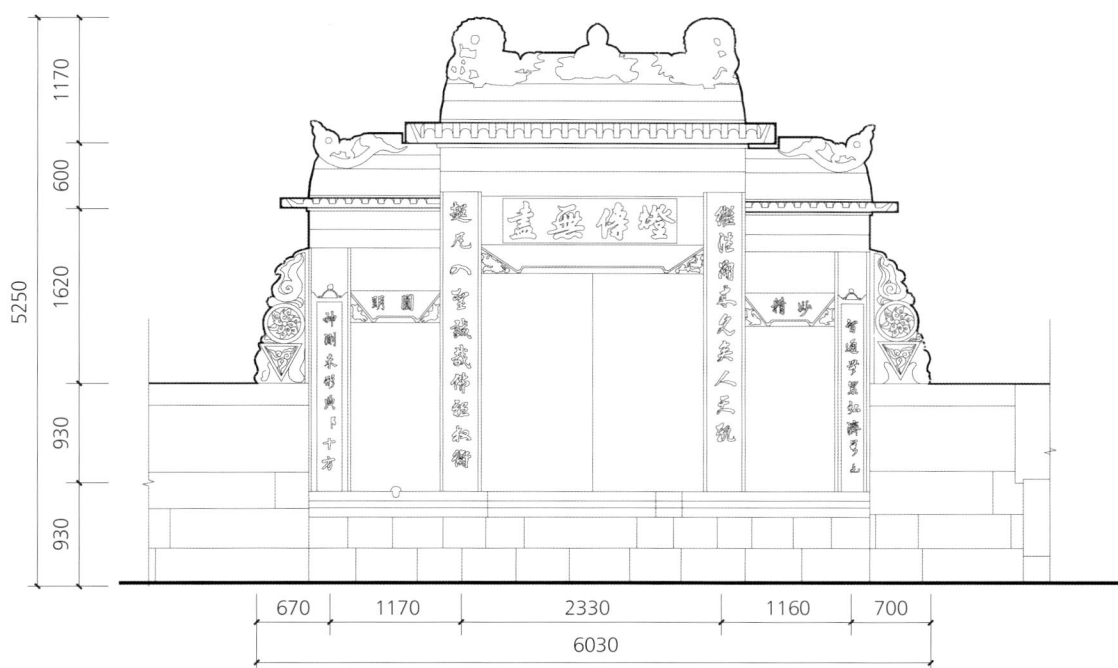

大悲殿石牌坊正立面图

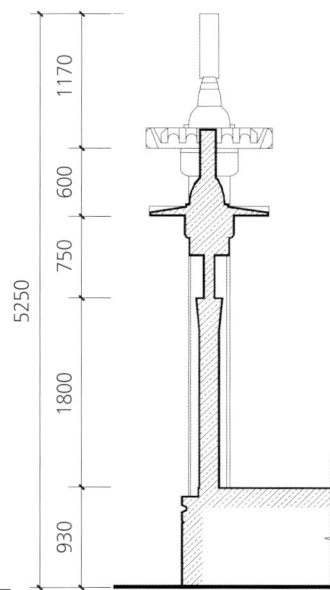

大悲殿石牌坊剖面图

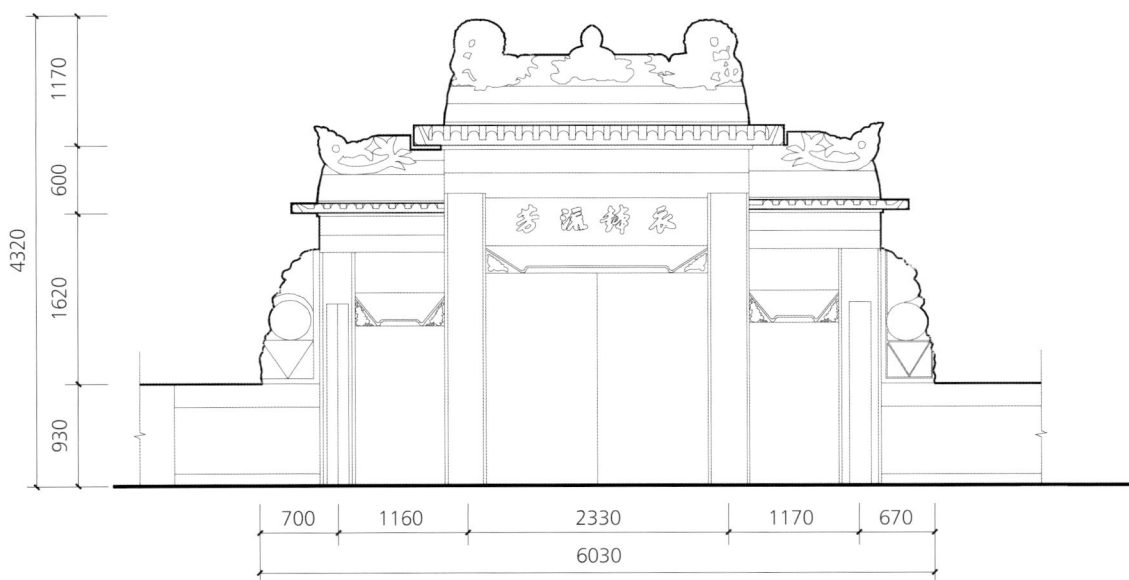

大悲殿石牌坊背立面图

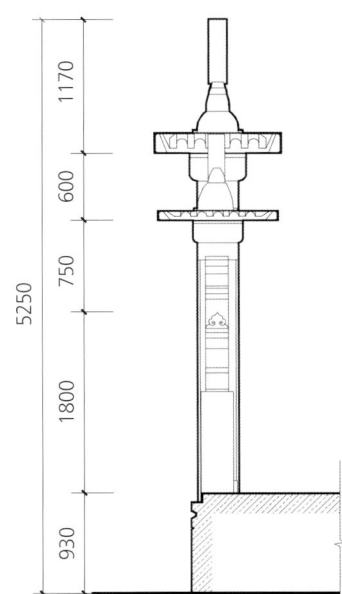

大悲殿石牌坊侧立面图

藏经楼

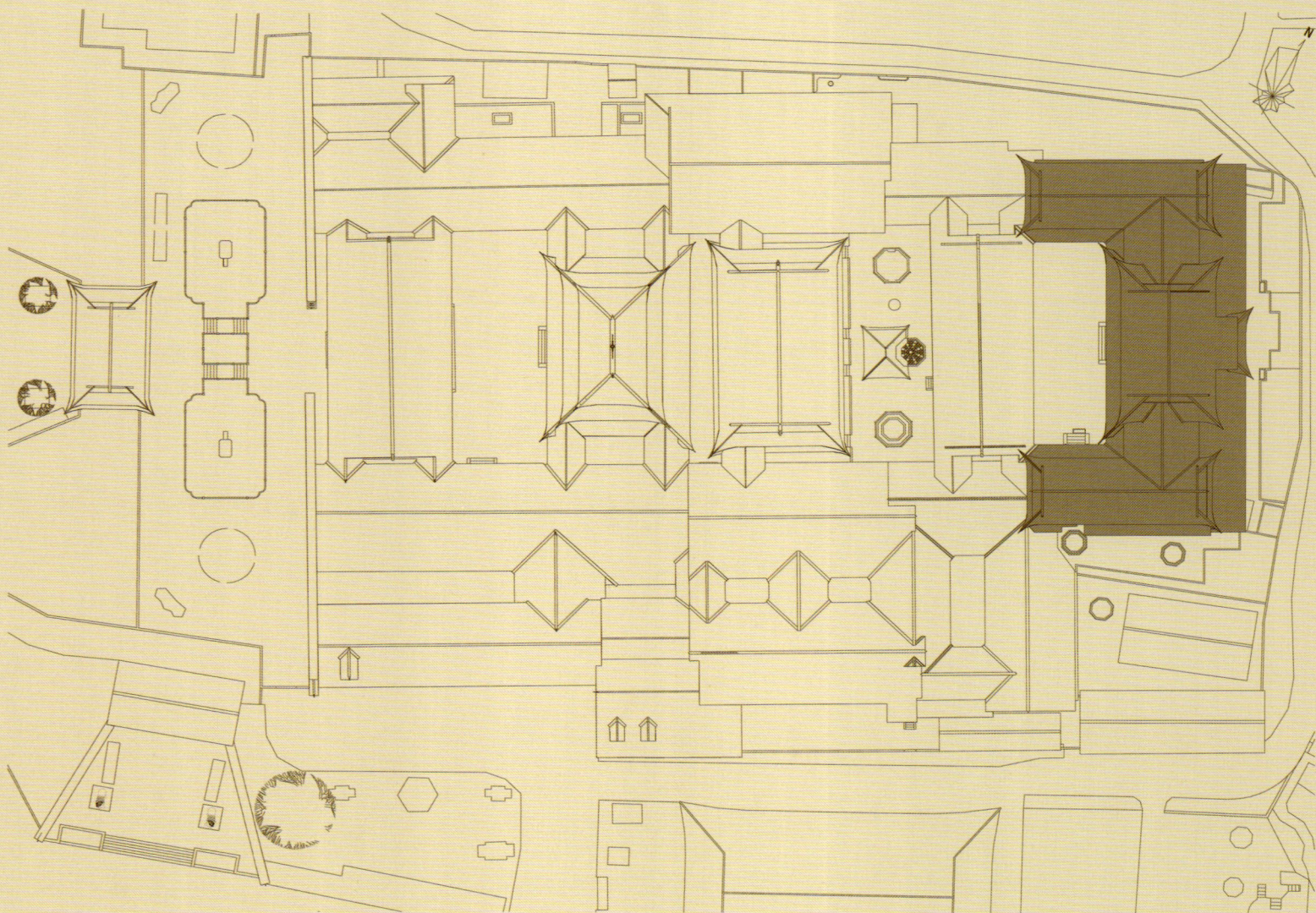

　　藏经楼为三合院式楼阁建筑。通面阔九间53.2米，正殿面阔七间，两侧耳房各两间。二层楼阁，重檐歇山屋顶。正殿和配殿均为石木组合式构架，底层为石柱青砖隔墙，二层为木构抬梁式构架和穿斗式构架；正殿和配殿当心间两列抬梁式构架，其余均为穿斗式构架夹壁墙。正殿二楼陈列经书，当心三间后面外槽有石构舍利塔一座，分上下两部分，贯穿两层楼阁，底层为石构方形基座，相传藏有释迦牟尼舍利子。二楼楼面以上为圆形覆钵式石塔，塔身为整体石料打造。底层塔座封闭，楼面塔身开敞，可供人们顶礼膜拜。正殿与配殿三方均有檐廊。正殿和配殿屋面高低错落，翼角起翘轻盈活泼，是双桂堂形态最丰富的殿堂建筑。藏经楼创建于清咸丰十年（1860年）。

藏经楼院落空间

藏经楼翼角

藏经楼正殿

藏经楼二层檐廊雕饰

藏经楼抬梁构架

藏经楼内舍利塔

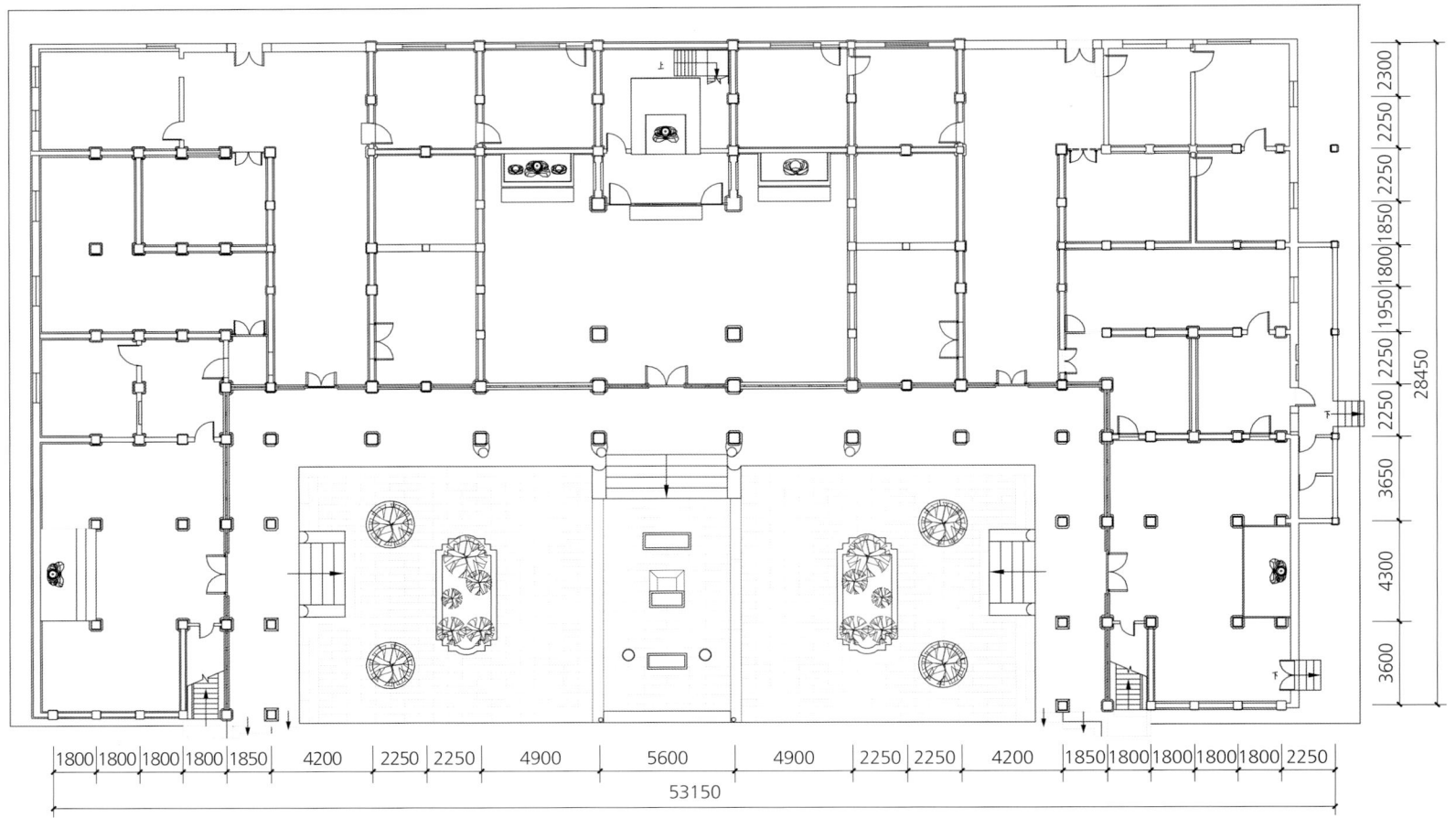

藏经楼一层平面图

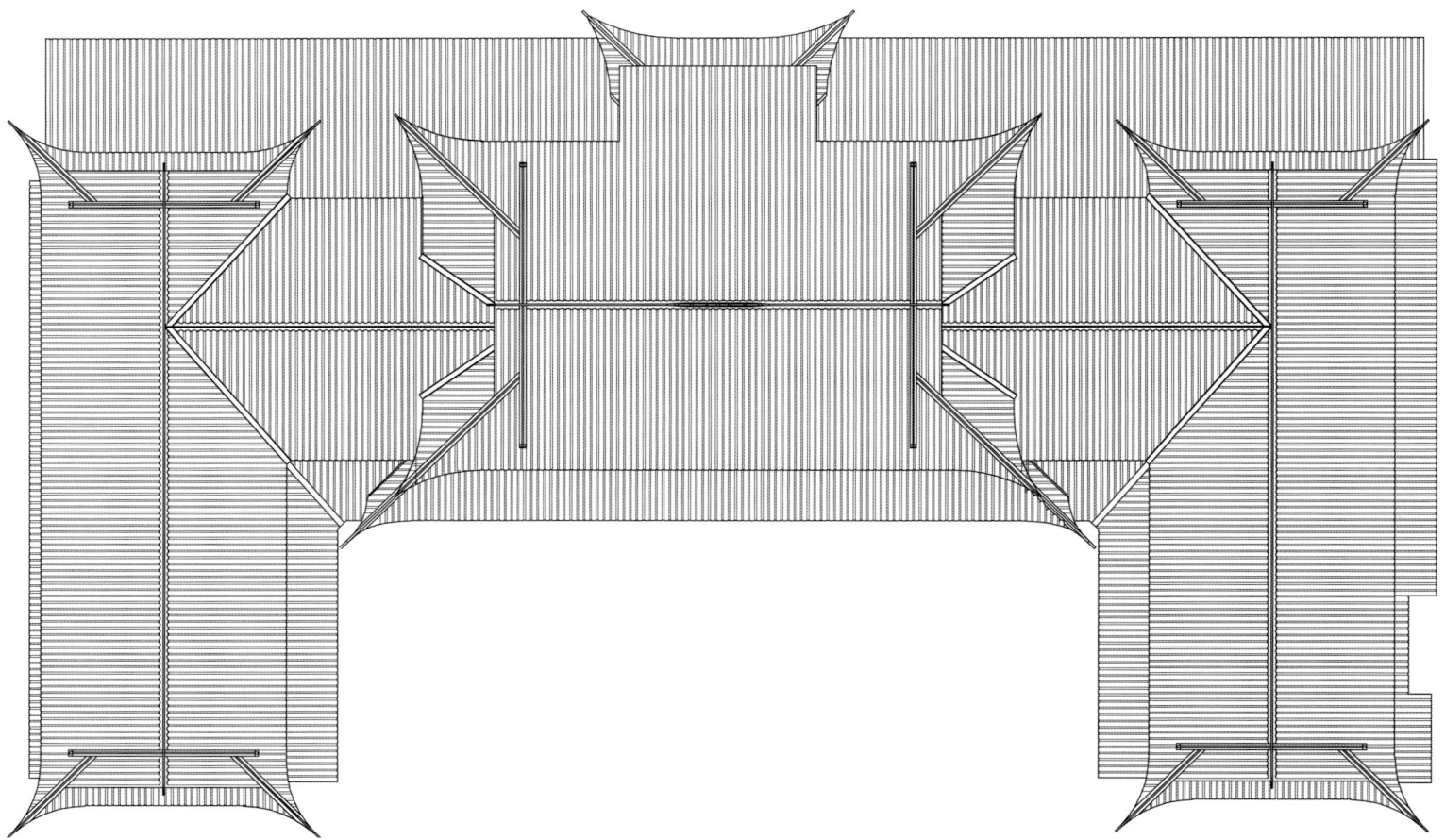

藏经楼屋顶平面图

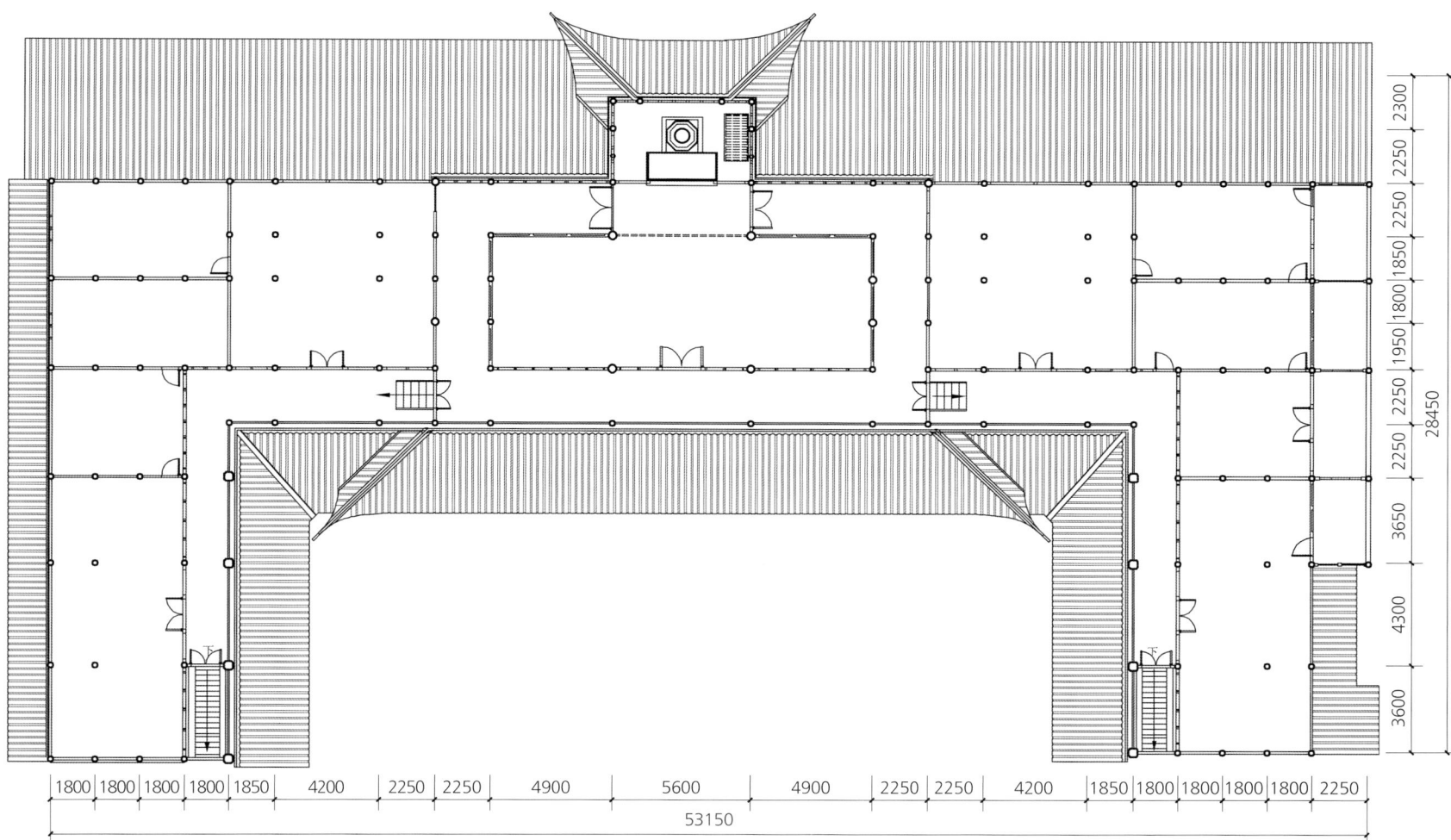

藏经楼二层平面图

2300
2250
2250
1800 1850
1950
2250
2250
3650
4300
3600

28450

1800 1800 1800 1800 1850 4200 2250 2250 4900 5600 4900 2250 2250 4200 1850 1800 1800 1800 1800 2250

53150

0 1 2 3 4 5m

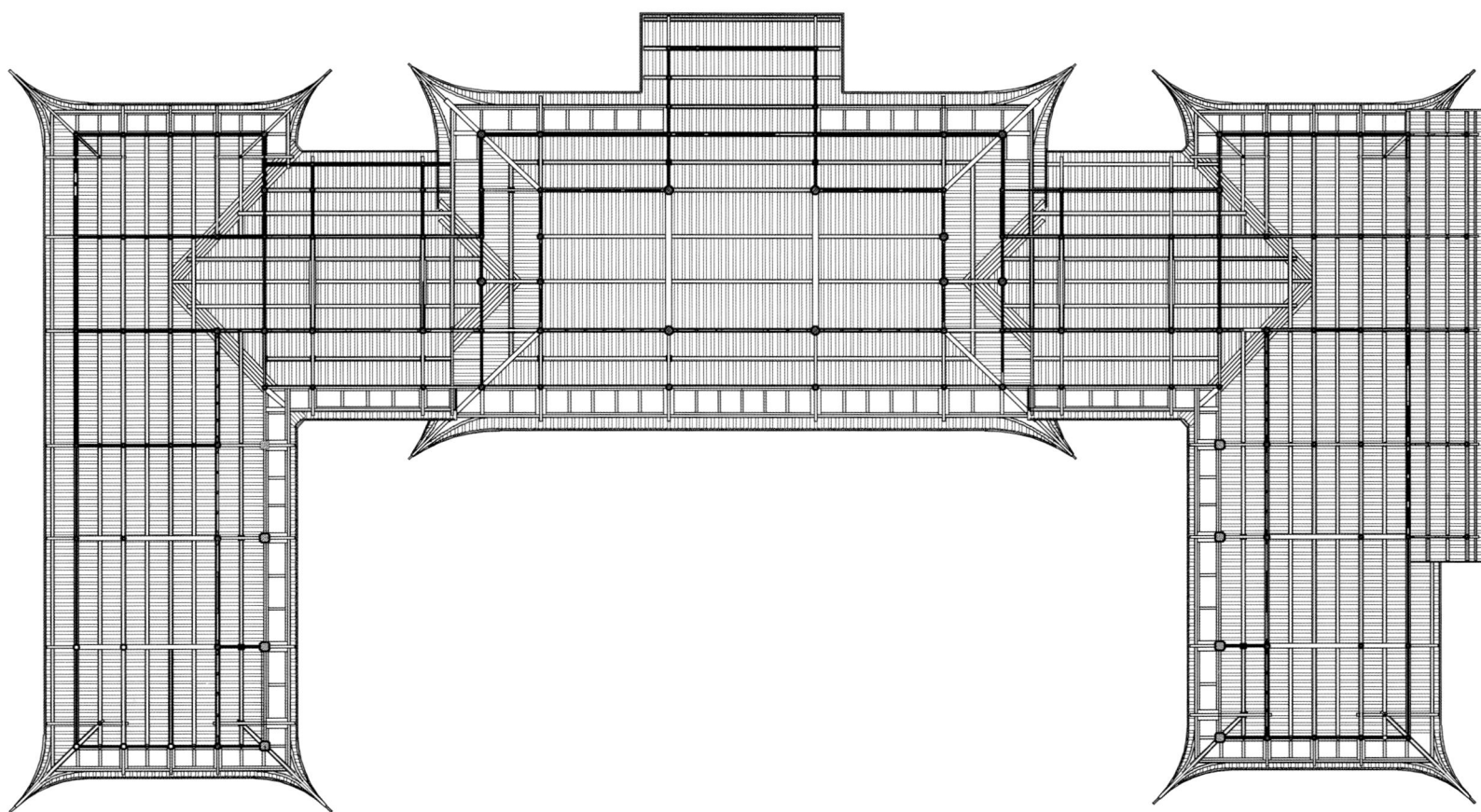

藏经楼二层屋架仰视平面图

0 1 2 3 4 5m

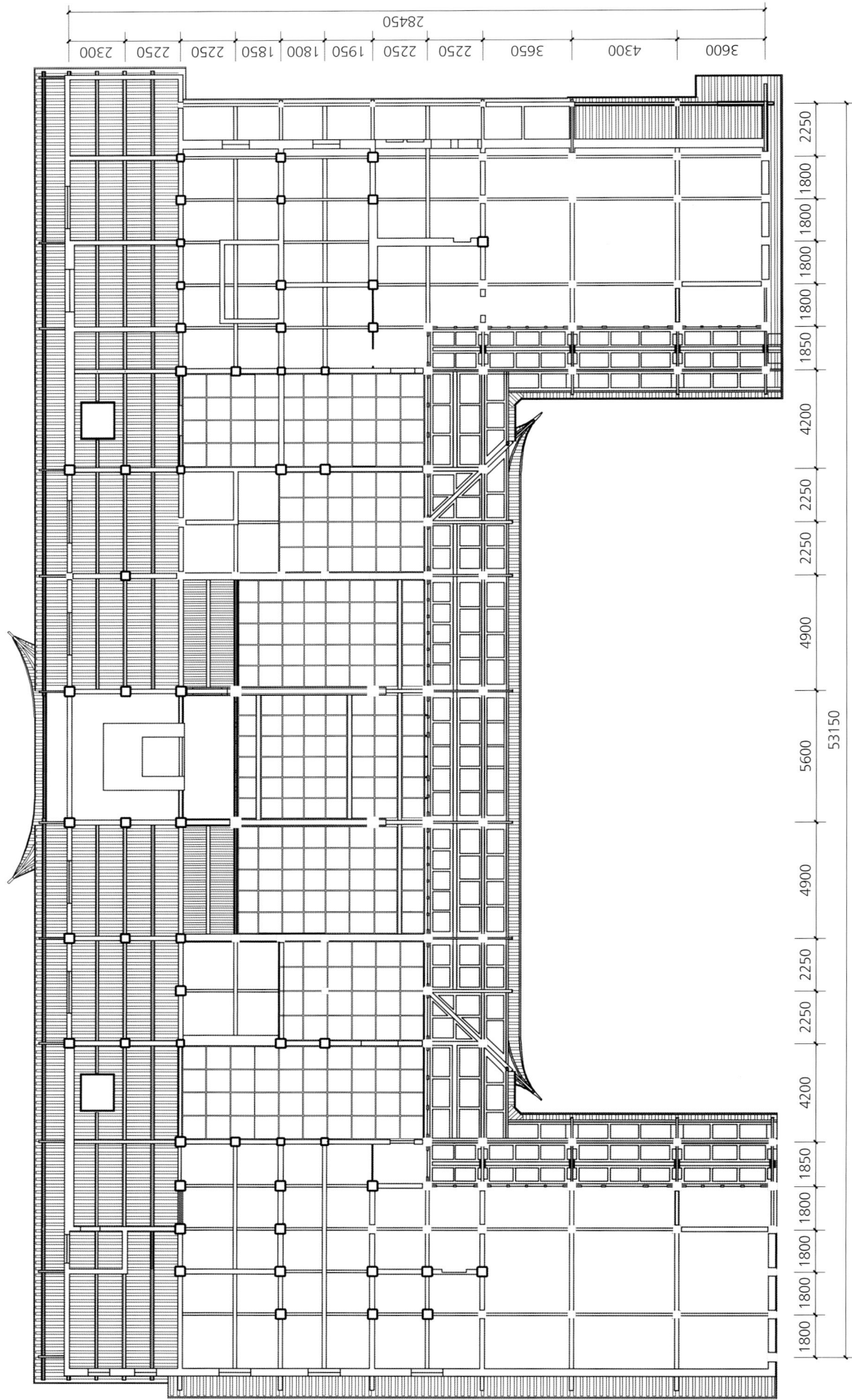

藏经楼一层天棚仰视平面图

0 1 2 3 4 5m

28450

3600 4300 3650 2250 2250 1950 1800 1850 2250 2250 2300

53150

3600 4200 2250 2250 4900 5600 4900 2250 2250 4200 1850 1800 1800 1800

2250 1800 1800 1800 1800 1800 1850 1800

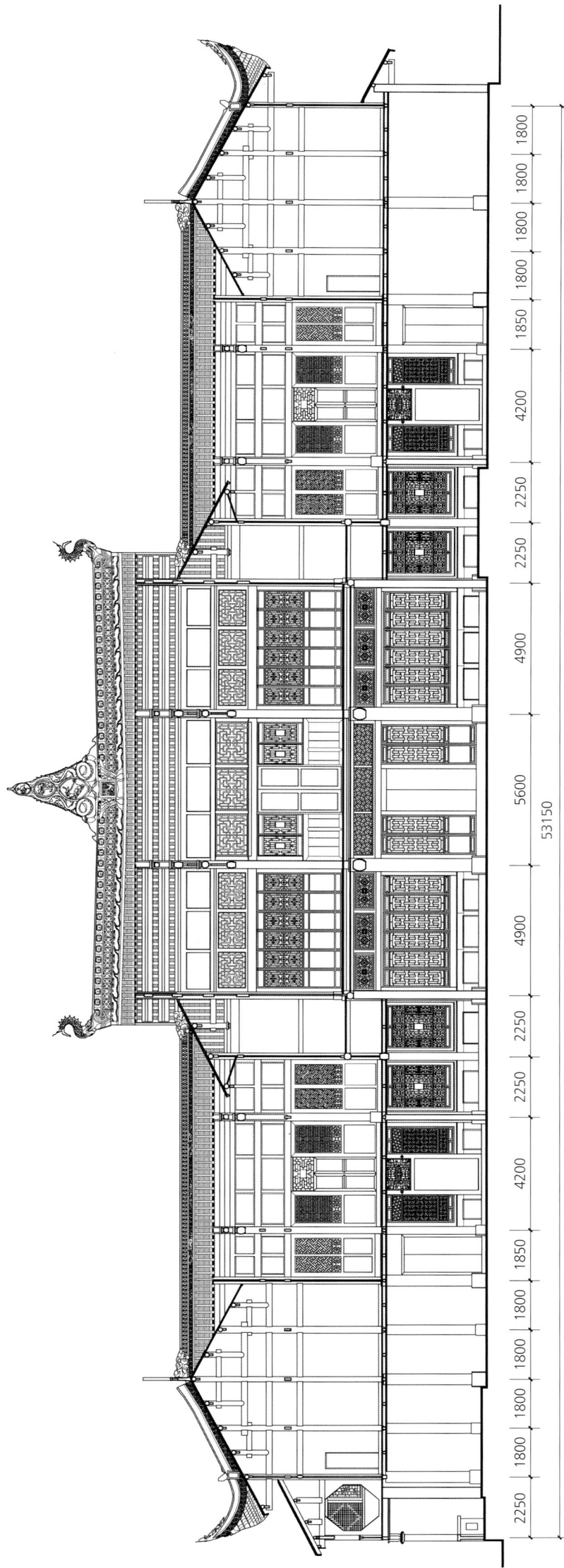

藏经楼横剖面图

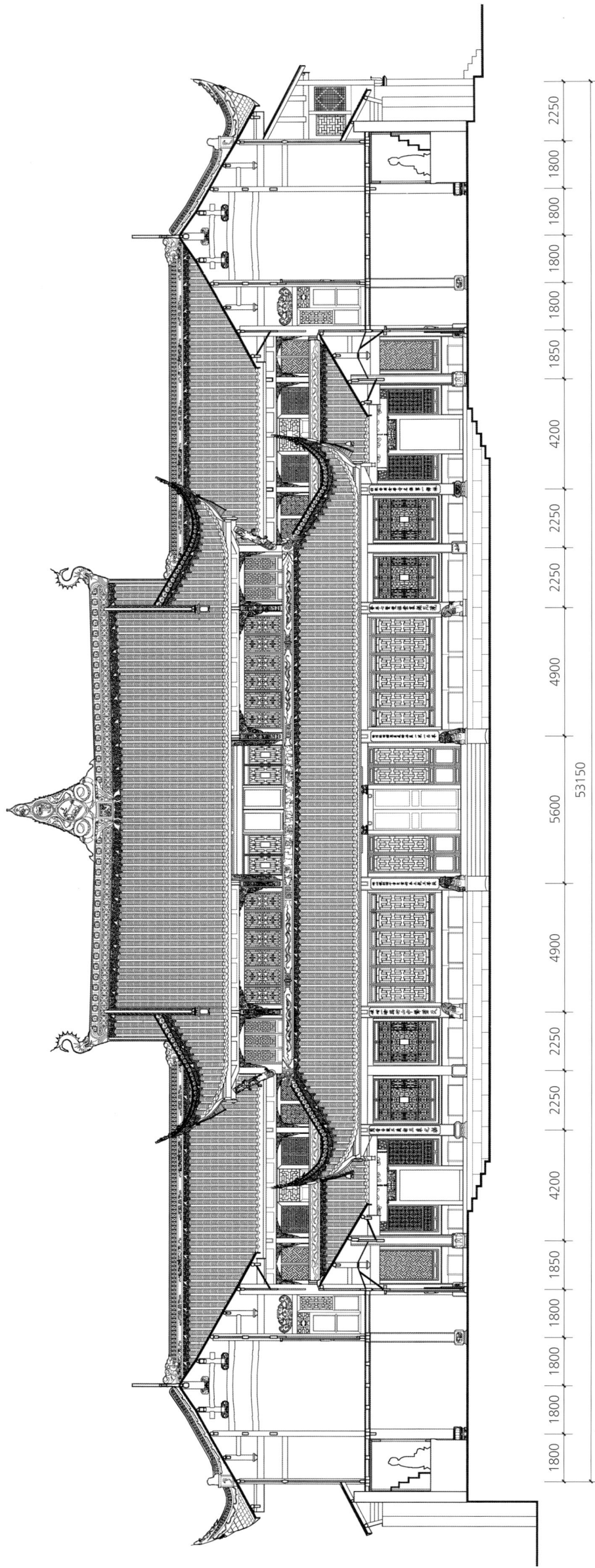

藏经楼正立面图

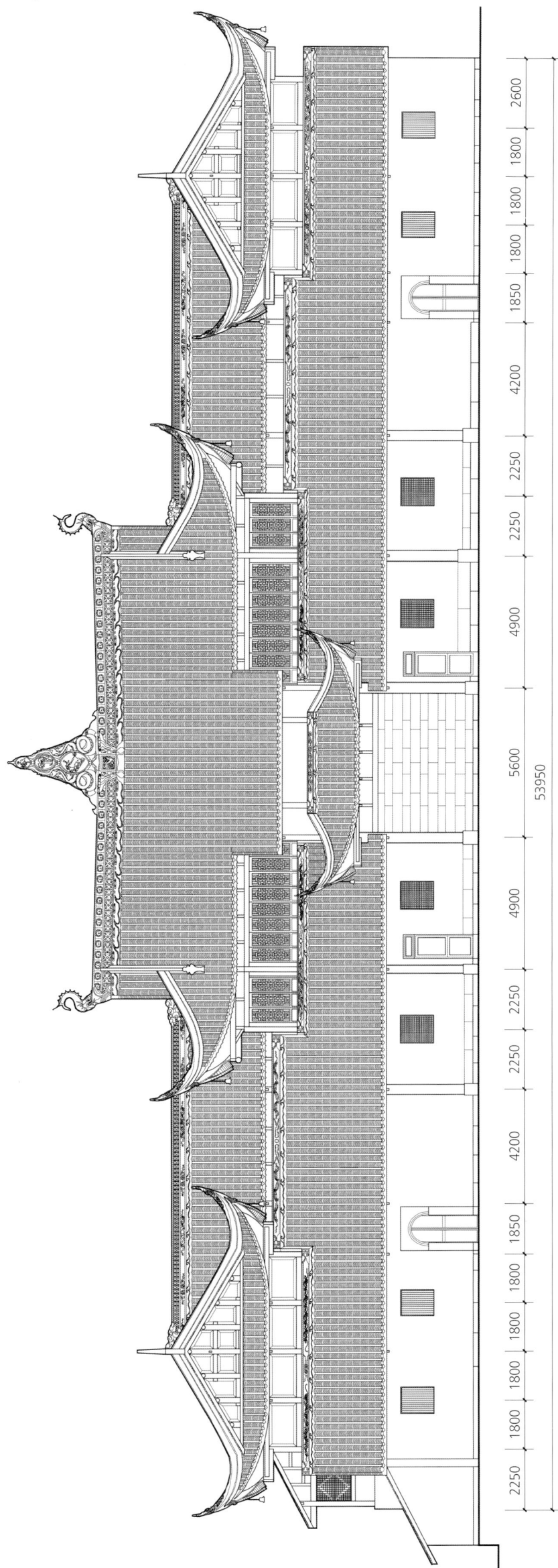

藏经楼背立面图

2250 | 1800 | 1800 | 1800 | 1850 | 4200 | 2250 | 2250 | 4900 | 5600 | 4900 | 2250 | 2250 | 4200 | 1850 | 1800 | 1800 | 2600

53950

0 1 2 3 4 5m

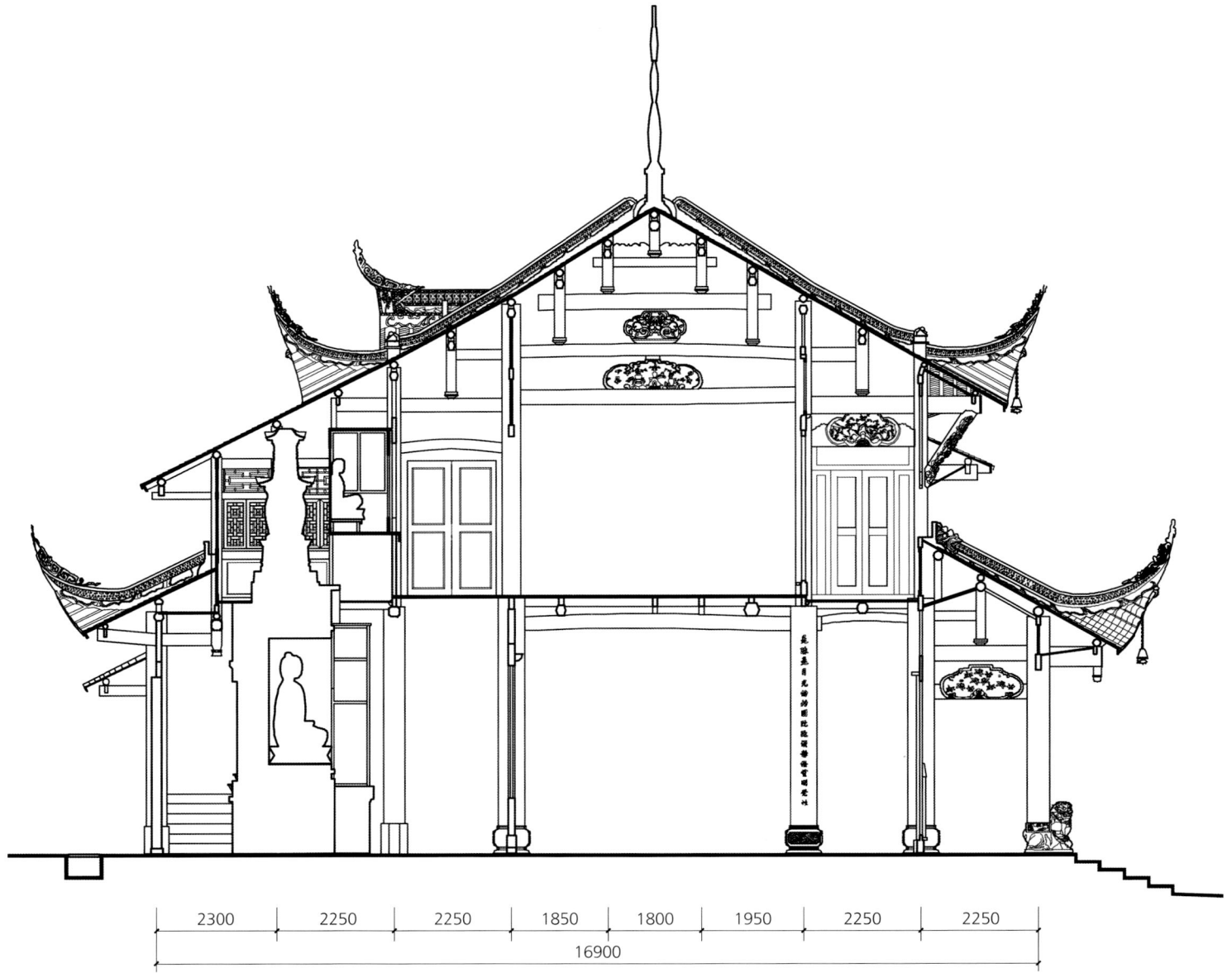

藏经楼明间剖面图

| 2300 | 2250 | 2250 | 1850 | 1800 | 1950 | 2250 | 2250 |

16900

0　1　2　3　4　5m

2300　2250　2250　1850　1800　1950　2250　2250

16900

藏经楼次间剖面图

0　1　2　3　4　5m

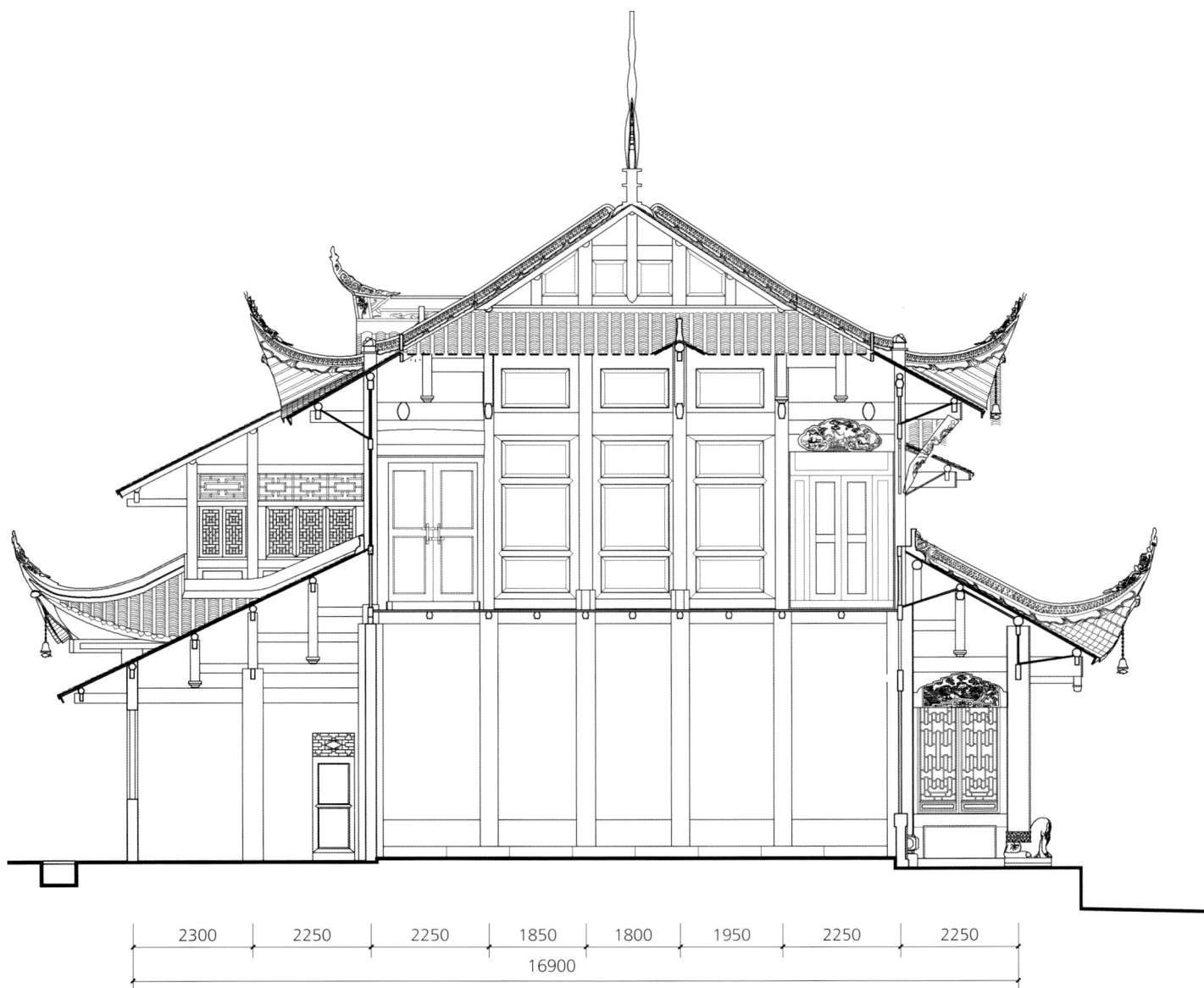

2300　2250　2250　1850　1800　1950　2250　2250

16900

藏经楼梢间剖面图

0　1　2　3　4　5m

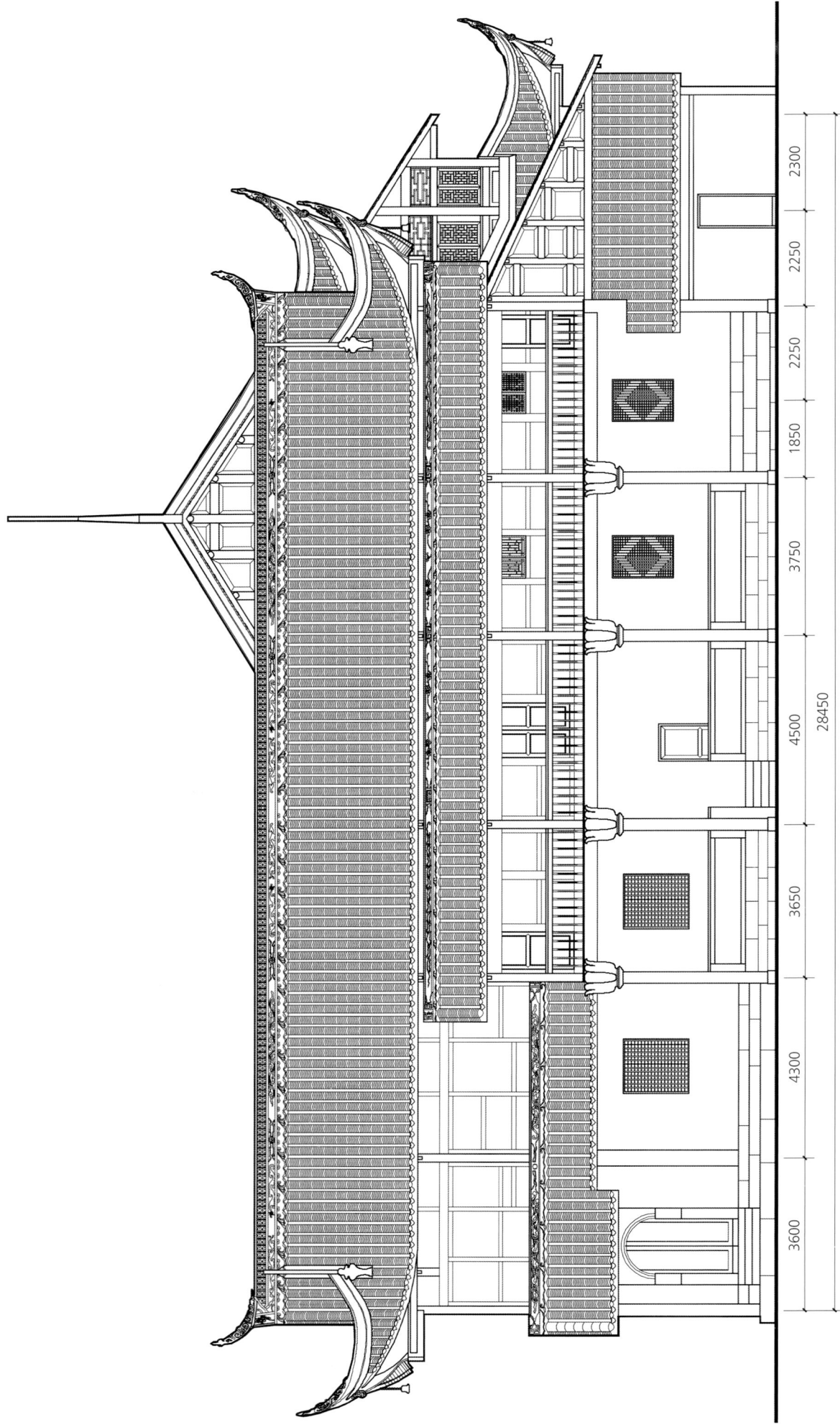

藏经楼南侧立面图

3600　4300　3650　4500　3750　1850　2250　2250　2300

28450

0　1　2　3　4　5m

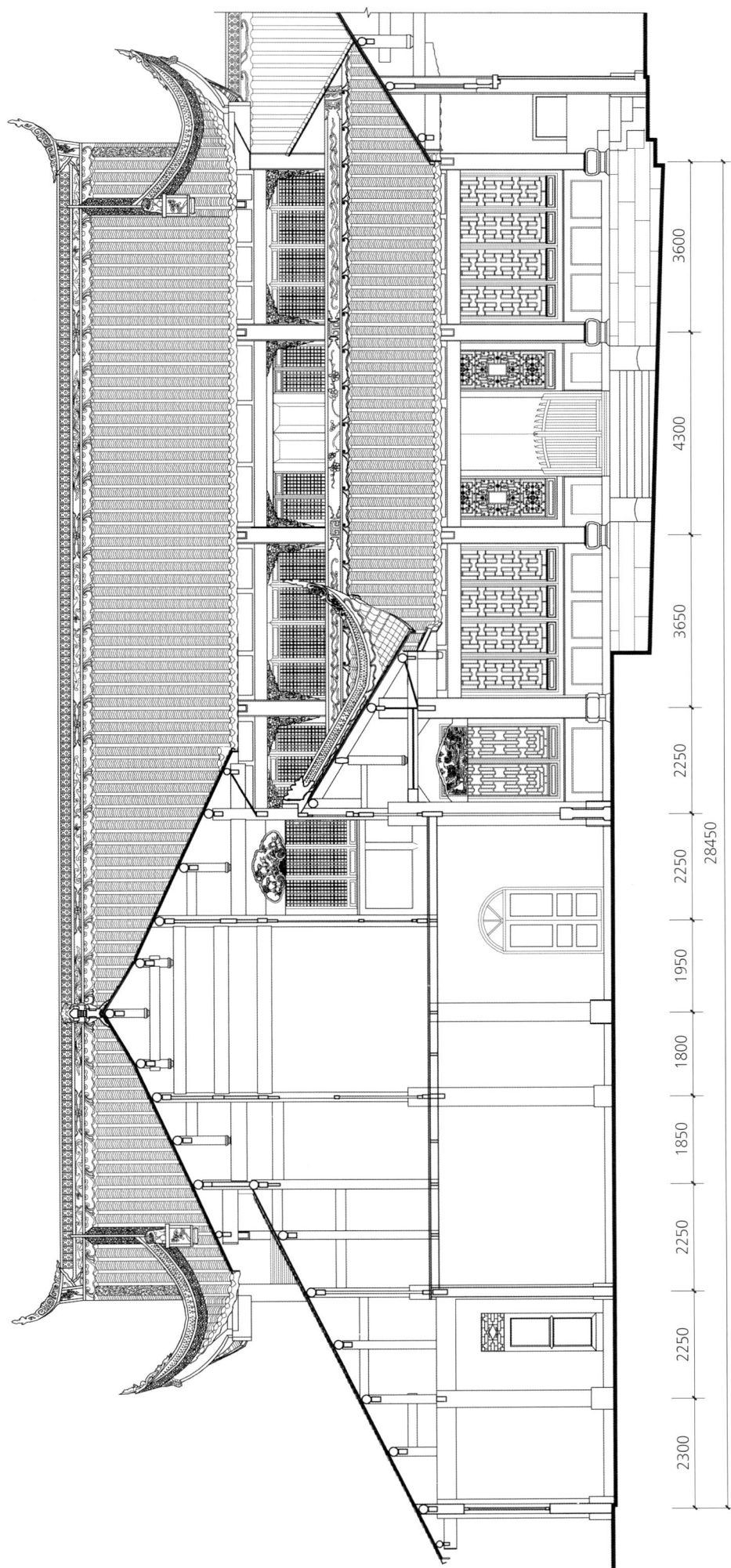

藏经楼梢间剖面图

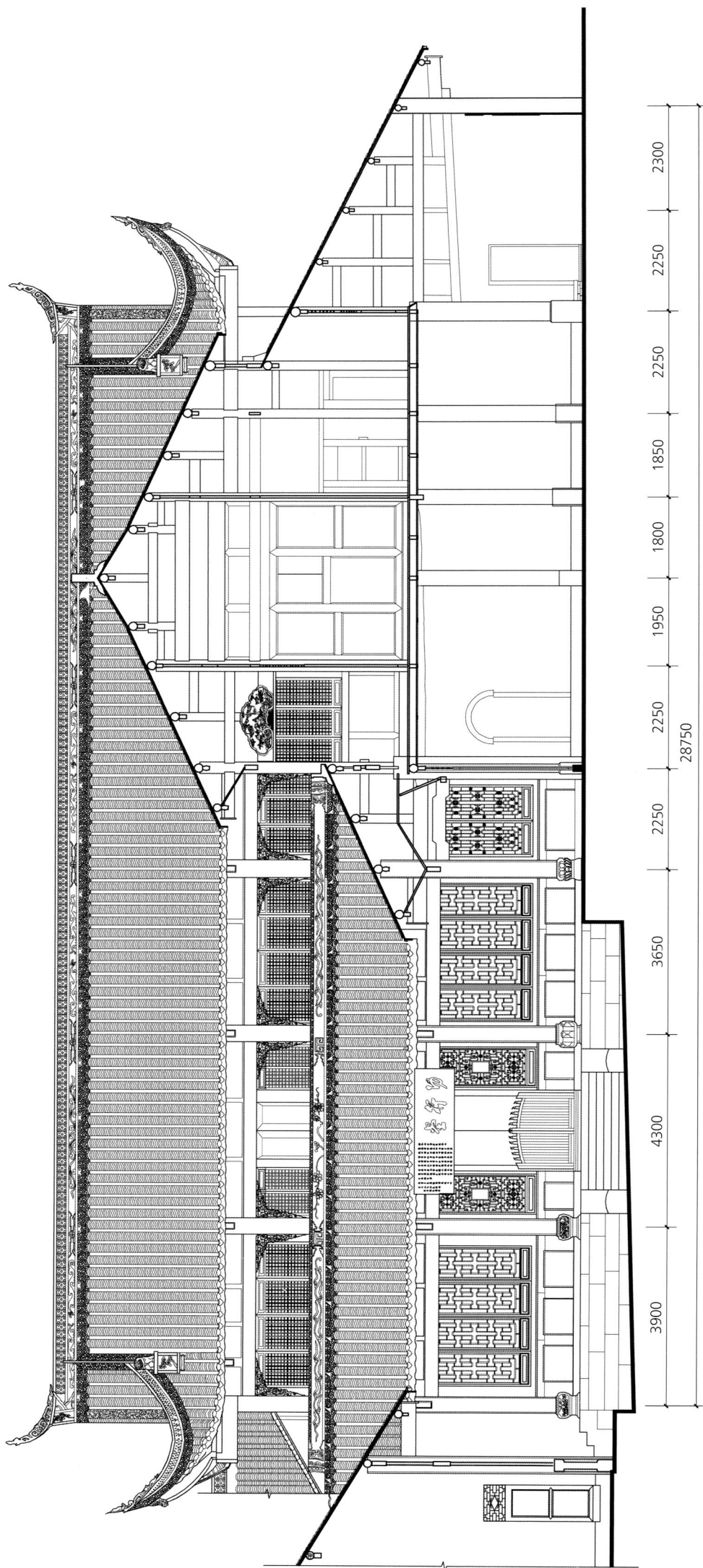

藏经楼北侧尽间剖面图

2300　2250　2250　1850　1800　1950　2250　2250　3650　4300　3900

28750

0　1　2　3　4　5m

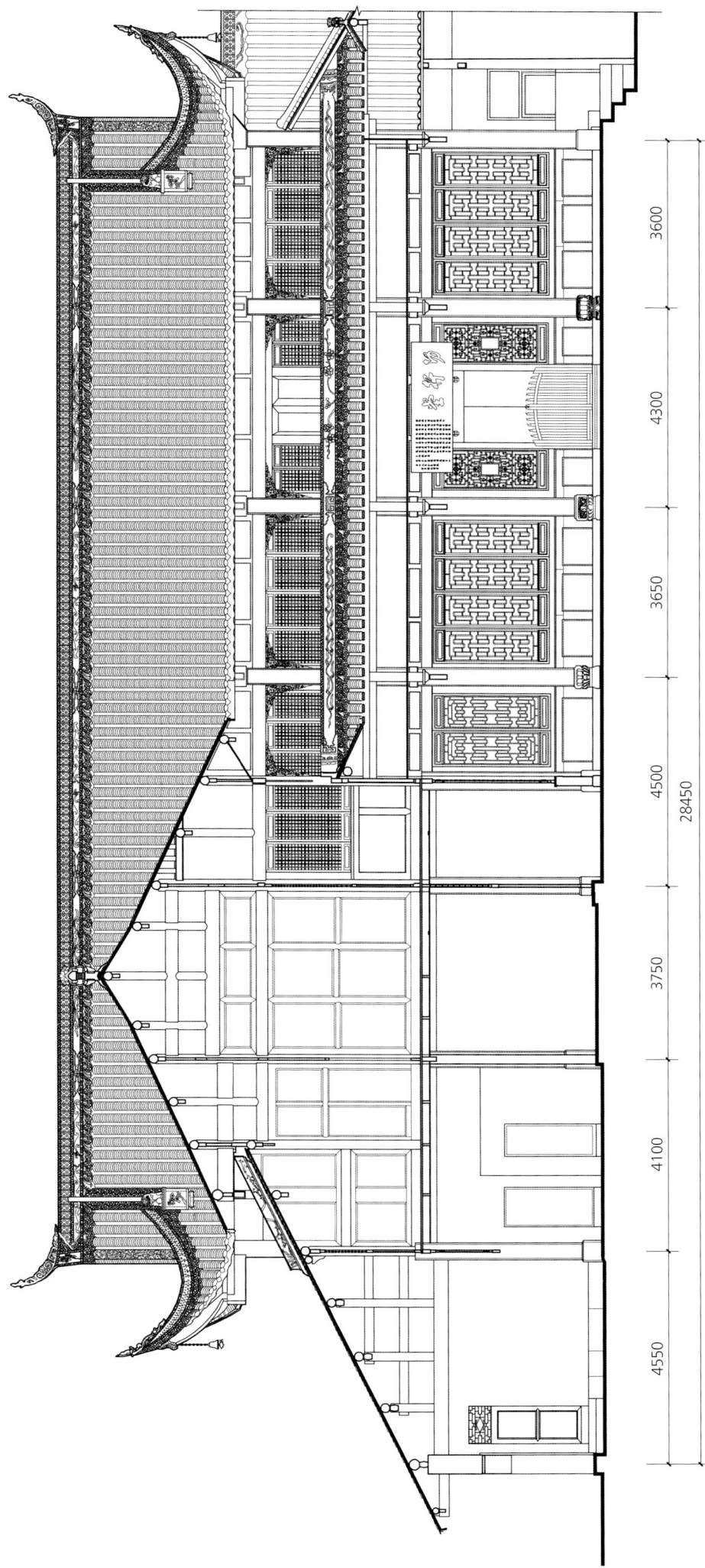

藏经楼南侧尽间剖面图

4550　4100　3750　4500　3650　4300　3600

28450

0　1　2　3　4　5m

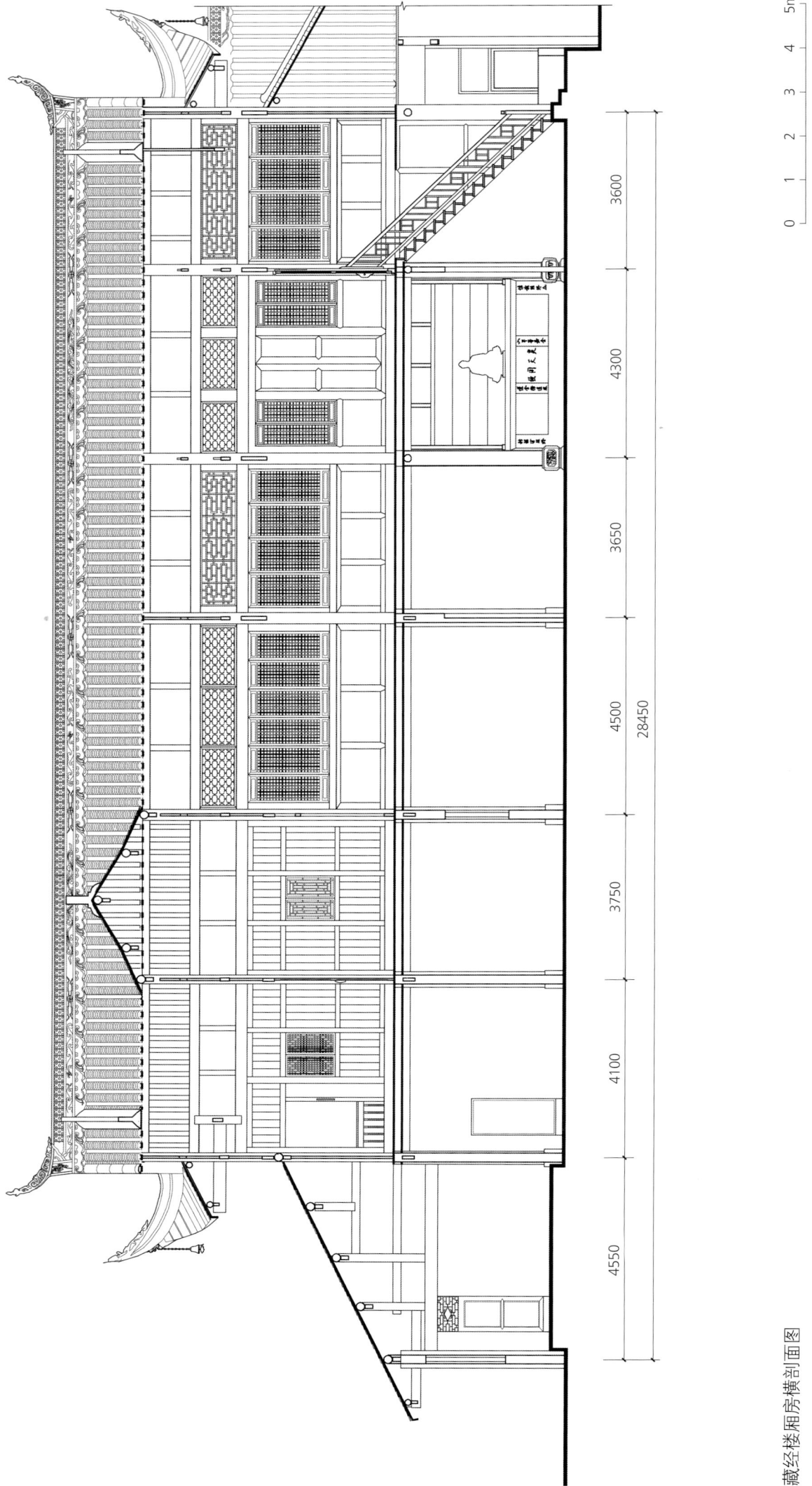

藏经楼厢房横剖面图

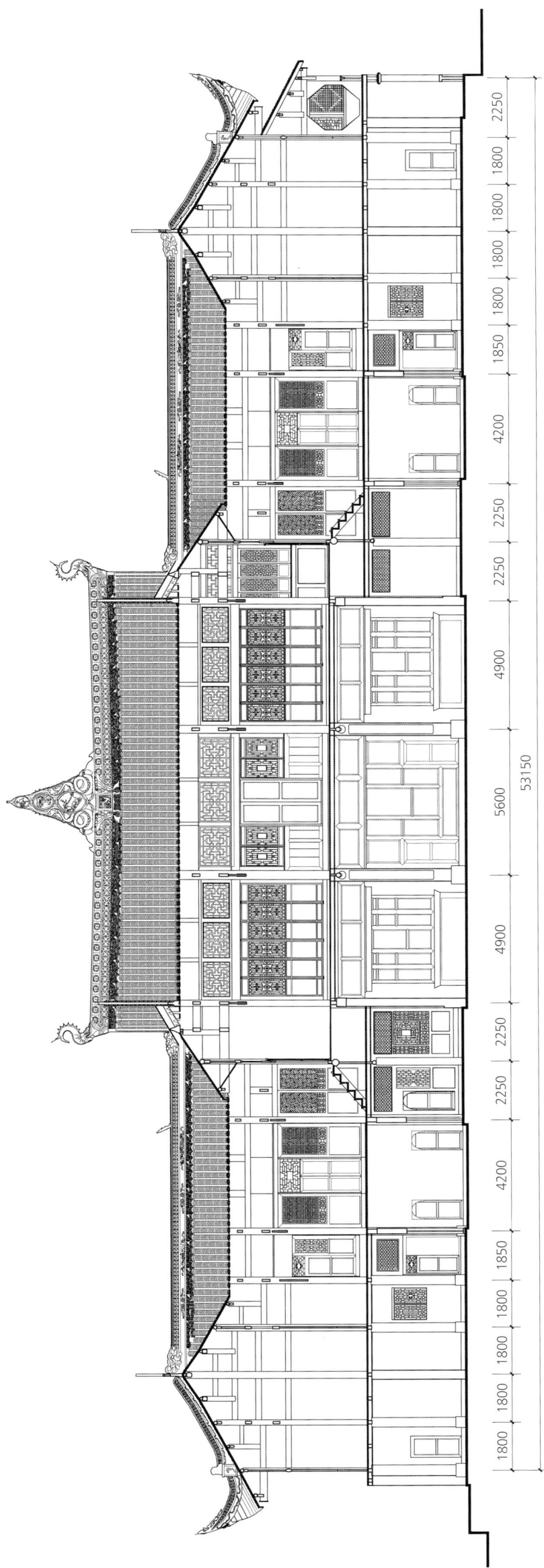

藏经楼正脊饰样图

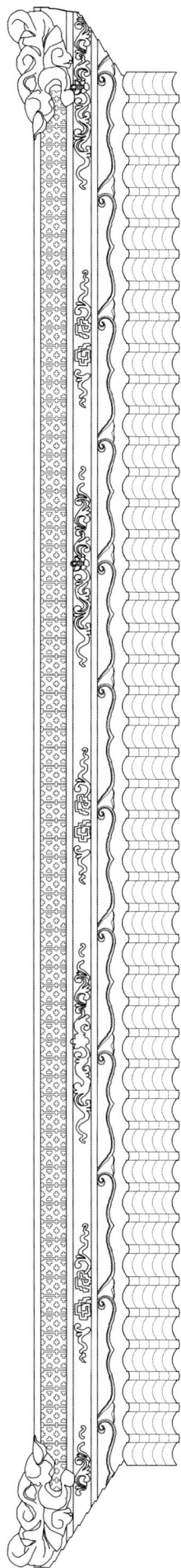

藏经楼正殿博脊饰样图

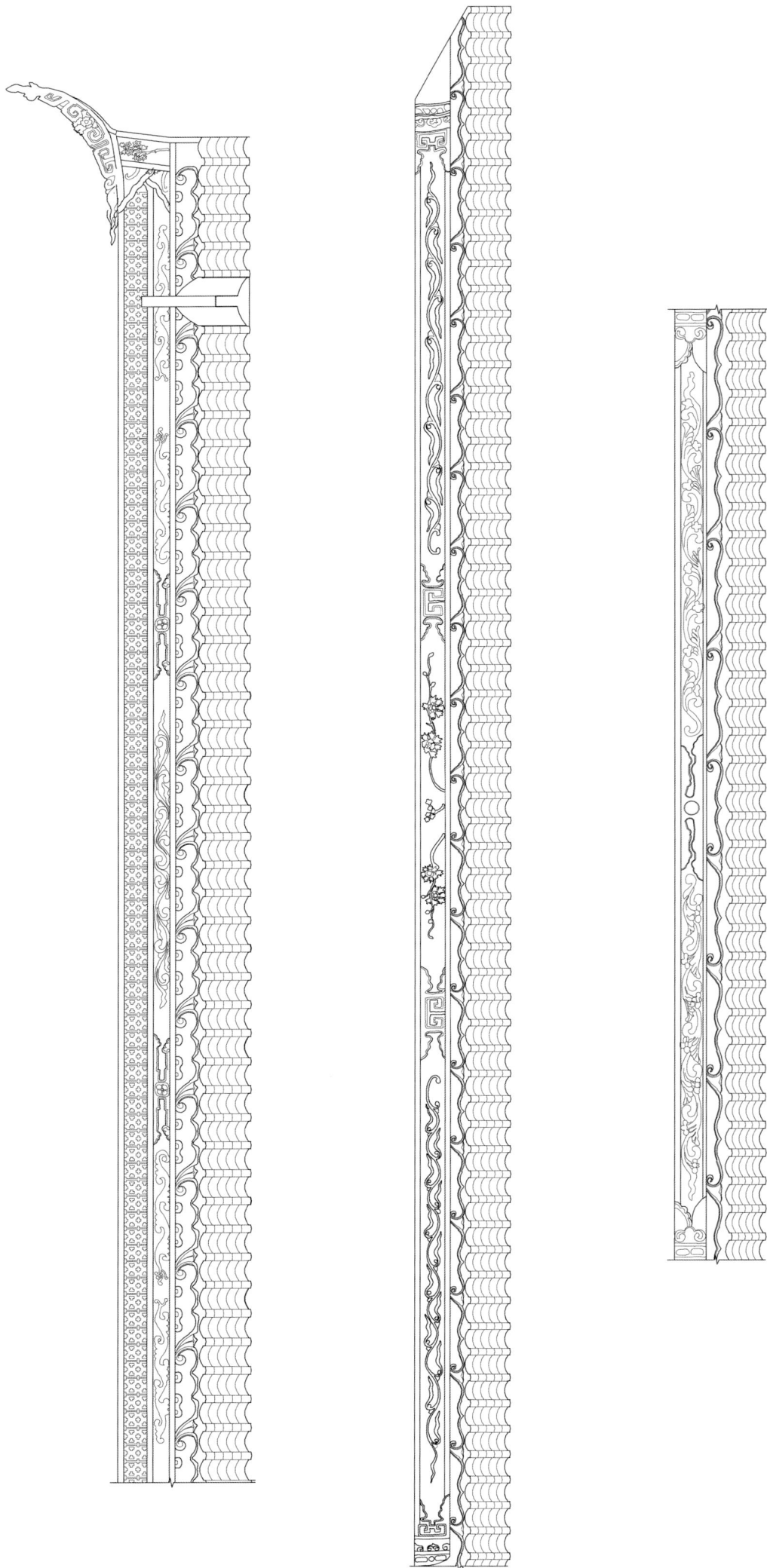

藏经楼厢房博脊饰样图

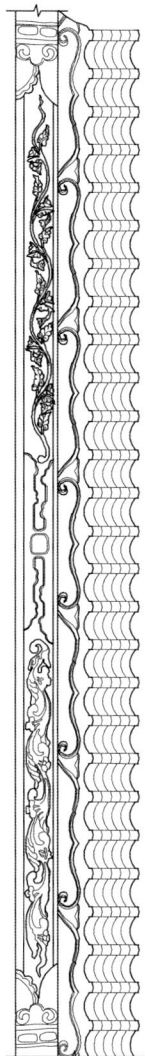

藏经楼正殿博脊饰样图

200　1060

320　320

1080　1080

370　370

1000　250

250　1000

320　320

1080　1080

300　300

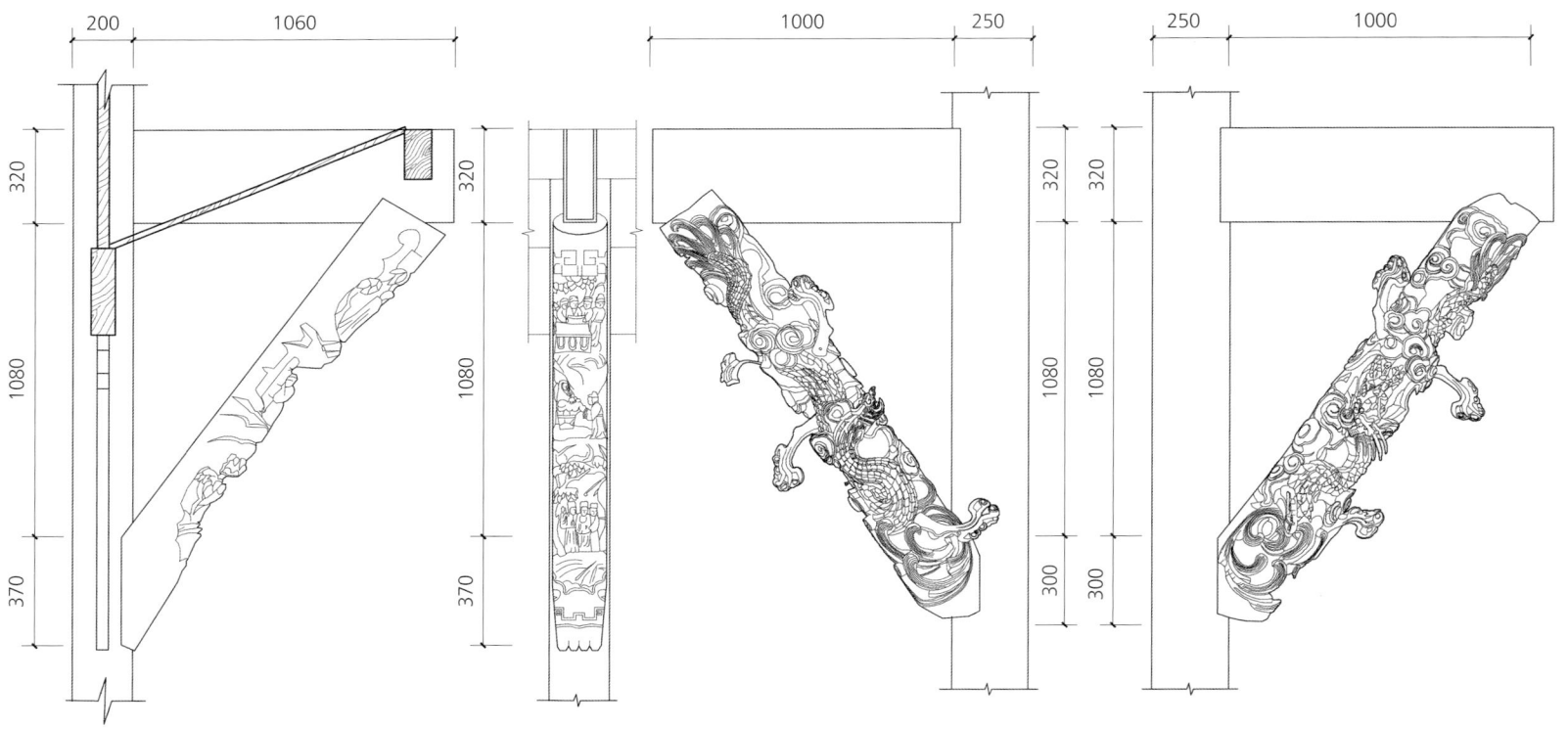

藏经楼上重檐撑拱饰样图

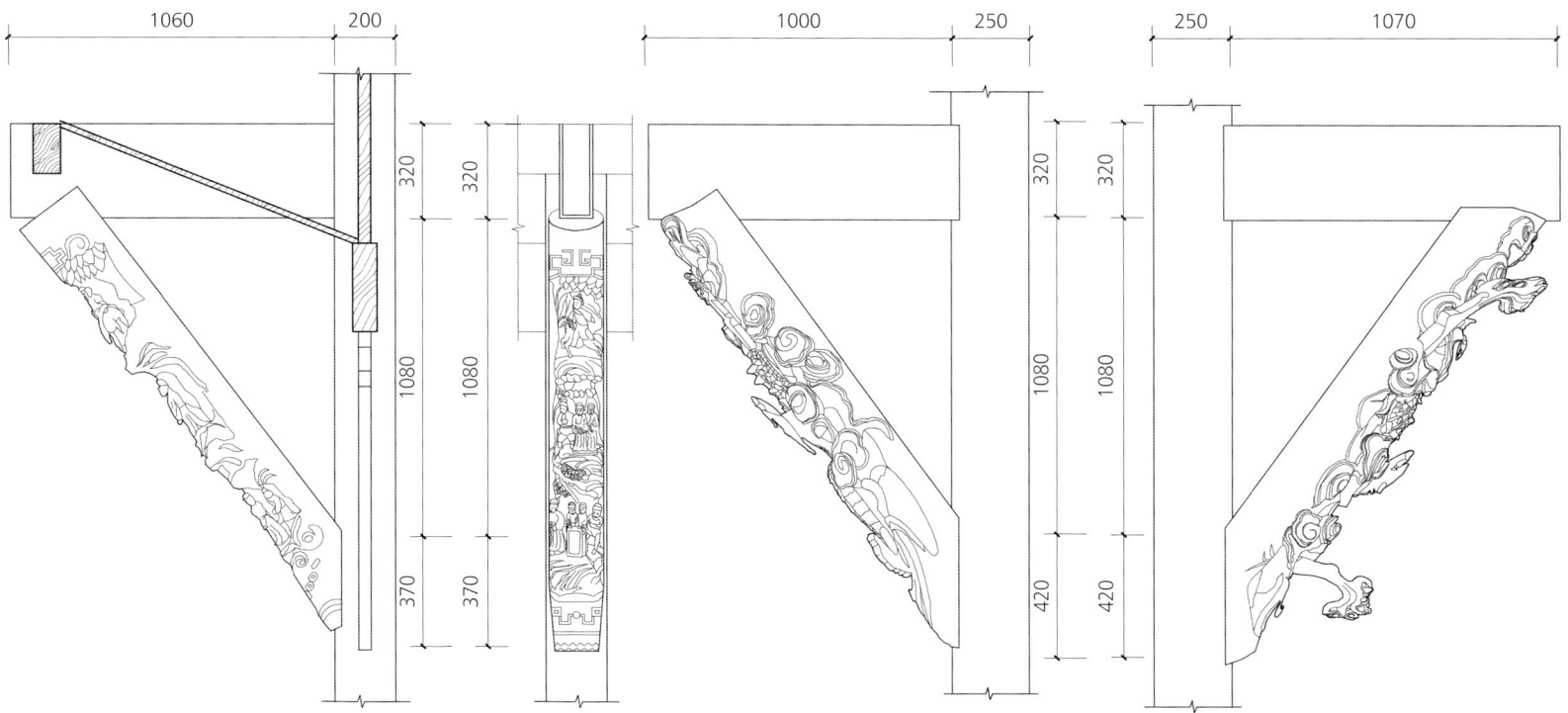

藏经楼上重檐撑拱饰样图

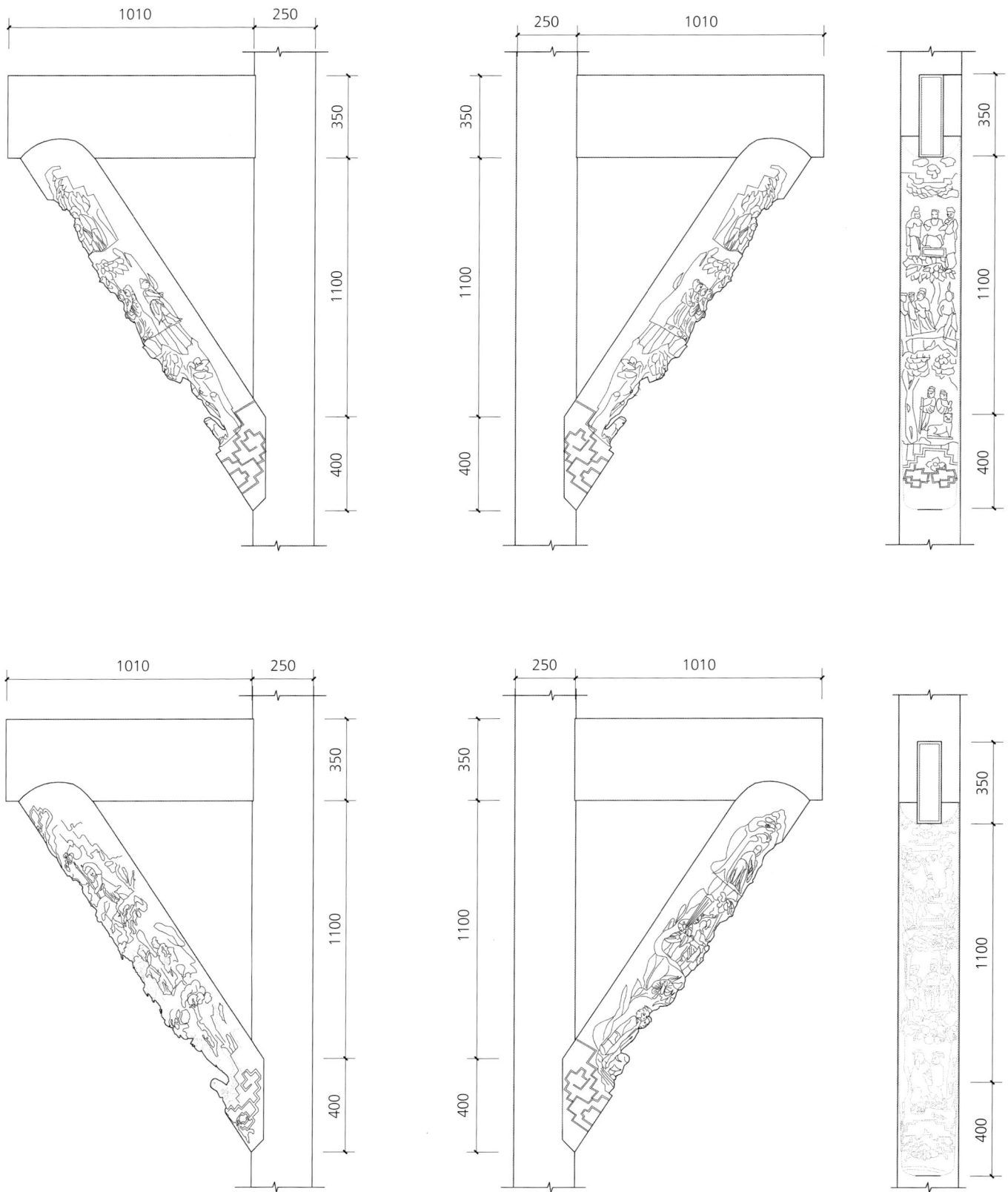

藏经楼撑拱饰样图

1120

1120

830

1070

1070

1120

1020

1060

960

1000

950

1000

910

920

830

1070

930

1130

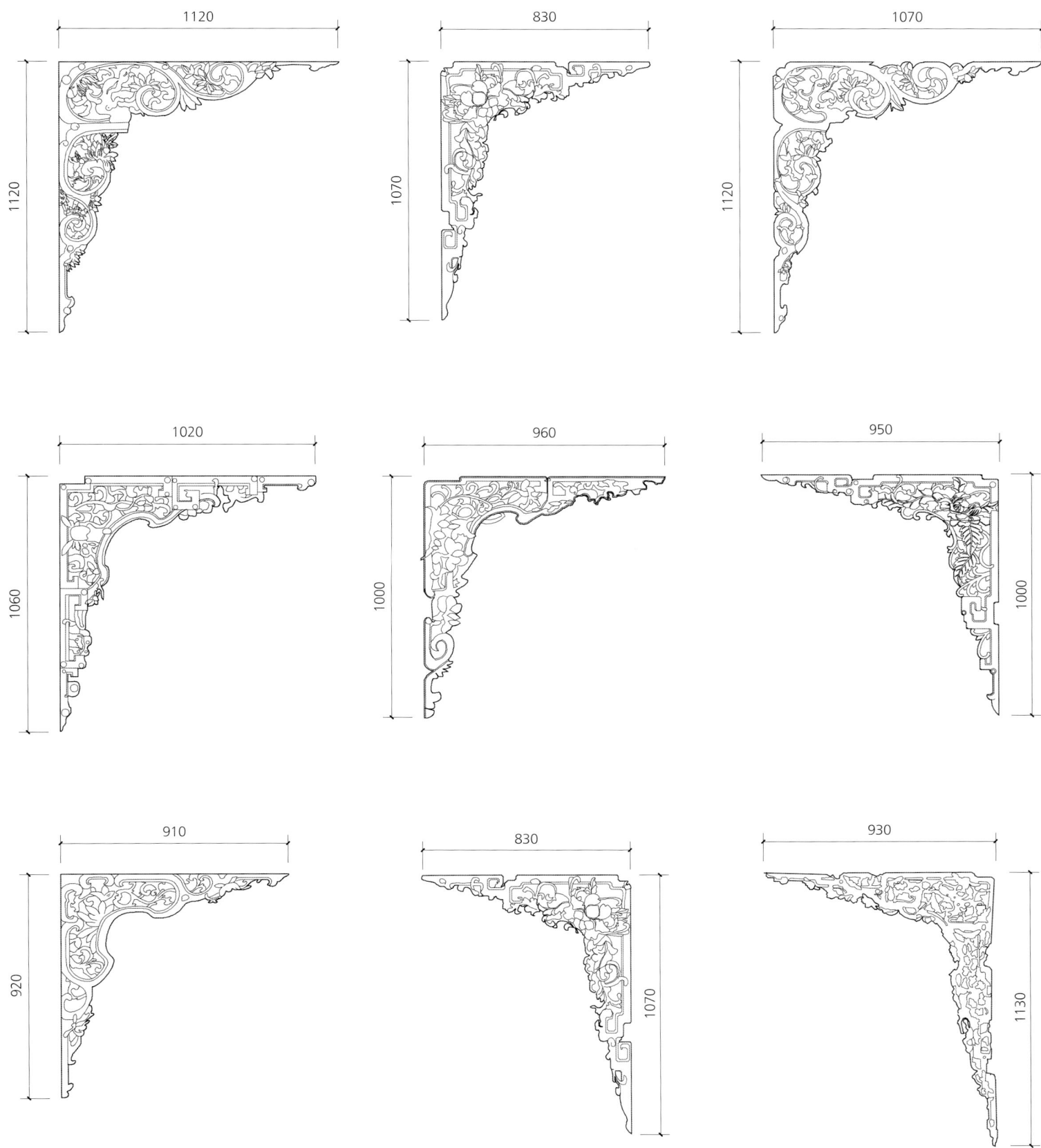

藏经楼檐廊花牙子饰样图

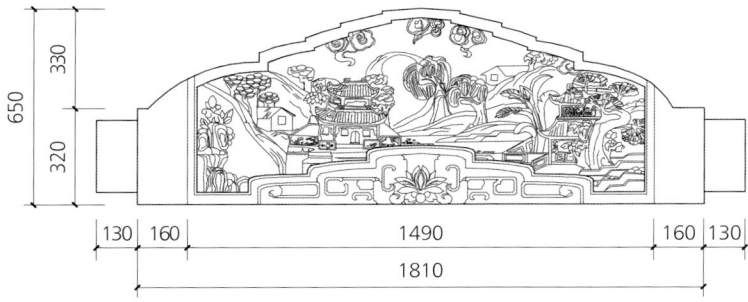

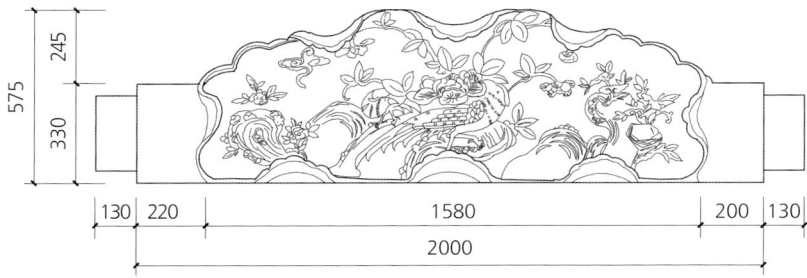

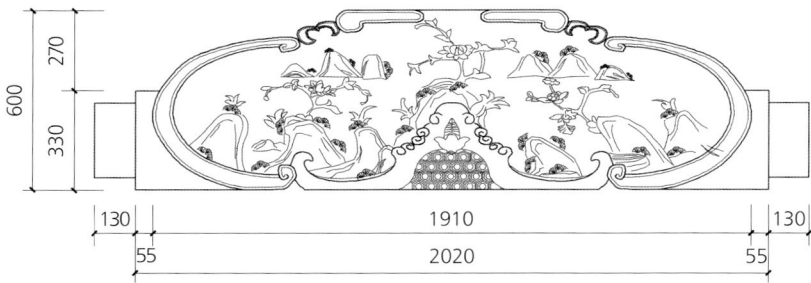

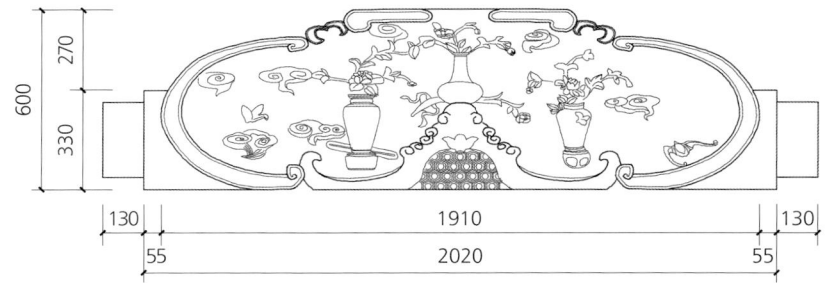

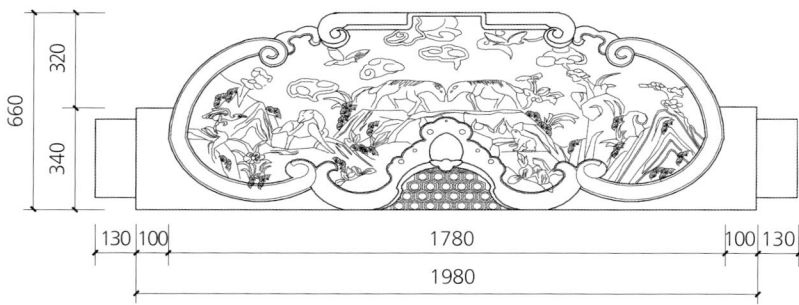

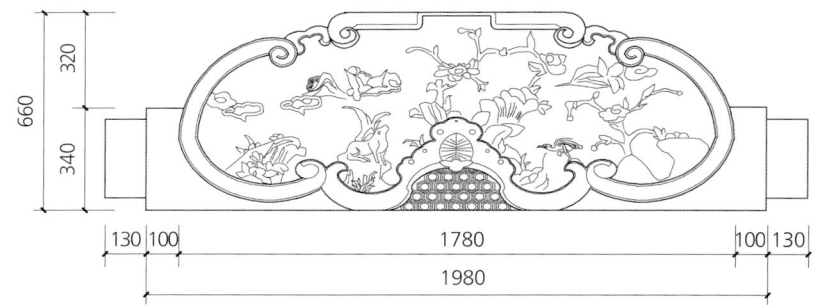

330	650	320

130 160 1490 160 130
1810

130 160 1490 160 130
1810

245 575 330

130 220 1580 200 130
2000

130 200 1580 220 130
2000

270 600 330

130 1910 130
55 2020 55

270 600 330

130 1910 130
55 2020 55

320 660 340

130 100 1780 100 130
1980

320 660 340

130 100 1780 100 130
1980

正面图案

背面图案

藏经楼檐廊扇面枋饰样图

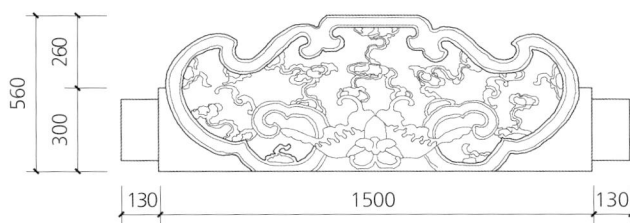

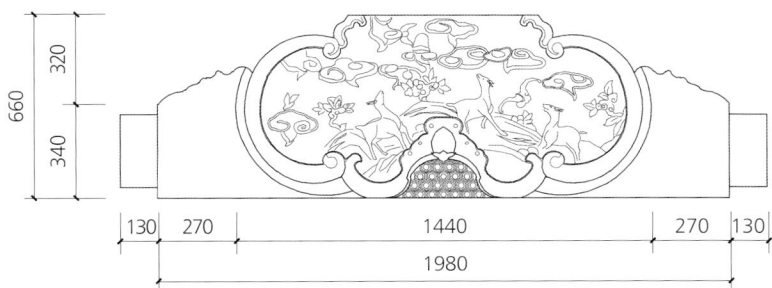

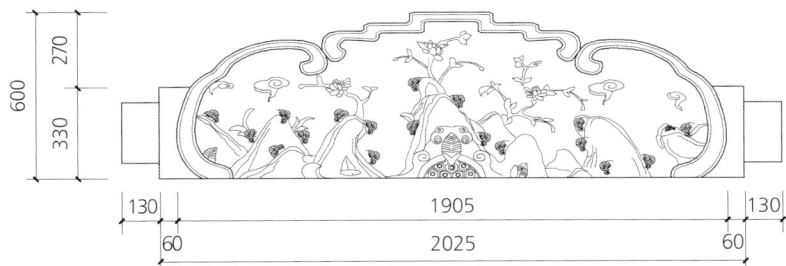

正面图案

背面图案

藏经楼檐廊扇面枋饰样图

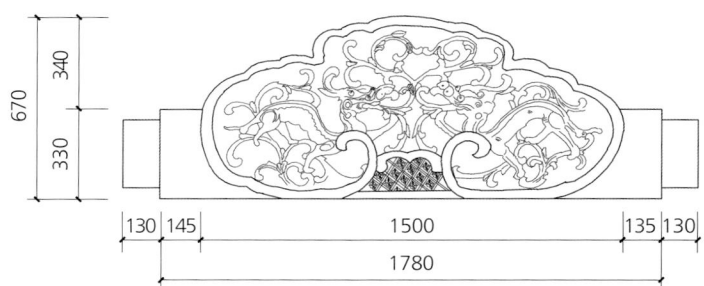

正面图案

背面图案

藏经楼檐廊扇面枋饰样图

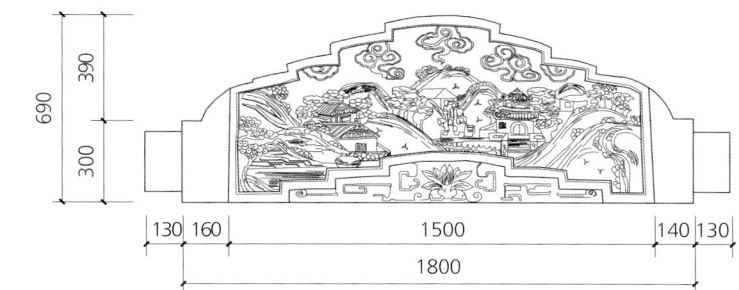

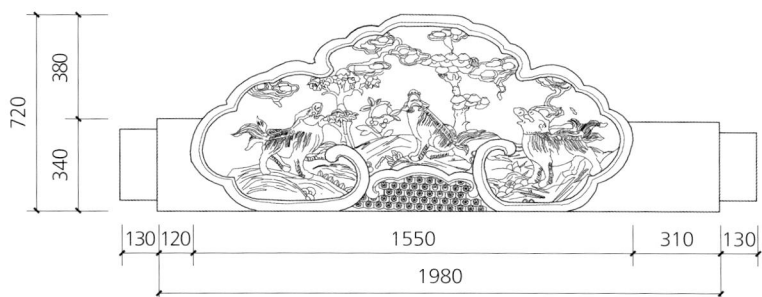

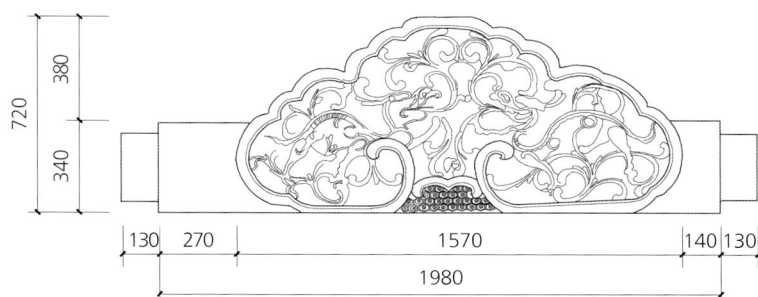

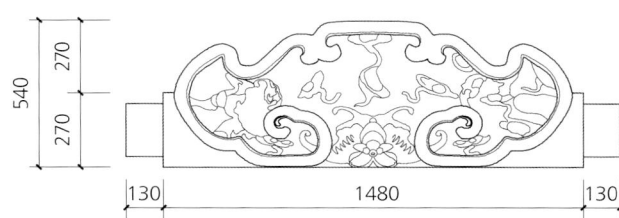

正面图案

背面图案

藏经楼檐廊扇面枋饰样图

165
565
310
90

160
900
160
1220

165
565
310
90

160
900
160
1220

645
545
100

260
680
270
1210

645
545
100

260
680
270
1210

720

350
860
350
1560

720

350
860
350
1560

正面图案

背面图案

藏经楼二楼梁架驼峰饰样图

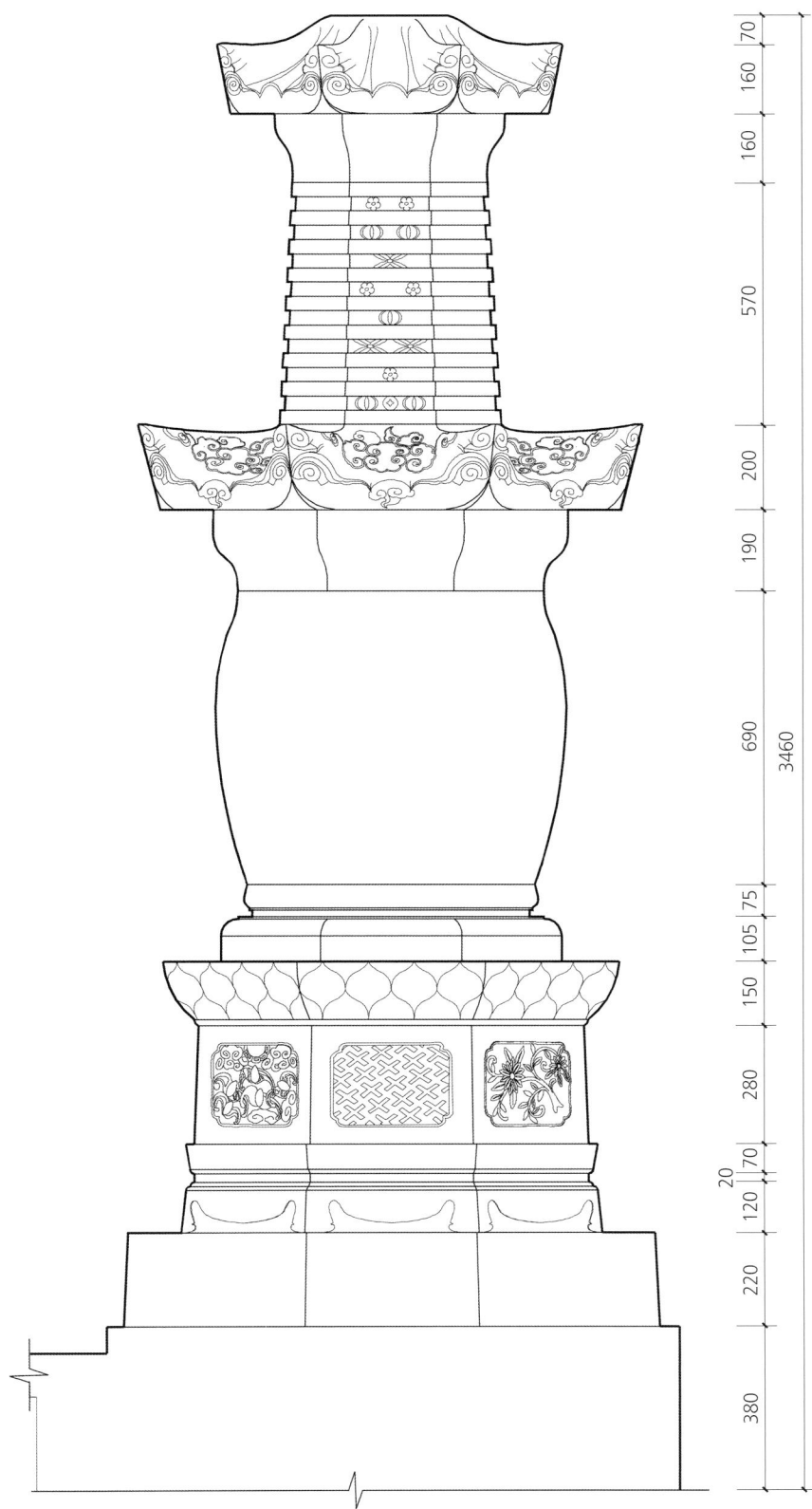

立面图

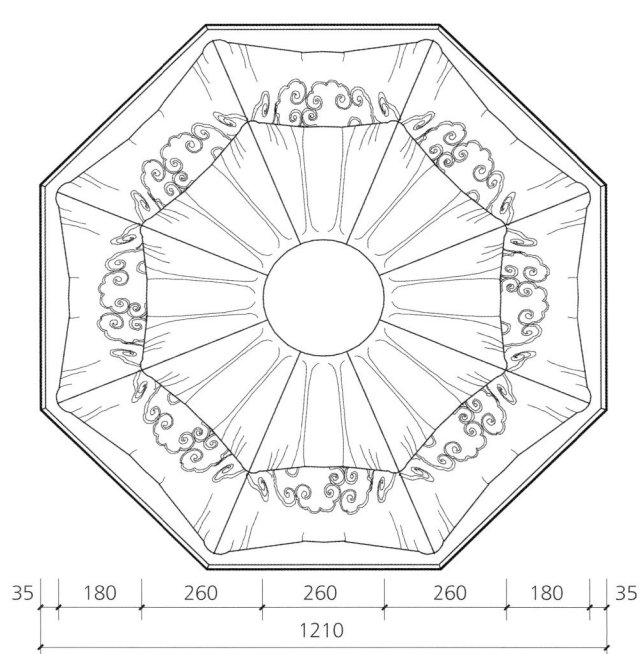

屋顶平面

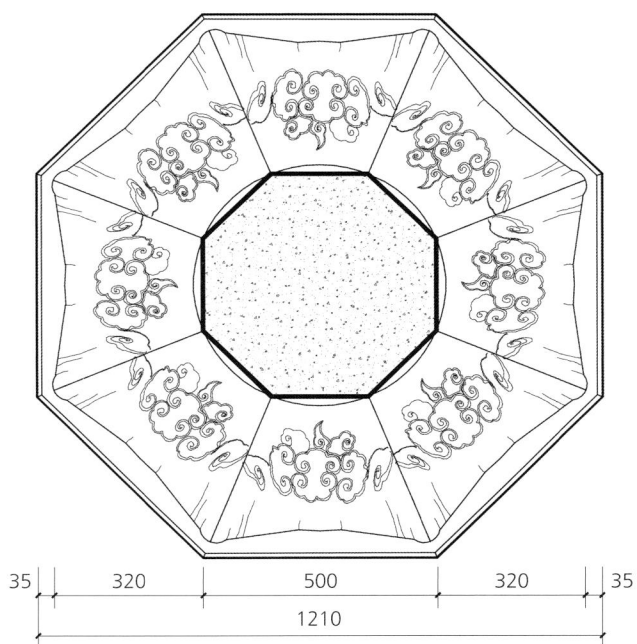

重檐平面

藏经楼内舍利塔

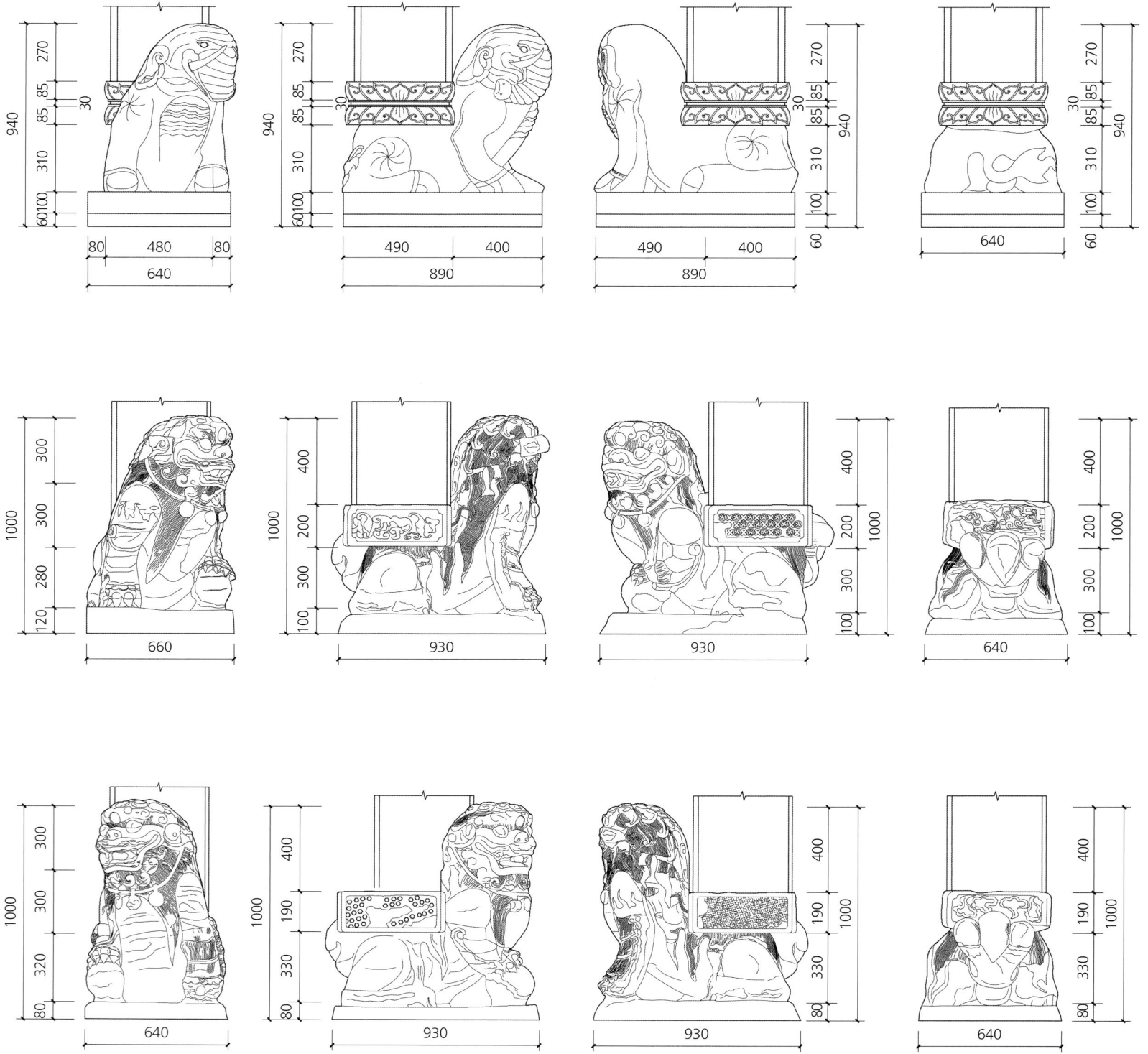

藏经楼檐廊石柱础

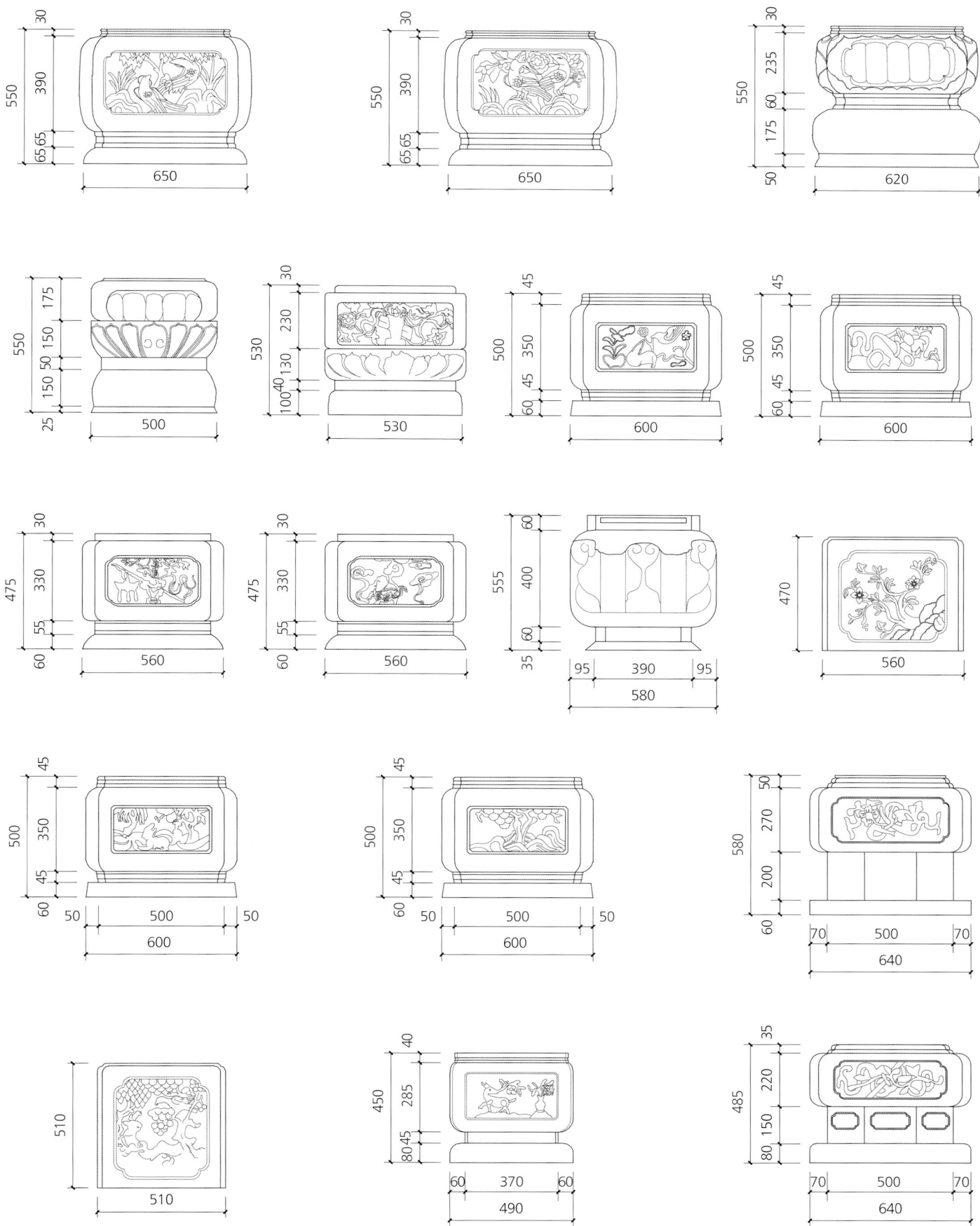

藏经楼柱础

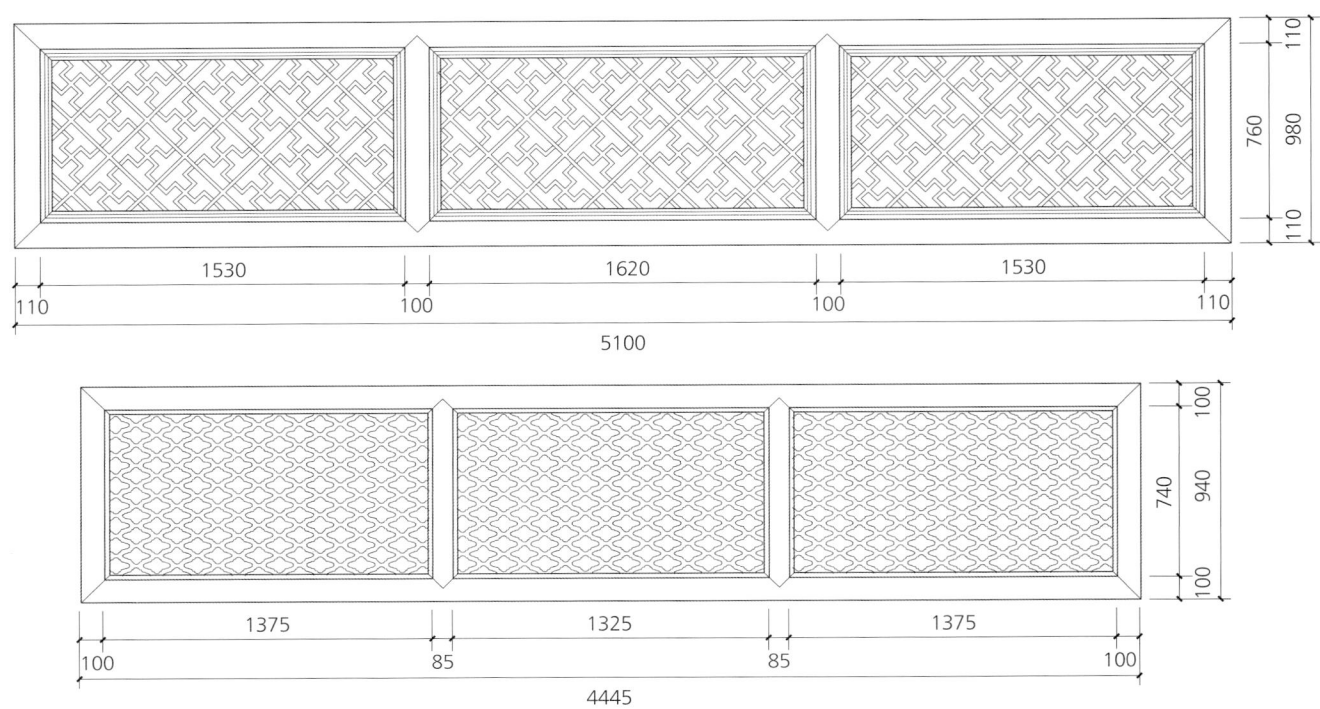

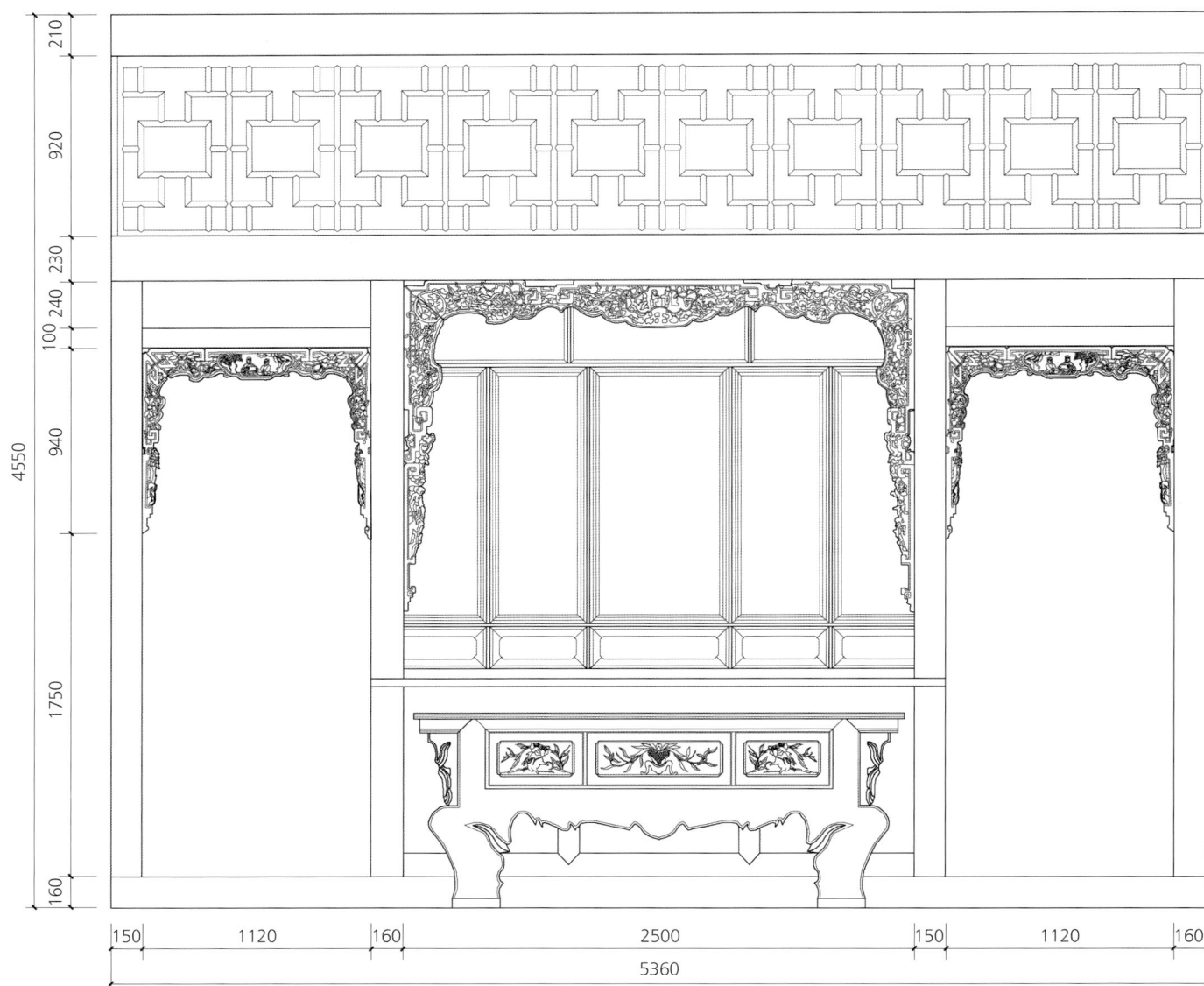

罩面及横窗饰样图

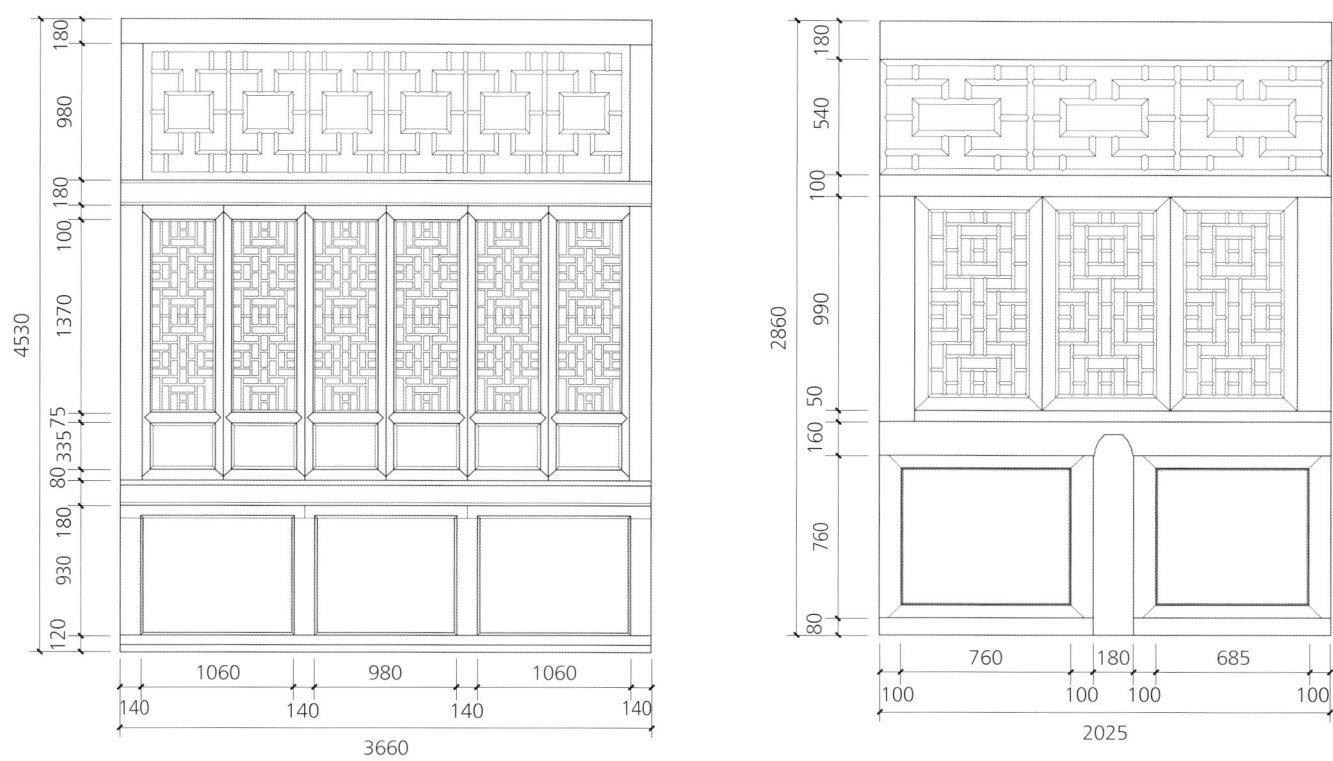

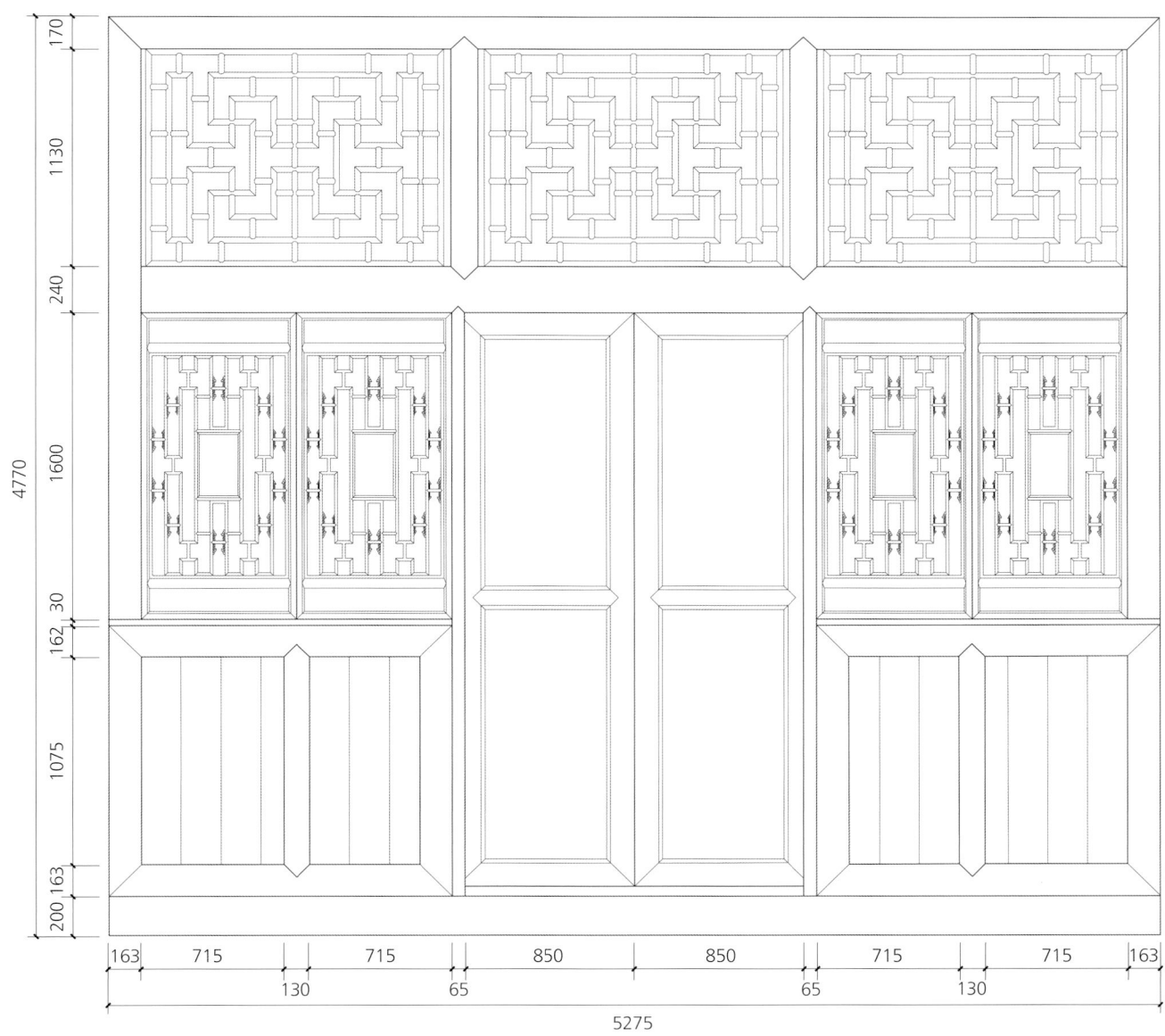

藏经楼二层门窗饰样

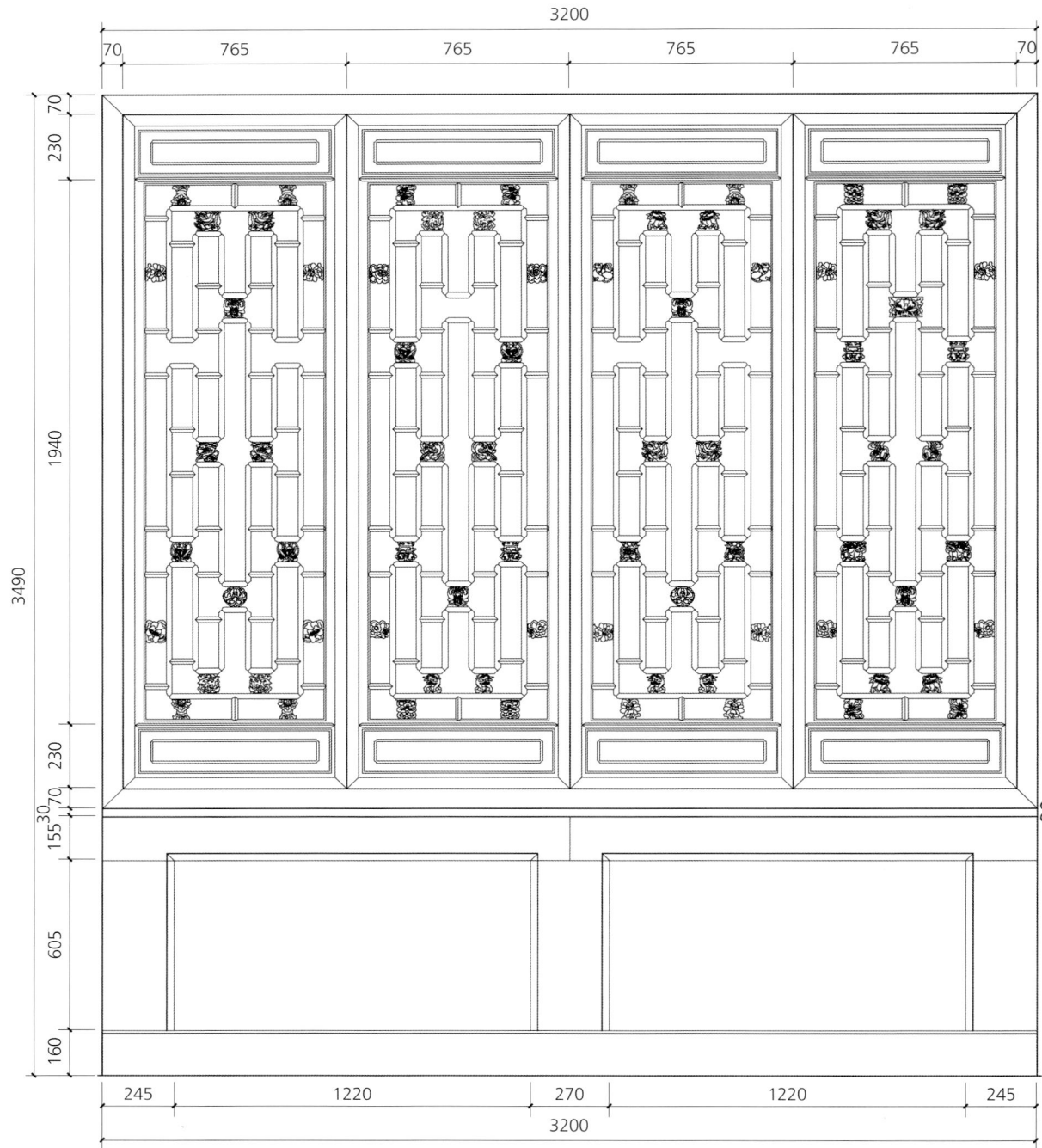

3200

70　765　765　765　765　70

70
230

1940

3490

230
30 70
155
605

160

245　1220　270　1220　245
3200

藏经楼槛窗

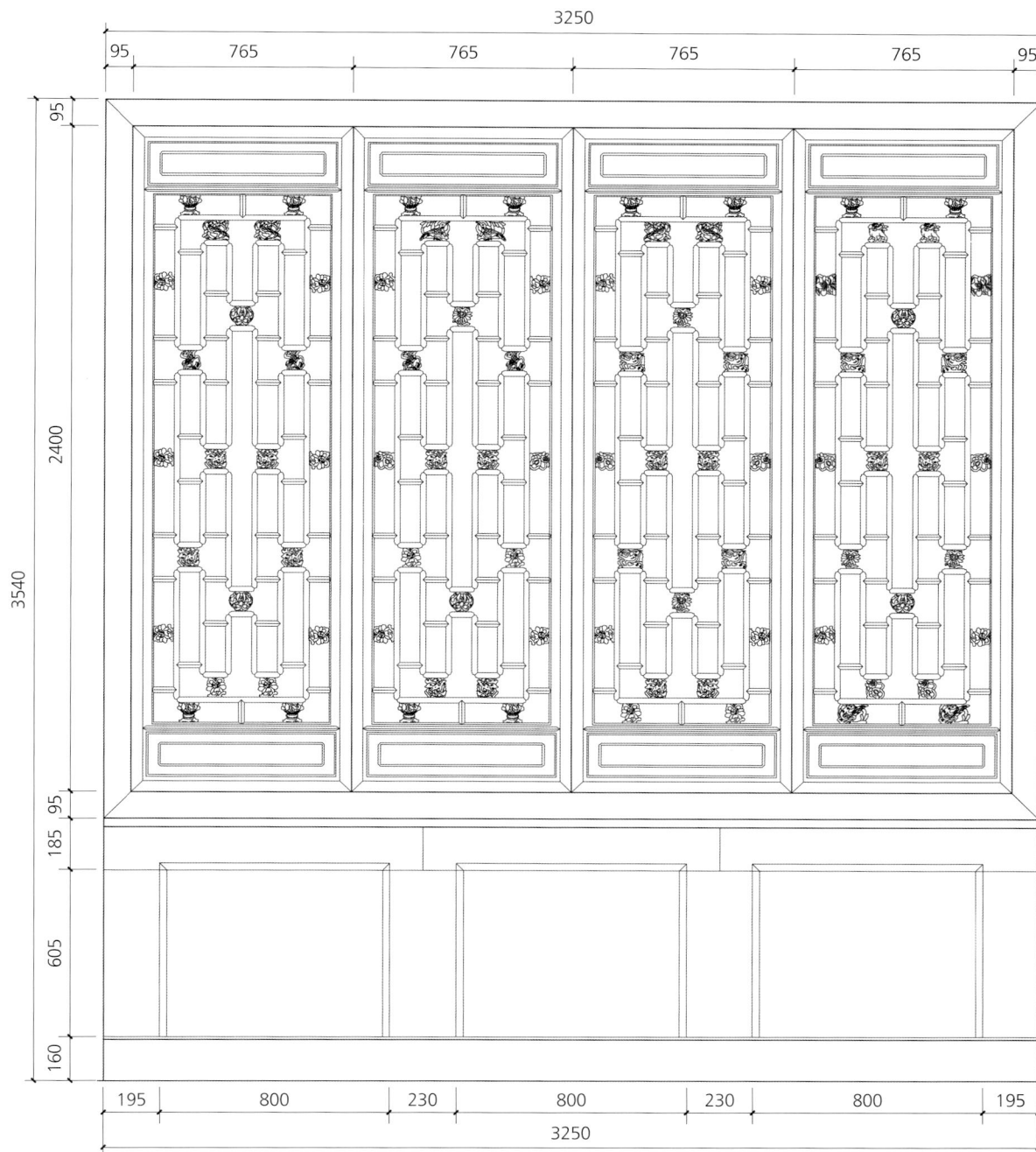

藏经楼槛窗

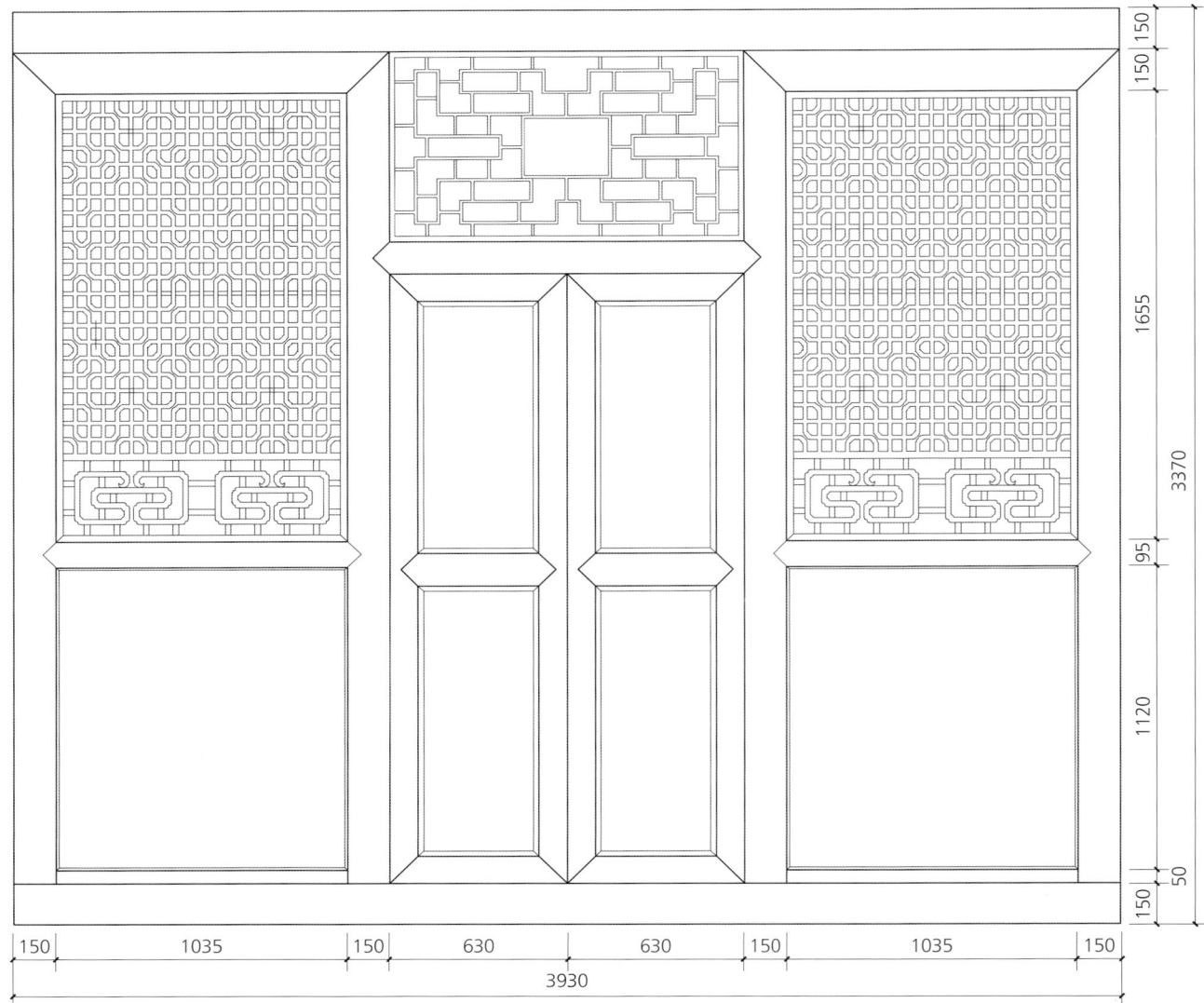

藏经楼二层尽间门窗饰样

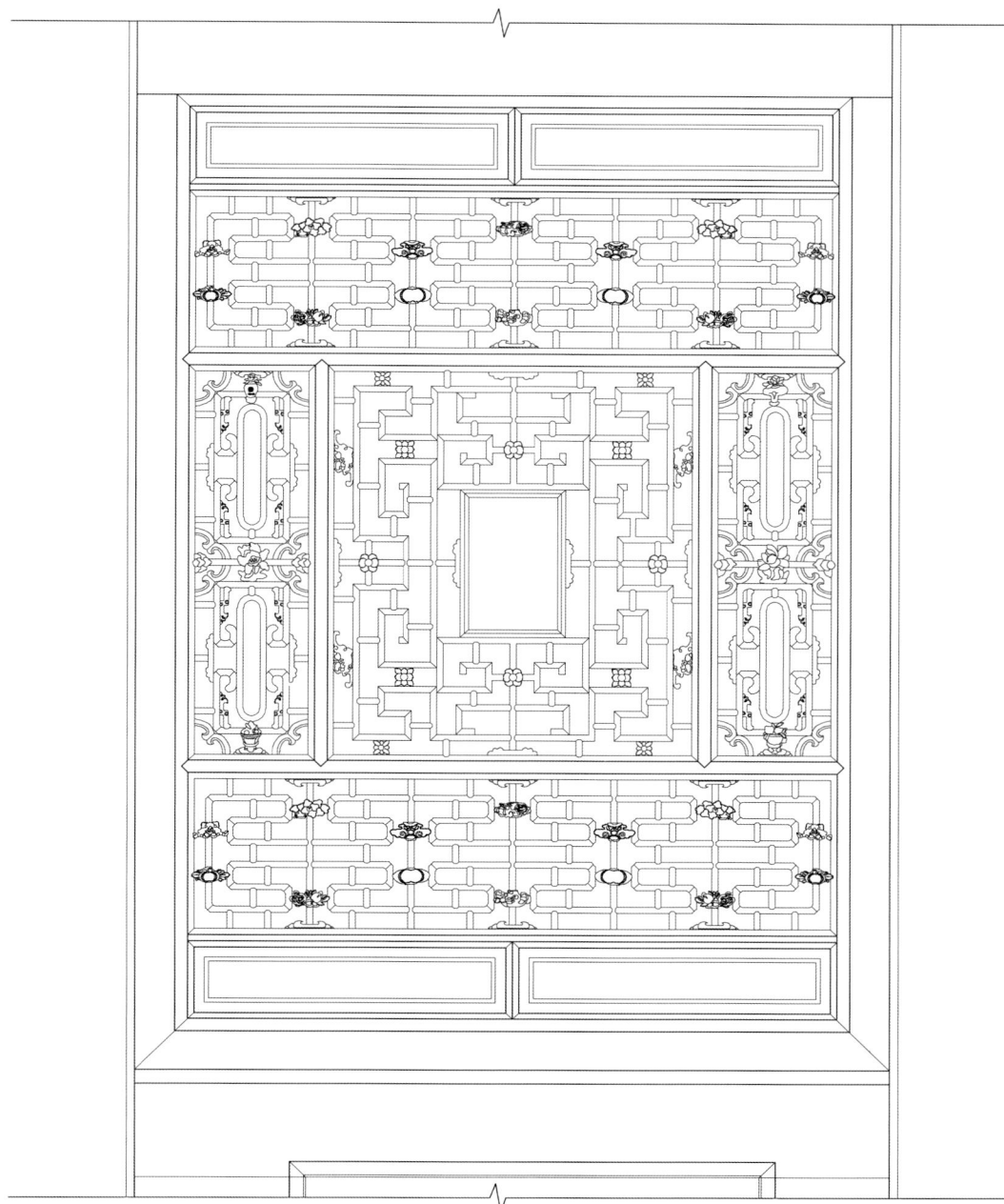

藏经楼厢房槛窗饰样

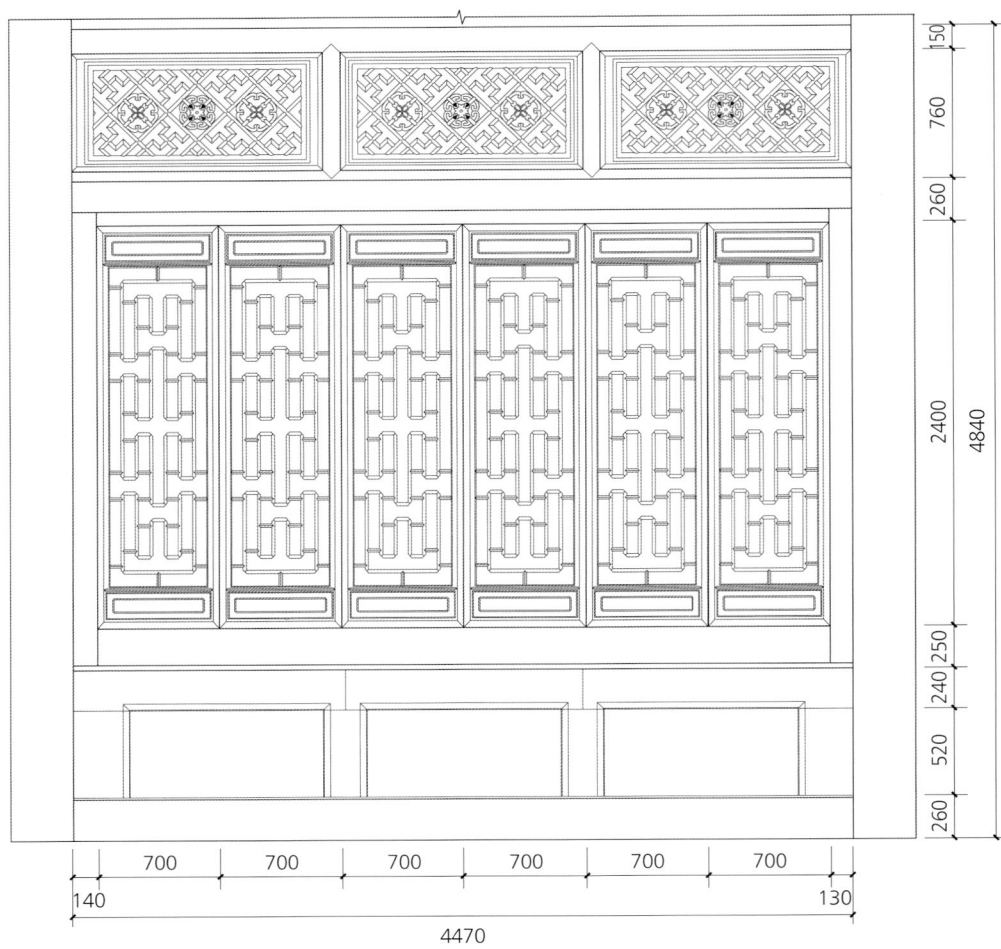

藏经楼一层次间槛窗饰样

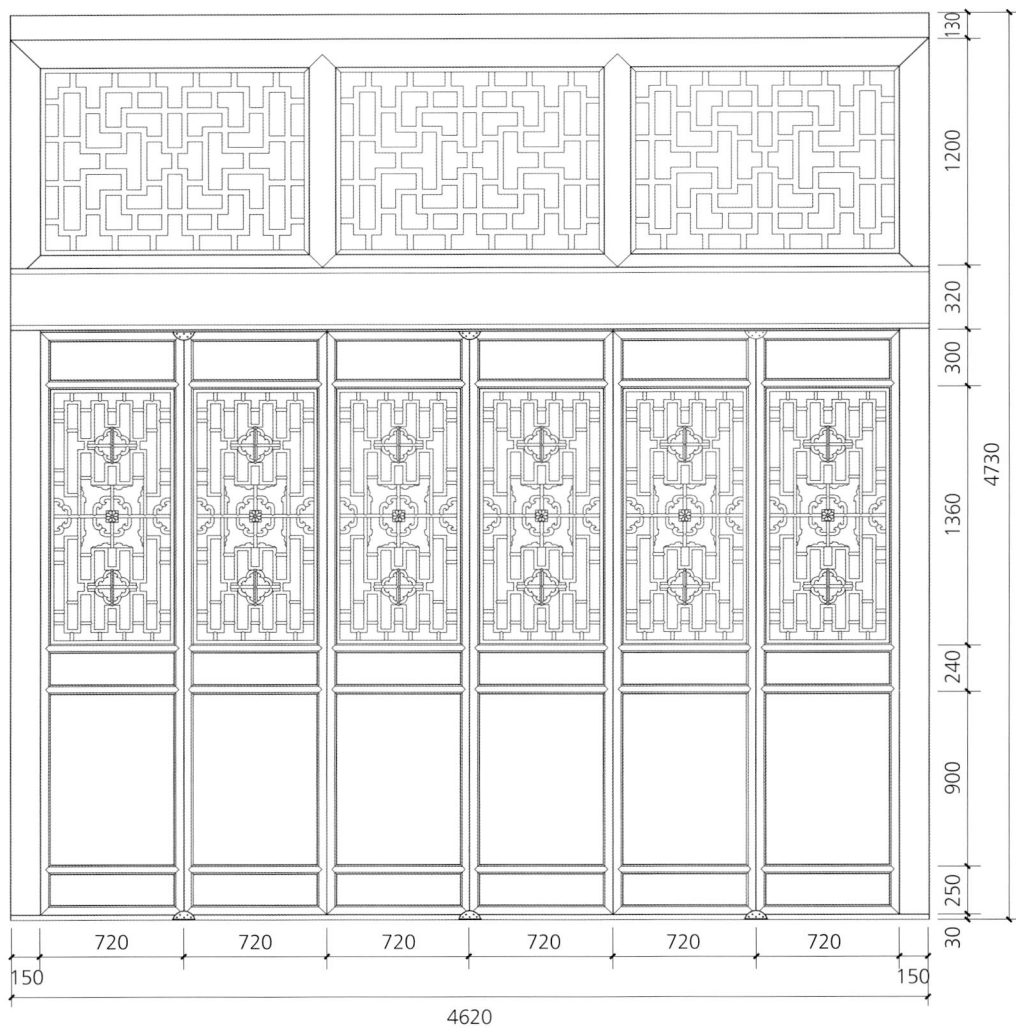

藏经楼二层次间门窗饰样

185

820

185

2600

1130

280

350 1680 1700 1680 350

95 95

5950

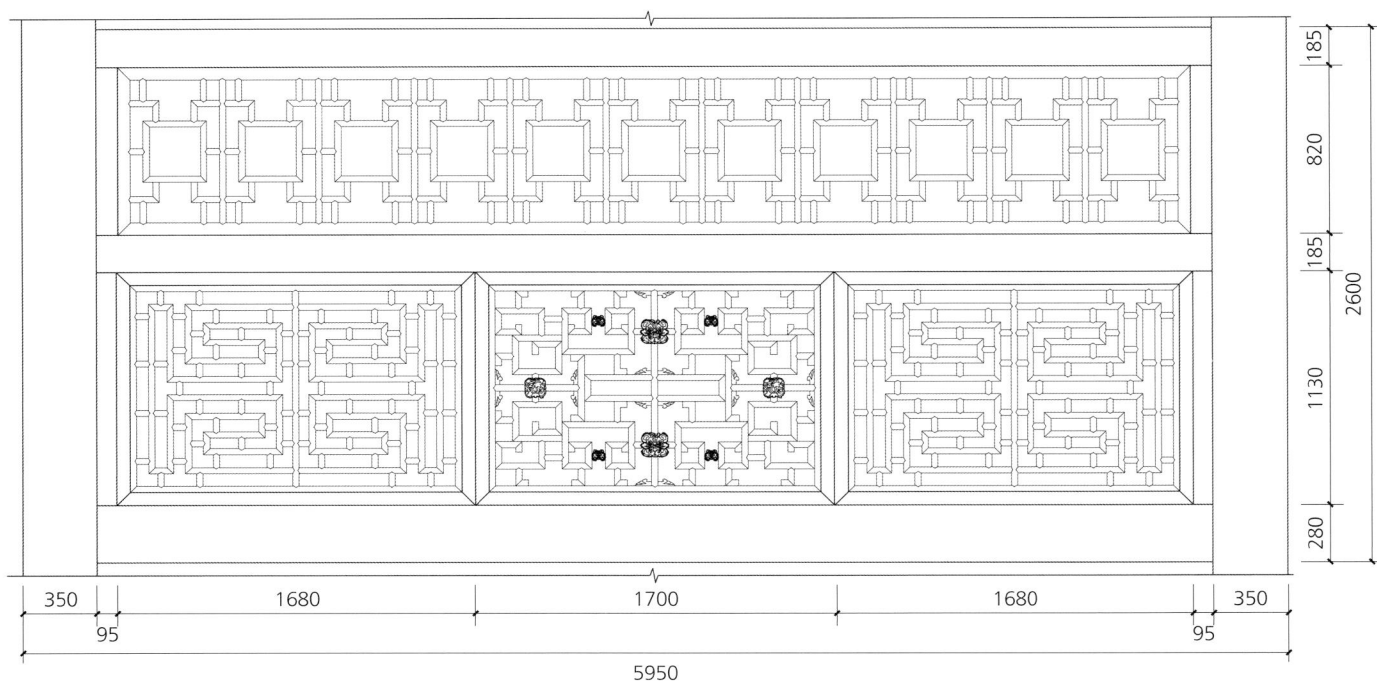

藏经楼二层明间横披饰样

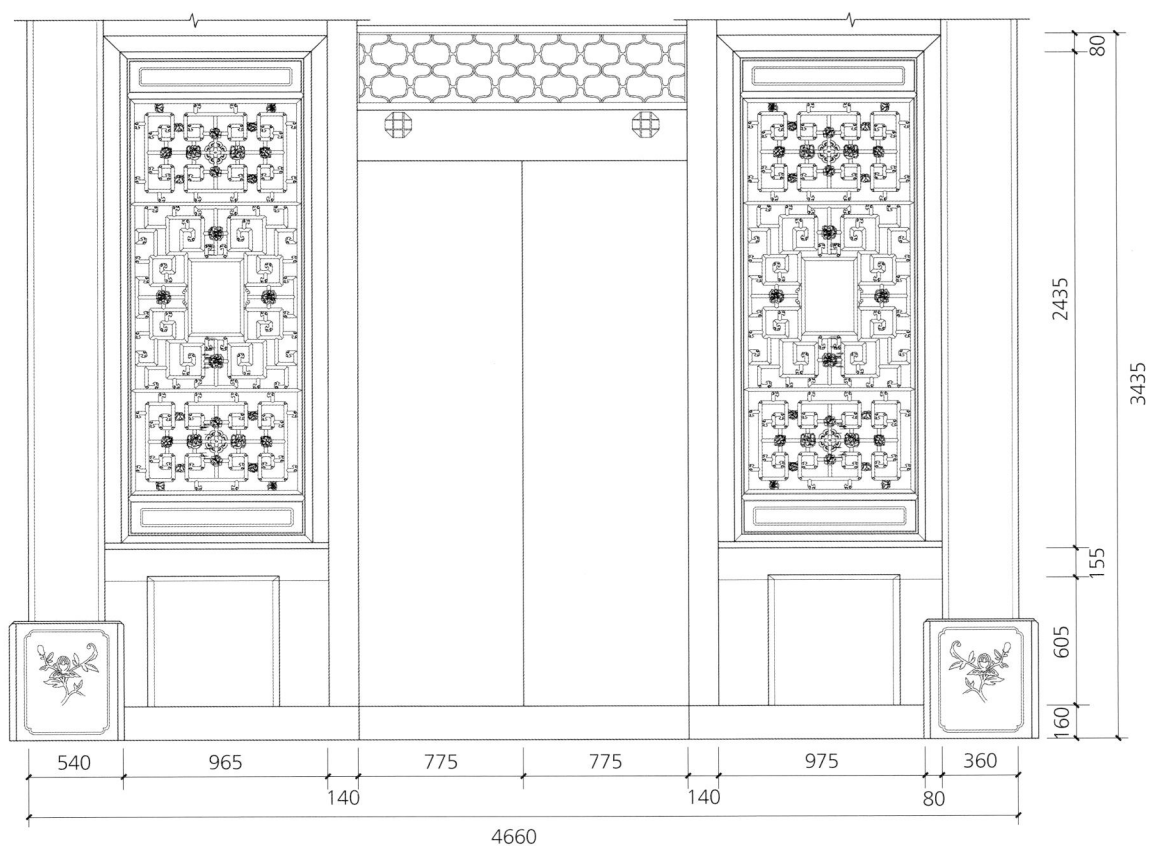

80

2435

3435

155

605

160

540 965 775 775 975 360

140 140 80

4660

藏经楼厢房一层明间门窗饰样

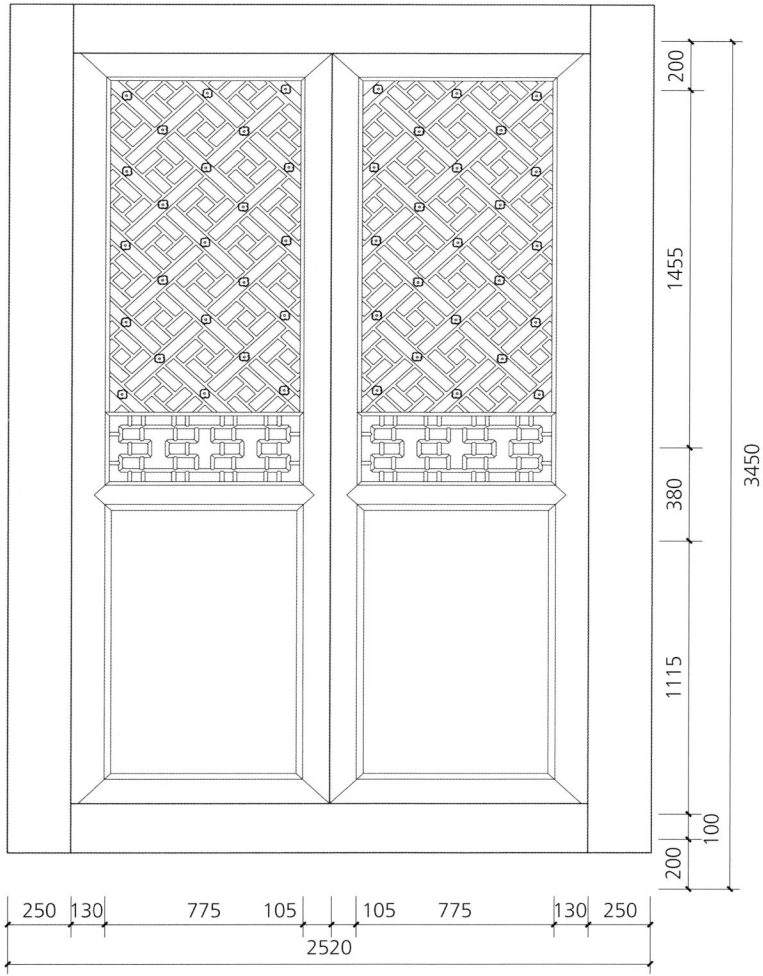

藏经楼厢房二层明间隔扇饰样

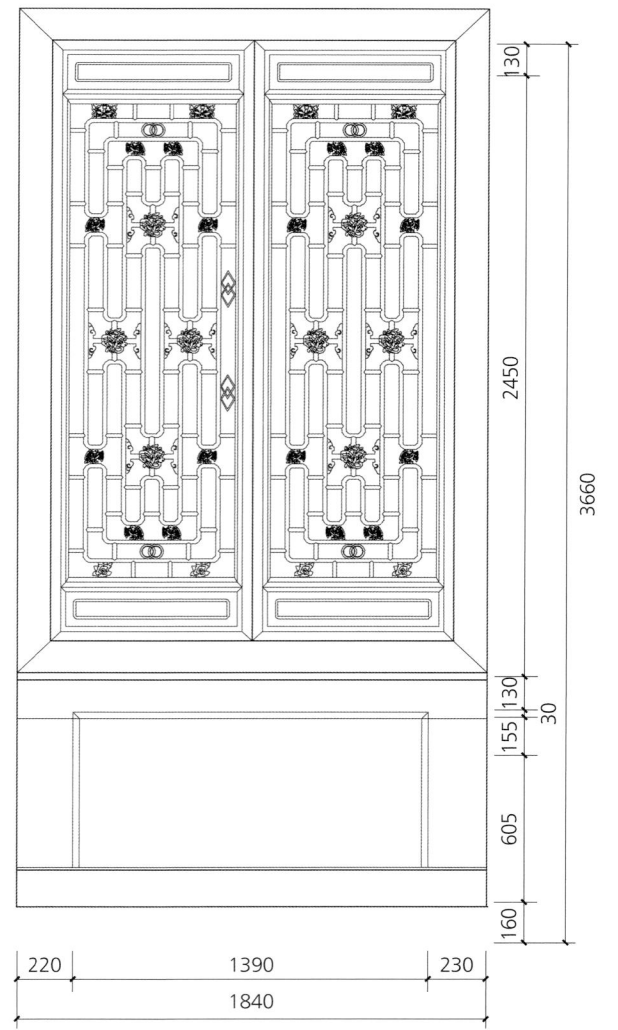

厢房一层梢间槛窗饰样

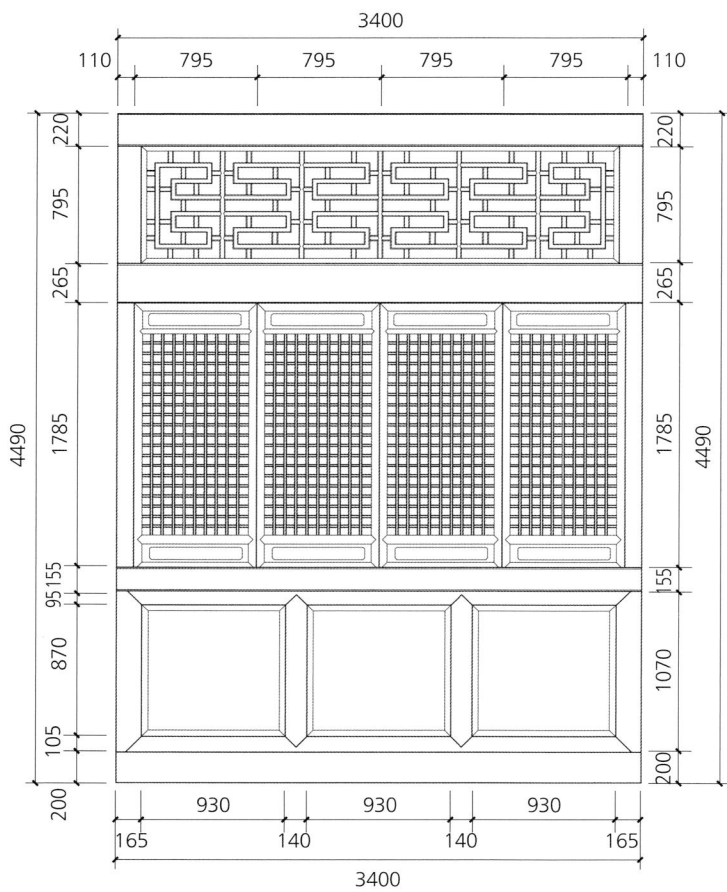

藏经楼厢房二层次间槛窗饰样

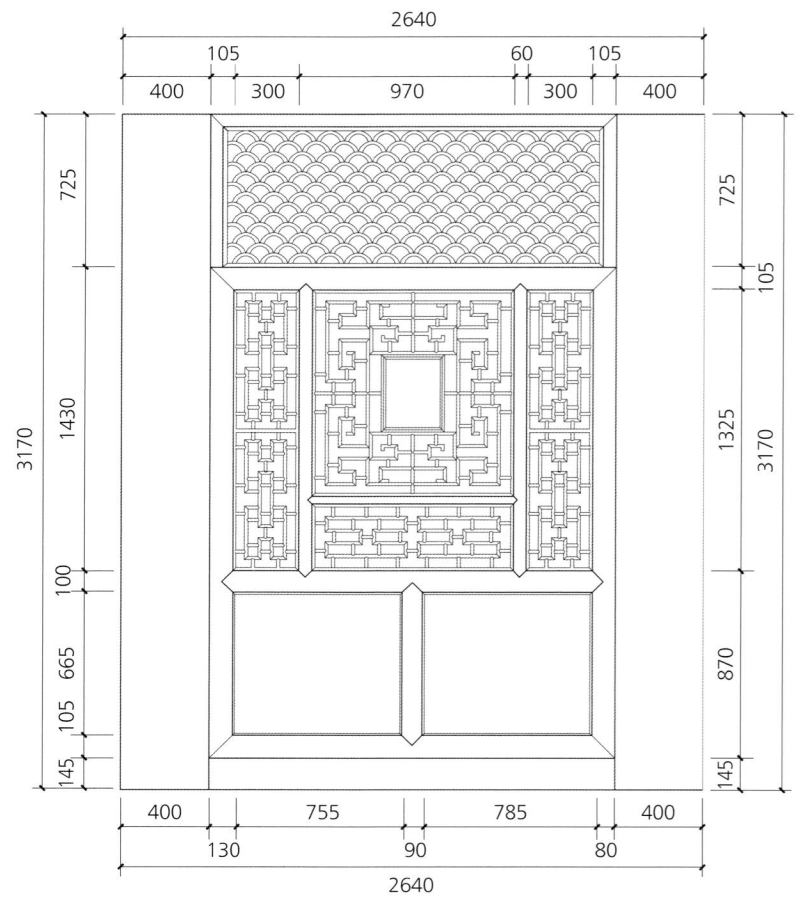

藏经楼梢间槛窗饰样

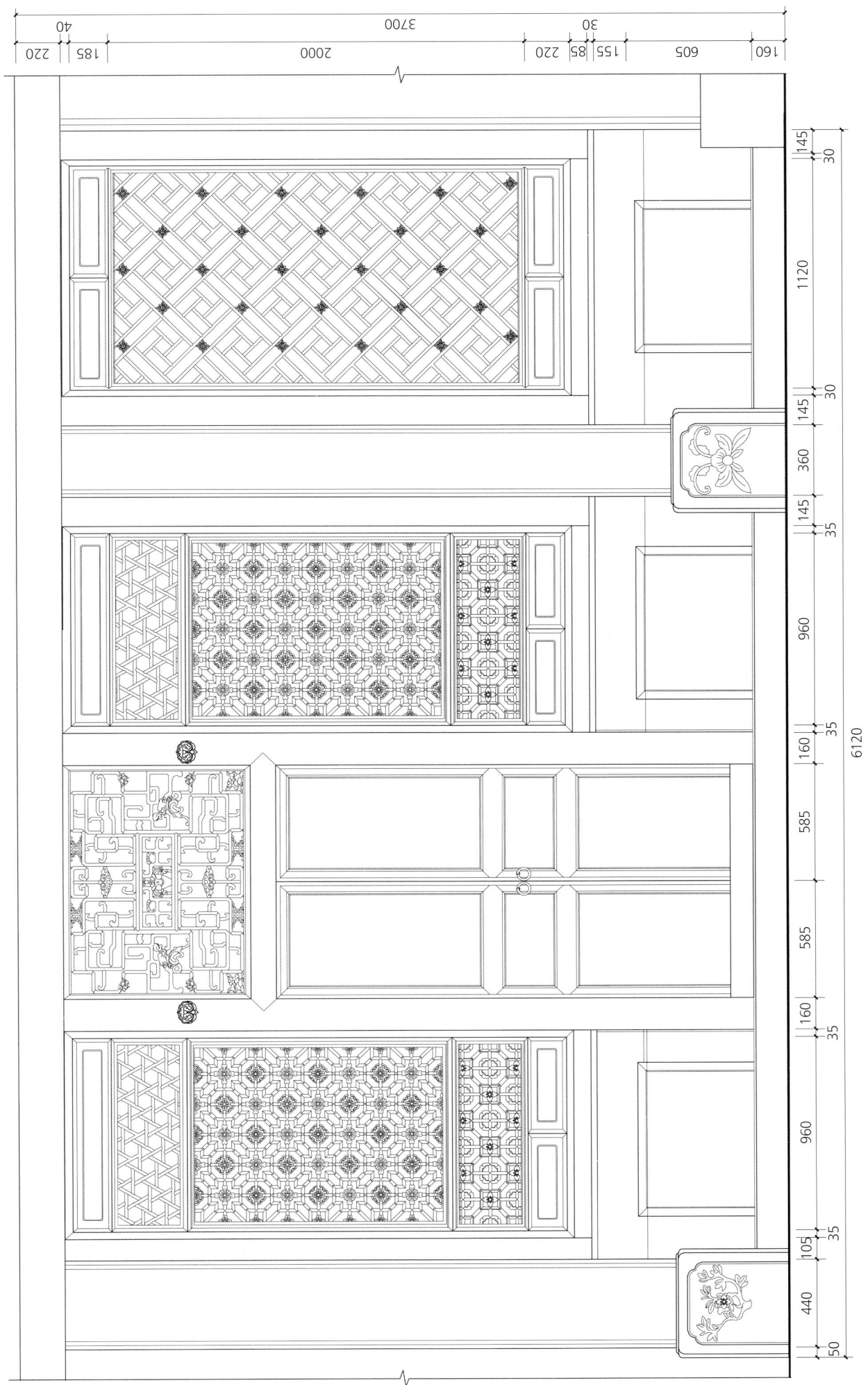

藏经楼一层尽间门窗饰样

禅堂

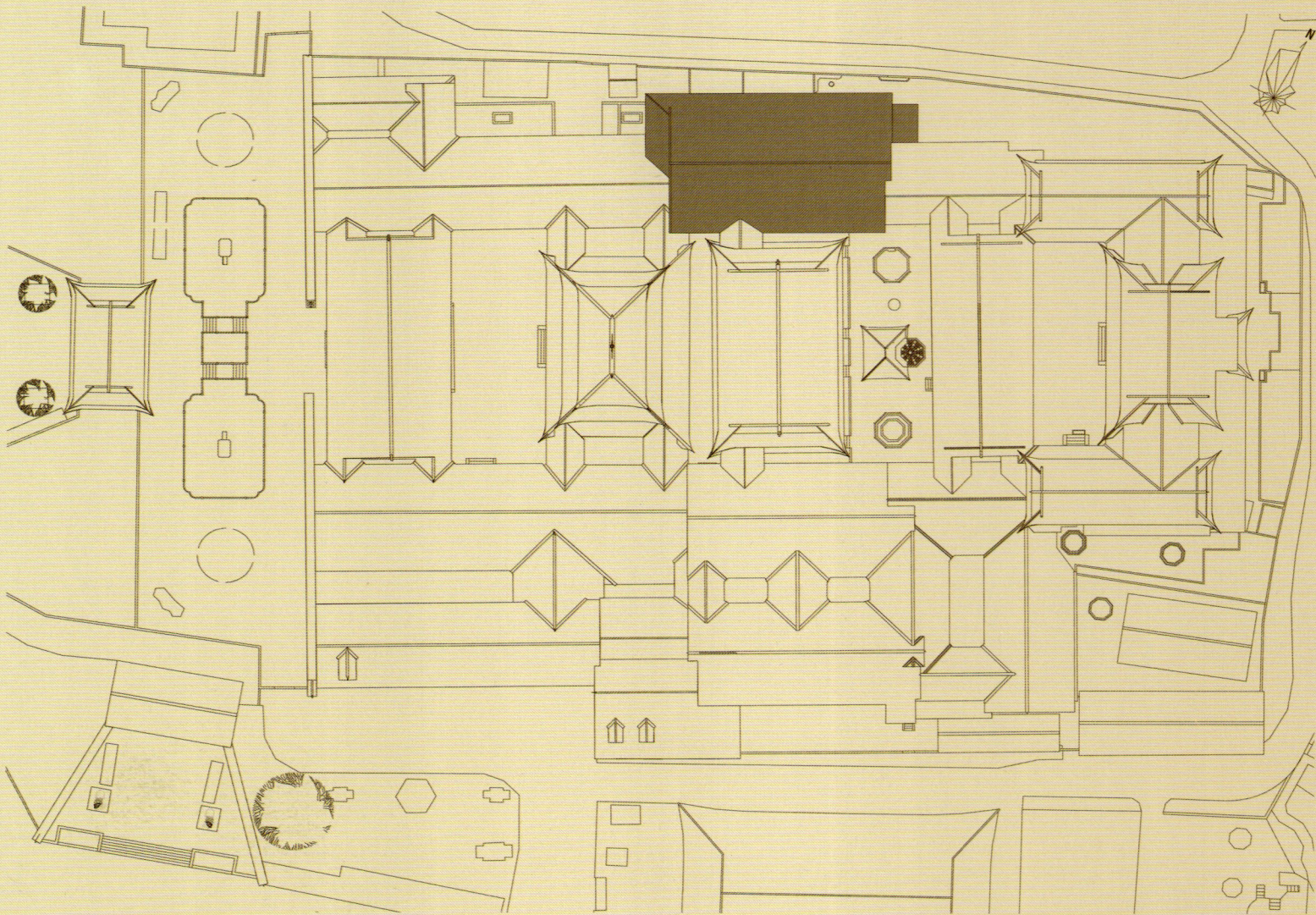

　　禅堂通面阔七间29.1米，当心五间面阔22米；通进深15.6米，殿堂进深13.3米，正面檐廊进深2.3米。单檐悬山顶，天棚以上为局部二层楼阁。石木组合构架，底层为石柱石墙，楼面以上为木构穿斗式构架夹壁隔墙。底层禅堂当心三间为石铺地，两侧梢间为木构平台，高出地面一米左右，背面和侧面三方置连床龛凳，供僧众修禅之用。禅堂当心间设八边形藻井式天棚，藻井顶部直至屋顶屋面采光亮瓦覆盖，天光直射禅堂中心，具有独特的装饰艺术效果。屋顶悬山顶与两侧厢房屋顶毗连。檐廊石柱直径0.5米，明间檐柱上铭刻有《重修禅堂记》。禅堂始建于清雍正八年（1730年），道光三十年（1850年）重建。

禅堂入口檐廊

禅堂内景

禅堂藻井

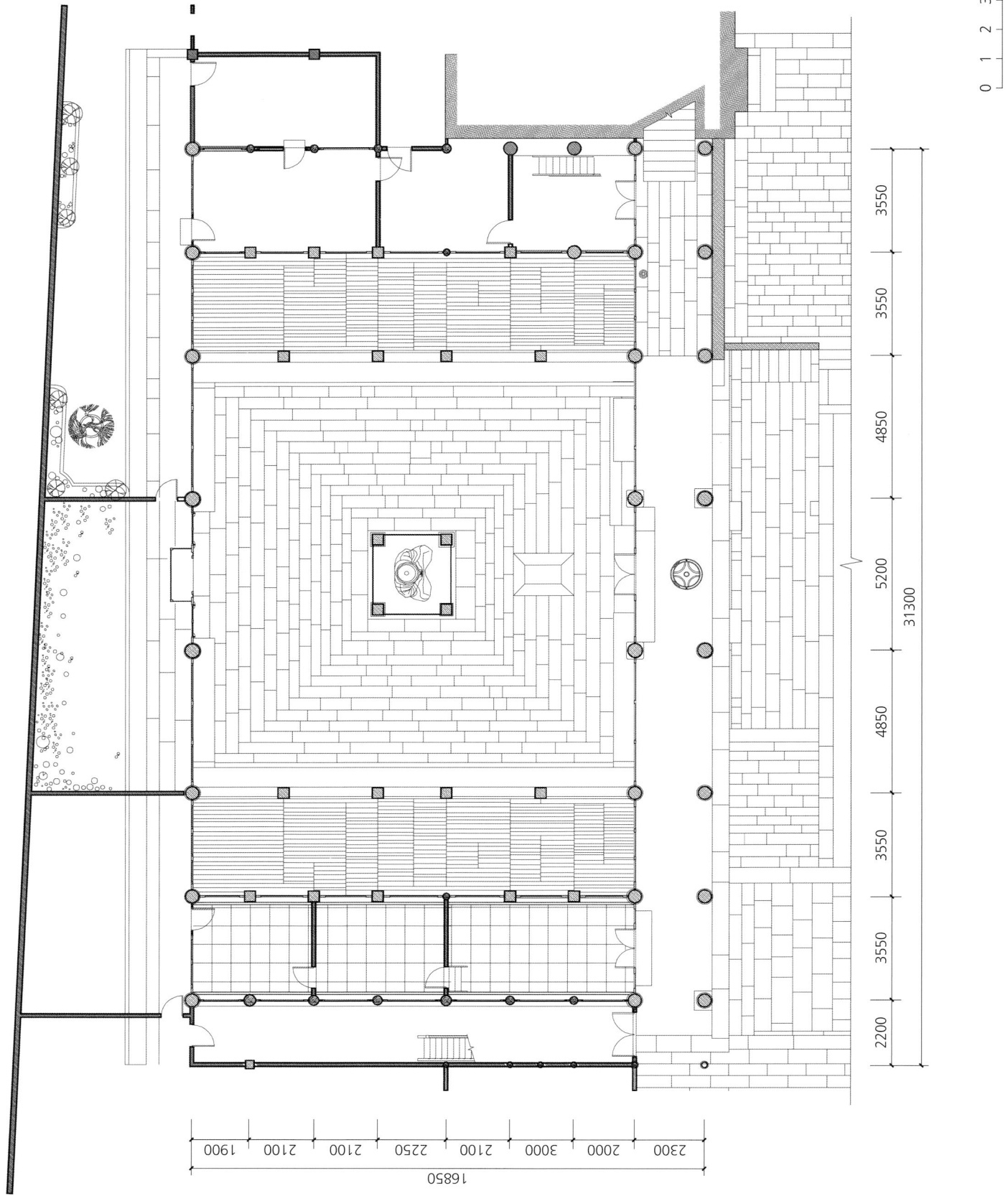

禅堂一层平面图

0　1　2　3　4　5m

3550

3550

4850

5200

29100

4850

3550

3550

2300　2000　3000　2100　2250　2100　2100　2000　1900

16850

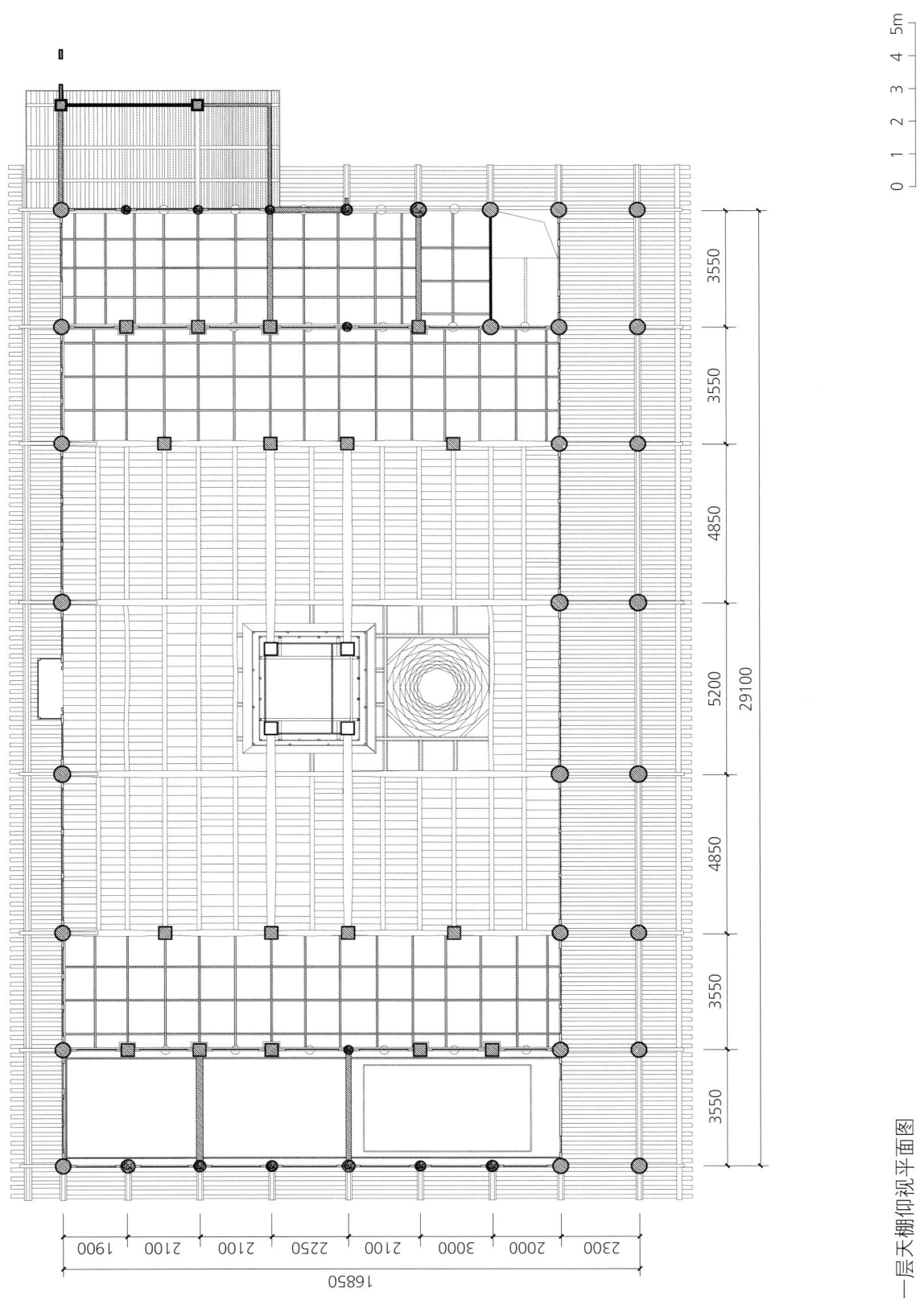

禅堂一层天棚仰视平面图

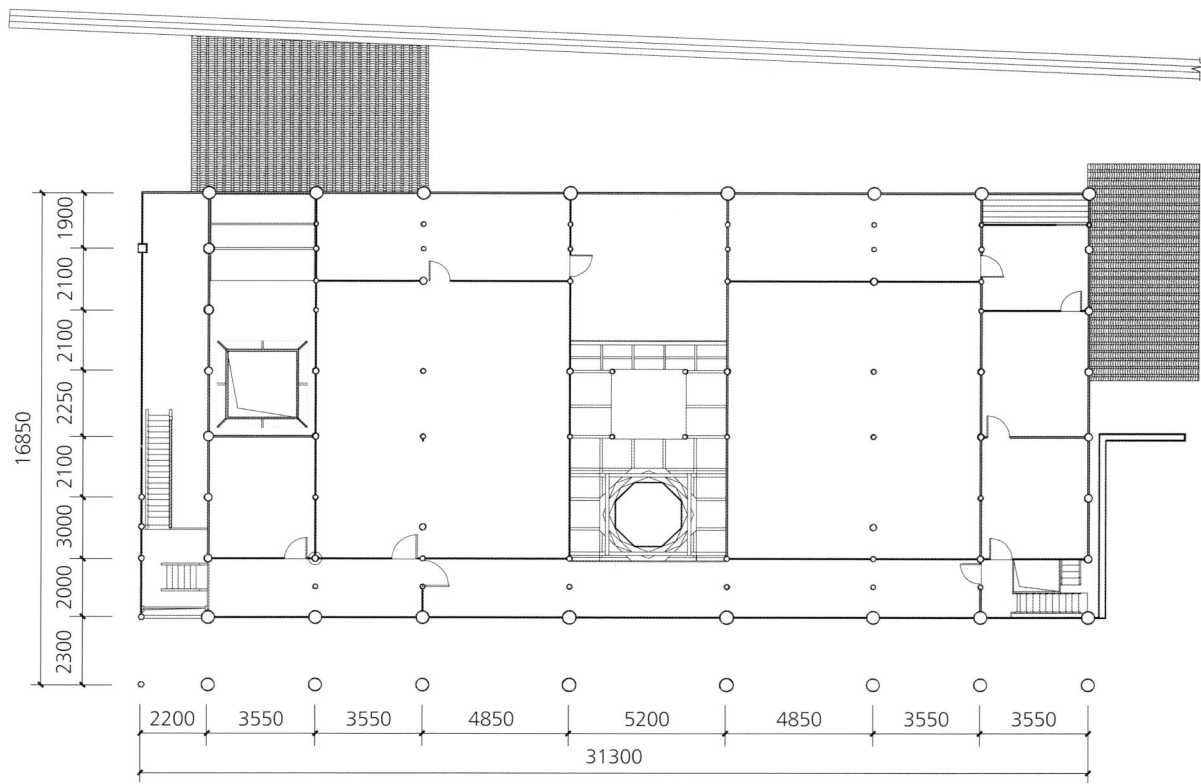

禅堂二层平面图

1900 2100 2100 2250 2100 3000 2000 2300

16850

2200 3550 3550 4850 5200 4850 3550 3550

31300

0 1 2 3 4 5m

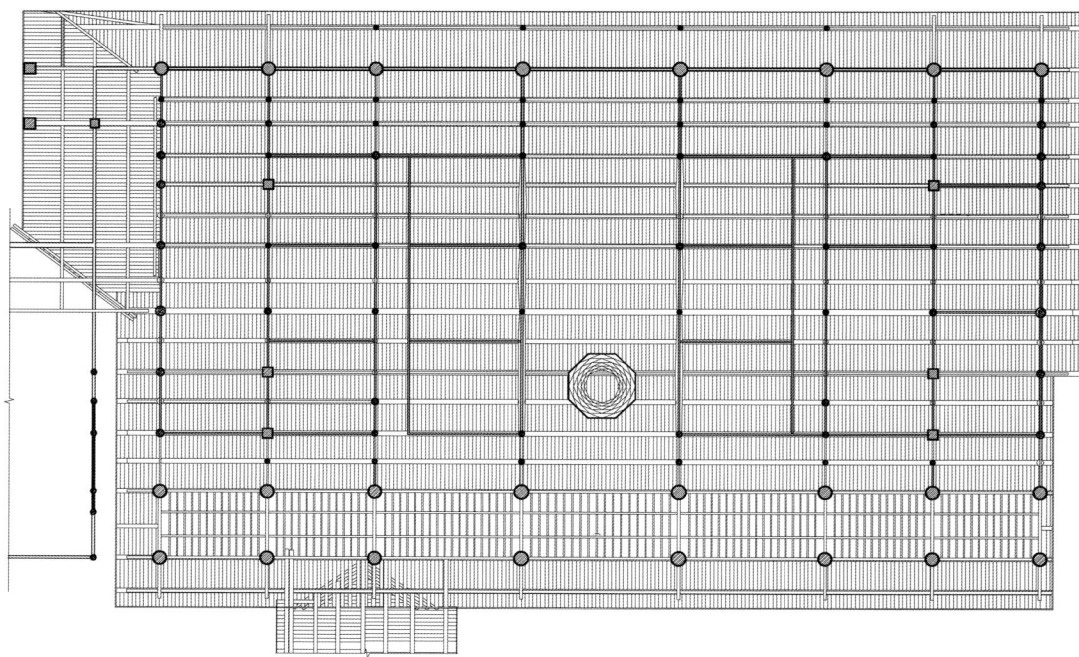

禅堂二层屋架平面图

0 1 2 3 4 5m

| 3550 | 3550 | 4850 | 5200 | 4850 | 3550 | 3550 |

29100

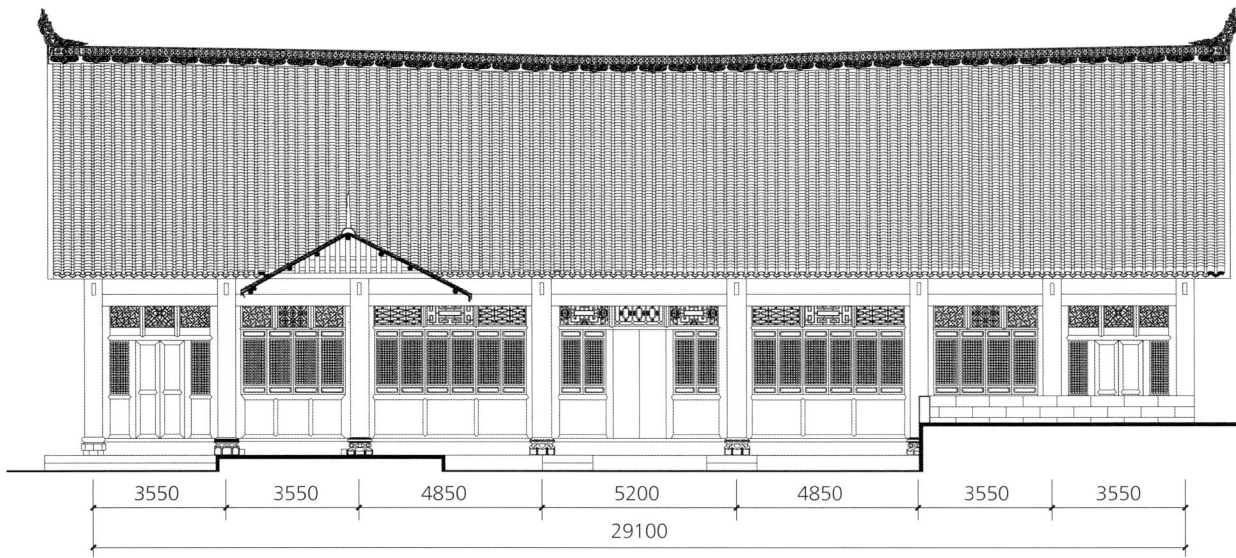

禅堂正立面图

0 1 2 3 4 5m

| 3210 | 3550 | 3550 | 4850 | 5200 | 4850 | 3550 | 3550 | 4050 |

36350

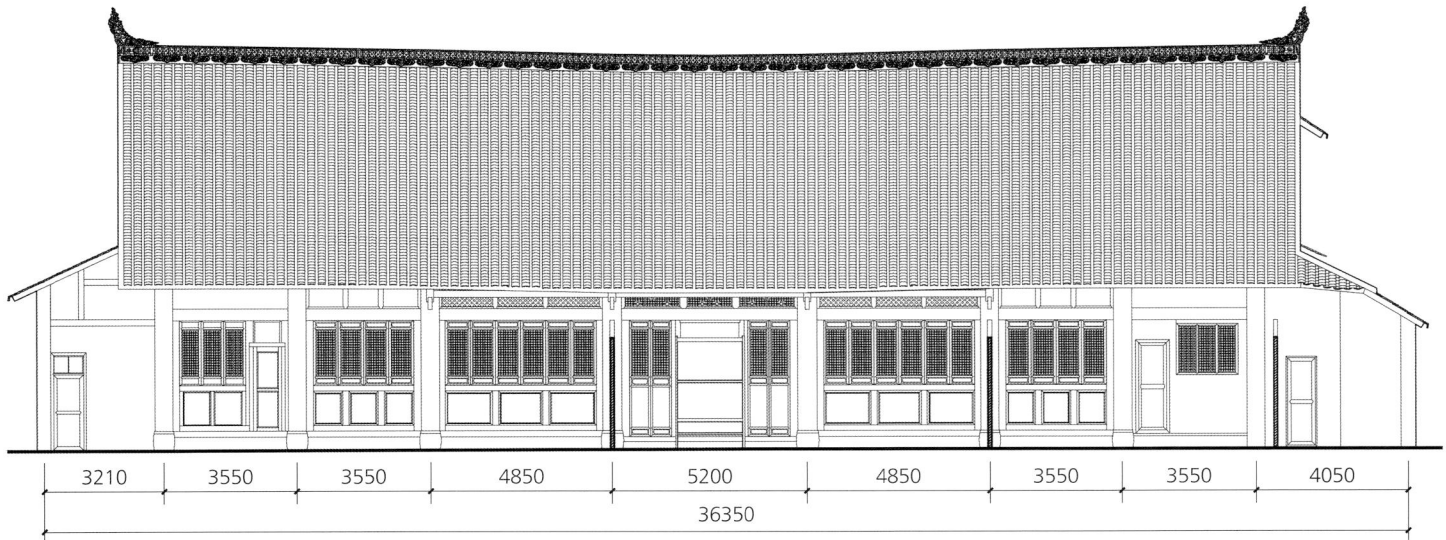

禅堂背立面图

0 1 2 3 4 5m

3000　3100　2250　3100　3100　2300

16850

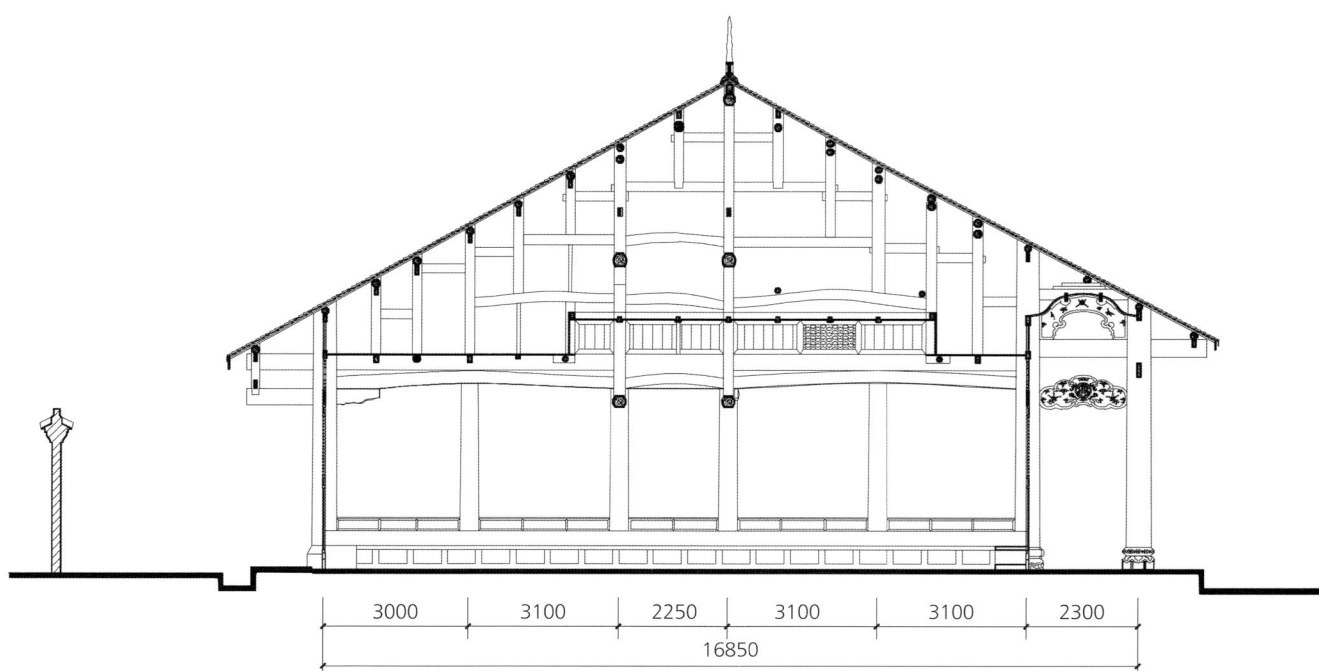

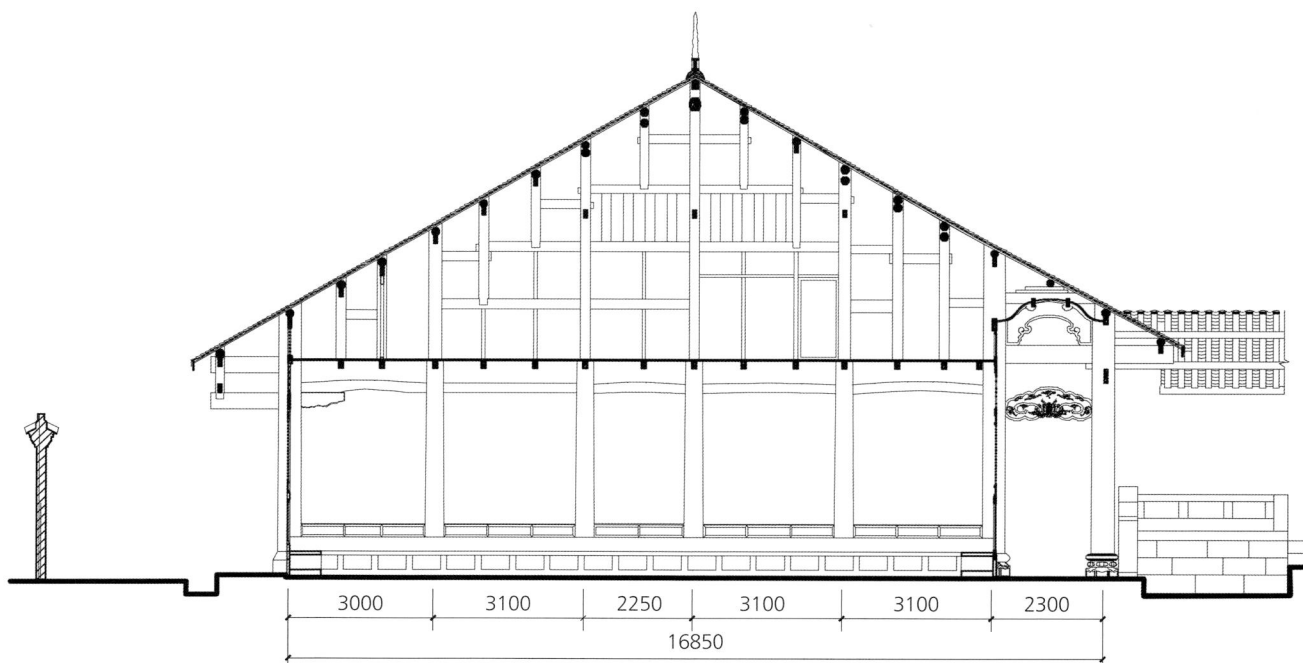

禅堂次间剖面图

0　1　2　3　4　5m

3000　3100　2250　3100　3100　2300

16850

禅堂次间剖面图

0　1　2　3　4　5m

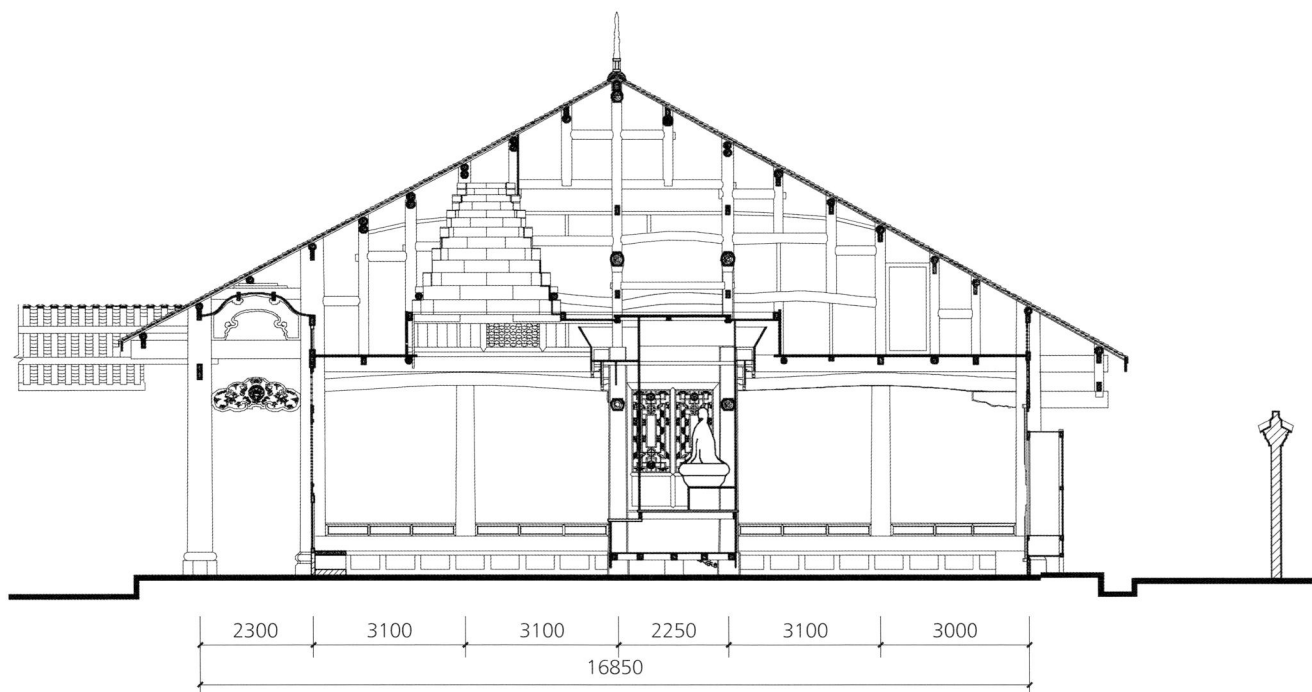

2300	3100	3100	2250	3100	3000

16850

禅堂明间剖面图

0　1　2　3　4　5m

1900	2100	2100	2250	2100	2100	2000	2300

16850

禅堂梢间剖面图

0　1　2　3　4　5m

3550　3550　4850　5200　4850　3550　3550

29100

0　1　2　3　4　5m

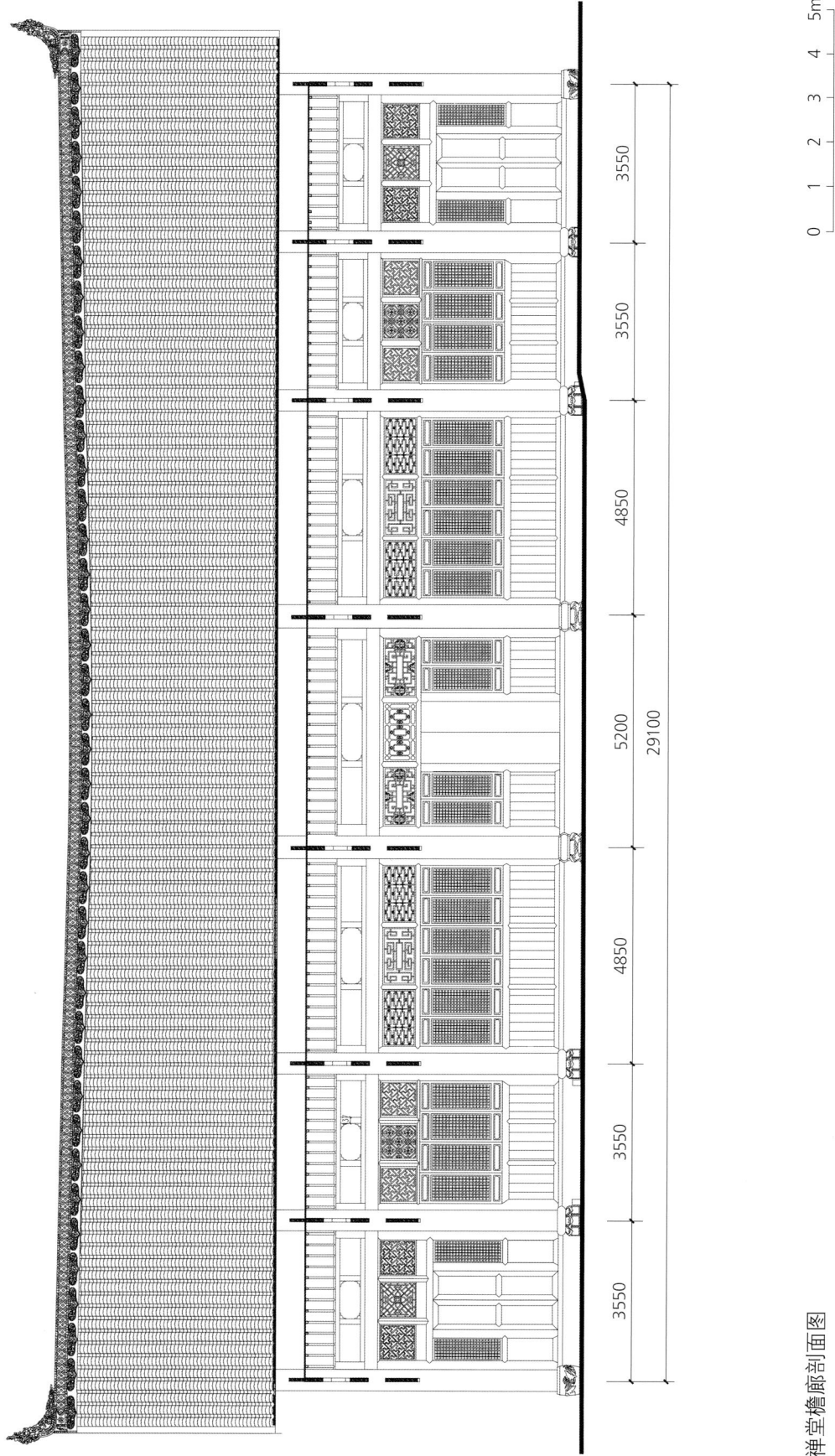

禅堂檐廊剖面图

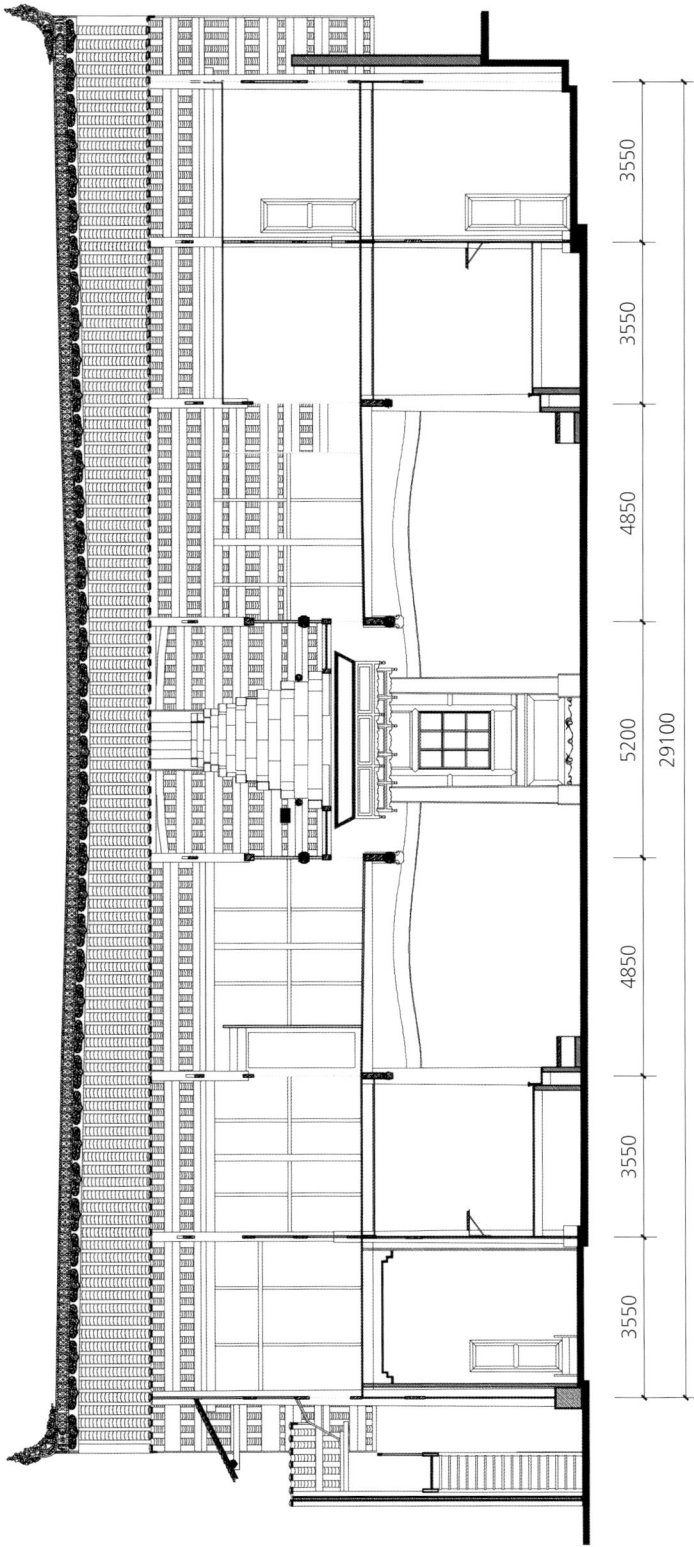

禅堂横剖面图

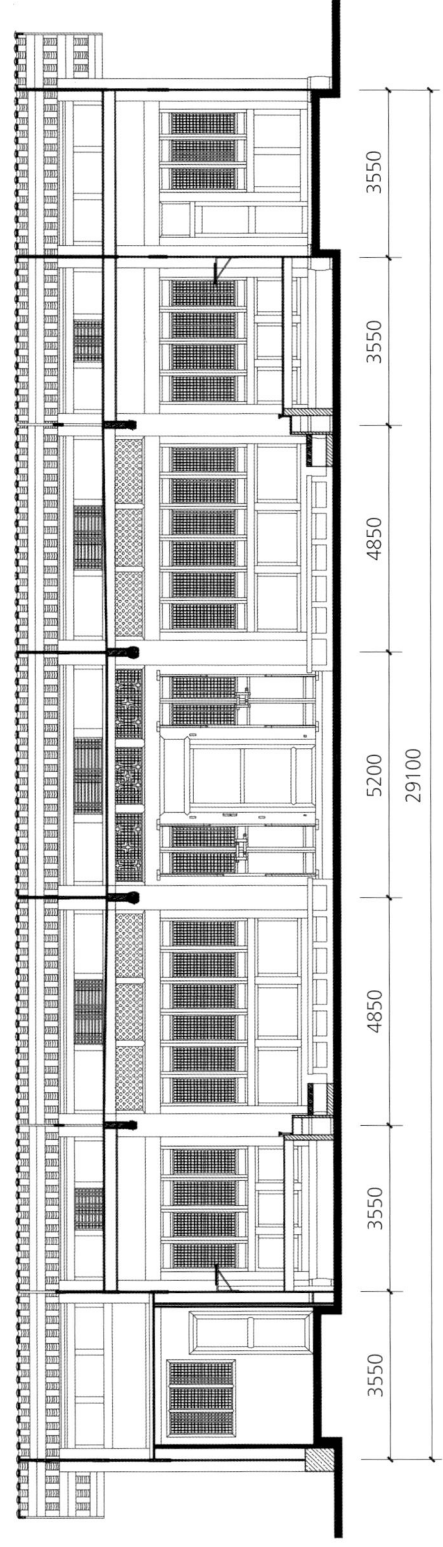

3550　3550　4850　5200　4850　3550　3550

29100

0　1　2　3　4　5m

禅堂横剖面图

3550　3550　4850　5200　4850　3550　3550

29100

0　1　2　3　4　5m

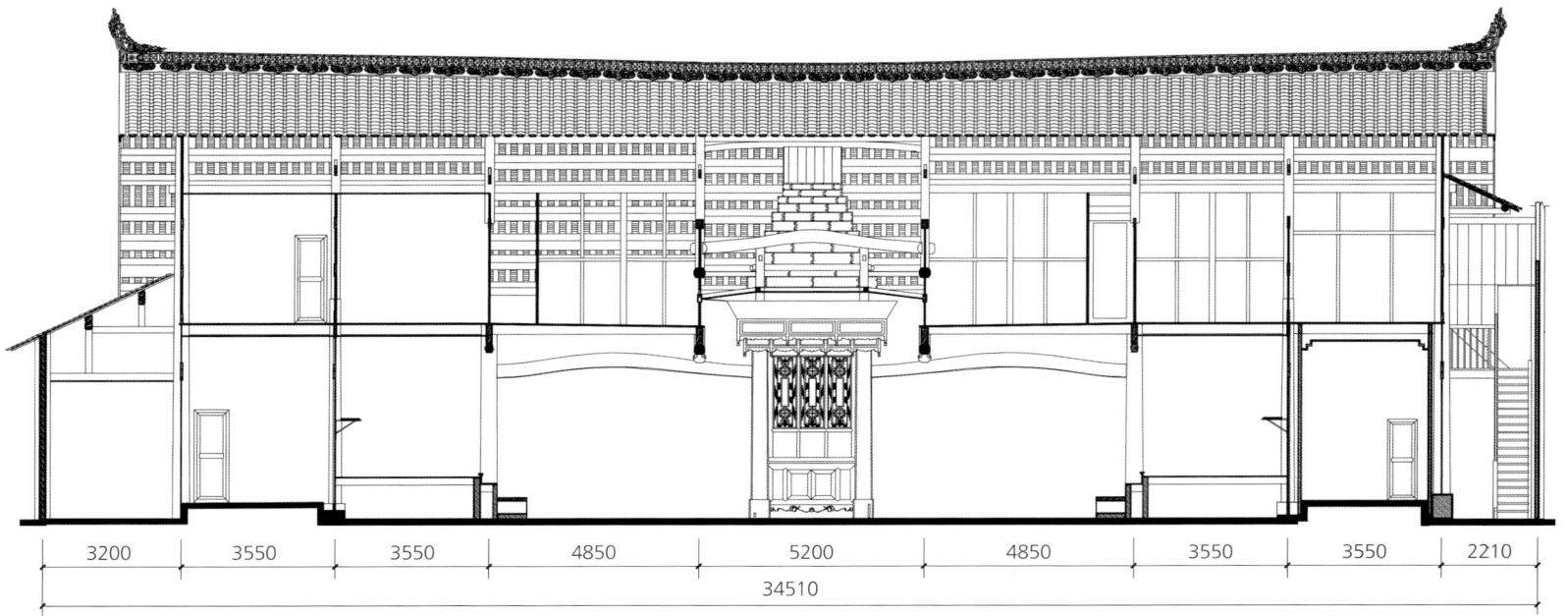

禅堂横剖面图

| 3200 | 3550 | 3550 | 4850 | 5200 | 4850 | 3550 | 3550 | 2210 |

34510

0 1 2 3 4 5m

禅堂山墙剖面图

| 1900 | 2100 | 2100 | 2250 | 2100 | 2100 | 2000 | 2300 |

16850

0 1 2 3 4 5m

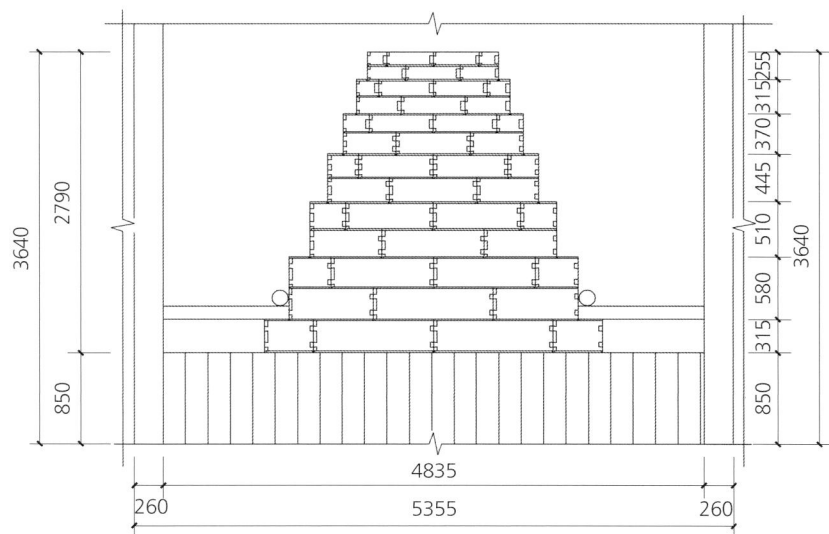

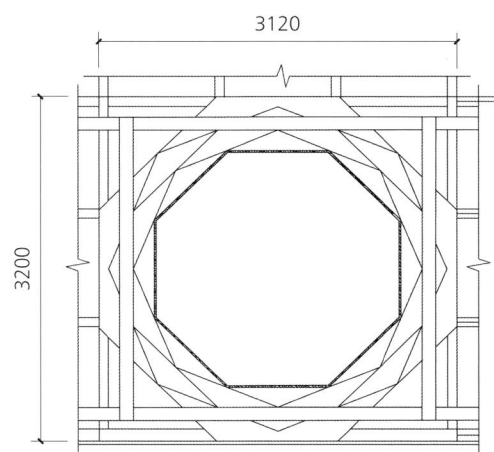

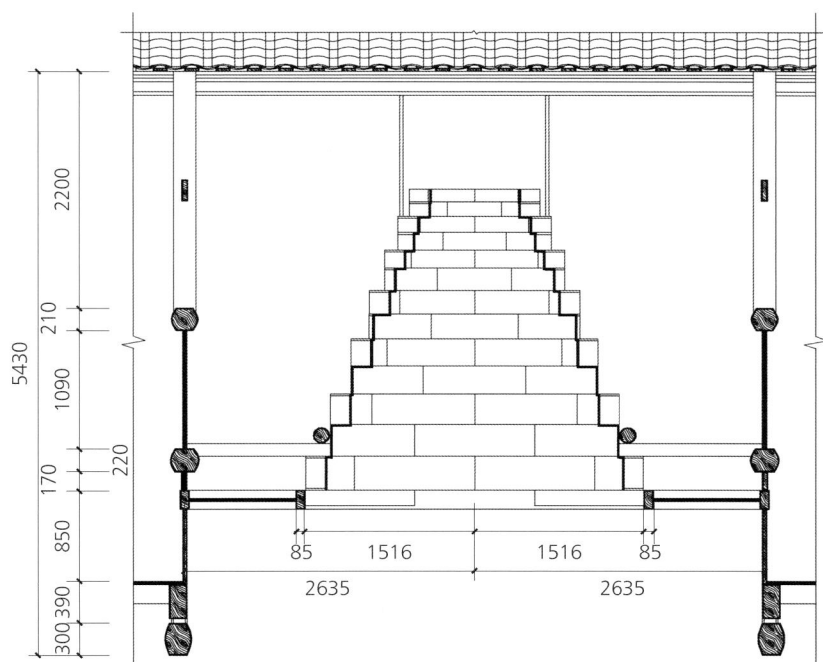

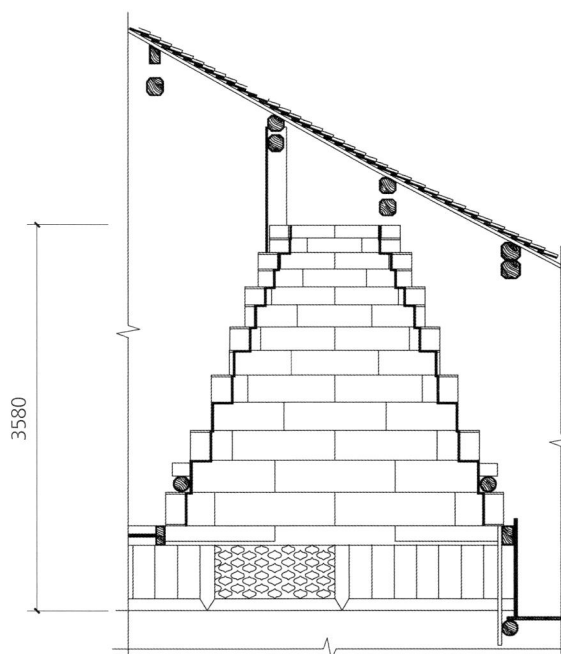

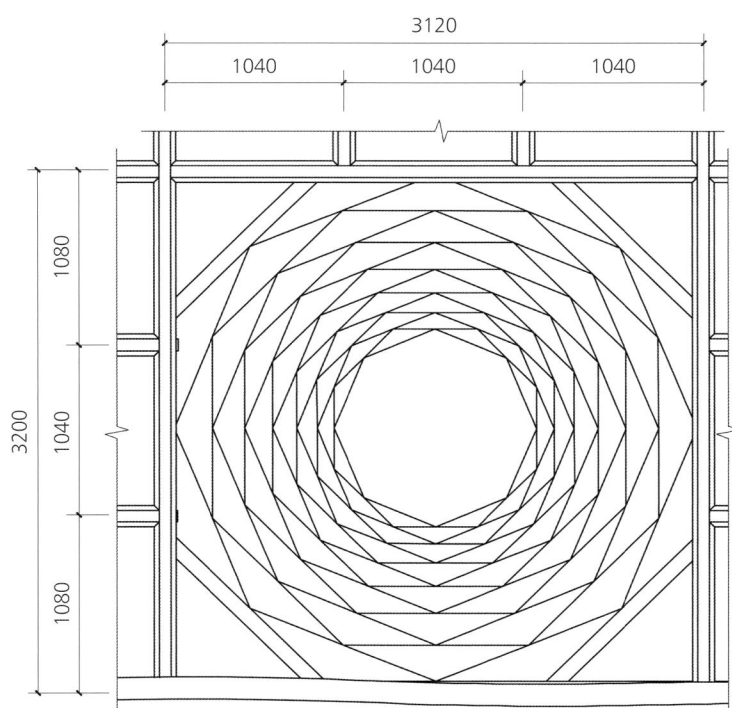

禅堂采光藻井大样图

690

480

490

670

490

670

510

660

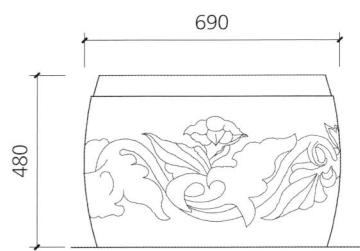

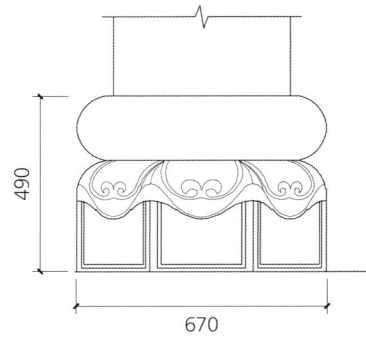

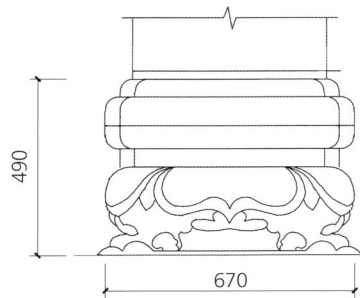

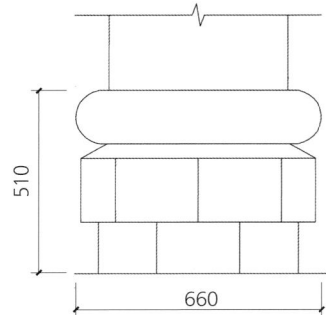

禅堂柱础大样图

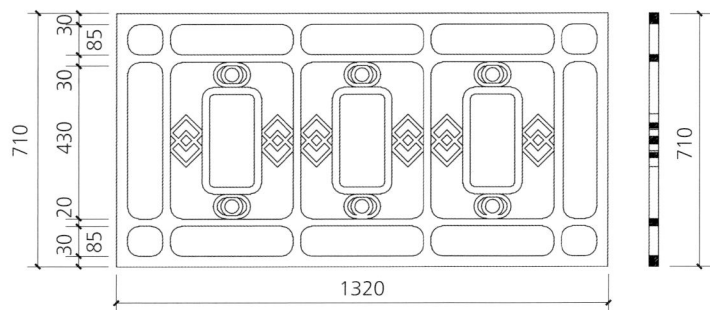

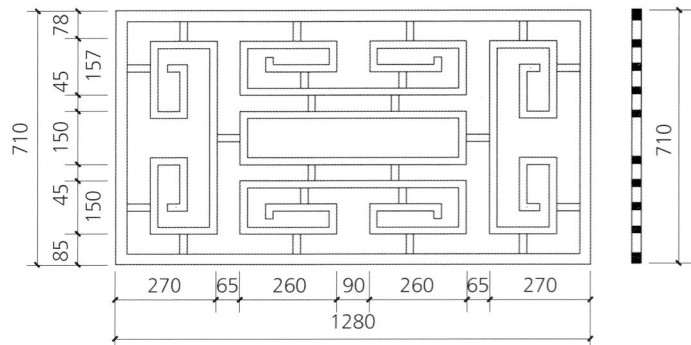

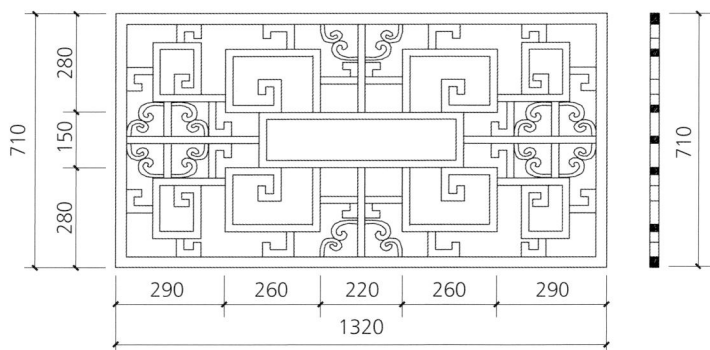

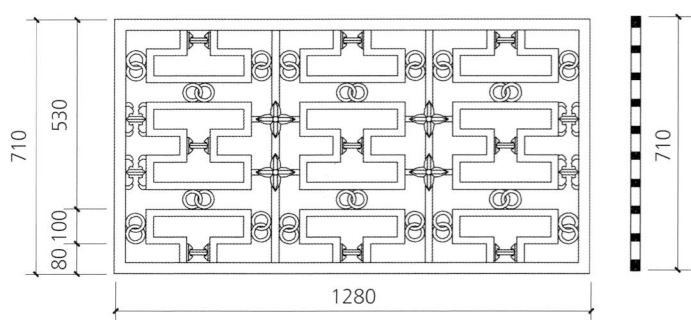

30 30

85

30 30

710

430

30 20

85

1320

710

78

45

157

710

150

45

150

85

270 65 260 90 260 65 270

1280

710

280

710

150

280

290 260 220 260 290

1320

710

530

710

80 100

1280

710

禅堂窗花大样图

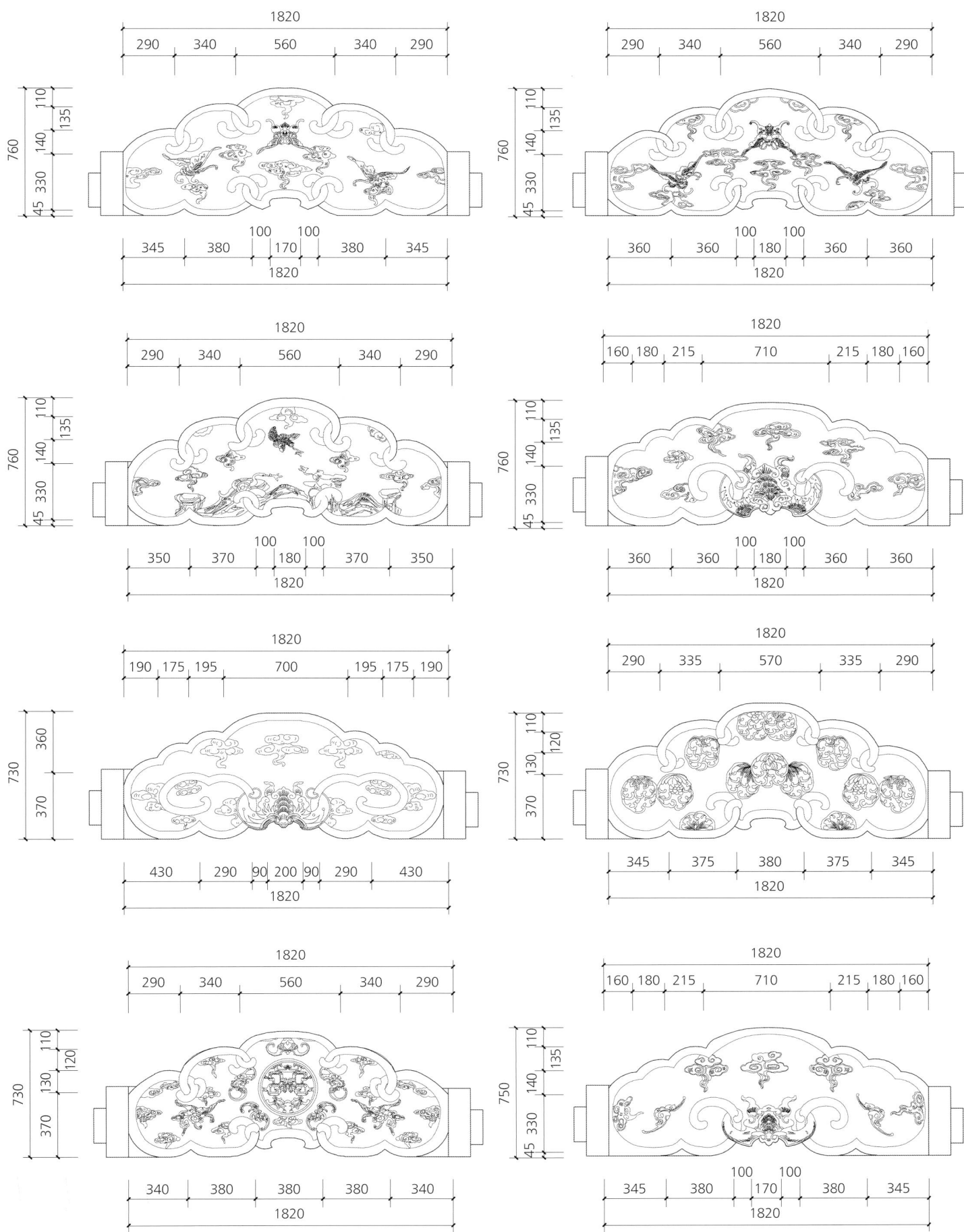

禅堂檐廊扇面枋饰样图

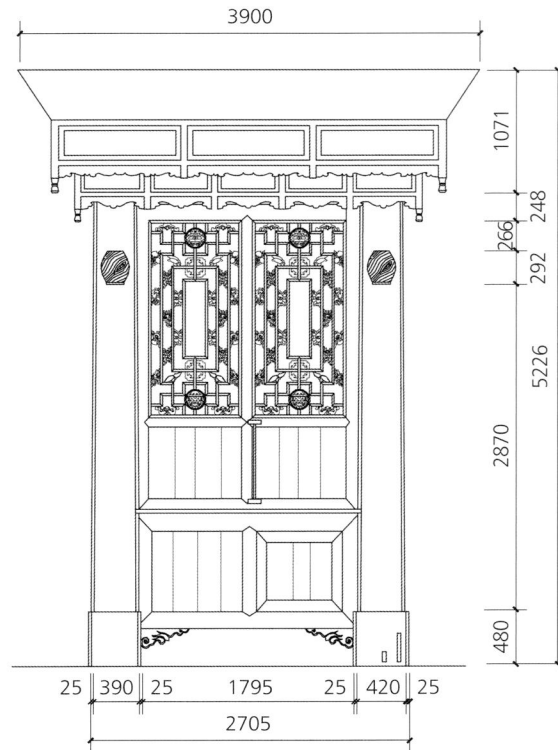

佛龛槛窗饰样图

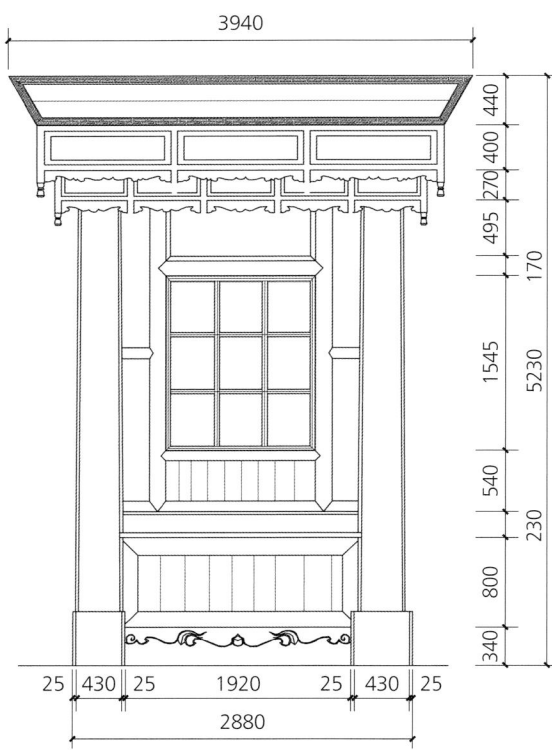

佛龛正立面大样图

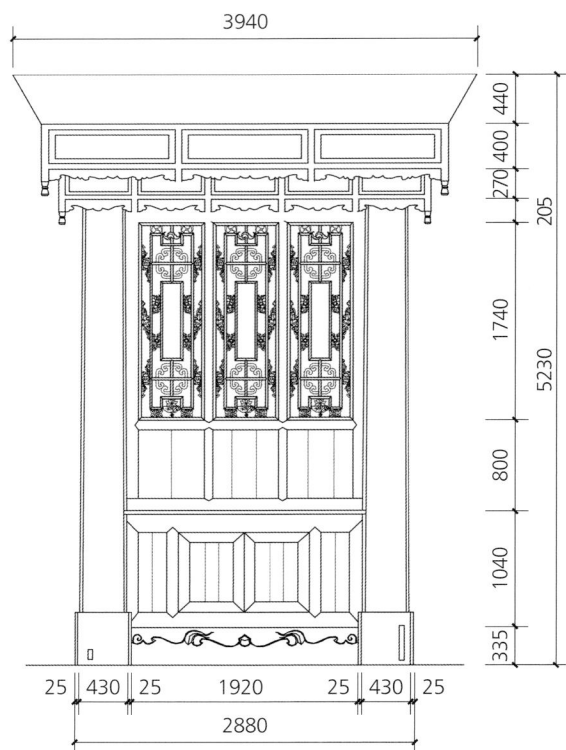

佛龛背立面大样图

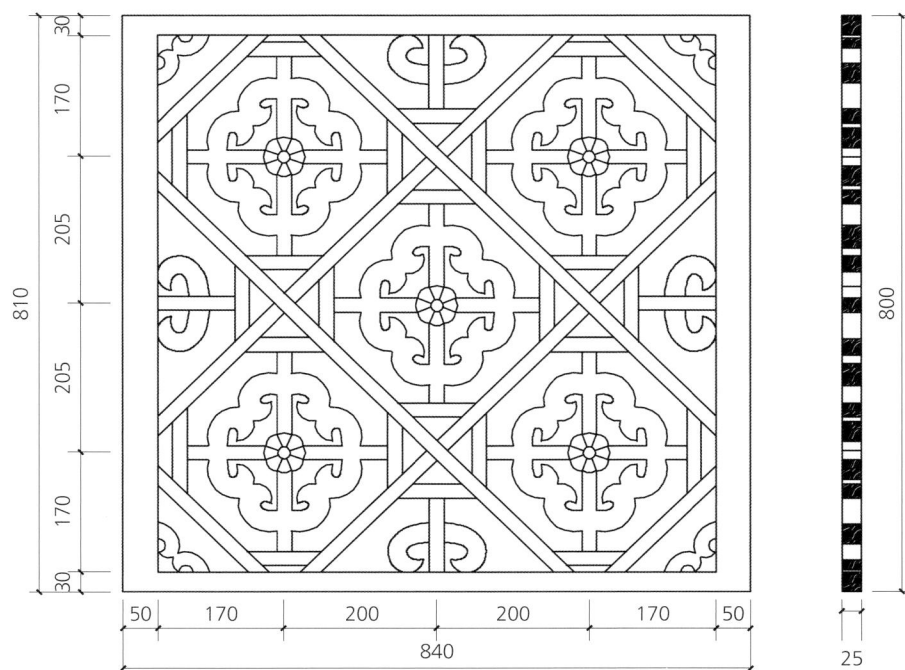

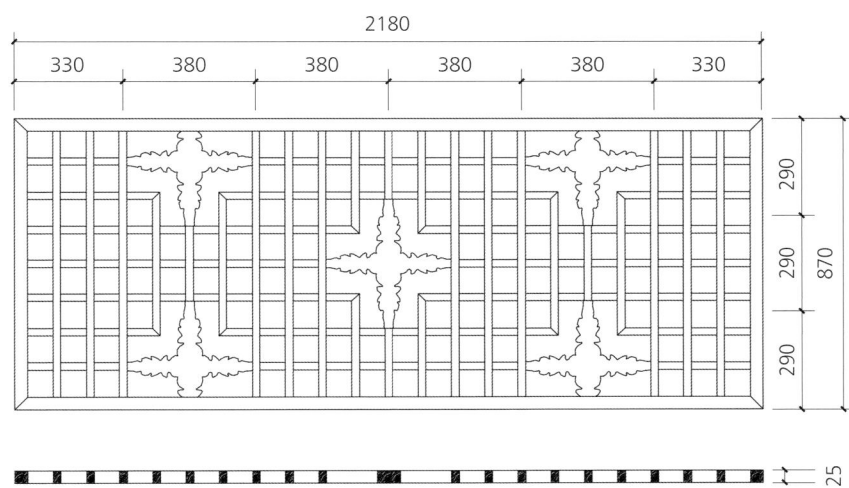

禅堂花窗饰样图

法堂·花厅·僧寮房

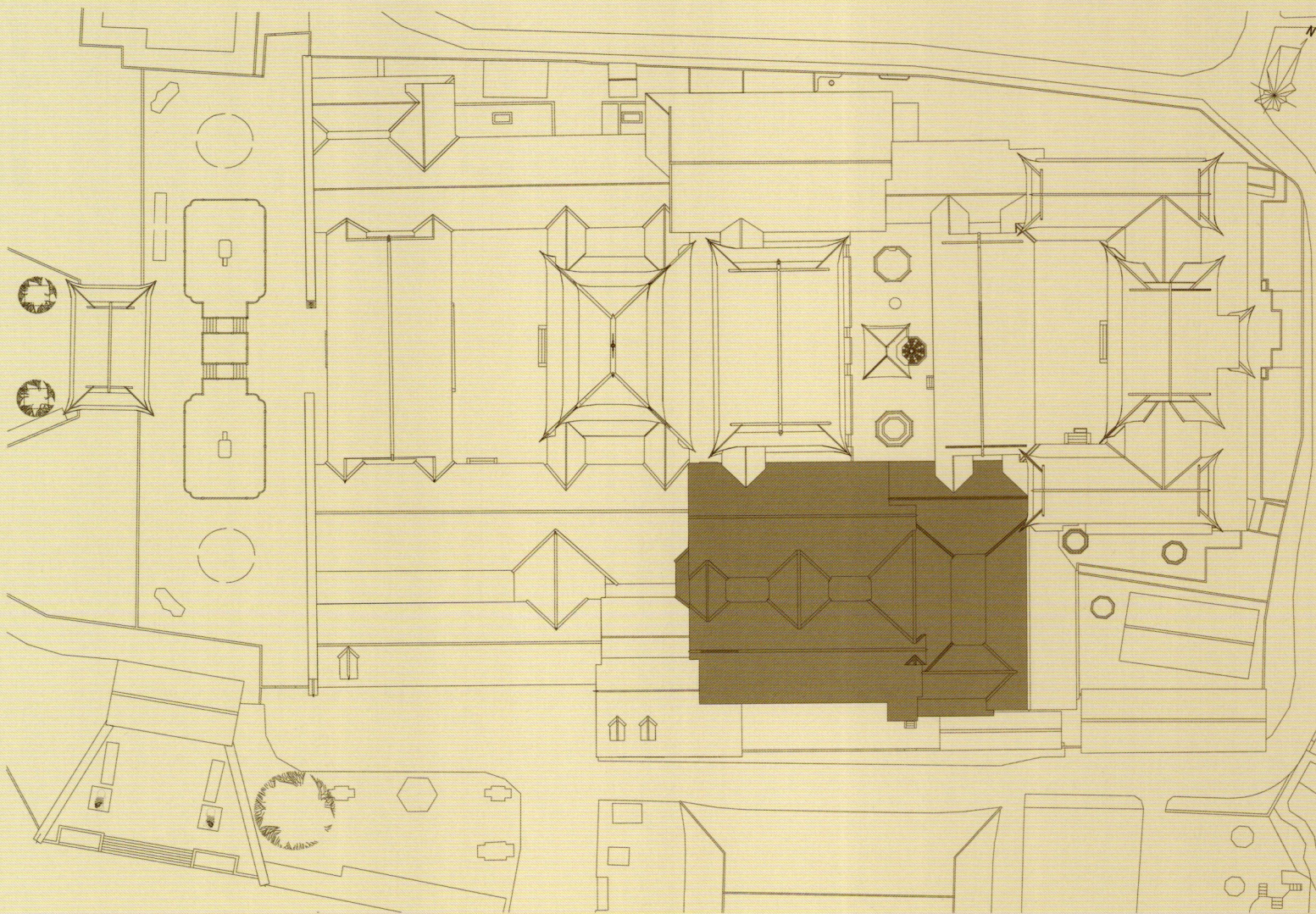

　　法堂、花厅与僧寮房院落空间组合。法堂与花厅组合成南北朝向的院落空间，法堂坐南朝北，面阔五间28.1米，当心三间为殿堂，不设楼层和天棚，通进深13.68米，殿堂进深11.58米，廊宽2.1米；花厅在法堂的南面，面阔五间28.1米，通进深13.1米，廊宽1.8米。当心三间为殿堂，两侧梢间有穿斗夹壁墙分隔，殿堂南面三开间内退2.8米形成凹廊；东侧庭院是僧寮房，是四方围合的院落空间，与法堂花厅庭院通过穿堂联系。寮房为穿斗构架夹壁墙，分隔成若干居住用房，庭院有檐廊四面连通。法堂建成于清顺治十八年（1661年），道光十五年（1835年）修葺，光绪十八年（1892年）重建。

法堂内景

法堂内景

法堂内景

法堂入口

僧寮房庭院

僧寮房庭院

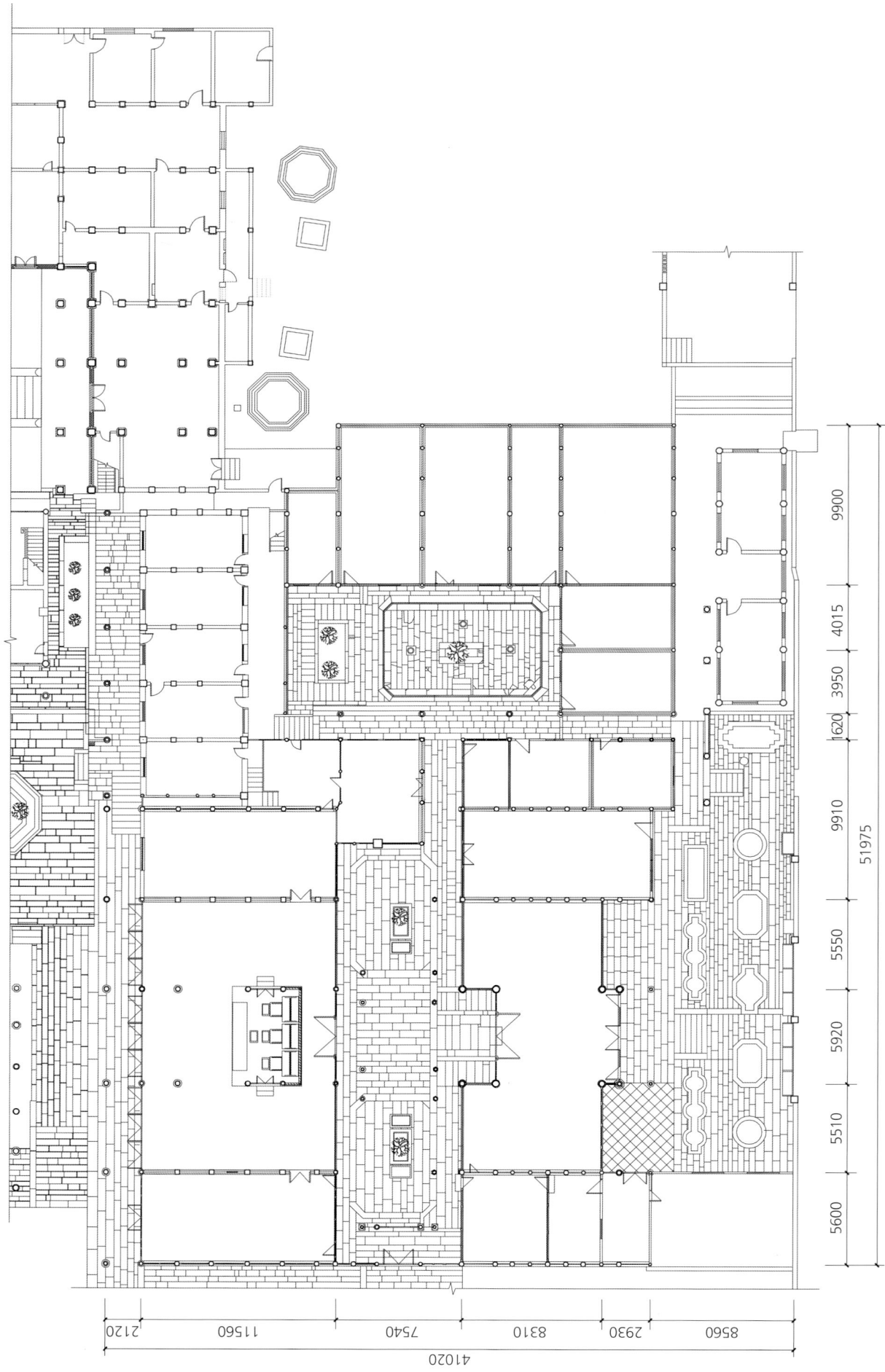

法堂、花厅、僧寮房一层平面图

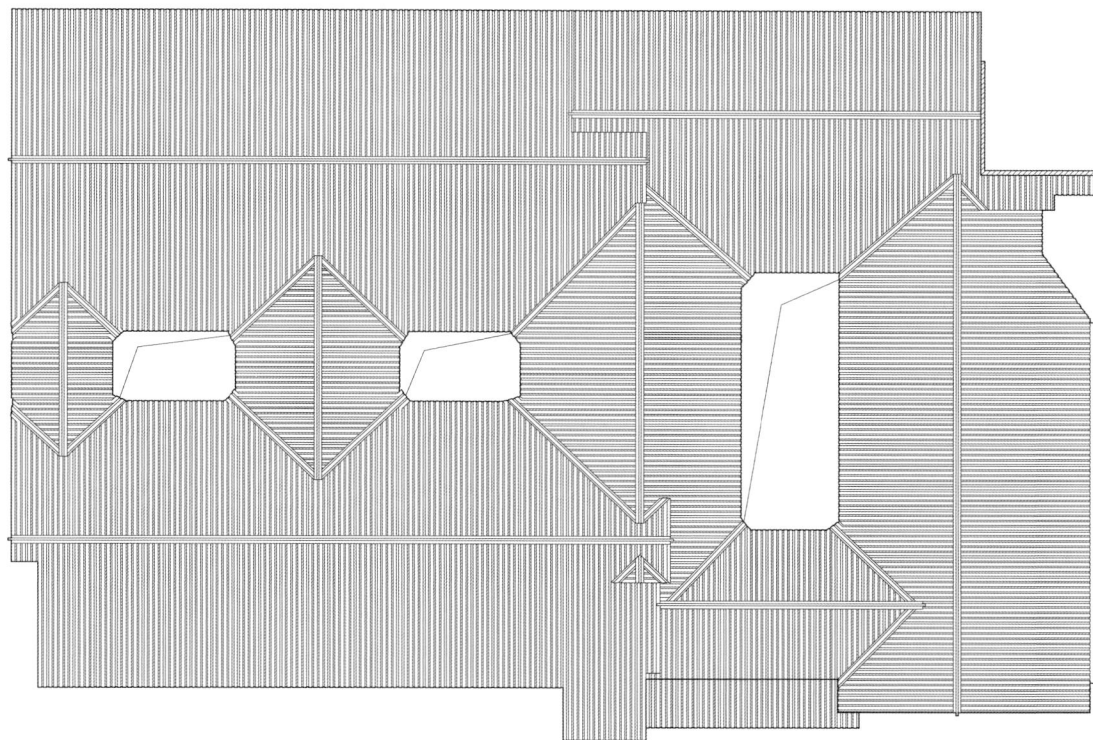

法堂、花厅、僧寮房屋顶平面图

0　　5　　10m

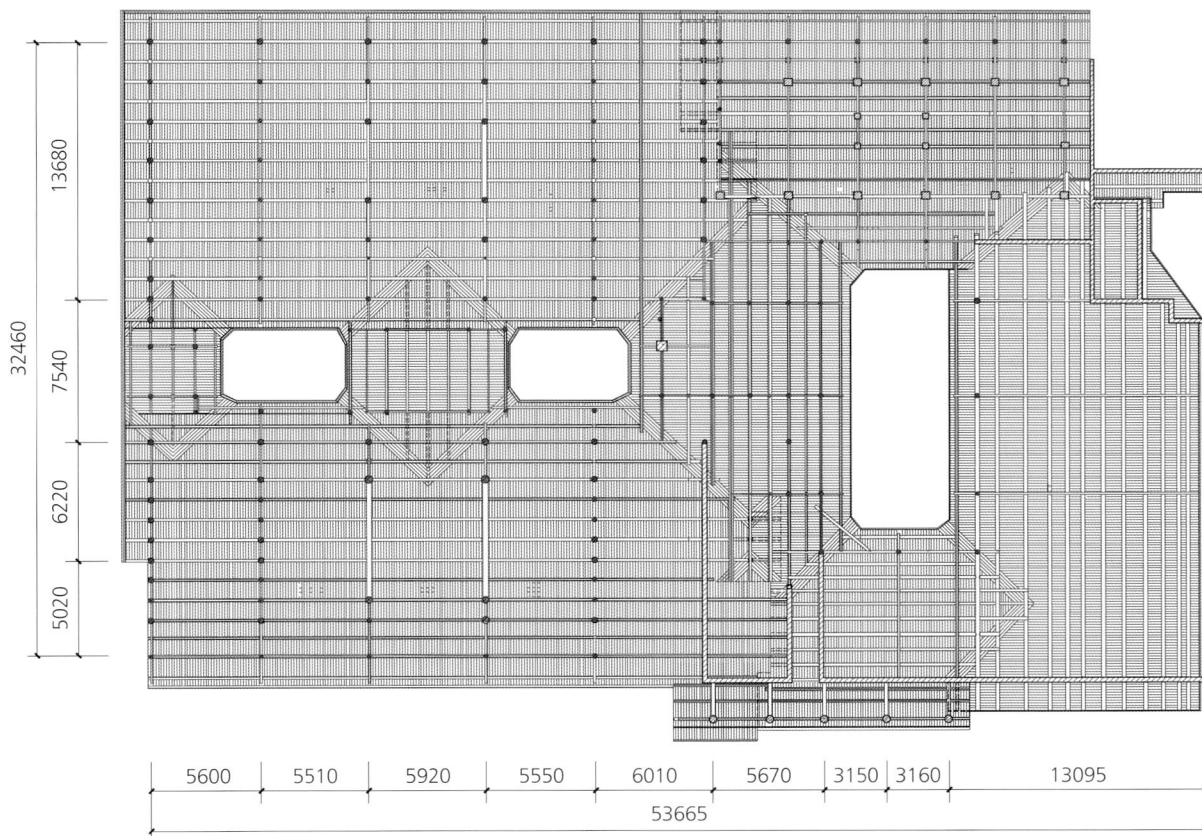

法堂、花厅、僧寮房屋架仰视平面图

13680

32460

7540

6220

5020

5600　5510　5920　5550　6010　5670　3150　3160　13095

53665

0　　5　　10m

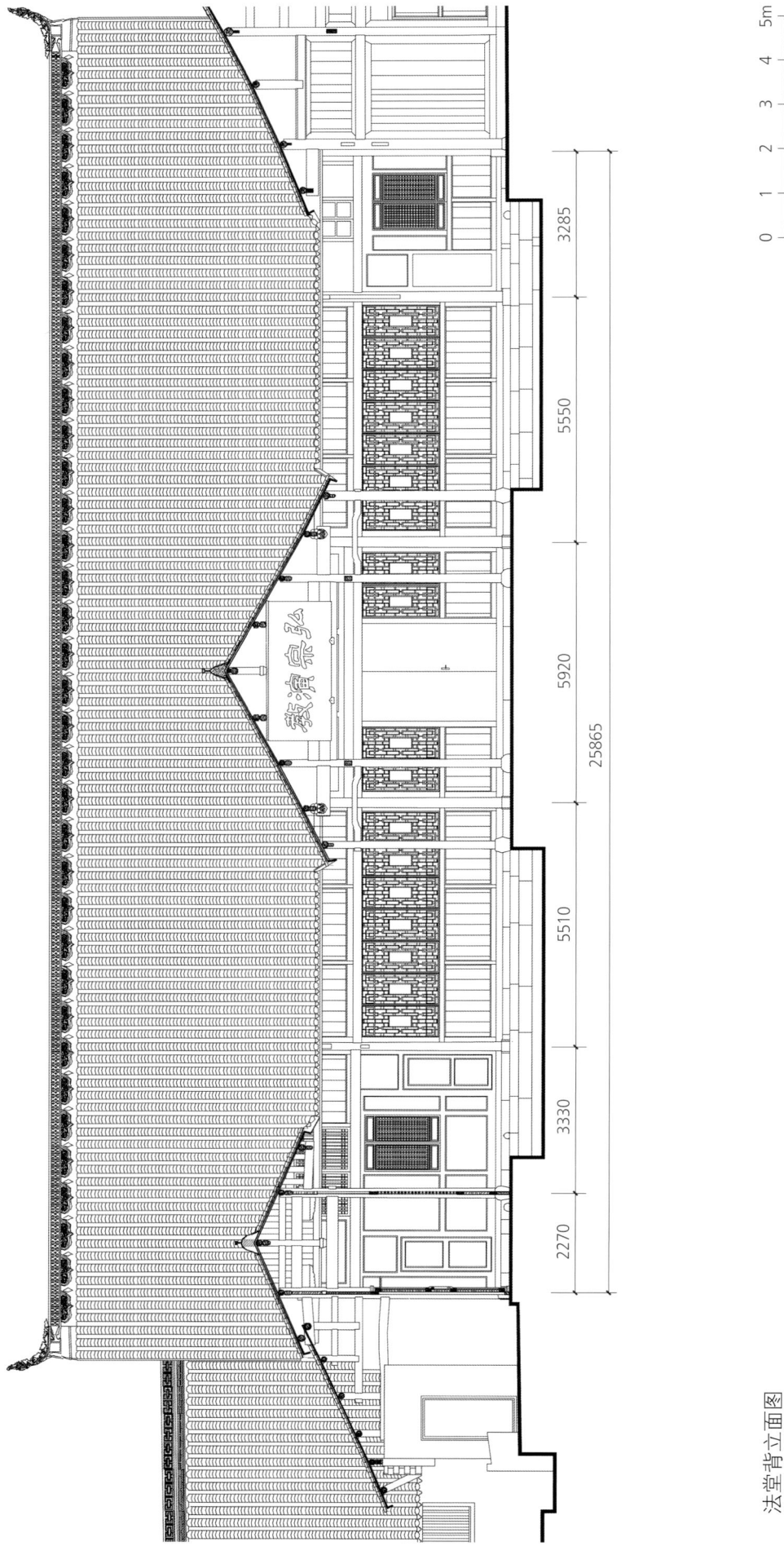

法堂背立面图

5600

5510

5920

28180

5550

5600

0 1 2 3 4 5m

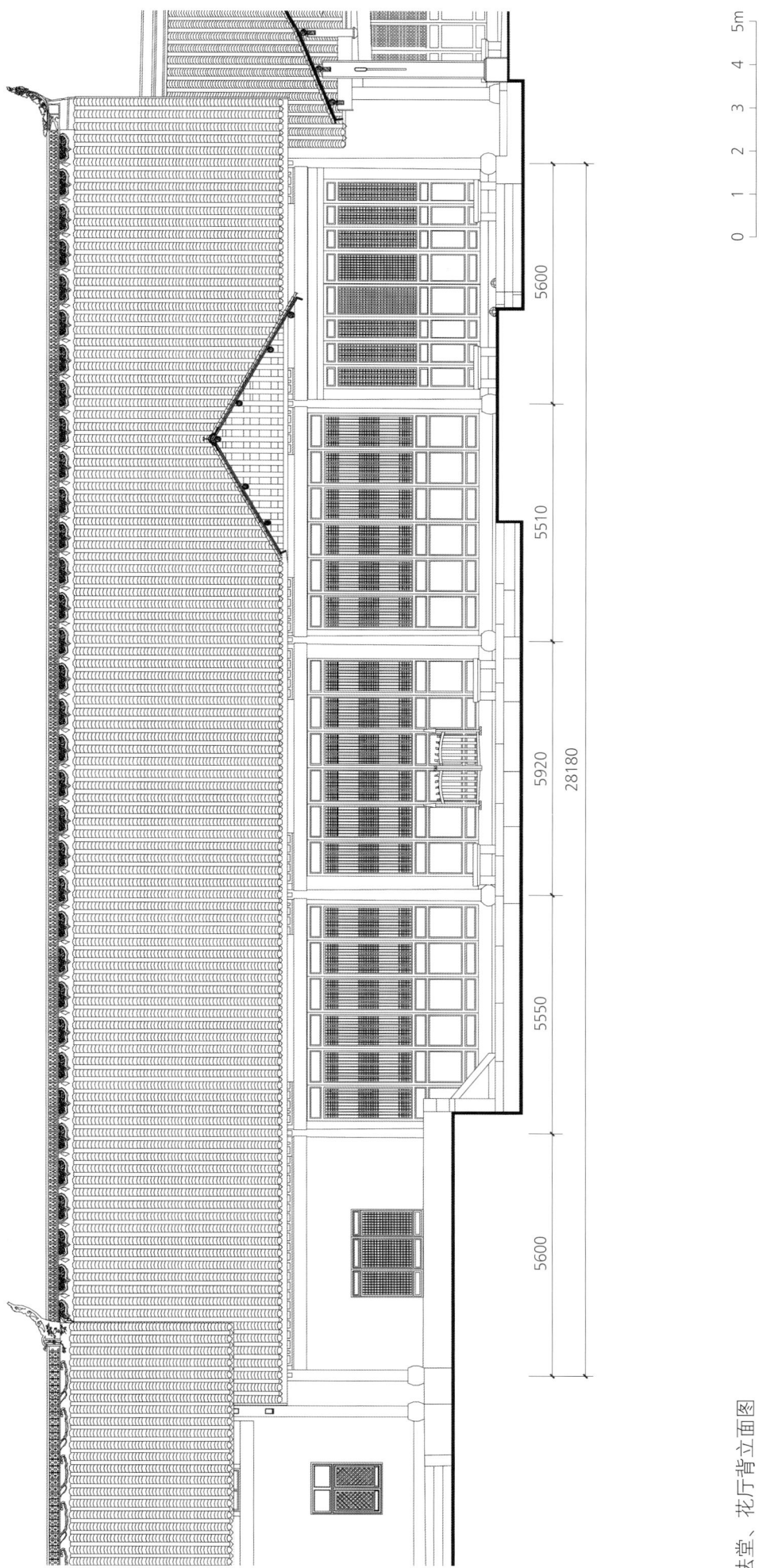

法堂、花厅背立面图

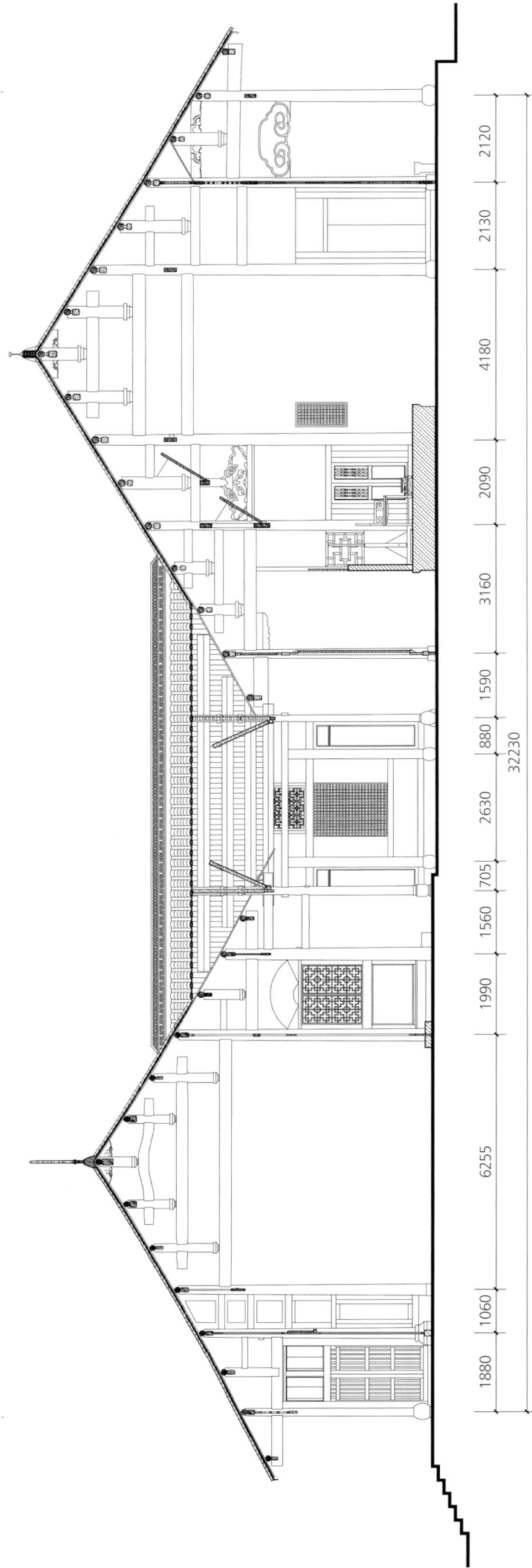

法堂、花厅明间剖面图

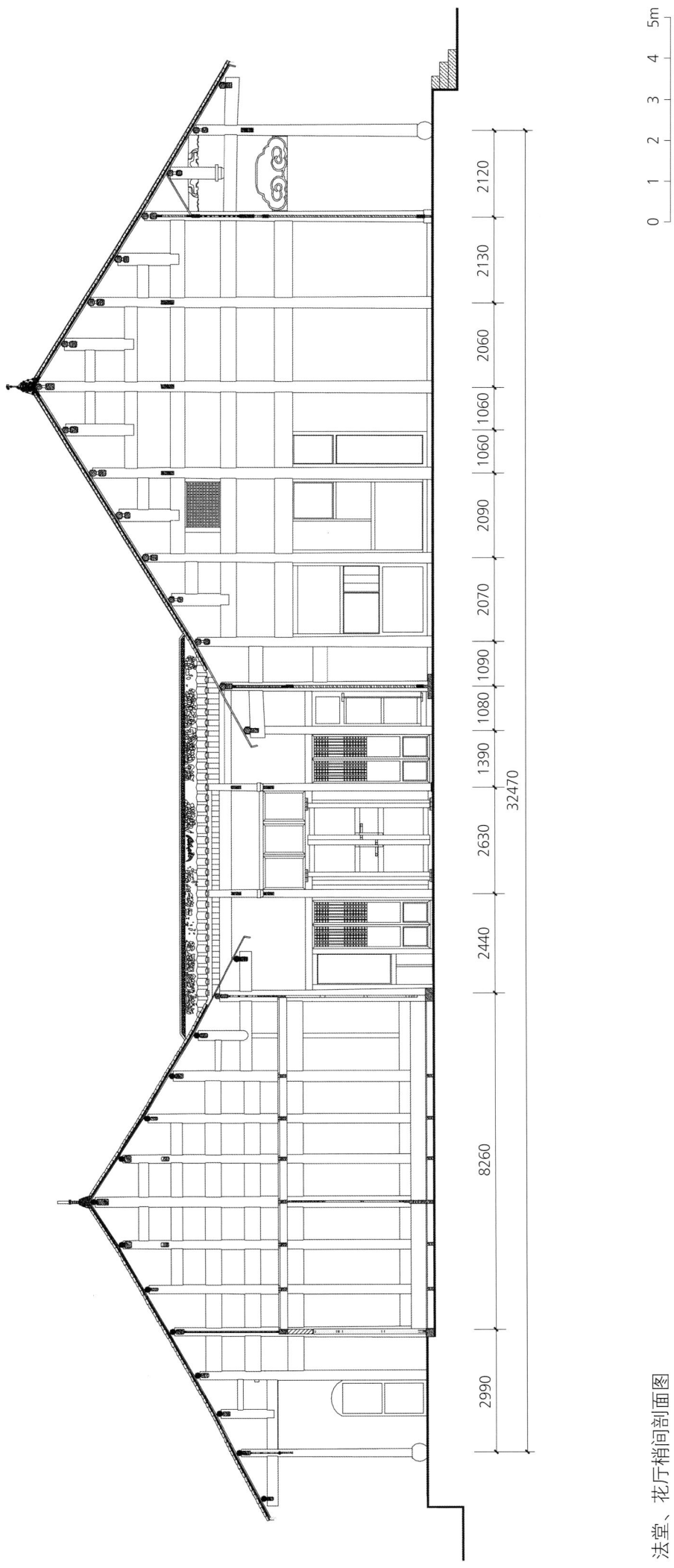

法堂、花厅梢间剖面图

0 1 2 3 4 5m

2120 2130 2060 1060 1060 2090 2070 1090 1080 1390 2630 2440 8260 2990

32470

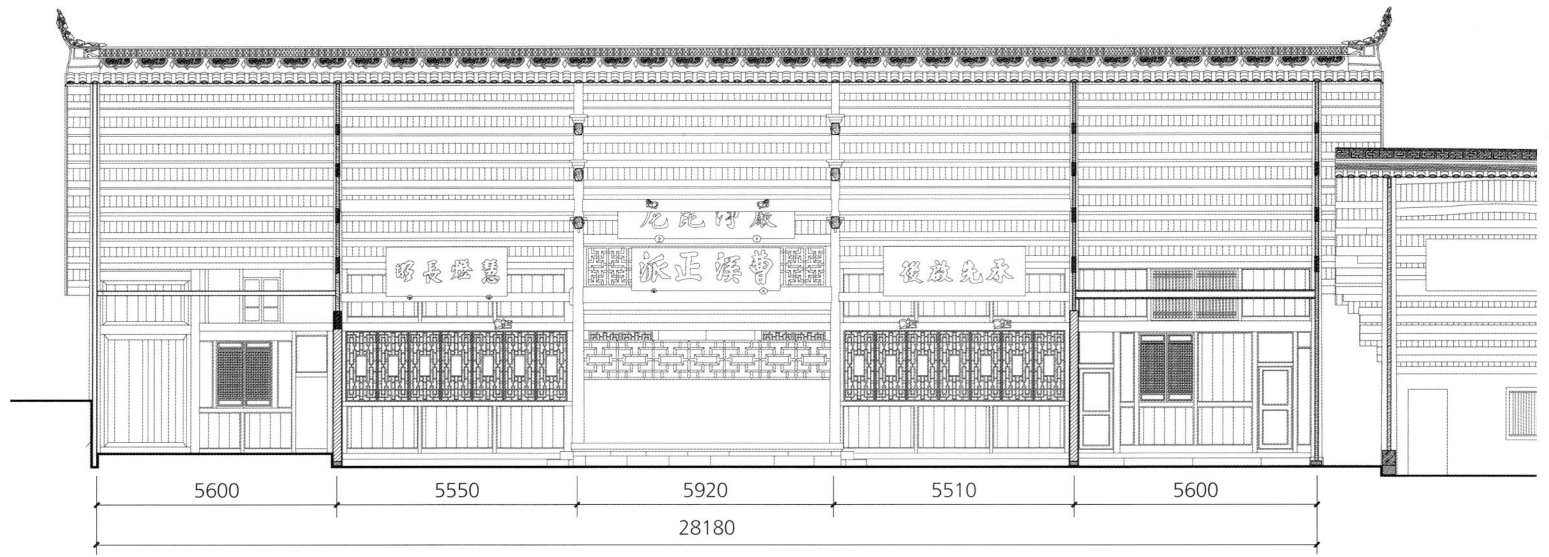

法堂横剖面图（一）

0　1　2　3　4　5m

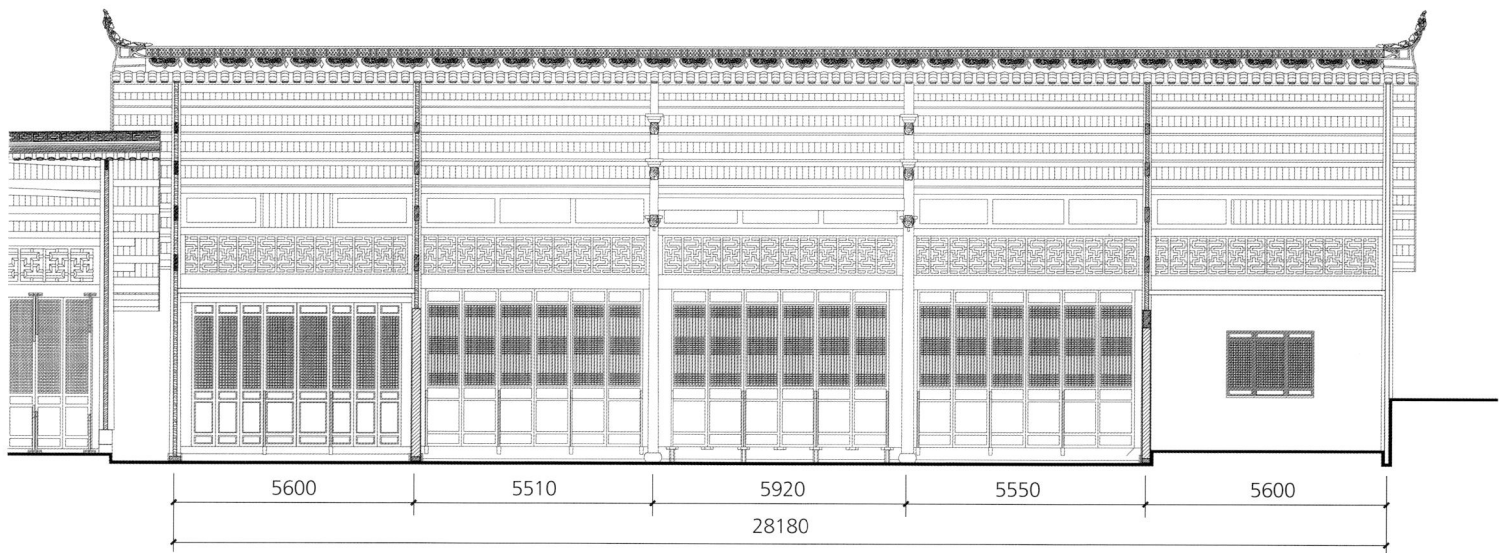

法堂横剖面图（二）

0　1　2　3　4　5m

5600　5550　5920　5510　5600

28180

5600　5510　5920　5550　5600

28180

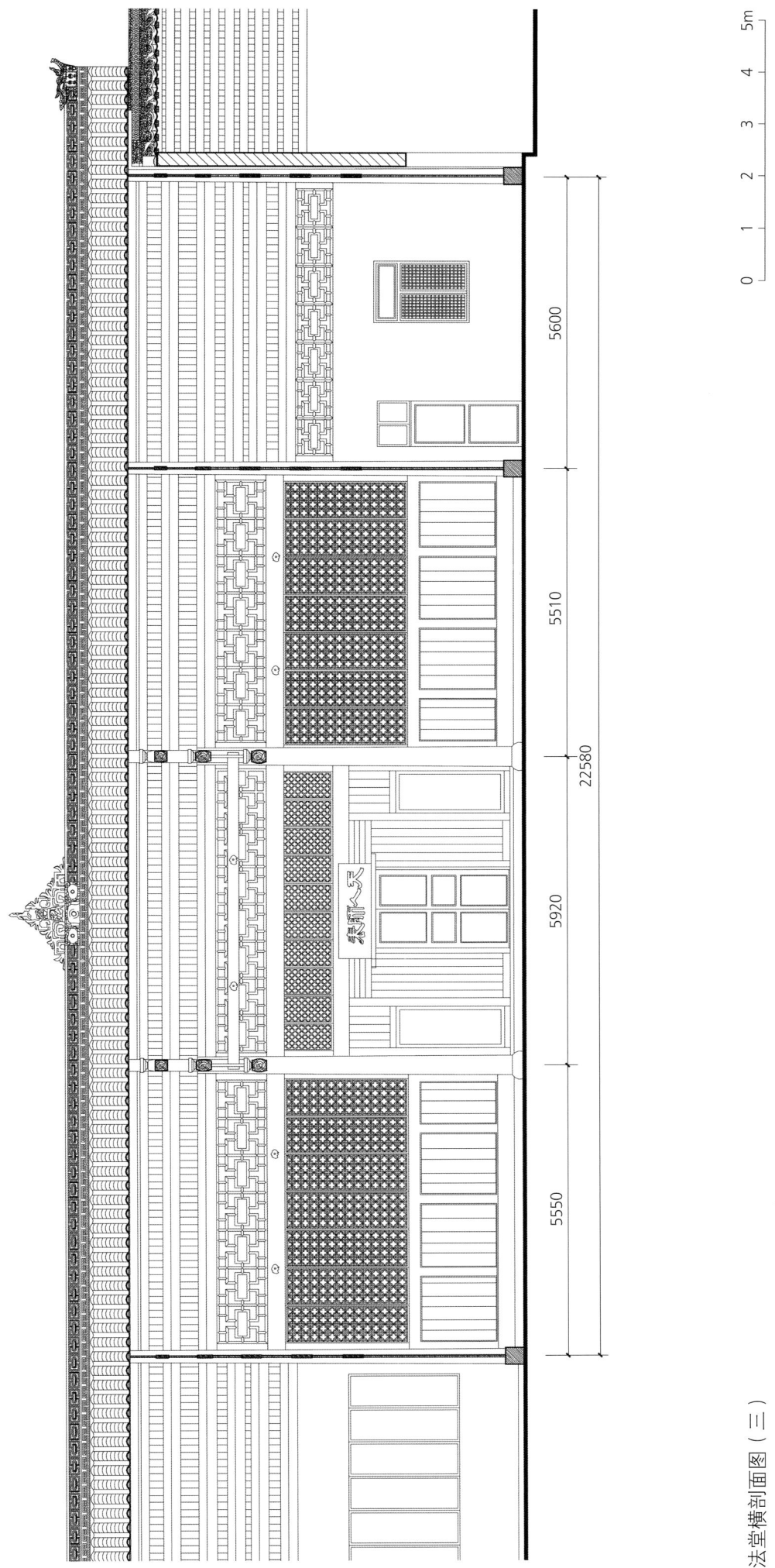

法堂横剖面图（三）

5550	5920	5510	5600
	22580		

0　1　2　3　4　5m

2120

6060

2660

3200

4880

35920

2440

2760

3135

6595

2070

0　1　2　3　4　5m

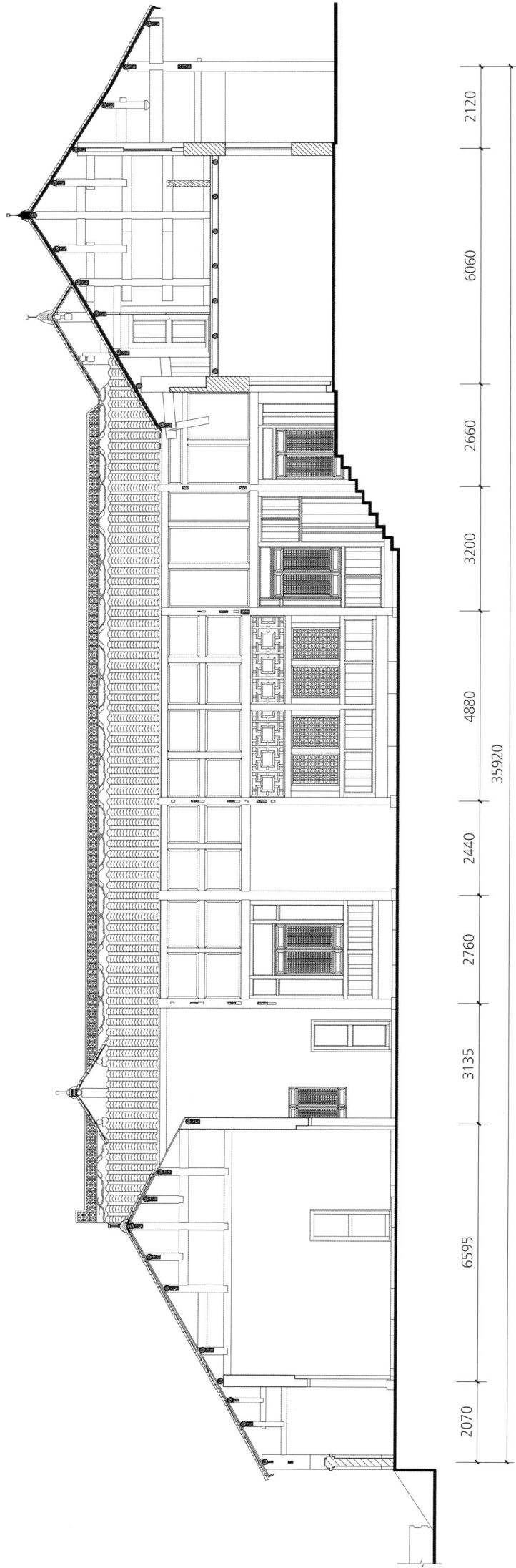

僧寮房东向剖面图

5m

0　1　2　3　4

2020

6720

3145

5180

35865

5000

3155

2465

1805

4255

2120

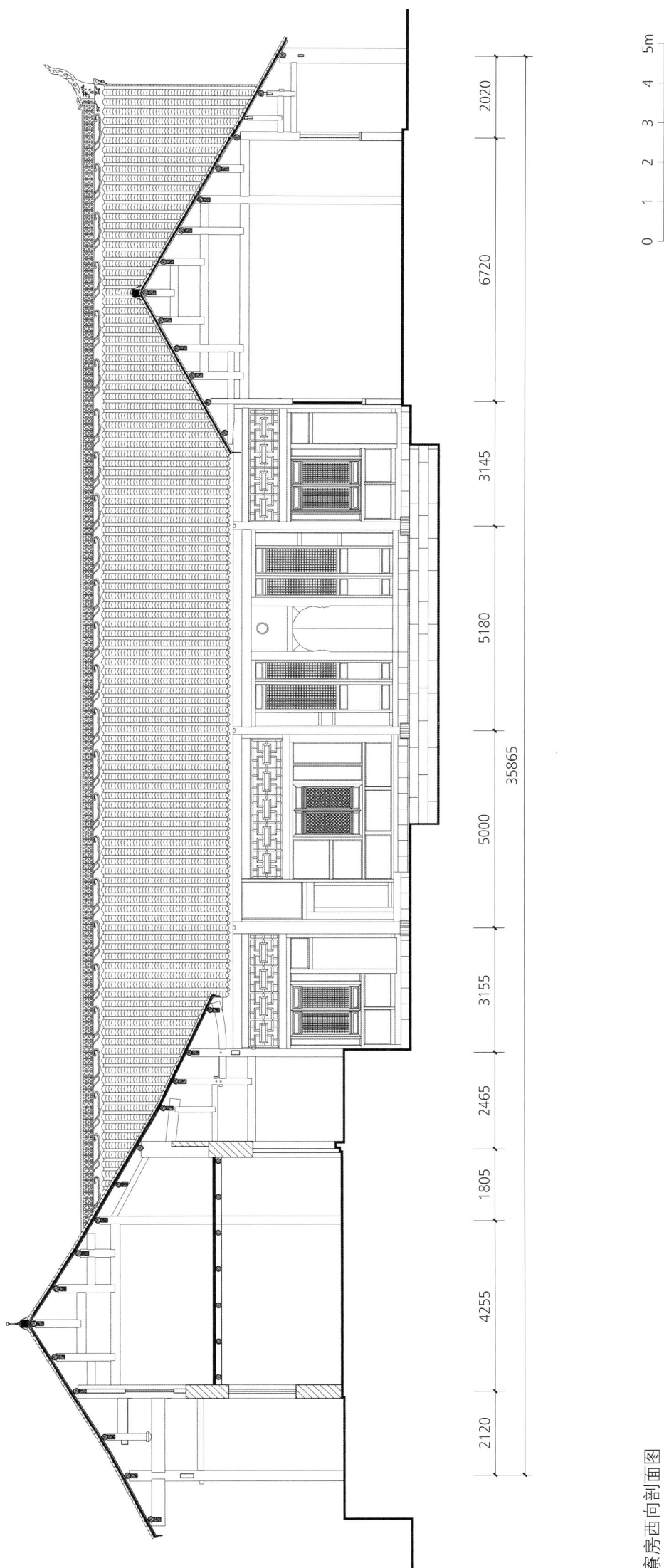

僧寮房西向剖面图

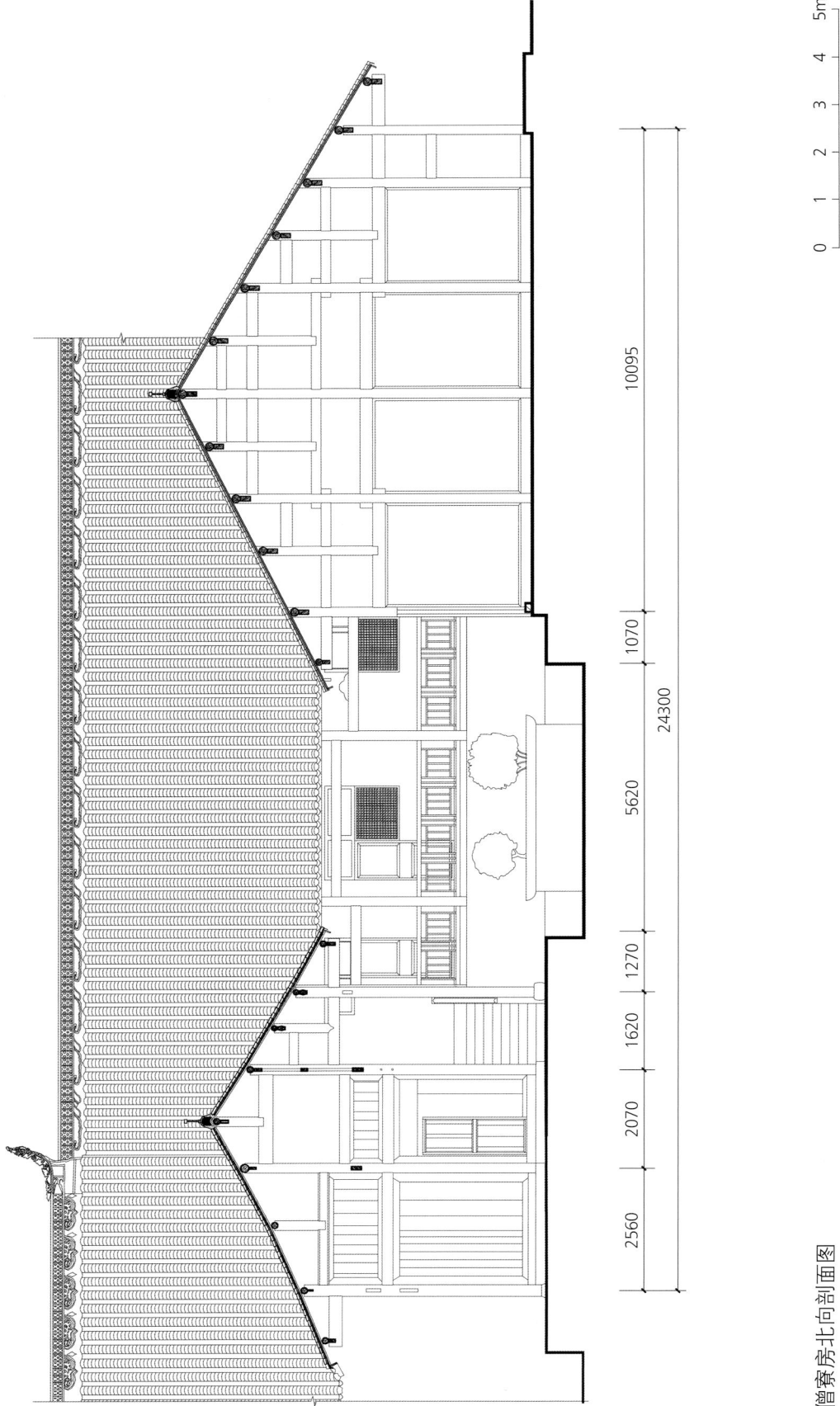

僧寮房北向剖面图

2560　2070　1620　1270　5620　1070　10095

24300

0　1　2　3　4　5m

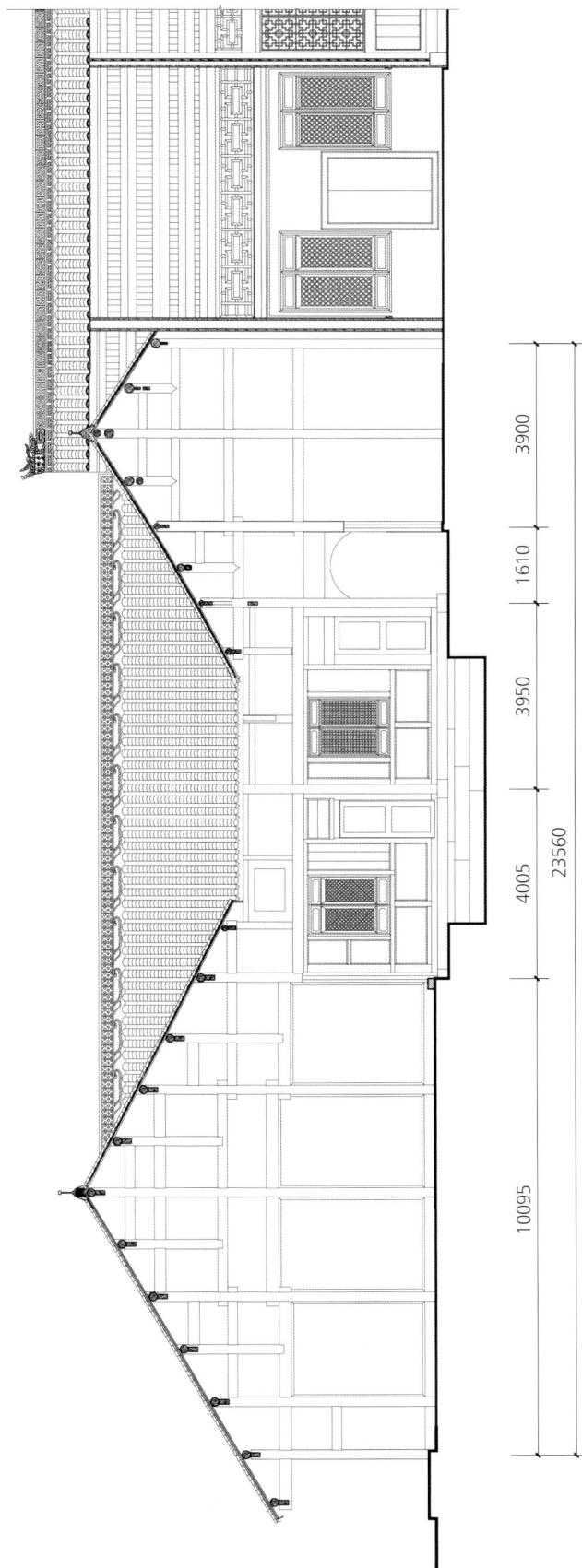

僧寮房南向剖面图

严净毗卢

曹溪正派

雙桂堂開道場群生共沐

惟賢師傳法戒佛圖齋聞獅子吼

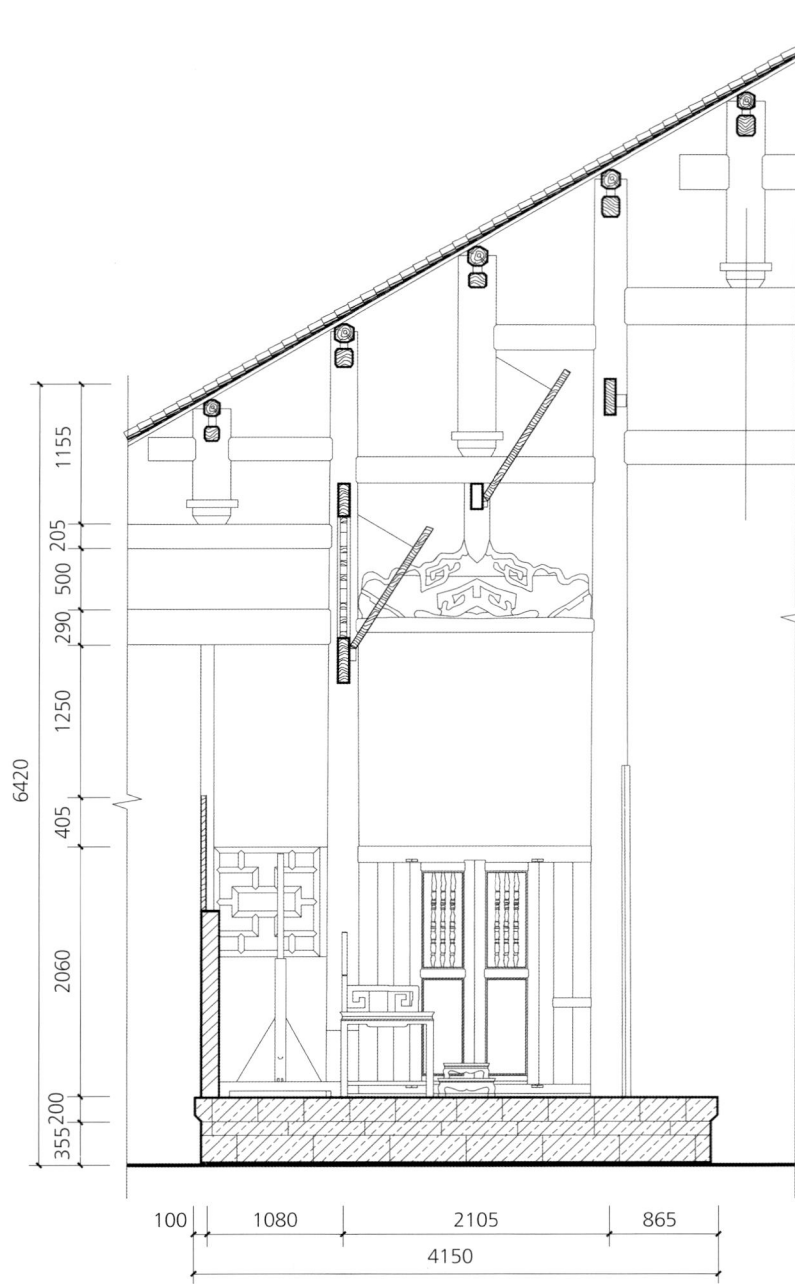

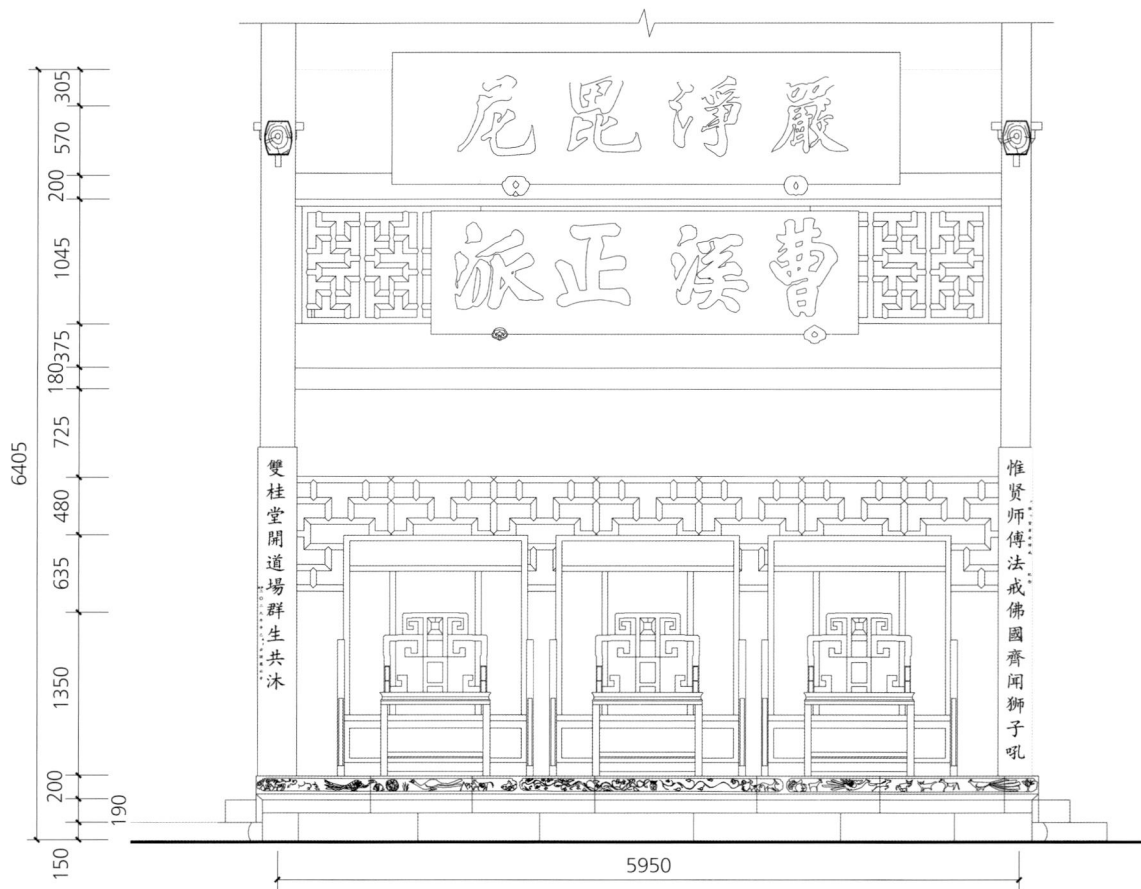

法堂讲经坛局部剖面、立面图

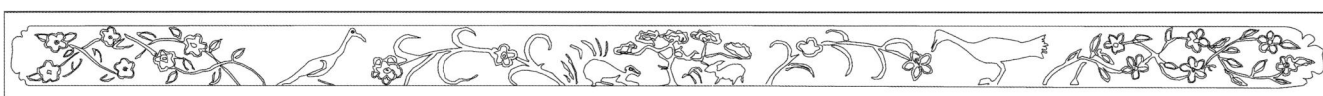

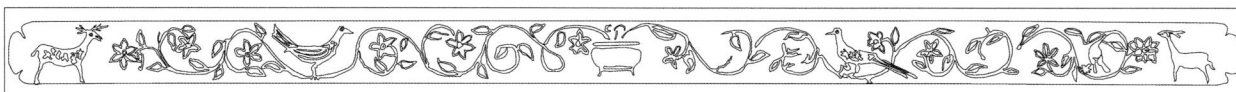

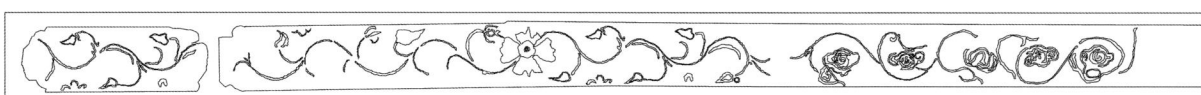

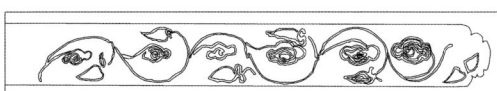

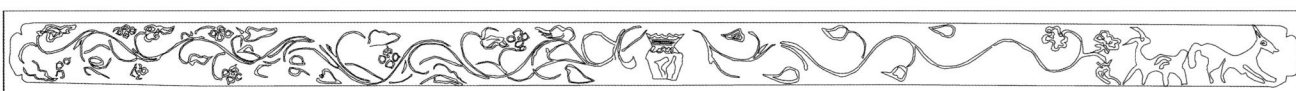

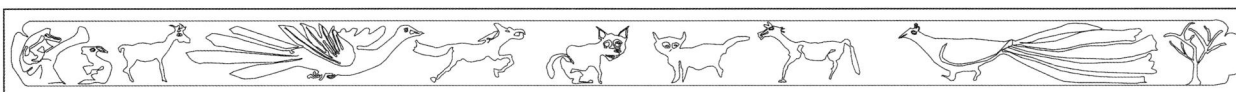

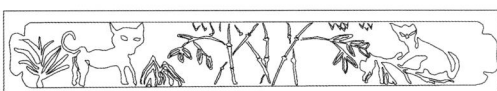

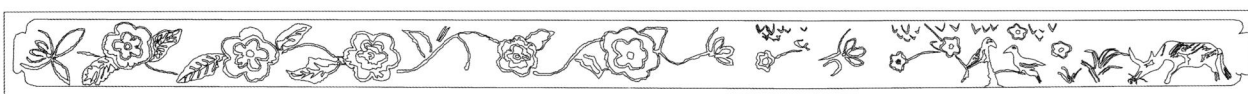

法堂讲经坛台基装饰图案

五观堂

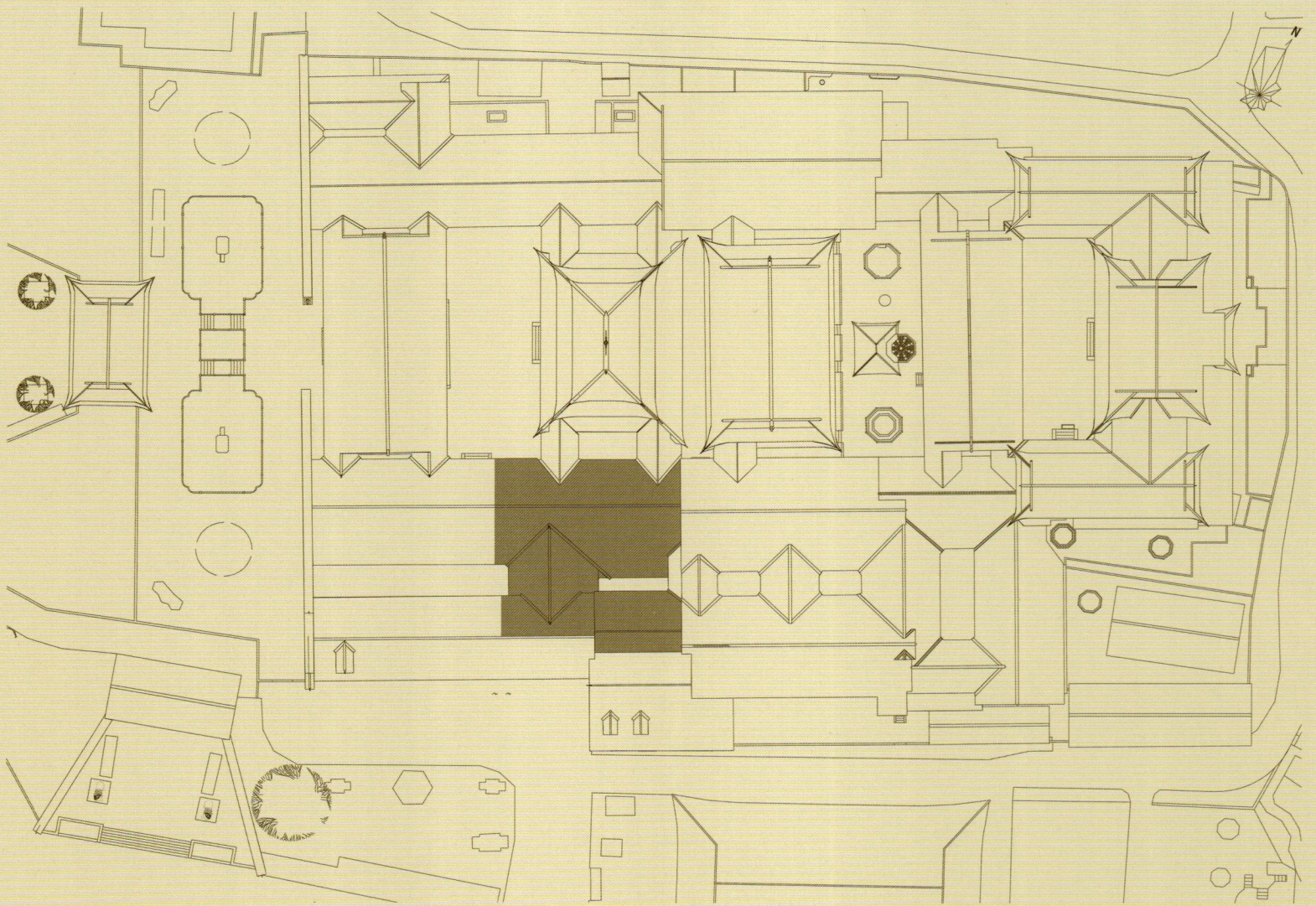

　　五观堂为僧众就餐之所，按佛教戒律，进餐前应作五种观法而称五观堂。建筑坐南朝北，面向大雄宝殿主庭院，面阔三间15.6米，通进深15.9米，前檐廊宽2.1米，其中五观堂进深13.8米。观堂西侧有面阔两间的储藏管理用房，与天井相隔的南面是后期改建的厨房。五观堂始建于清康熙二十年（1681年），康熙五十七年（1718年）大修，道光三年（1823年）重建。

五观堂内景

五观堂正面檐廊

五观堂内景

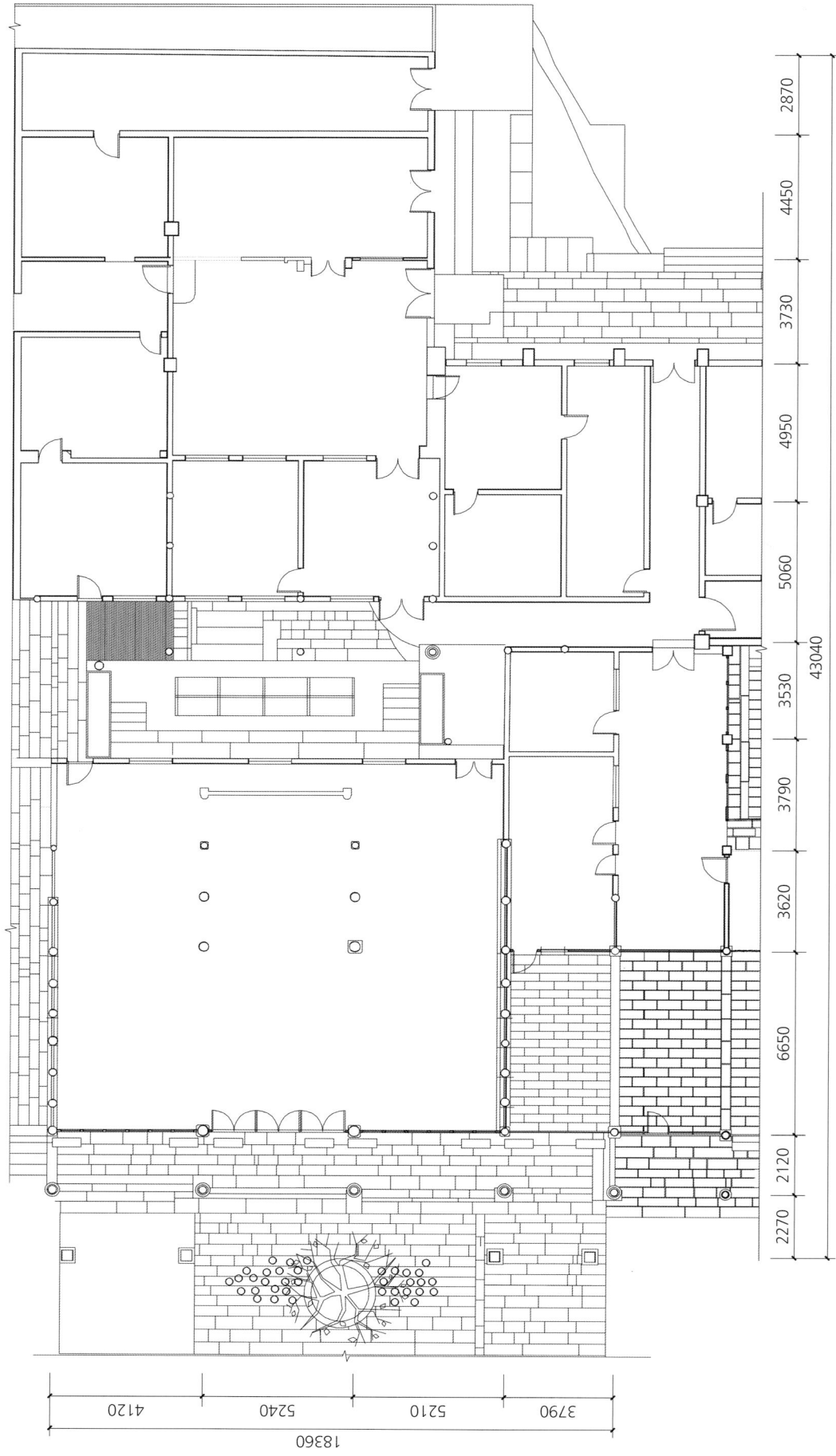

五观堂一层平面图

2870　4450　3730　4950　5060　3530　3790　3620　6650　2120　2270

43040

4120　5240　5210　3790

18360

0 1 2 3 4 5m

4550

6250

6280

6250

23330

7770　5890　5770　4310　2280　4750　7790　7790　2540　2850

52070

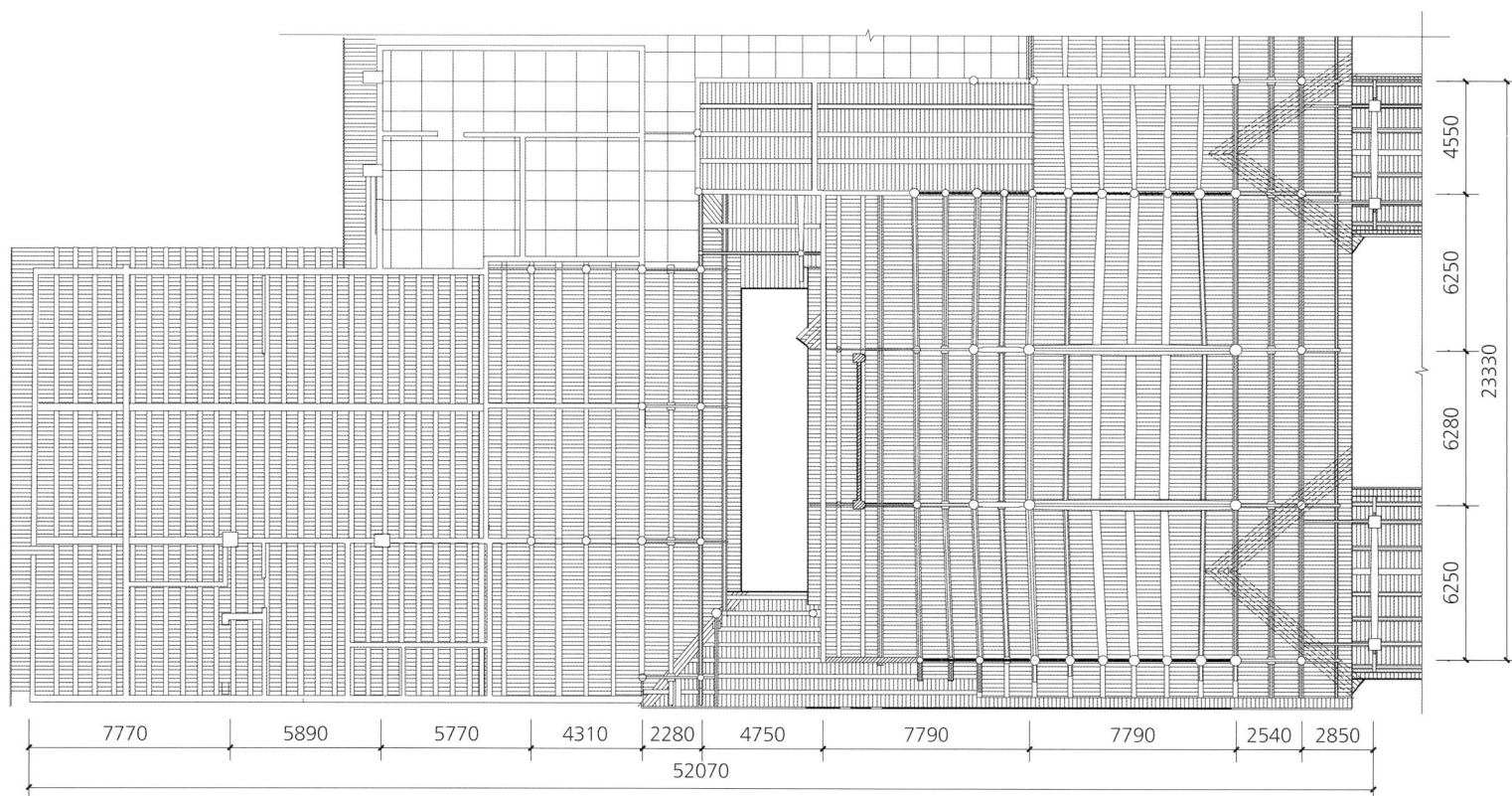

五观堂天棚仰视平面图

0 1 2 3 4 5m

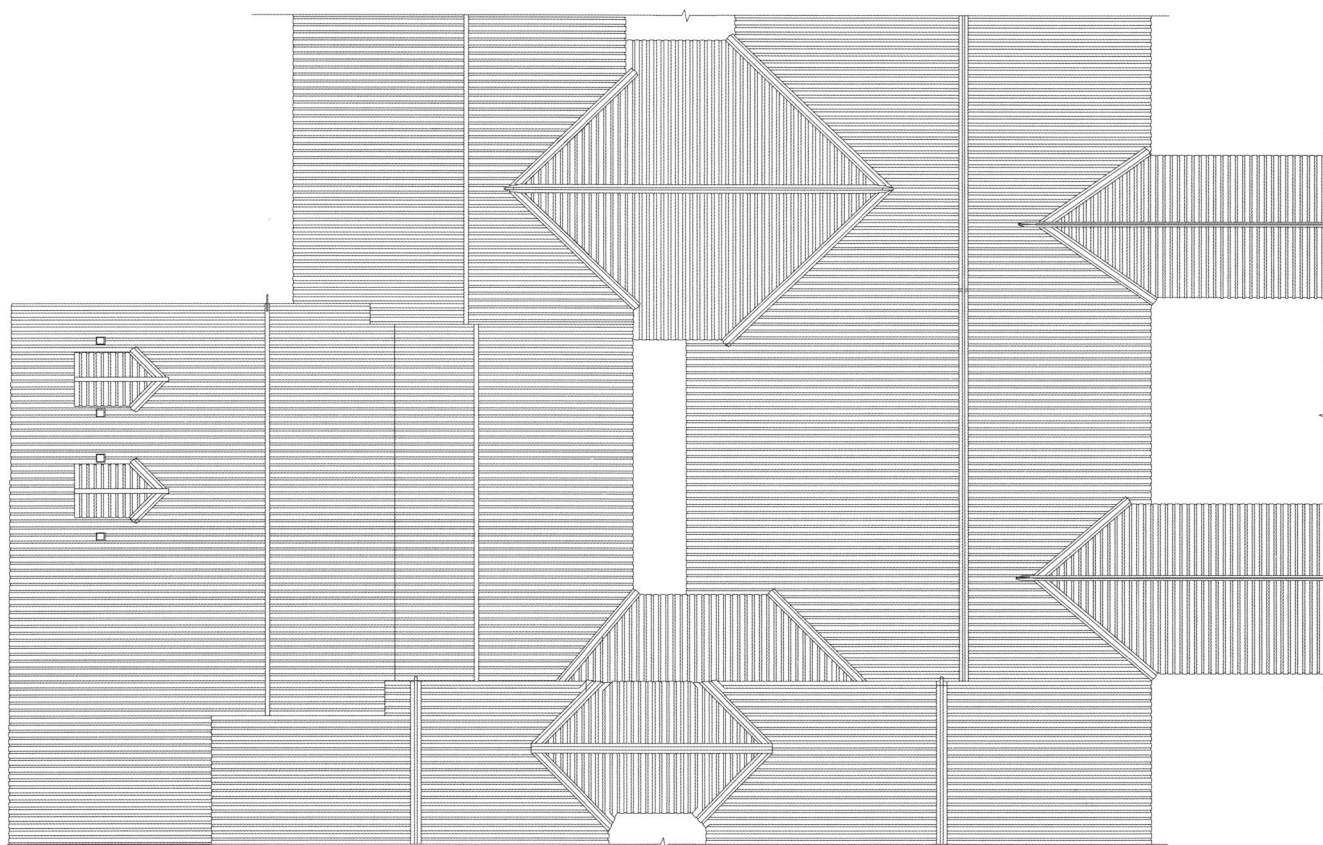

五观堂屋顶平面图

0 1 2 3 4 5m

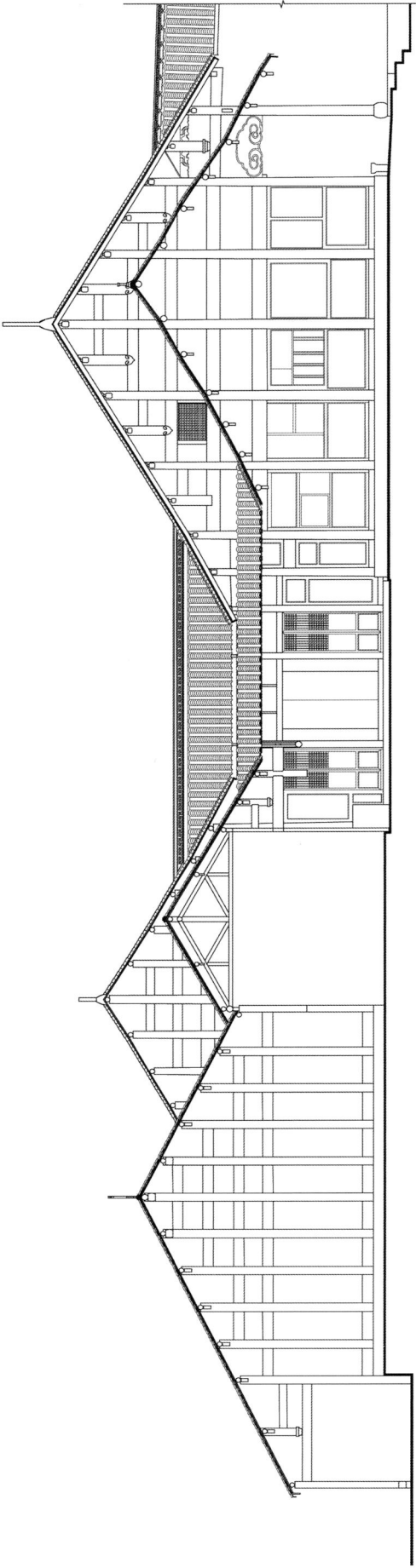

五观堂稍间剖面图

0 1 2 3 4 5m

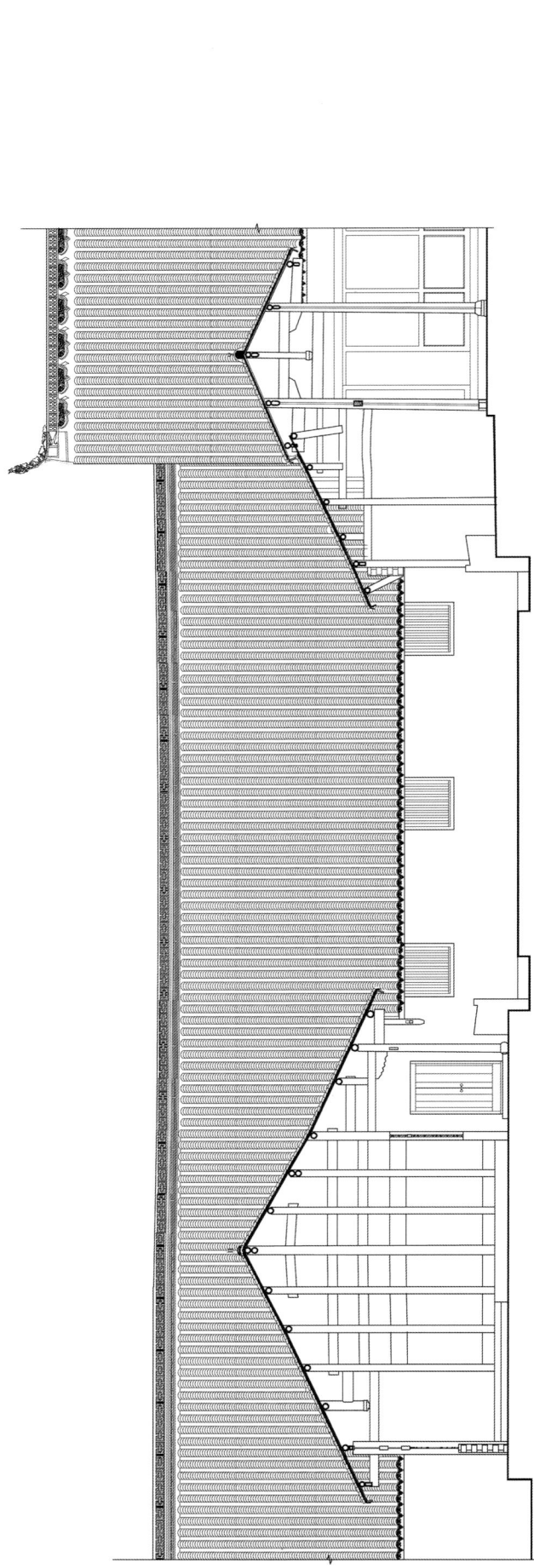

五观堂后院剖面图

0 1 2 3 4 5m

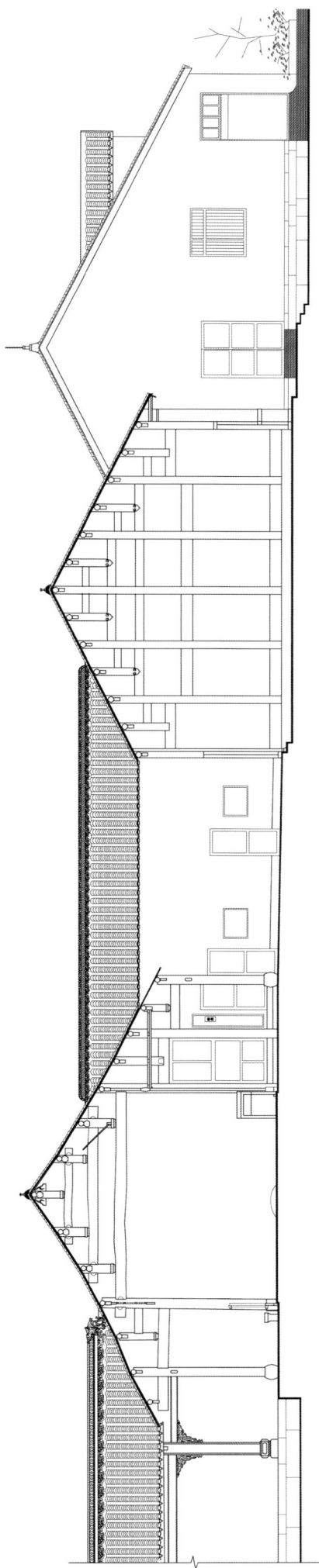

五观堂明间剖面图

0　1　2　3　4　5m

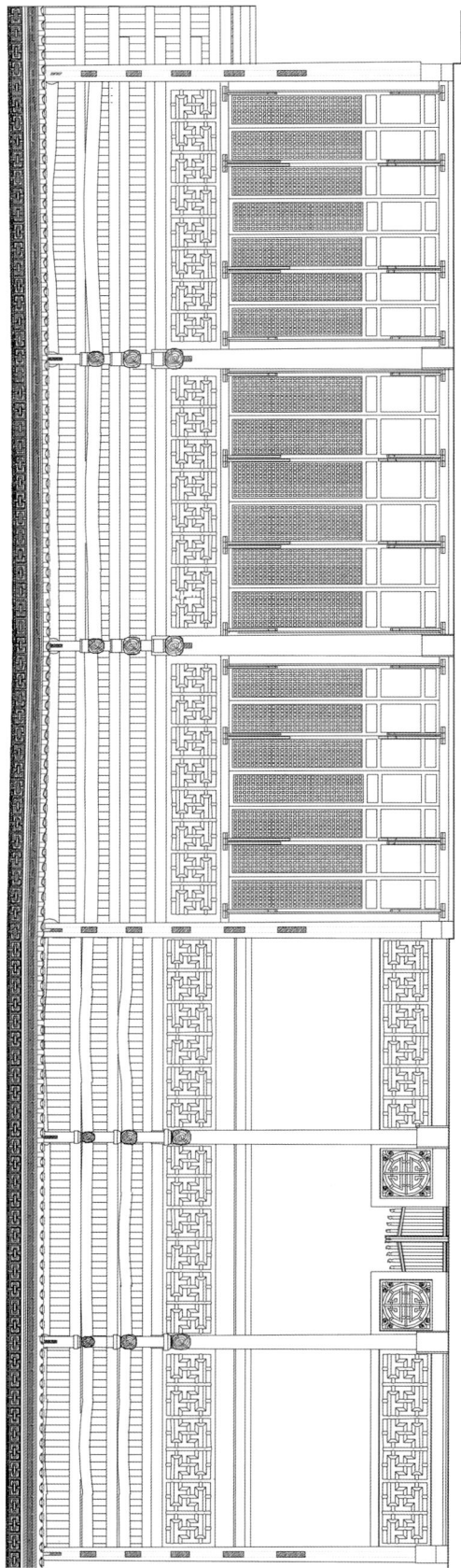

五观堂横剖面图

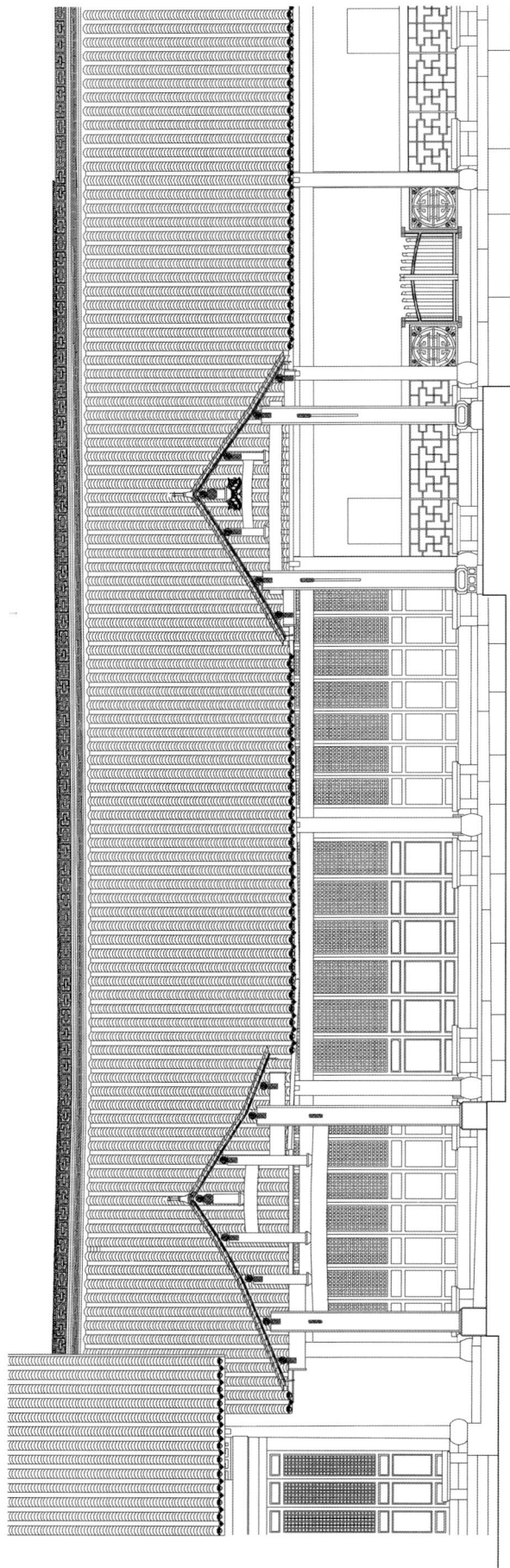

五观堂连廊横剖面图

0　1　2　3　4　5m

0　1　2　3　4　5m

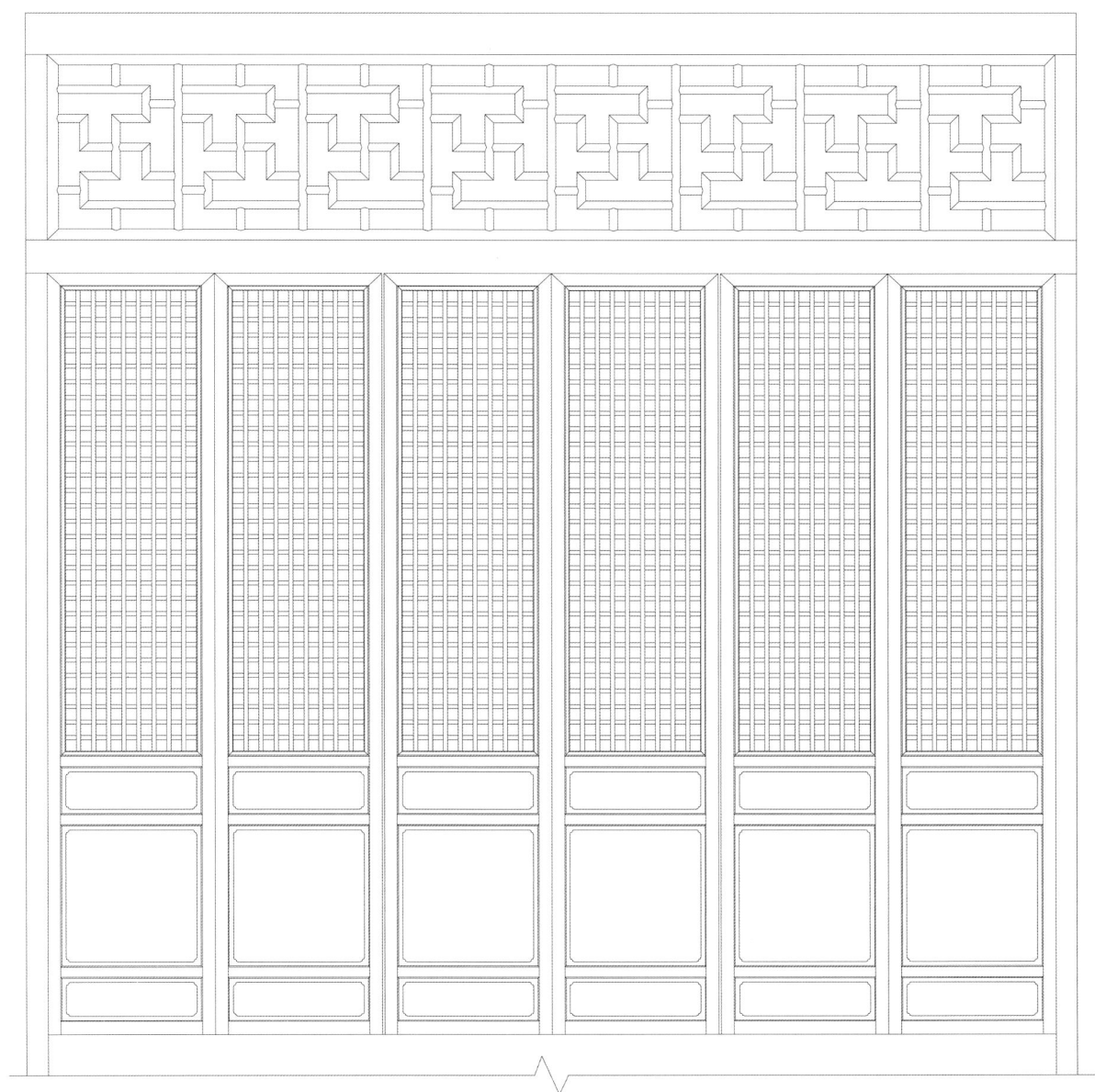

五观堂隔扇饰样图

祖师殿

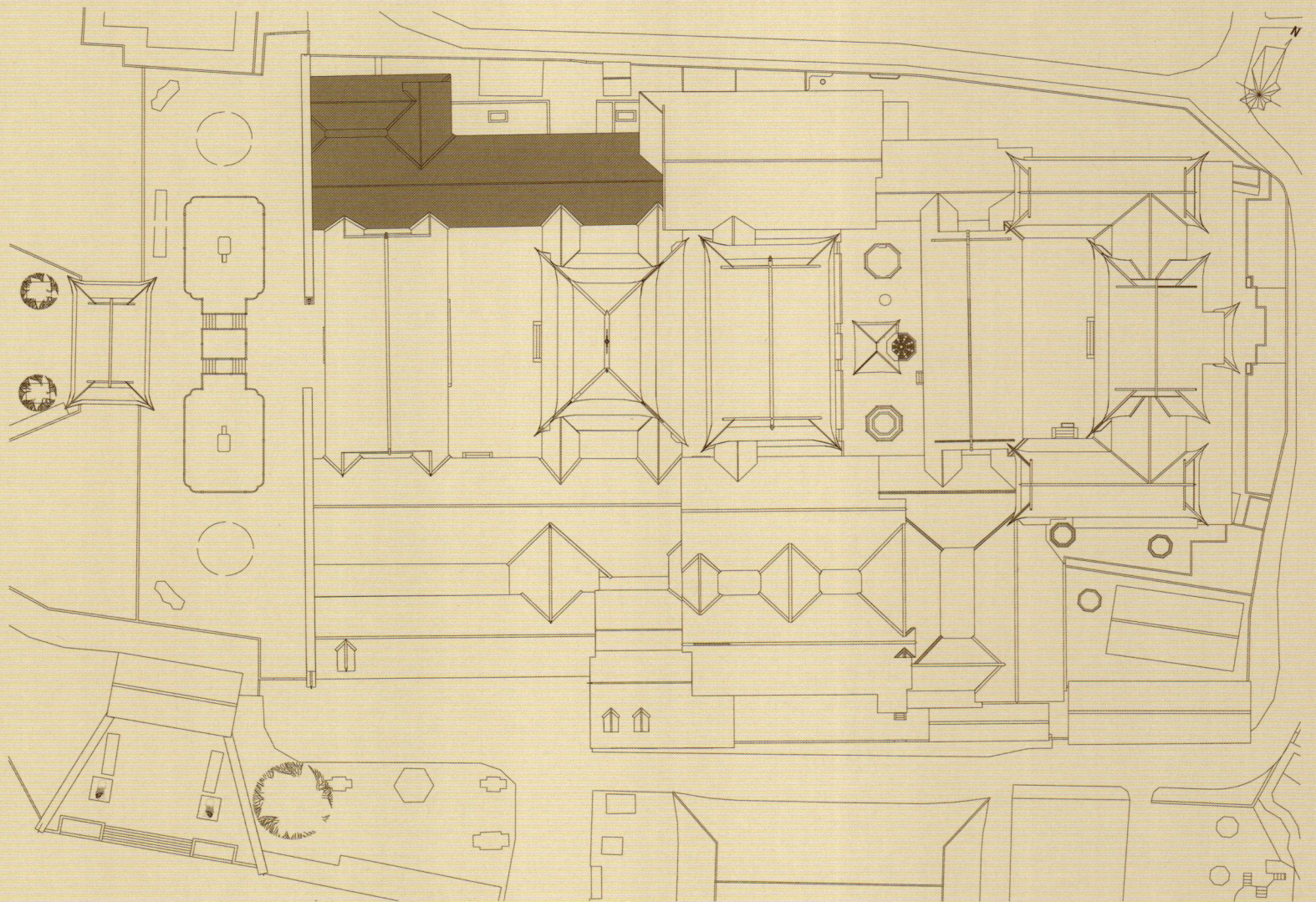

　　祖师殿殿堂面阔三间11.5米，进深8.8米，当心间两榀屋架为抬梁式构架，东西两侧有穿斗夹壁墙，分隔僧众住房。建筑坐北朝南，面向大雄宝殿主庭院，有通廊与庭院周边殿堂连通。殿内祀奉禅宗六祖惠能、密云圆悟、破山海明三位祖师。祖师殿始建于清雍正八年（1730年）。

从大雄宝殿庭院看祖师殿

祖师殿前檐廊

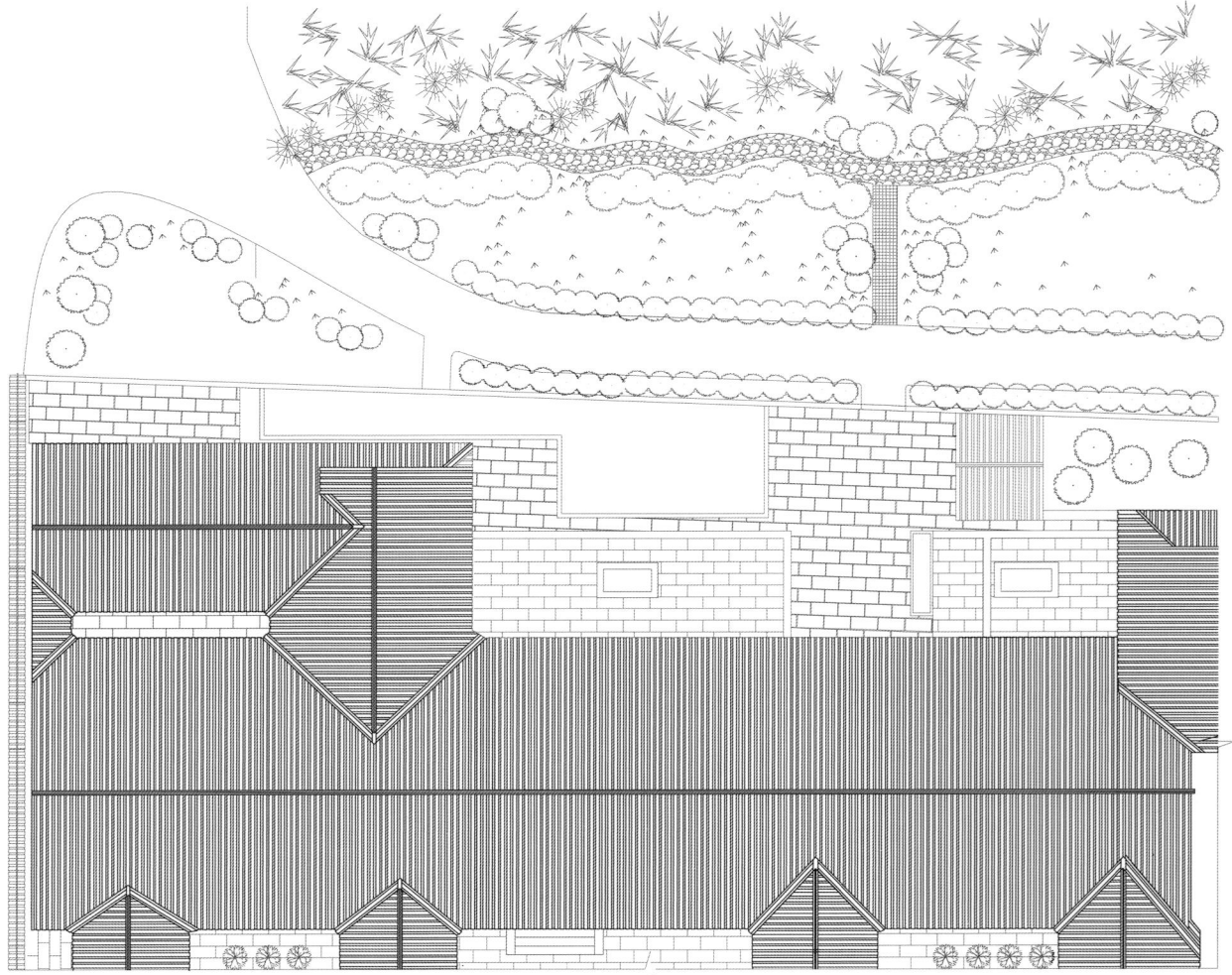

祖师殿屋顶平面图

0 1 2 3 4 5m

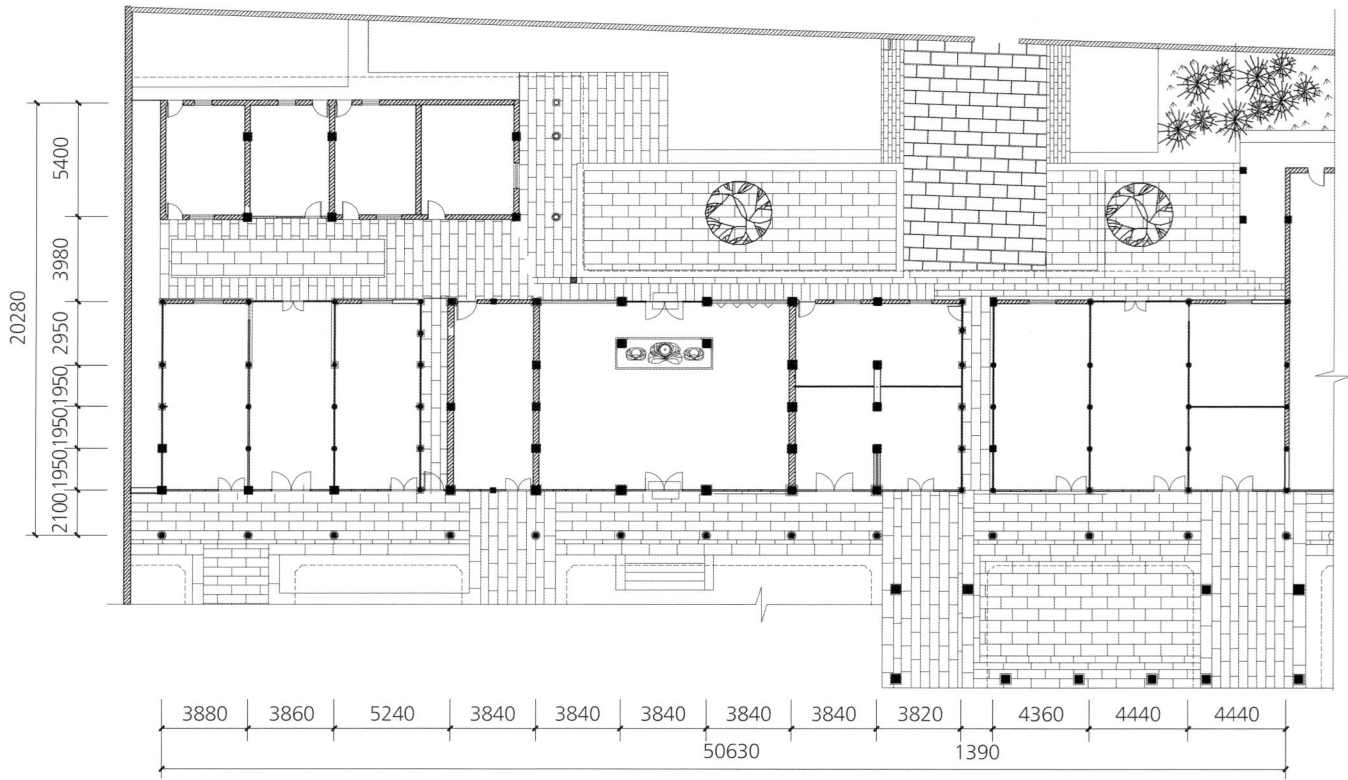

祖师殿一层平面图

0 1 2 3 4 5m

| 3880 | 3860 | 5240 | 3840 | 3840 | 3840 | 3840 | 3840 | 3820 | 4360 | 4440 | 4440 |

50630

1390

5400

3980

2950

1950 1950 1950

2100

20280

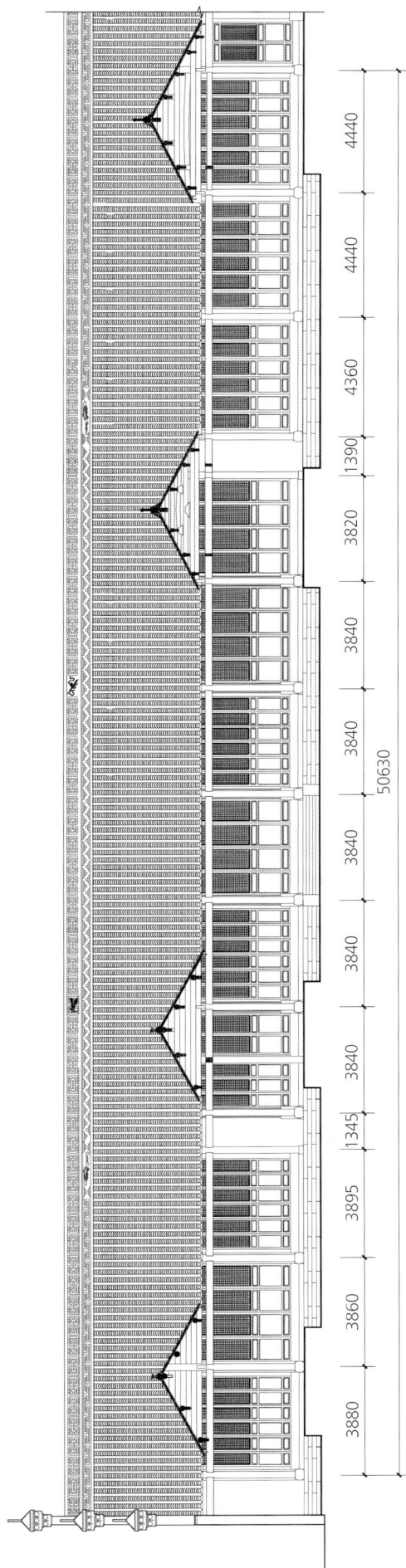

祖师殿正立面图

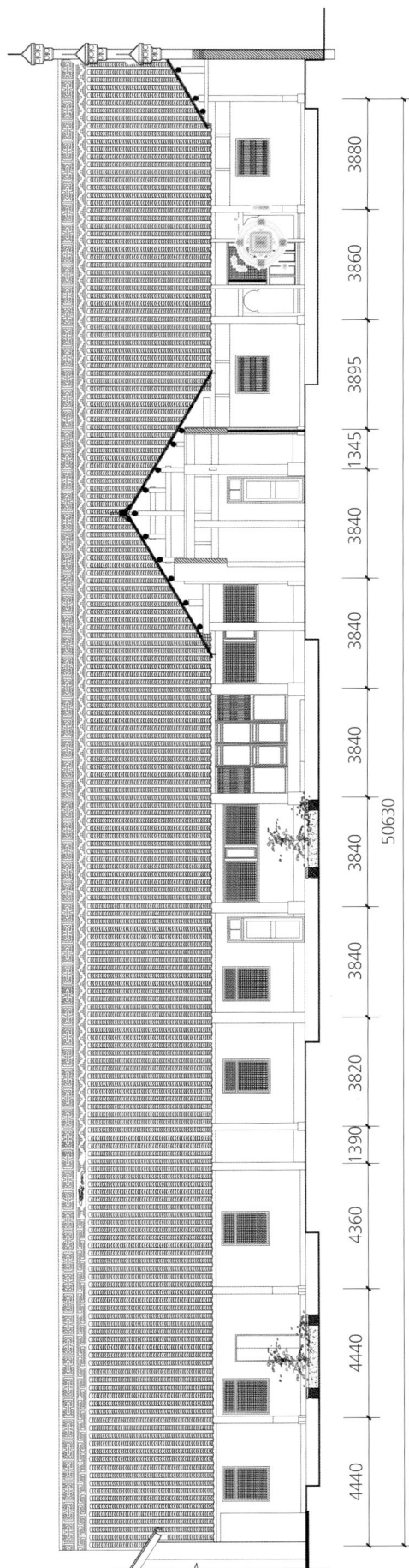

4440
4440
4360
1390
3820
3840
3840
3840
3840
3840
1345
3895
3860
3880

50630

祖师殿背立面图

3880
3860
3895
1345
3840
3840
3840
3840
3840
3820
1390
4360
4440
4440

50630

0 1 2 3 4 5m

0 1 2 3 4 5m

2100 | 8800 | 3980 | 5400

20280

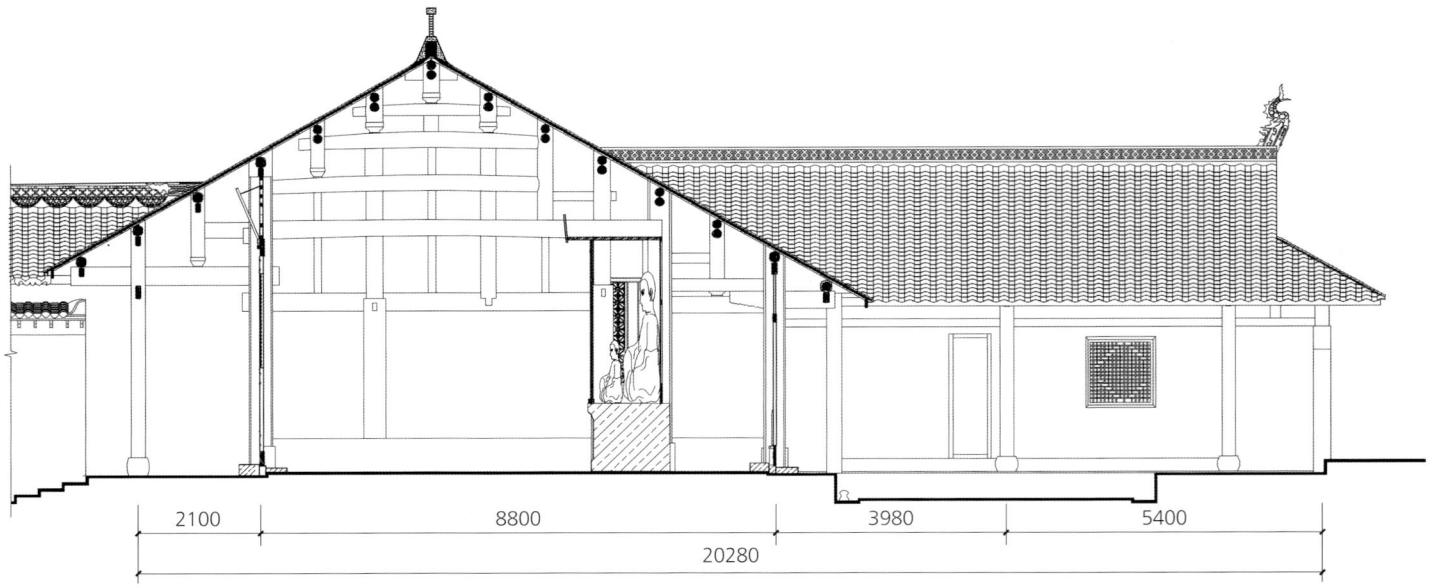

祖师殿明间剖面图

0　1　2　3　4　5m

8800 | 2100

10900

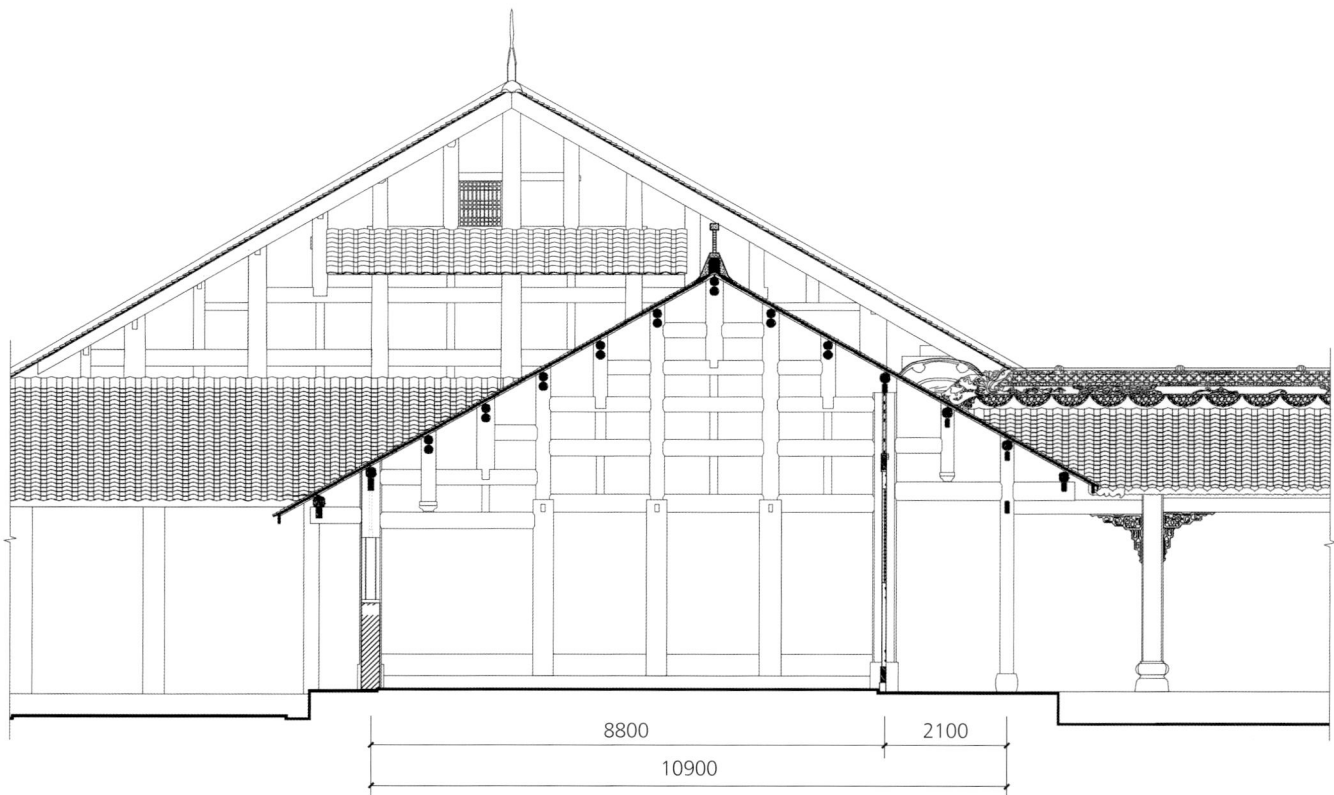

祖师殿次间剖面图

0　1　2　3　4　5m

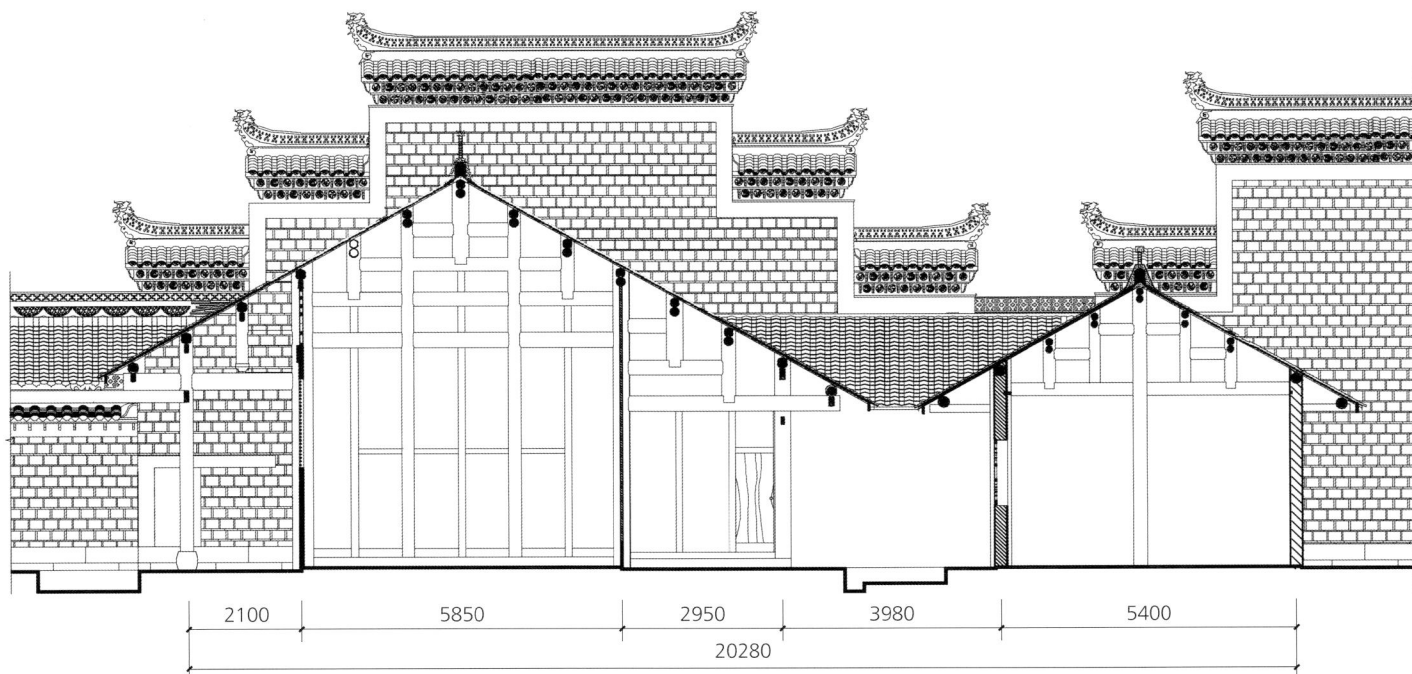

祖师殿西向梢间剖面图

2100　5850　2950　3980　5400

20280

0　1　2　3　4　5m

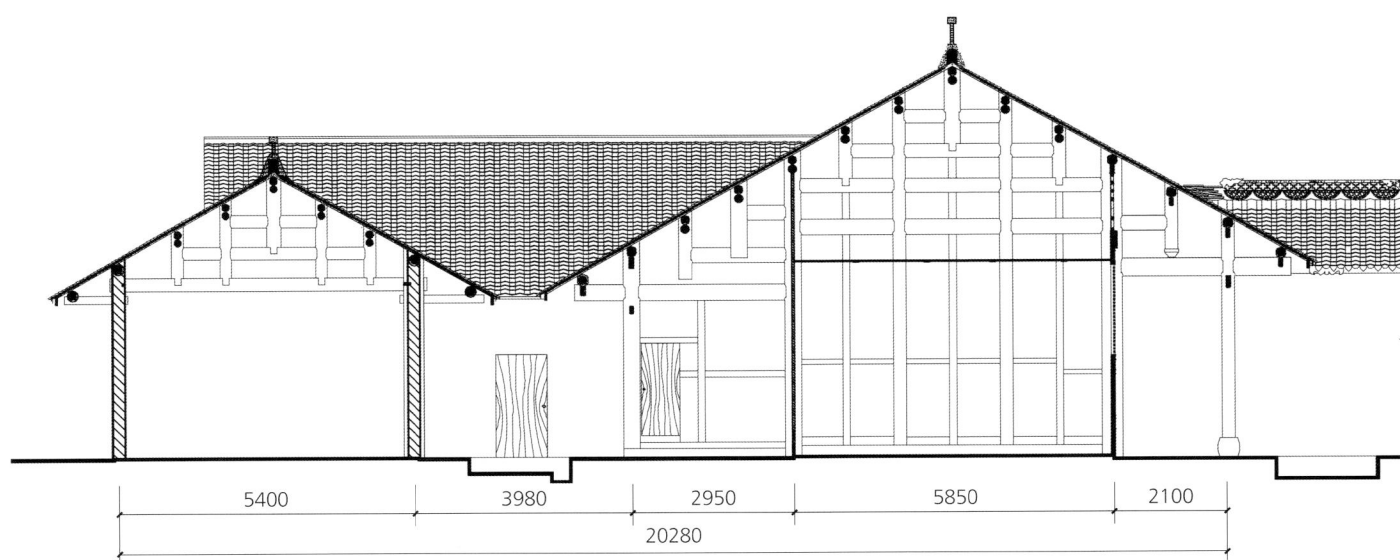

祖师殿东向梢间剖面图

5400　3980　2950　5850　2100

20280

0　1　2　3　4　5m

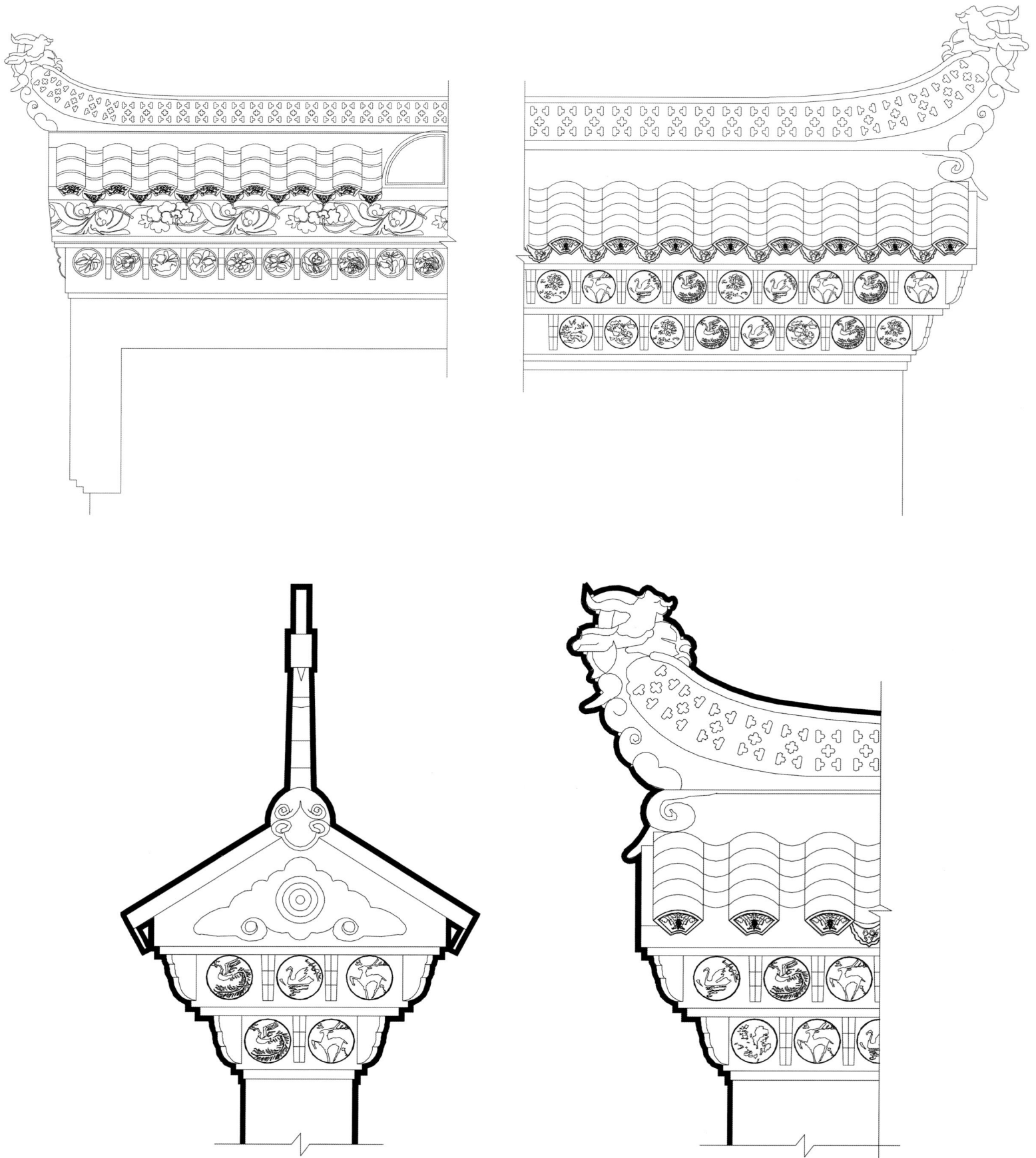

祖师殿封火墙大样图

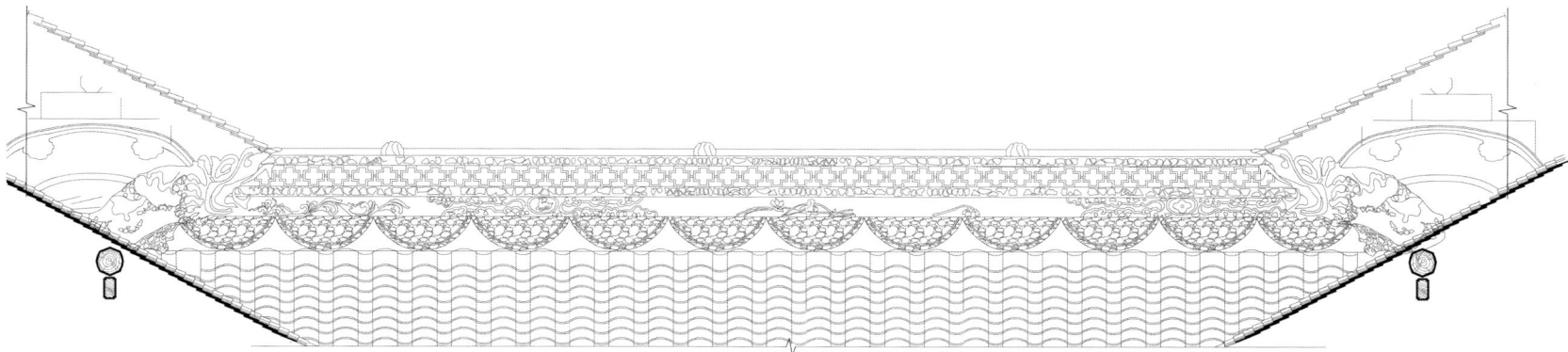

祖师殿屋脊立面图

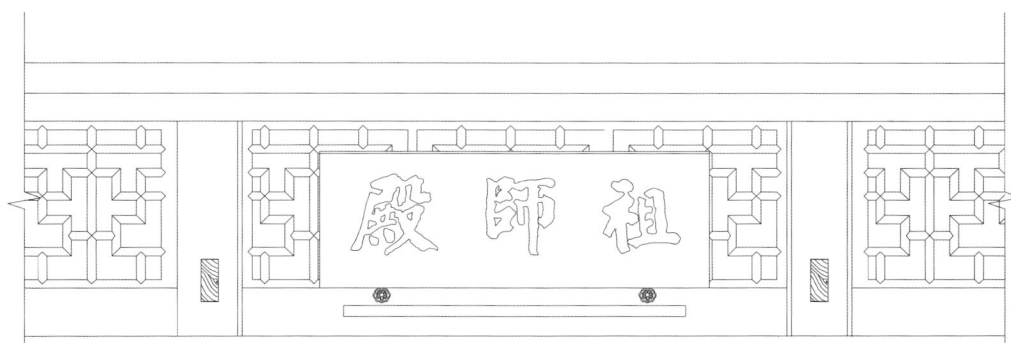

祖师殿门匾局部立面图

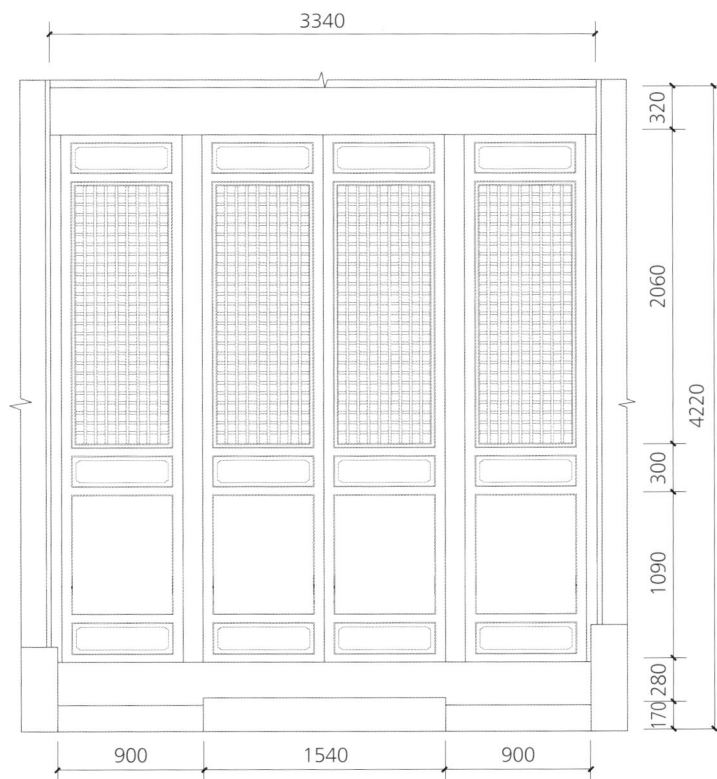

祖师殿隔扇饰样图

碑刻·匾额·楹联

碑刻

《破山和尚塔铭》

碑文：

原夫江汉炳灵，岷峨毓秀，山川间气，圣贤笃生。自少林西来，曹溪缵绪，而南岳一马，首诞什邡，是则宗门之盛，实吾蜀人启之也。自时厥后，代有名宿，莫不家敷智蕊。户灿心灯。求其得髓弘宗，圆机应世，五公钦范，走卒知名，本利生之慈心，运大人之作用，逆顺莫测，游戏无方，不得不推我万峰老人矣。

师讳海明号破山，俗藉渝城，移之大竹，元勋奕叶，及为蹇忠定之裔孙，古佛因缘，共说昭觉勤之转世。生含明睿，质挺奇标，亦娶妻而生子，同耶输与罗睺。行年十九，忽厌尘凡，剃发出家，挑包行脚，偶听慧然法师讲《楞严经》，至"一切众生，皆由不知常住真心，性静明体，用诸妄想，此想不真，故有轮转"，遂终日疑闷，乃阅古人公案，如银山铁壁，无隙可入。于是孤身出蜀，见数耆宿，不能决疑。俄住楚之破头山，刻期取证，以七日为限，逼拶至极，经行万丈悬崖。自誓云："悟不悟，性命在今日了。"时交午未，忽见银色世界，一平如掌，信步举足，不觉堕于岩下，竟将左足跌损而不知，但觉从前碍膺之物，泮然冰释，高声叫云："屈！屈！"自此出山南行，参数员尊宿，末后至金栗，机锋上下，函盖相投。栗书源流一纸，加以信金一缄，祗受下山，暂住苕溪。己巳冬，嘉禾绅衿。请主东塔，远近学者，归之如云。栗聆之云："花开檇李，果熟蚕丛。"壬申春回蜀，卓锡于万峰古刹，学者归之，如于东塔之众也。师主斯刹，凡十余年，及至甲申，刀兵横起，杀人如麻。有李鹞子者，残忍好杀，师寓营中，和光同尘，委曲开导。李一日劝师食肉，师曰："公不杀人，我便食肉。"李笑而从命，于是暴怒之下，多所全活。昔人以澄公之于二石，如海翁狎鸥，师不但狎也，而且化之矣。拯溺不规行，救焚无揖让，次之谓也。壬辰、癸巳间，蜀难渐平，师归梁之金城寨，去寨半里，有旧绅别墅，尚余老桂二株，师葺而居之，颜其堂曰"双桂"，门曰"福国"，粗成丛林，而四方学者，至复如归，师随其一知半解，辄有嘱付焉。或疑其传法太滥，而不知师于此又有深心也。盖佛法下衰，狂禅满地，倘一味峻拒，彼必折而趋邪。师以传法为卫法之苦心，甚不得已者也。

师之名，上自朝廷，下及委巷，近而中夏，远而外国，罔不闻知。总制李公，奠安全蜀，数遣使迎，师皆力辞。甲辰秋，再使敦请，师不得已，飞锡临渝，盘桓九旬，相得甚欢。李公享师以牢醴，师阁筋曰："山野昔遇恶魔而开斋，今逢善友而止荤。从兹不御酒肉矣。"遂辞而归。丙午年正周二十一日，寿臻古稀，道俗齐庆，万有余指。至三月初十日，师示微恙，预申没后之约：不用茶毗，内棺外椁，便服人殓，窆如俗人礼。至三月十六日亥时，盥漱搭衣，以手指烛，端坐而化。寿七十，坐腊五十，九坐道场。《语录》一十二卷，入嘉禾紫柏院，流通海内焉。时有得法弟子丈雪醉公，将塔师全身于梁之艮龙山麓，影堂设于成都之昭觉，走书请铭于不佞，道开霍然曰："余何言，师之道德在天下，天下之人能言之也。操履在丛林，丛林之人能言之也。必余欲言，亦言其甚不得已之苦心耳。"夫甚不得已之苦心，是马祖之所难也！马祖之所难，而师易之，虽谓是由为什邡之跨灶可也。爰系之铭，铭曰：

坤维禅宿 肇自马祖 临济沩仰 两灯并谱
济下儿孙 杨岐独盛 传至天童 枝端派正
万峰崛起 忠定后裔 矫矫人豪 堂堂法器
十九辞家 廿七圆戒 不屑蹄涔 直操溟潞
金栗老子 眼明手毒 一瓢恶水 洗肠换骨
再振溏沱 旁起四宗 花开檇李 果熟蚕丛
九坐道场 单提心印 魔与魔民 一战而胜
烹佛煆祖 补天立极 师于祖庭 实为勋德
劫遭离乱 杀人无算 处剑戟林 如家常饭
游戏神通 饮酒食肉 长鲸吸川 烧猪果腹
但尔诸方 不当学我 伊尹之志 有之则可
酒肉破戒 滥付招毁 原师之心 大不得已
天子闻名 王侯愿交 黄麻不羡 青山逍遥
行年七十 化缘已毕 双林双桂 是一是二
无偈可留 无法可说 狮子频呻 指烛而灭
遗令棺敛 法同缙绅 身后一著 犹是逆行
艮龙之麓 率堵坚好 八部天人 香花围绕
只履已西 幻壳斯藏 我铭贞石 椠万垂芳

敕封征仕郎、翰林院庶吉士、癸酉科孝廉、巴县刘道开撰。

赐进士及弟、内弘文院编修、遂宁李仙根篆额。

赐进士出身、征仕郎、礼科给事中、前吏、兵、工、左右给事中、翰林院庶吉士、广东道监察御史巴县刘如汉书丹。

《万峰明禅师塔铭有序传》

碑文：

原夫道无可道，止有涵天盖地之人。禅无可禅，坐等绝后光前之汉，净裸裸者，属人各一具，须贮之以峨雪心肝，赤条条者本，大共一身，贵开之以金牛蜀道，说是佛，则人人是佛，何有帝释凡夫，说无师，则系系须师，所以拈槌竖拂。半在他兮半在我，共凑个无位真人，不由我者更由谁会。有时全提正令，所以眼生棒际，直打着一界虚空。雷震喝声，用振醒四天聋耳。初见者以为临济，真见者直是达摩，剑挂眉毛，锋铦齿诸生之血；香含舌本，菡萏开火池之莲。有时平地一步殊险，如天路之不可阶升；有时大洋万顷为至平，如狱地之游行无碍。说法堪累丸而不坠，承蜩也犹其掇之利生，如入井以援人，吐蜺乎谁其似者。总缘慧足照足，现兹能勇能仁。斯雄则大雄，而忍无生忍，故能去来皆妙，而变化全彰，我仪鄼此其破山明禅师乎。师讳海明，号破山，学人称之曰万峰和尚，渝州蹇氏子也。后徙大竹，则亦称大竹子。严慈净信，生有异姿，有识者谓其舒毫挺秀，相拟黄檗。初业儒读书，淡然世务。年十九，祝发于邑之大持庵融光尊宿，旋因慧然法师讲楞严有悟，遂发愿南询。瓢笠出蜀，历参云门，博山诸大老，靡不以为狞龙生象者，欲得驯而服之，以为乘骑，奈如骑虎料头。御师捉尾，极力纵夺，只觉磐控不下，因以收拾不住矣。撩衣而至天童，如地盖天函，适合准则，曲收直放，只绝后先，遂得法于金粟。为第三子矣。今东震旦国中，前代者尤不胜举扬，即临济以来，兴化、汾阳、杨岐、风穴，如马驹踏人，接曹州之恶棒者，不无其人。然即宝藏天琦，门庭施设，尚存边际，直至密云老人，大死一生，断头觅路，喝既虚空粉碎，棒则大地平沉，慈遍裸虫队里，风行天海边头，遂使济宗光于冕日，然则为天童儿孙者难矣哉。师之超旷，既电照以风行。师之密因，又得骨而得髓。用是人天信向，云覆雨施，自己已以至壬申，东塔千期，大开炉鞲，东南缁白，所锻炼者为多，继则有蜀铨曹冯君子与张大金吾，以师蜀所钟灵，坚请还蜀，而师亦遂动峨鹫瓦屋之思矣。卓锡西来，万峰、中庆、佛恩、白兔，既振威音，凤山、栖、祥符、无际，并撒布衣，集绅荐之飯依，受藩王之隆供，盖九坐道场焉。谭梁生司业，所谓花开檇李，果熟蚕丛者，真堪为临济之耳孙，天童之肖子矣。若乃入井救人，一蜺活渝城之百万，身焚取报，佛图消石勒以海鸥，佛魔全消于外道，象王却顾夫野干。师于佛法，讵直权实并显，机用双成者哉。时值丙午，孟春念一，为师腊七旬，一时四众人天，咸集双桂者，不啻万指，金日称庆，而师以念。五日示微疾。上堂辞众，垂语云："初开劫运九开炉，七十年来志未输，每见隙驹难度尾，常开老蚌易生珠。"云云。旋以源流拂子，分付眼耳鼻舌六人。先是付者前后八十余人，可谓英灵之并集，而祖道之重光者矣。前《语录》十六卷，乃丈雪醉公及新庵静主，东塔典客诸儿孙及诸飯依绅士信善，已梓行，朱梓行者，今嗣法院灵木绶公、云峤水公，将毕愿焉。坐见龙棄化城，续标僧宝，山神定来礼足耳。是宜为铭，铭曰：

西来大意	实经峨峰	再渝邻山 缙云攸钟
有大英能	代挺其中	五祖绵产 经山梓潼
师诞巴渝	二祖西东	生秉奇慧 昆吾之锋
向上一事	七征旋萌	发足南询 诸老喁喁
金鳞透网	铁鹞腾空	鲲鹏大海 爰赴天童
惟此天童	万法之宗	棒即痕现 喝即耳聋
与师相见	草偃从风	是父是子 如云如龙
嫡骨十二	象天始终	师即三子 于众为兄
始焉倡道	檇李塔东	千日缘满 选佛场空
道应西土	现化蚕丛	铨曹迎请 金吾趋风
据狮子座	梁山万峰	琉璃瓶口 八面玲珑
自此栖灵	凤山攸同	昆卢顶上 芥孔针中
祥符大竹	川北攸通	方山普照 江卢蟠龙
金城开县	千里同风	白马来处 弱水飞蓬
鸟鸡皀本	绣线刚通	临济正脉 密云鼓钟

嗣初祖四十一代嗣临济三十一代万峰明禅师塔铭有序传。

楚荆龙湖报庵氏前辞职不拜棻猗堂修行叟王文南季豹父撰文。

闽莆征仕郎中书科中书舍人兼翰林院编修同修国史郑凤超巨掌氏书丹。

萬古鍼規

原破山老祖應世道蜀寇亂運慈心三昧身入寇營顯大手眼故唉酒肉化暴息戰時東北軍民感德不已萬
道故荊雙桂宏道有酒樓肉案之句至國民泰安祖仍止葷酒嗟令木法僧徒不根其旨藉恣口腹甚辱宗風
邑矦魯公不資靈山記囑懇教門不悉渡桂宗網頗極奮力匡扶革剔又弊召明主持方丈復振清規堂眾
癸德化幸已肅嚴明愧鄙拙德火弊生爰邀僧會司與諸山耆萬公議略錄百丈清規絲凜遵
一祖席任重有德宜居或住持自欲交通或輔之住持該監院堂司預知諸山耆舊公選建桂方丈采得互
相授受并滥舉況庸至非人謀位喪敗紀網
一鬃林監院乃住持肱臂豪領務壹覽裕常性持
久倘用非妄不能服眾例聽住持約眾選換不許奸佞之輩假託豪貪謀其私麻蓮場
一祖建蘭林原為十方衲子皆得依止持守清規修心學道不許藏形食取支命清淨自持燕悲濟物不得殺
愚以作子孫世襲之所
一佛祖嚴規課并通項用費則應庫房客堂方丈名春蒿沐弥不得私心癈
牲及別立烟窯私造飲食
一常住隨年祖規祖課不通用物禮往來奇拜父母兄弟姊妹玷污宗風
一既為釋子貴務離塵脫俗恪守佛制祖規不許結攀世情田地什物典銀錢濟用
一佛道場龍天常住一針一草重等須弥不許因事窖將相干犯當叢燒律之
一歷朝景聖戒飭僧徒嚴道佛制除邪名重罪例屬有司外若僧人有相干犯當叢燒律之
一佛祖垂誡鍼規惟與同流人各恪遵嚴護宗綱上報已上條則皆是
撥遺瑜門面出輕則罰錢罰香以榜示之不許自恃能強小事興訟燒擅公門
四恩下資三有倘有執拗違庚隨集眾擯出永遠鍼規
佛官樞越寔意匡扶福祿高增智慧圓顯壽算遐齡子孫蕃衍仰啟
十方諸佛三藏經功八部龍天萬靈真宰永遠證盟

乾隆戊寅年十月吉立　當代住持真明統合堂大眾仝立

《万古鍼规》

碑文：

原破山老祖应世，值蜀寇乱运，慈心三昧，身入寇营，显大手眼，故啖酒肉，化暴息戮。时东北军民，感德不已。为道故创双桂，宏道有酒楼肉案之句，至国民泰安，且仍止荤酒。嗟今末法，僧徒不根其旨，藉欲口腹，甚辱宗风。邑侯鲁公，不负灵山记嘱，怜悯教门，不忍双桂宗纲颓极，奋力匡扶，革剔久弊，召明主持方丈，复振清规，堂承侯德化，幸己肃严，明愧鄙拙，虑久弊生，爰邀僧会司与诸山耆旧公议，略录百丈清规教条凛遵。

祖席任重，有德宜居，或住持自欲交递，或辅之住持，例该监院、堂司预知诸山耆旧，公选双桂方丈，不得互相授受，并滥举泛庸，至非人谋位，丧败纲纪。

丛林监院乃住持肱臂，众僧首领务实宽裕，常住持久，倘用非妥，不能服众，例听住持约众选换，不许奸佞之辈假托豪势，贪谋其执，颓废道场。

祖建丛林，原为十方衲子皆得依止，持守清规，修心学道，不许执事等擅招徒眷，畜养沙弥，不得私心痴愚，以作子孙世袭之所。

佛祖严规，学道之人，衣但遮体，食取支命，清净自持，慈悲济物，不得杀牲及别立烟爨，私造饮食。

常住随年租课并逐项用费，例应库房、客堂、方丈各登簿记，每月当众结账。

既为释子，贵务离尘脱俗，恪守佛制祖规，不许结攀世情，物礼往来，寄拜父母，兄弟姊妹，玷污宗风。

佛祖道场，龙天常住。一针一草，重等须弥。不许因事窘迫，擅将田地什物典当银钱济用。

历朝累圣，戒饬僧徒，严遵佛制，除邪名重罪，例属有司外。若僧人自相干犯，当以清规律之。摈遣偏门面出，轻则罚钱罚香，以榜示之。不许自恃能强，小事兴讼，烦扰公门。

以上条则，皆是佛祖垂诫鍼规，惟冀同流，人各恪遵，严护宗纲，上报四恩，下资三有，倘有执拗违戾，随集众摈出，永不收留。

宰官檀越，实意匡扶，福禄高增，智慧园显，寿算遐龄，子孙蕃衍，仰启十方诸佛，三藏功德，八部龙天，万灵真宰，永远证盟。

乾隆戊寅年十月吉立当代住持真明统合堂大众同立。

三藏聖教

皇上御極四年恩賜雙桂三藏聖教住持透月購繕裝緻函帙已有年矣特書址于遼志之
漢明流入中國共四十二章經也火驗不燃霞光接天爰造像建寺興僧北土昌皇品而遺志
諸經漸益譯梵為筆難無訛謬至唐奘法師者天資貞敏凤禀神聰悲教缺訊不信踊命應偏
譯分彙凡佛應機說諸契典曰經爰而名也又自達磨西來不立律凡諸菩薩對經一顛竟武初傳弥其下
計六千餘卷刊印各歸貯藏三藏傳暨宋元明代教取諸經兼諸名得著述隆
無言之言機緣語錄均假文字流傳圖廣化者爾謂妙法靈文破昏衢之慧炬
來歷朝樂普帝王多崇列梓以圖廣化者爾謂妙法靈文破昏衢之慧
於永劫解其義著證佛果予現生惜梁槧板藏逾百年自盡恭惟
世宗憲皇帝覺真御世悲愍迷淪渝樓心內典廓悟宗乘詔宗教兼通之
御選語錄四十卷入藏刊梓共七百四十卷功垂克備龍御隆恭
安認識神認相授受惧賜後學淪滅宗乘悲教典之殘訛闕宗乘顯之受學
九重故特賜之然破山寂後雖代不乏人而透月尤其翹出者也今龍藏卡寶嚴備皇頭宗風不改逸滋
皇上御極精荷繼述之功躰施博濟之德工竣印賜天下名藍而雙和家被音益破甲釘尚
十方禪衲樓而永固凡助緣緇素同圓種智共證菩提謹序　京師粵良乂將三藏教典及諸著述
皇圖聖壽等乾坤而永固凡助緣緇素同圓種智共證菩提謹序　龍藏卡寶嚴備皇頭宗風不改逸
賜進士出身文林郎原住雲南廣西府儒學教授石屏李雲程謹撰
大清乾隆二十九年歲次甲申孟春月上澣之吉
皇太后萬高諸山供貲建會慶祝餘錢六千文

《三藏圣教碑》

碑文：

皇上御极四年，恩赐双桂堂三藏圣教，住持透月购缣装致函帙已有年矣，特重其事，延程记之。佛教自汉明流入中国，共四十二章经也。火验不燃，霞光接天，爰造像、建寺、兴僧，此土三宝始而求焉。迄魏诸经渐益，译梵为华，难无讹谬。至唐奘法师者，天资贞敏，凤禀神聪，悲教缺讹，不惜躯命躬历西竺，译分类彙，凡佛应机说诸契典曰经；为诸弟子所制戒法曰律。凡诸菩萨对经谈显奥义，博扬诸经曰论。计六千余卷，刊印各归贮藏三藏，爰而名也。又自达摩西来，不立文字，教外别传，宗旨一偈，其后，祖无言之言，机缘语录，均假文字流传，暨宋元明代，敕取诸经，兼诸名僧著述，陆续入藏，其卷益繁矣。来历朝乐善帝主，多崇刊梓，以图广化者，所谓妙法灵文，破昏衢之慧，烛密语真诠，济苦海之慈航于永劫，解其义者，证佛果乎。现生惜梁契板，岁逾百年自尽，恭维世宗宪皇帝觉真御世，悲愍迷沦，棲心内典，廓悟宗乘，悲教兴之残讹，悯宗风之零落，谕天下洞法堂头，妄认识神，谬相授受，悞赚后学，沦灭宗乘。诏宗教兼通之僧，集京师贤良等，将三藏教典及诸著述。御选语录四十卷，入藏刊梓，共七千二百四十卷，功垂克备，龙御升游。钦惟皇上御极精，荷继述之功，躬施博济之德，工竣印赐天下名蓝，而双桂蒙被恩波者，盖破山和尚九重，故将赐之，然破山寂后，虽代不乏人，而透月尤其翘出者也。今龙藏法宝，严备堂头，宗风丕振，遐迩名闻，十方禅衲，棲而穷研，人人契悟本心，个个洞明真性，暮梵晨钟，严法相常住，同日月以长恒，朝经夕课，皇图圣寿等乾坤而永固，凡助缘缁素，同圆种智，共证菩提。谨序。

赐进士出身，文林郎，原任云南广西府儒学教授石屏李云程谨撰。

大清乾隆二十九年岁次甲申孟春月上澣之吉皇太后万寿诸山供赟建会 庆祝余钱六千文。

梁平双桂堂碑刻

為惟沙門釋氏原主冥寞寂滅為教自白馬來經流傳中國古往今來相承不隆益以禪衲之中每多高品梵修證果德行

非台識菩提之無樹芒鞋踏破無非桂露松風鉢盂歸來總是紙牕竹屋梁邑雙桂堂自破祖開創闔省祖庭內有

藏經閣係其重緇侶往來接踵藝林邑侯正署各主護持培植至周極各前僧遂翁構造大雄正殿高聳雲表極靡老

琅西嘉慶三年闔縣諭衿山公舉方丈僧戒慧荷前方主扎諭住持統衆黃蘆淡飯擁蒲團而課靜室暮鼓晨鐘放暑期

點禪心明徹于江水月勤儉修數載以來常住之餘於嘉慶五年十二月十三日置買王家壩熊姓熟田一處載粮三

自五十五百文次於本月二十六日得買石屏塘蒲姓奉一奨載粮一斗之升九合價錢八百三十一千四百文

旦貢王家壩石屏塘能蒲雨姓二千金產業雖不敢云添於叢林常住之大觀亦足以資接衆粥食之小補次年重修滿堂

塑咏哈龍神裝彩金身共費銀二百餘金而諸聖燦然一新先輝萬載謹將大護法檀越四至各界勤貞珉誌其事記

署　監　保　西昌圓　首座徽

四川慶州府正堂方公諱紹洄護　監吳承欽　艾以彬

四川梁山縣正堂加三級范公諱兹撰　內紳士李德寬陸慶　熊鑑漢　員史卜楊仕元　溫世昌　彭元彬

梁山縣正堂署梁山縣事于公諱霽秀法　貢生李宗溶　仁　楊惟林　陳袁仕元　羅龍裕　

梁山縣分縣候補直隸州州判闔公諱寶中　證　沈宗彥　吳仕溶　卜天德　楊廷熟　世坤

梁山縣右堂程公諱瀚　經　曾邦烈　墨　周譚仁　黃惟修　郷宗偉

嘉慶六年林鐘月上浣吉旦雙桂堂住持僧戒大和尚　知客悟無幻院　唐宗偉

梁萬營駐防梁山汛中司廳龍公諱廷貴　龔大年

闔堂大衆同立

事戝內堂

主堂　後堂　西昌

不退　秋明　悟緒　大昌闔聰訴徹

（以下殘損難辨）

《双桂堂四至界碑》

碑文：

窃惟沙门释氏，原主冥寞寂灭，为教自白马来经，流传中国，古往今来相承不坠，益以禅衲之中，每多高品，焚修证果德行。非台识，菩提之无树。芒鞋踏破，无非桂露松风。衣钵归来，总是纸窗竹屋。梁邑双桂堂，自破祖开创，阖省祖庭。内有藏经，关系甚重，缁侣往来接踵蓁林。邑候正署，各主护持，培植至周极备，前僧透翁构造大雄宝殿，高耸云表，极靡老（残）琅函，嘉庆三年阖县绅耆诸山，公举方丈僧戒慧荷前，方主扎谕住持统众。黄荠淡饭，拥蒲团而课静室，暮鼓晨钟，放期（残）点，禅心明澈千江水月。节俭勤修，数载以来，常住之余，于嘉庆五年十二月十三日，置买王家坝熊姓熟田一处，载粮三百五十五千五百文；次于本月二十六日，得买石屏墙蒲姓产业一契，载粮一斗七升九，合价钱八百三十一千四百文，置买王家坝石屏墙熊蒲两姓二千金产业。虽不敢云添助丛林常住之大观，亦足以资接众粥食之小补，次年重修满堂，又塑哼哈龙神，装彩金身，共费银二百余金。而诸圣焕然一新，光辉万载。谨将大护法檀越四至各界勒诸贞珉，志其事记。

加道衔特授四川夔州府正堂方公讳积

授四川梁山县正堂加三级范公讳绍泗

授四川彭山县正堂署梁山县事于公讳茫

署梁山县分县候补直求州州判关公讳实秀

梁山县右堂程公讳瀚

梁万营驻防梁山汛中司厅龙公讳廷贵撰。

嘉庆六年林钟月上浣吉旦，双桂堂住持僧戒慧大和尚监院无幻、知客悟开，阖堂大众同立。

巡撫四川等處地方督理糧餉工部右侍郎兼都察院右副都御史張批　　仰梁山縣查明本寺錢糧多少

司院皆曰可有批照毫勒諸石以遺後云于捌年分六月初十日奉

逃若使雜派差徭與編戶不異未免以累學者而弗護肆力于心性西黃老人你育之□□而為諸子生活

村道人圓寂後當者守其訓墾荒以自給緝課以正供　芭傈□□

夔州府正堂邢批　渡桂堂開墾荒田以飯眾僧且自認田糧除正糧若干赴　縣報明三年後上納清

其由申報于捌年分七月拾一日奉

水為除免附照

梁山縣正堂正批　撥渡桂堂守僧印水呈稱量力新墾田地以俟伊蒲之觀照俐納粮

輪納　國課其雜項差徭現奉　撫院鈞批文奉　本府附批惟免在案本縣　本寺

上臺德意爾百姓亦當同謙此心母得抒常住界內生端滋害如違重究不貸此照

東接壤渡石礄團林一帶為界南接壤方家壩陳家頒一帶為界西接壤石砫坪嚴家堰劉家槽

帶以河為界北越觀音岩抵河為界　　實計

半捨半賣田地山塌姓名楊月璽　劉自福　王真悟　劉大寅　王朝聘　張發眼

康熙捌年拾月　朔日　吉旦　七來道人董獻帷識

《免徭赋碑》

碑文：

双桂老人园寂后，学者守其训，垦荒以自给，纳课以正供，邑侯巡春至其处，询知其由，谓老人作育之心也，若使杂派差徭，与编户不异，未免以累学者，而弗获肆力于心性，迺广老人作育之心，而为诸子生活。司院皆曰：可有批照，爰勒诸石，以遗后云。于捌年六月十日奉巡府四川等处地方督理粮饷工部右侍郎兼都察院右副都御史张批：仰梁山县查明本寺钱粮多少，具由申报。于捌年分七月拾一日奉夔州府正堂邢批：双桂堂开垦荒田以饭众僧，且自认田粮，除正粮若干赴县报明，三年后上纳清。永为除免。附照梁山县正堂正批；据双桂堂守僧印水呈称；量力垦田以供伊蒲之馔，照例纳粮，输纳国课，其杂项差徭，现奉府院钧批，又奉本府附批，准免在案。本县上台德意尔，百姓亦当同谦此心，毋得于常住界内生端滋害，如违重究不贷，此照。本寺东接壤双石桥园林一带为界，南接壤方家湾、陈家岭一带为界，西接壤石柱坪严家涯刘家坝一带以河为界，北越观音岩抵河为界，实计。半拾半卖田地山场姓名：杨月玺、刘自福、王真悟、刘大寅、王朝聘、张发眼。

康熙捌年十月朔旦吉日七来道人董献帷识。

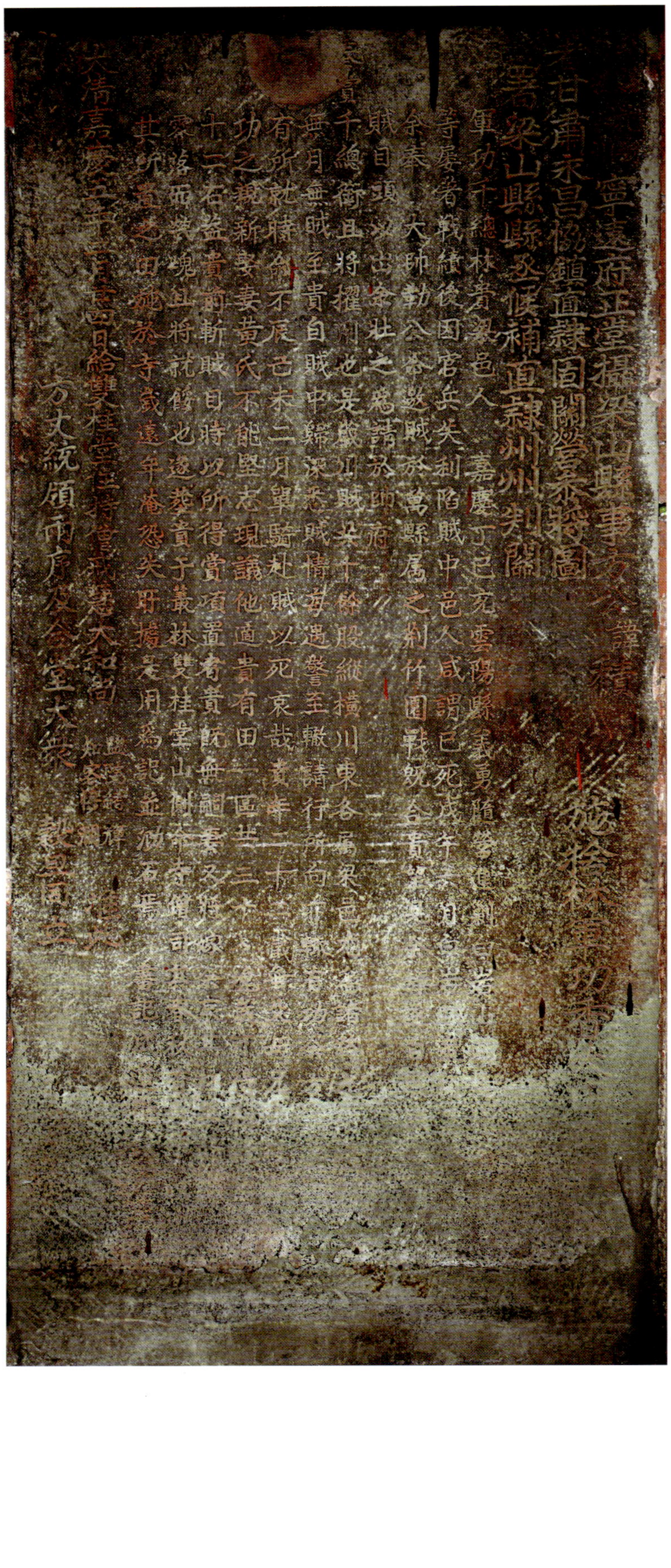

《施舍林军功香火碑》

碑文：

钦赐花翎特授四川宁远府正堂摄梁山县事方公讳积

署甘肃永昌协镇直隶固关营参参将图

署梁山县县丞侯补直隶州州判关

军功千总林贵，梁邑人。嘉庆丁巳，充云阳县义勇，随营进剿白岩山匪（残）等屡著战绩，后因官兵失义，陷贼中。邑人咸谓己死。戊午六月，白岩贼众（残）余奉。大帅勒公命，邀贼于万县属之荆竹园战，既合，贵望见余旗，遂自（残）贼目头以出，余壮之，为请于帅府。奏赏千总衔。且将擢用也。是岁川贼共十余股，纵横川东各属，梁邑尤为诸路之首，无月无贼至。贵自贼中归，深悉贼情，每遇警，至辕请行，所向亦辄有功，余方（残）有所就，时命不辰，已未二月，单骑赴贼以死，哀哉，贵年二十二岁，无父母兄弟（残）功之亲，新婆妻黄氏，不能坚志，现议他适。贵有田一区，共三十七块，岁可得租（残）十二石。盖贵前斩贼目时，以所得赏项置者，贵既无嗣，妻又将嫁，余哀其抔土零落，而觇魂且将就馁也。遂葬贵于丛林双桂堂山侧，命寺僧司其春秋香火，其所置之田施于寺。岁远年淹，恐失所据，是用为记，并泐石焉。书记成莲（残）。

大清嘉庆五年二月二十四日给双桂堂住持僧戒慧大和尚，监院绪辉，知客悟润准此。

方丈统两序及合堂大众谷旦同立。

《共住须知》

碑文：

夫无上妙道，园同太虚，无欠无赊，无修无证，无作无为，本自现成。所谓人人皆有，个人不无耳。祇因自生迷惑，背觉合尘，造作愚痴，随因逐果，不能自返，故滞长途，缚无所解哉。是以大学亲氏止于至善乎。因其贤愚不等，所以分茅别土，情窦日凿，巧说百端，奇言间混，闻之不可挽也，是故先圣悯而兴焉，开权显实，诱引归真，俾令人而返本还源也。所以广建丛林，扫邪弊，立规矩，以此模范人天，淘佛汰祖，诚学地之纲领，作末法之绳墨也。今遵圣制，删繁取要，以安海众，警策后学，凡入斯门者当自珍重。今将圣制条目并列于左：

不遵圣制破坏清规者出院。

破根本大戒者出院。

谗毁先哲诬谤贤善出院。

饮酒食肉者不许共住。

出言粗犷交拳撕打者摈。

刁唆是非斗构两头者摈。

细小事不忍，动气发粗，不听教劝者迁单。

私立徒众者出院。

恶口骂詈，我慢自高，搅群乱众者迁单。

不住满期私逃者鸣鼓摈。

驰骋机锋混滥佛法者出院。

有关常住要紧事务，不通众议白方丈，自循己见，

通同作弊重究。

椎楗错乱，梆板参差者巡寮跪香。

指借常住名色，化缘私用者罚。

无事窜寮者罚。

闻椎槌声，避懒偷安者罚，除公务及病。

一二时课诵及二时粥饭，不随众赴堂者罚，除公务及病。

一两序职事，不上方丈告假去三五日，私应外缘者罚，如半月回只可随众去职。

司职不尽职者罚。

殿堂、廊庑、山门，三五成群，闻谈杂语者罚。

无事赶场，闻游街市及枟越家者重罚。

不体惜常住什物及挑撒五谷者罚赔。

常住大小职事，原代众之劳，成人之美，应倾心竭力，如不尽职者罚。已上各约各宜遵守，毋得干犯，如有违者，决不轻贷，珍重。

大清光绪十八年岁次壬辰阳月结制日。

本山主人敬刊法轮怀统阖堂大众同立。

皖北黄洵，敬题并书。

《大铜钟铭》

铭文：

大清国四川省东道直隶忠州梁山县小南路三十里万安乡福德里，万竹山福国古刹，更名金带寺双桂堂。铸造铜钟记，古云：钟声传三千界内，佛法扬万亿国中，功勋酬帝主深思，利益报檀那厚德，今双桂堂古名黉宫，祝氏废基，大清顺治十年，癸巳岁由浙江宁波鄞县天童密宗云悟传曹溪三十五代，上破下山海明禅师初创，遇护法姚圣瑞喜舍勤勋之业，建为十方安身禅院，开期传戒，广度群品。康熙癸末岁，云矫印水禅师建修经楼，开垦荒田。雍正初，华生觉智叠更至乾隆三年，御赐藏经、铜佛，廿二年复至透月际旻禅师中兴双桂，御赐龙藏，丕振宗风，装裱藏典，广置灯田，及绍席诸老添新换囚，佛法常兴。道光年，德玉和尚手植嫩桂二株。咸丰之岁，洪道知识拾得金带一根，幸遇竹禅和尚朝山请回舍利，都监自权和尚建塔殿永垂不朽矣。荷蒙宰官兴崇，居位长老，添凑常住灯田，巅末移留，和虽积雪初，位传戒能属双桂十一嗣孙，将先后所置常业，列于铜钟，永远不朽矣。双桂四至界：即东界主顶福星寨万家坝双石桥，依河下交南平桥大路、凉水井、六家湾、陈家岭、场口、石柱坪关庙后，依河下交西刘家坝、严家湾、蚂蝗冲，下河坝交北圆觉庵、吴家岩、油房，依河上平背湾、观音岩，依交福星寨，外有喻家湾、石屏墙、万人坟、观音桥、铸锅园、天空井、陈家寺、白家坪、螺蛳冲、班竹园、堰塘冲、谢家坝、开元寺。梁城北门外蚂蝗街田一处，渠邑黎树寺田地，各处山场田地载粮，名僧海明息息之旭东，僧透月载粮八石余，共租千余石。洪钟在架，有叩则鸣。光绪丁酉毛沙小钱无用，仰大檀越缙绅善士不吝锱铢，倾囊相助，承满库师赞勤相凑银两，铸造铜钟，上祝国泰民安，下济幽爽离苦海，出烦恼之深渊，破无明之黑暗。佛法常兴，僧众安和，四境清平，山门镇静，存殁均沾利益，僧俗同登彼岸，千秋永固，万古常存，永垂不朽矣。云尔。

书记明禅熏沐并撰。

大清光绪二十五年岁在己亥喜日吉立。

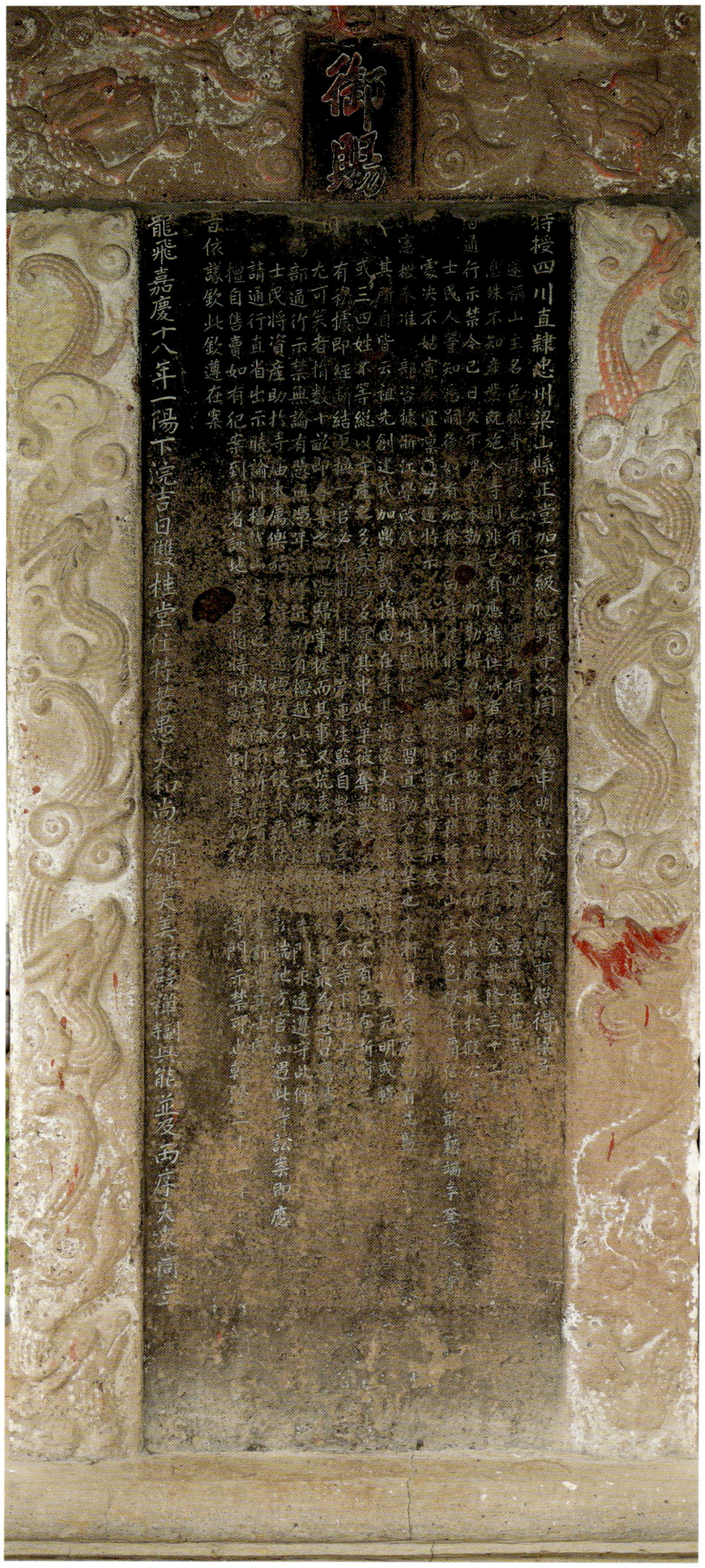
御賜
特授四川直隸忠州梁山縣正堂加六級
龍飛嘉慶十八年一陽下浣吉日雙桂堂住持

《御赐九龙捧圣碑》

碑文：

特授四川直隶忠州梁山县正堂加六级纪录十次周（履谦）

为申明禁令勒石严禁事，照得梁邑……（残）遂称山主名色，视寺产为己有，公然入寺把持一切田产，或招僧逐僧，恣意专主，甚致从中……（残）牟取利息。殊不知产业既施入寺，则非己有，应听住持者经营，岂能觊觎管事，况查乾隆三十二年……（残）旨通行示禁令，己日久年湮，或未勒碑，或所勒碑石颓败，以致若辈不知饬令森严，敢于假公济私。……（残）士民人等知悉，嗣后如有施舍之田产，修建之寺庙，俱不许藉擅越山主名色，侵牟霸占，但敢藉端争夺及入寺者严处，决不姑宽，各宜凛遵，毋违特示。计开为敬，将管见事案，奉宪檄奉准部咨，据浙江学政钱，奏称生监侵牟恶习，宜勒石严禁也。查浙省各寺庙均有生监……（残）其所，自皆云祖先创建，或加鼎新，或捐田在寺，其源流大都远在魏晋唐宋，以迄元明，或据……（残），或三四姓不等，总以寺产之多寡为多寡，其中此争彼夺，无岁无之，无郡不有。臣在浙府三年，……（残）有私据，即经断结，更换一官，必行翻控，其中牵连生监数人至十数人不等，下结上诉，……（残）尤可笑者，捐数十亩即合寺之田皆归掌握，而其事又荒远难稽，嗜利纷争，最为恶习。座请……（残）部通行示禁，无论有凭无凭，年远年近，所有擅越山主，一概革除，勒石寺门，永远遵守此条。……（残）士民将资产助于寺庙，本属乐施，何得竟起擅越名色，侵牟霸占，滋生讼端。地方官如遇此等讼案，即应……（残）请通行直省出示晓谕，将擅越山主名色，一概革除，不许藉有私据，争夺评告，其士民擅自售卖，如有犯案到官者，该地方官随时酌办，按例惩处，仍行勒石寺门示禁可也。乾隆三十二年……（残），旨依议钦此钦遵在案。

龙飞嘉庆十八年一阳下浣吉日双桂堂。

住持若愚大和尚统领监院大美、知客殿禅、副寺兴能并及两序大众同立。

《竹禅熹公碑》

碑文：

竹禅熹公老和尚，于一超老人法嗣，性嗜书画。咸丰年出山，住京师数载，回梁仍住报国寺。越同治八年，朝山吴越，舛经三十余载，书画愈震中外。然尤恋恋祖庭矣。堂中舍利、贝叶、破祖墨迹等物，皆公苦心觅回。且于光绪二十四年，汇银千两回堂，以添海众衣单之资，陪补灯油之费。己亥春，堂众派人至沪迎公归，公允之，庚子夏月上海起程，除沿途费用，余银二千有奇，所带回书画，除散给亲友，估之可为五六百金，连前共计银四千金之谱，均助常住功果，又奉部资承席方丈，改还大山门旧址，并观堂、方丈等处，布置一切，甚盛意也。堂有旧债万余，以为公回不难偿矣。无如旋梓六月，溘然而逝，时年七十有七。嗟呼，只履西归，公之幸也，抑即金带生辉，堂之光明，我辈无文，聊切实以志其颠末云尔。

方炳南撰涅清书光绪二十七年辛丑岁花月上浣吉旦。

住持如一 监院湘山 知客正江 维那崇禅 典座照徹及两序立。

《双桂禅堂小食会序》

碑文：

盖丛林以无事为兴盛，兴盛者全仗衲子怀其道德而可保护丛林，养衲怀道等於调众，故古者开权显实，诱引归真，俾今人而返本还源也，所以诸方下系般若为宗，净土为旨，今双桂禅堂历先代来未有小食会今住持遍和协两序筹议募化诸公勋助厥成，施金结会，咸皆苦乐同均，先有自权老和尚帧子会捐艮卅两，西堂普空师捐艮卅两，济材和尚捐艮十两，共艮七十两，寄存库房，其每两行息一分三扣算，倘年久渐添银两，多寡仍照前规外，和尚应缘开场龥仪入会众议，章程目列于后：

每年小食从九月起至三月止，每月定期四次，初三、十一、十八、二十六，每次定规费钦文付交，量人多少添增不定。小食会账目立簿二本，诙库房、禅堂各执一本，凡取食物，诙悦众香灯至库房认取，库头立账，另给悦众，入户滚存，照单登簿，其单永存至算账日期，簿单两对，不得参差。凡库房取物，照市立牌扣价，不得争多论寡，如违者彼此罚。凡办小食诙维那经理或干菜面食不定，倘时新之物，库房无者应给（残）。

办小食诙悦众、香灯、司永三人共办，不得抛撒，如违者罚。

每年算账定期正月初十日，从正月至三月止，于中数次诙若干应提移前账中，共札入付，滚存算账，规则与月账无异。

每用费多寡只许折利不能减本，如利多仍照前章，每月增添数次，如利少，以四次为定。以上条目永垂不朽。

大清光绪廿五年小阳月上浣日，双桂住持遍和同两序大众刊立。

《植树碑》

碑文：

从来善作者尤贵善成，有初者还须有终。况呼觉树恒春，慈光普照古德丛林，先辈开垦，无限辛勤，因果不昧。堂之象鼻嘴上天梯各处，空虚不堪入目，宜培丛林之茂盛，能使佛法之舆崇。前之累谈不一，虽然荒田数亩，年收有租。今兹本堂西堂觉隆师，自发善心培植树木，栽松栽柏数千余株，根茎枝叶勃然而兴，自愿捐功果钱一百串正，准折每年租息，又请定芝师亲手栽植，不惮辛勤，庶几四时八节，消灾免难增福延寿者，矣诚恐堂中人众闲谈，但愿住持以及职事人等，每年如意培植，经理成林，不准砍伐，后之发心锺而行之更有盛焉者，特泐石柱永垂不朽云尔。

光绪二十年甲午岁菊月宕渠空，湛露敬书。

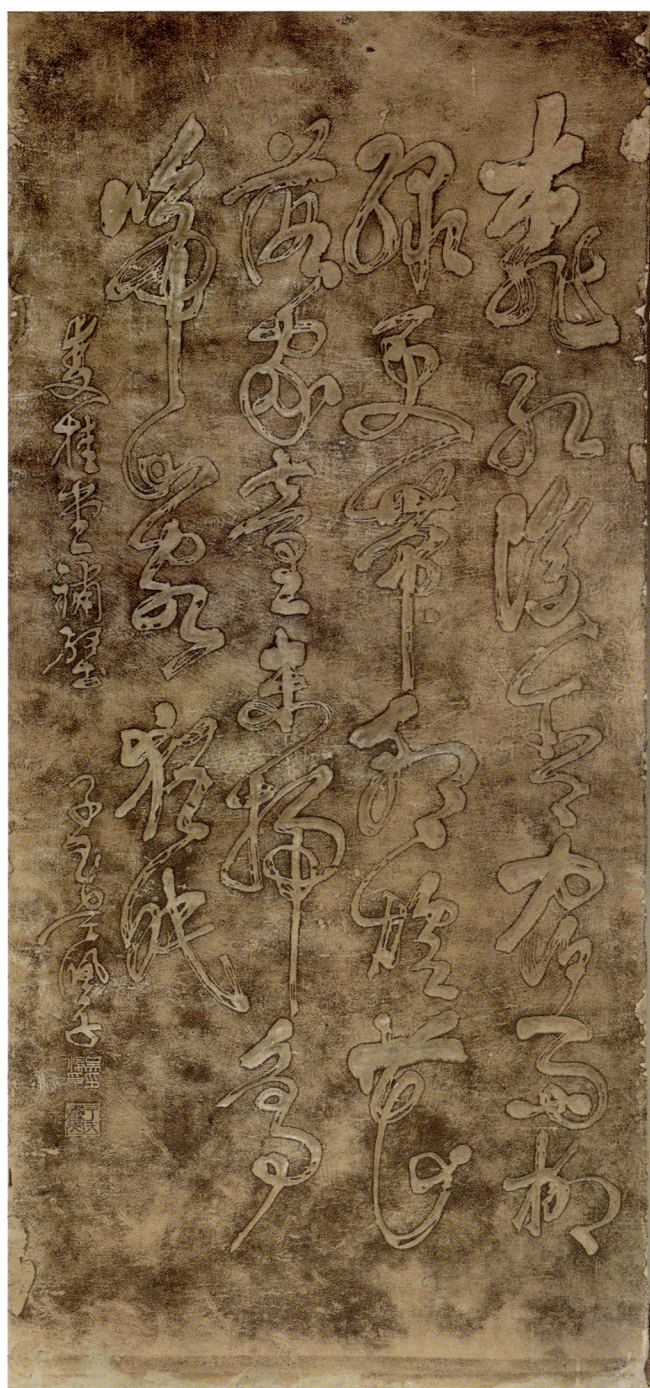

碑文：

桃红复含宿雨，柳绿更带朝烟。

花落家童未扫，莺啼山客犹眠。

款识：双桂堂补璧，子玉吴佩孚。

作者：吴佩孚（1874—1939年）

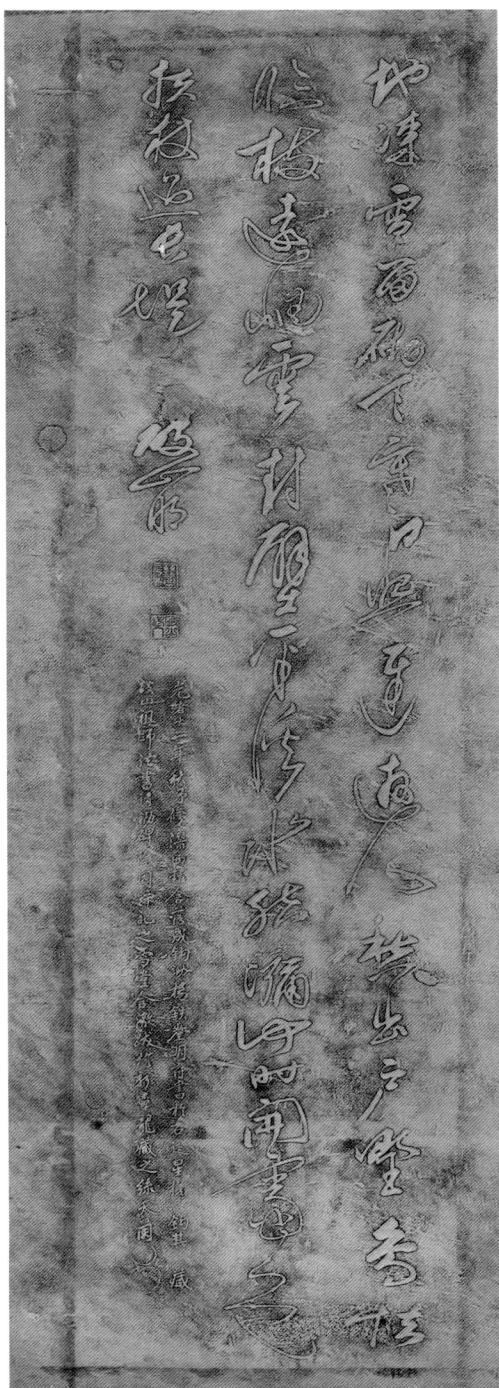

碑文：
地冻雪留砌，天寒日照迟。
游人愁出户，野鸟怯临枝。
远岫云封壁，平溪水结弥。
何时开霁色，扶杖过长堤。
款识：光绪十二年秋，予修潜西精舍落
成，钩泐杨铁崖明府书于石，徒星槎亦钩
其，藏破山祖师法书，请泐碑阴，因行记
之，雪堂含澈跋于新都龙藏之丝天阁。
作者：破山海明

《般若波罗密多心经》

碑文：

　　观自在菩萨，行深般若波罗密多时，照见五蕴皆空。度一切苦厄。舍利子，色不异空，空不异色，色即是空，空即是色。受想行识，亦复如是。舍利子，是诸法空相，不生不灭，不垢不净，不增不减。是故空中无色，无受想行识，无眼耳鼻舌身意，无色声香味触法，无眼界，乃至无意识界。无无明，亦无无明尽，乃至无老死，亦无老死尽。无苦集灭道，无智亦无得。以无所得故，菩提萨埵，依般若波罗密多故，心无挂碍，无挂碍故，无有恐怖，远离颠倒梦想，究竟涅槃。三世诸佛，依般若波罗密多故，得阿耨多罗三藐三菩提。故知般若波罗密多，是大神咒，是大明咒，是无上咒，是无等等咒，能出一切苦，真实不虚。故说般若波罗密多咒，即说咒曰：揭谛揭谛，波罗揭谛，波罗僧揭谛，菩提萨婆诃。

碑文：狮子峰前狮子儿，含威踞地爪牙齐。

有时返掷寻芳草，百兽闻之角皱眉。

款识：破山明。

《破山大师圹碑并铭》

碑文：

夫古德耆宿，不缘文字传，而三千八百，阐教扬宗，五恒河沙。百劫而愈永者非文字字传也。予方瓢衲五台，饭息莲宗，是以传破山大师，西蜀之名僧，辈望而南乎，巴郡禅教中天，自破大师始也。遁迹养晦，中饼幽岫者恒多，而所在著声，钵中云吐，杖底泉流，则破大师始也。蜀之住宿，慧剑相挥，披云闻笑者尤著。若继黄蘖而嗣音，听楞严而得悟，惟破大师独也。师之凤根慧悟，固秉性成，而苦行真参，全资猛力，肇自大持，演教东塔。既走吴越，历名胜，遍参云门、博山诸大老，证响无碍，而得道于密云圆悟大师，中边悉彻，衣钵流传，为大师嫡嗣，七十年来，狮吼象竖，月皎波澄，宰官拜其座下，将军奉其教律，慈筏接引，法铎长鸣，关捩恒开，齿发咸戴。须菩提之低眉，秀铁面之严喝，殆兼摄而普荷之矣。其间善果云集，祥慧霖沾，既迷悟以双忘，亦镜尘而并净。譬之天鸡始旦，灵曜启途，朗微幽明，其有禅于来兹，大矣。予方奉诏出山，辖指就道，偶遇燕石上人，道及破师圆寂，乃为缓辔，序其涯略。一片幽石，惟传信不传疑，或曰此亦史职也。师著述最富，其传世《破山语录》《山居诗》《双桂草》诸集，几盈尺，已寿梓。惟辞世一偈，更为解脱。师姓蹇氏，先籍渝州，中徙大竹，俗寿十九，僧腊五十二，其先期欢忭，届期趺坐而逝也。诚西方之珈瑜，南土之凤麟也哉。一苇西渡，梯航永别，灵蕊花凋，智芽蘖萎。凡诸有情，能无陨涕，爰作铭曰：

有善知识 破山禅师 历遍龙函 览周象池
口涌河沙 舌生潮漪 群石醒顽 衣禽登圮
再缘旃林 重然慧脂 人天护持 土女饭思
寒潭月冷 翠荄风移 津梁夕倦 夏腊朝辞
革囊遽萎 心镜长期 门人惨咽 弟子凄其
塔阁巍然 锡杖何之 法雨高悬 解沛无时
神光日杲 灵骨攸滋 永垂饼钵 用诏来兹

赐进士第、内翰林编修国史、前盛京典试大主考，西河米之俊拜撰。

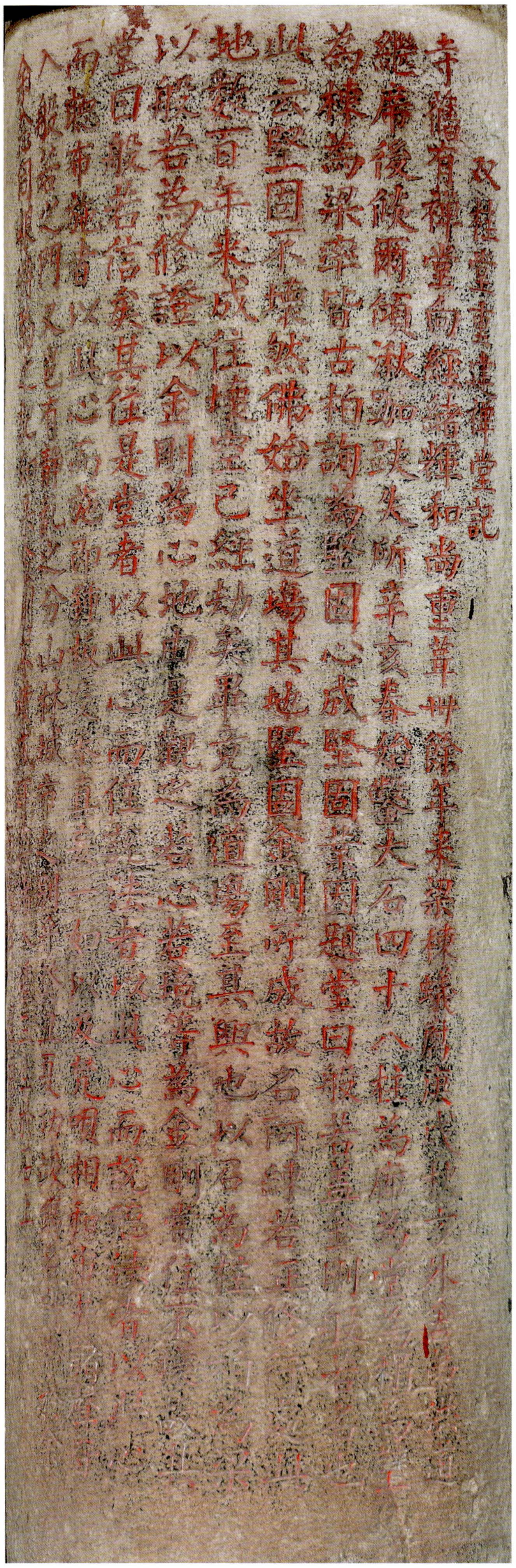

文殊普曹建修禅堂記　和尚重茸卅餘年来梁棟纖周空

寺後有禅堂向像瓦頹欲坠失所辛亥春容暨大石四十八枚為石牆後為陳為梁牽留古柏珣為纘固心成堅固圓牢固題堂曰以縣百年未成住性堂已經劫矢界堂為道場正其與也以此地縣百年未成住性堂已經劫矢界堂為道場正其與也以堂云二圓不壞然佛始生遂場其地堅固金剛竹成其石剛竹卷里心如金剛為心地而建礎之者亦古柏建而入而地布拳些市然已如如相

堂日散若官實其佳是堂者以此建而住者亦如

入而地布拳些市然已如如相

《双桂堂重建禅堂记》

碑文：

寺旧有禅堂，向经绪辉和尚重葺。卅余年来，梁栋蚁腐。庚戌秋，方外舍弟洪道继席后，倏尔倾湫，跰趺失所。辛亥春，始凿大石四十八柱，为廊为堂为榻为壁为栋为梁，率皆古柏，询为坚固心，成坚固业。因题堂曰："般若。"盖金刚般若名也，此云坚固不坏。然佛始坐道场，其地坚固，金刚所成，故名阿练若正修行处。此地数百年来，成住坏空，已经劫矣。毕竟为道场，至其兴也，以石为柱，以柏为梁，以般若为修证，以金刚为心地。由是观之，若心若境等，为金刚常住不坏。故其堂曰般若，信矣。其住是堂者，以此心而住；说法者，以此心而说；听法者，以此心而听；布施者，以此心而施；即钟板交参，真妄一如。以及梵呗相和，市井诸声，皆入般若之门，又岂有静乱之分，山林城市之别乎？癸丑夏，功竣镌名，请序于余。余念同根，特为之记。如果金刚不坏，或可与诸人种三生于石上。

西沤李惺撰文。

都监印汤书丹。

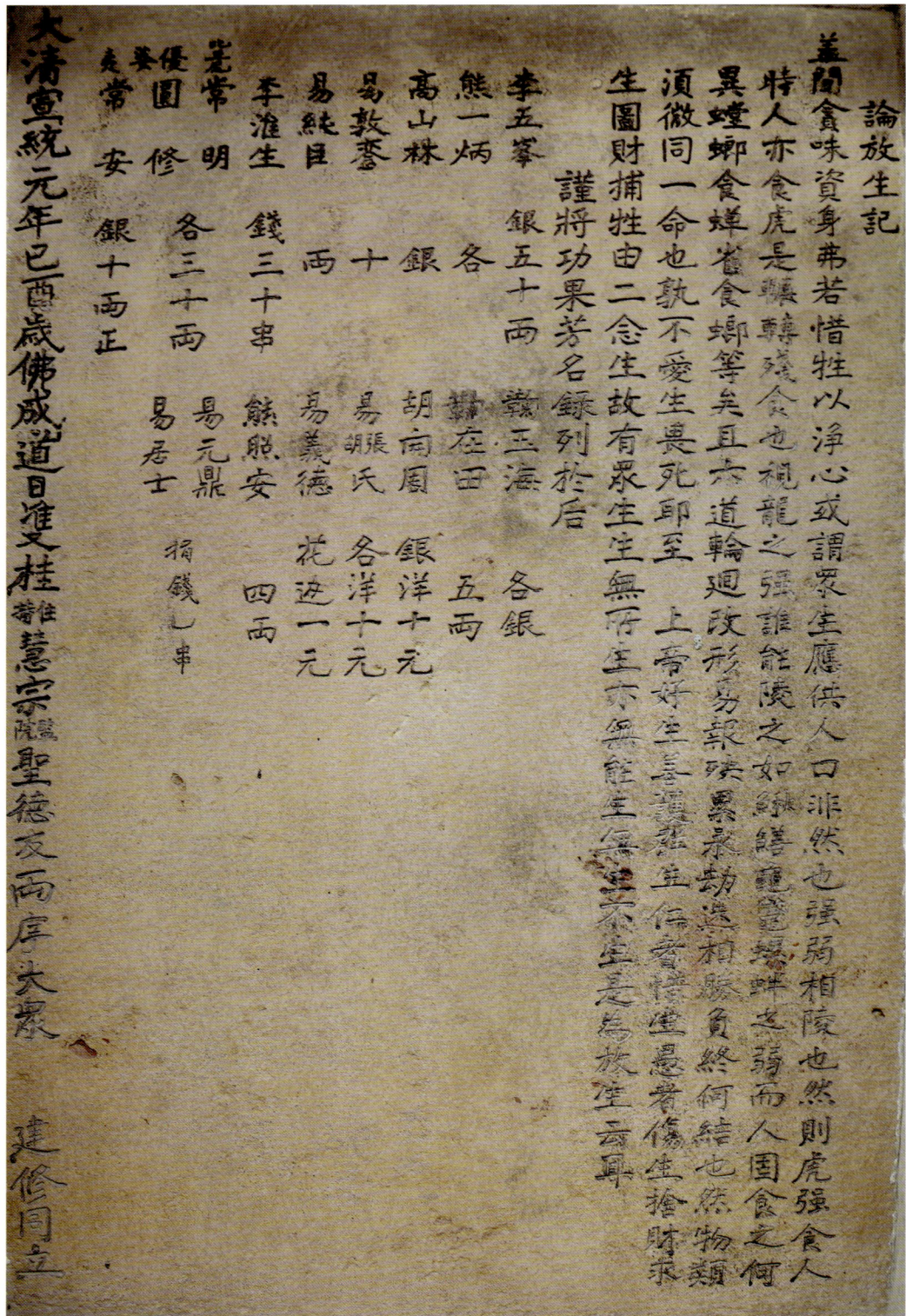

《论放生记》

碑文：

盖闻贪味资身，弗若惜牲以净心。或谓众生，应供人口，非然也，强弱相陵也。然则虎强食人时，人亦食虎，是辗转残食也。视龙之强，谁能陵之，如鳅、鳝、龟、鳖、螺、蚌之弱，而人固食之，何异螳螂食蝉，雀食螂等矣。且六道轮回，改形易报，殃累永劫，迭相胜负，终何结也。然物类须微，同一命也，孰不爱生畏死耶。至上帝好生，善护群生，仁者惜生，愚者伤生，拾财求生，图财捕牲，由二念生，故有众生，生无所生，亦无能生，无生不生，是为放生云耳。

大清宣统元年己酉岁佛成道日双桂堂。

住持慧宗监院圣德及两序大众 建修同立。

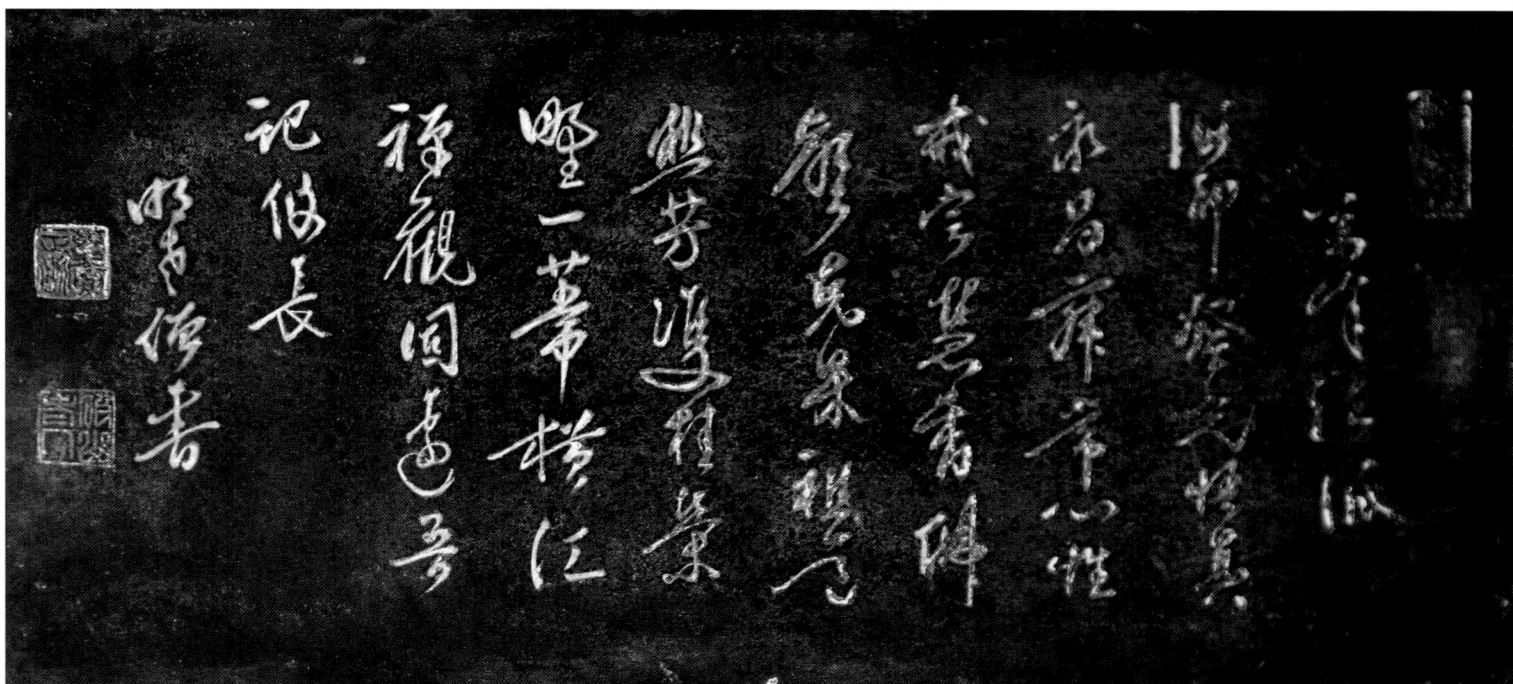

碑文：万峰法派：海印发光，悟真永昌，寂常心性，戒定慧香，佛声克
　　　果，祖道联芳，双桂荣野，一苇横江，禅观固远，吾记攸长。
款识：破山明。

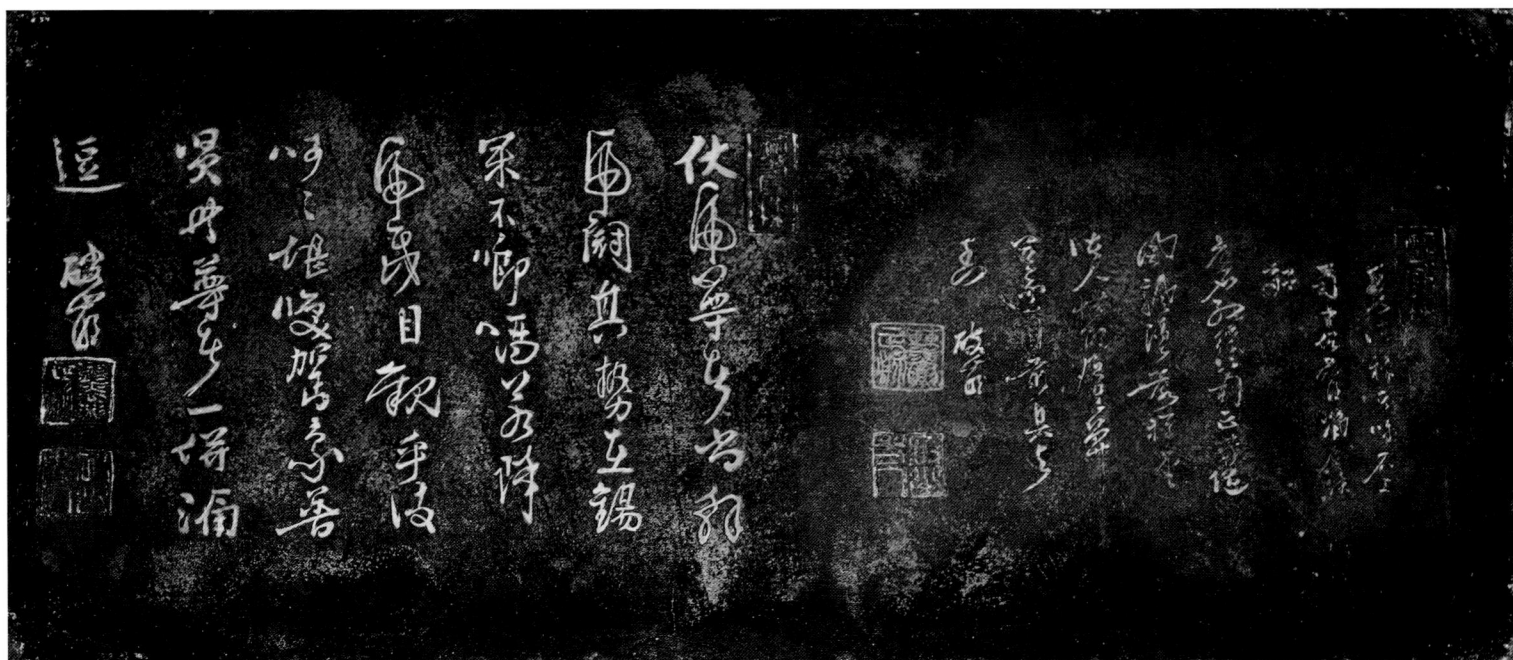

碑文：危石孤标菊正芳，随风飘坠落禅堂，诸人惜取娘生鼻，莫逐目前臭与香。
　　　伏虎尊者，尚解虎斗，其势在锡，果不唧嘲，若降虎威，目观乎后，呵
　　　呵，堪笑驾象普贤，此尊者一并漏逗。
上款：每见诸禅者咏石上菊，老僧只得鼠尾续貂。
下款：破山明。

匾额

《大雄宝殿》

上款：光绪岁次癸巳孟春谷旦。

下款：皖江黄洵敬书。

位置：大雄宝殿正面上重檐

《东南法海》

上款：康熙岁在戊申冬至日三，韩来瑾题并书为破山老和尚立。

下款：大清光绪壬辰岁南吕月重建。

位置：大雄宝殿正面上重檐

《道范清高》

上款：特授四川宁远府正堂摄梁山县事方，双桂戒慧大和尚洁绍席志庆。

下款：诸山信士全立，嘉庆六年岁在辛丑正月谷旦。

位置：大雄宝殿正面上重檐

《法王大宝》

上款：钦加盐运使御周仁勋敬献。

下款：大清光绪十九年，岁在昭阳大荒落麦秋上弦佛诞，内阁中书李孝廉书。

位置：大雄宝殿正面下重檐

《宗门巨擘》

上款：四川等处承宣布政使司左相寿和三郎廷，破山祖立。

下款：大清光绪十八年壬辰岁佛成道。

位置：大雄宝殿正面下重檐

《钟秀巫峰》

上款：四川等处提刑按察使司按察使李翀，熏沐，献破山老和尚立。

下款：大清光绪十八年佛成道日重彩。

位置：大雄宝殿正面下重檐

《大雄殿》

上款：署理梁山县正堂白椿书为双桂堂重建之庆。

下款：大清光绪十八年腊八佛成道日立。

位置：大雄宝殿背立面上重檐

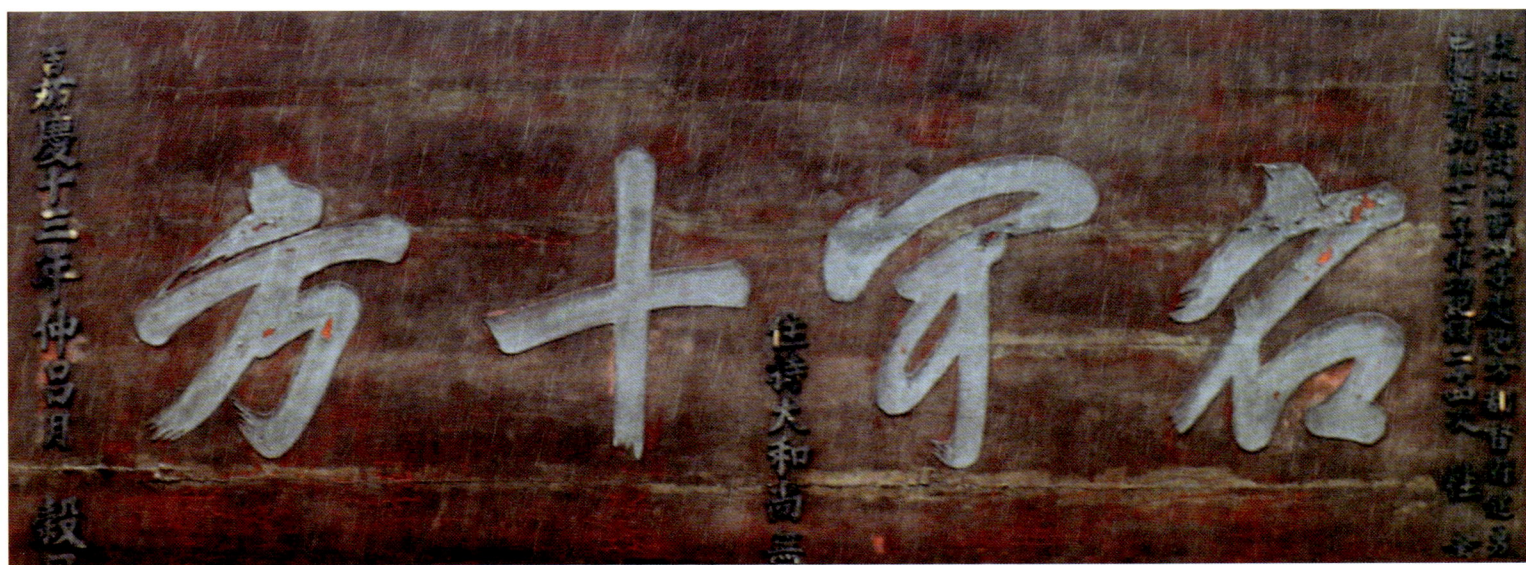

《名闻十方》

上款：钦加总镇御协夔州等处地方都督府，健勇巴图鲁带功加十二等军功纪录二十四次桂书，

住持大和尚无（幻）。

下款：嘉庆十三年仲吕月谷旦。

位置：大雄宝殿背面上重檐

《圆觉光明》

上款：候补道成都府正堂赵秉渊献。

下款：光绪十八年壬辰岁佛降诞之期重立。

位置：大雄宝殿背面下重檐

《龙天拥护》

上款：寂禅和尚继席立。

下款：沤边李悭题并书。

位置：大雄宝殿背面下重檐。

《丕振宗风》

上款：赐进士出身署大竹县事，题补大竹县正堂，世袭云骑尉加五级纪录十次玉，为双桂堂上连下玉和尚绍席志庆。

下款：竹邑佛会诸山等赠，光绪戊子年仲冬下浣日吉立。

位置：大雄宝殿背面下重檐

《通最上乘》

上款：赐同进士出身，前翰林院检讨，管国子监司业李惺题并书，方丈洪道和尚立。

下款：咸丰三年癸丑岁黄钟月上院吉旦。

位置：大雄宝殿背面下重檐

《佛国西天》

上款：道光二年果沛老人重建。

下款：光绪十八年桂月中秋日，僧空心捐金重彩。

位置：大雄宝殿内

《三界大师》

上款：钦命镇守四川川北等处总兵官，军功议叙世袭云骑尉，带纪录三次常保住。

下款：大清乾隆三十二年丁亥岁桂秋之吉旦立。

位置：大雄宝殿内

《正法久住》

上款：经筵日讲、起居注官、太子太保、武英殿文学士稽察，钦奉上谕事件处翰林
　　　掌院学士、文渊阁领阁事、上书房总师傅、国史馆正总裁、管理户部事务，
　　　加三级潘世恩于巳酉年书为。

下款：蜀梁双桂堂德玉和尚立，咸丰二年壬子五岁月，京都龙泉寺退隐惟一请赠。

位置：大雄宝殿内

《菩提长春》

上款：四川东道直隶忠州广积寺合院同立敬献。

下款：大清光绪十九年癸巳岁仲吕月佛诞。

位置：大雄宝殿内

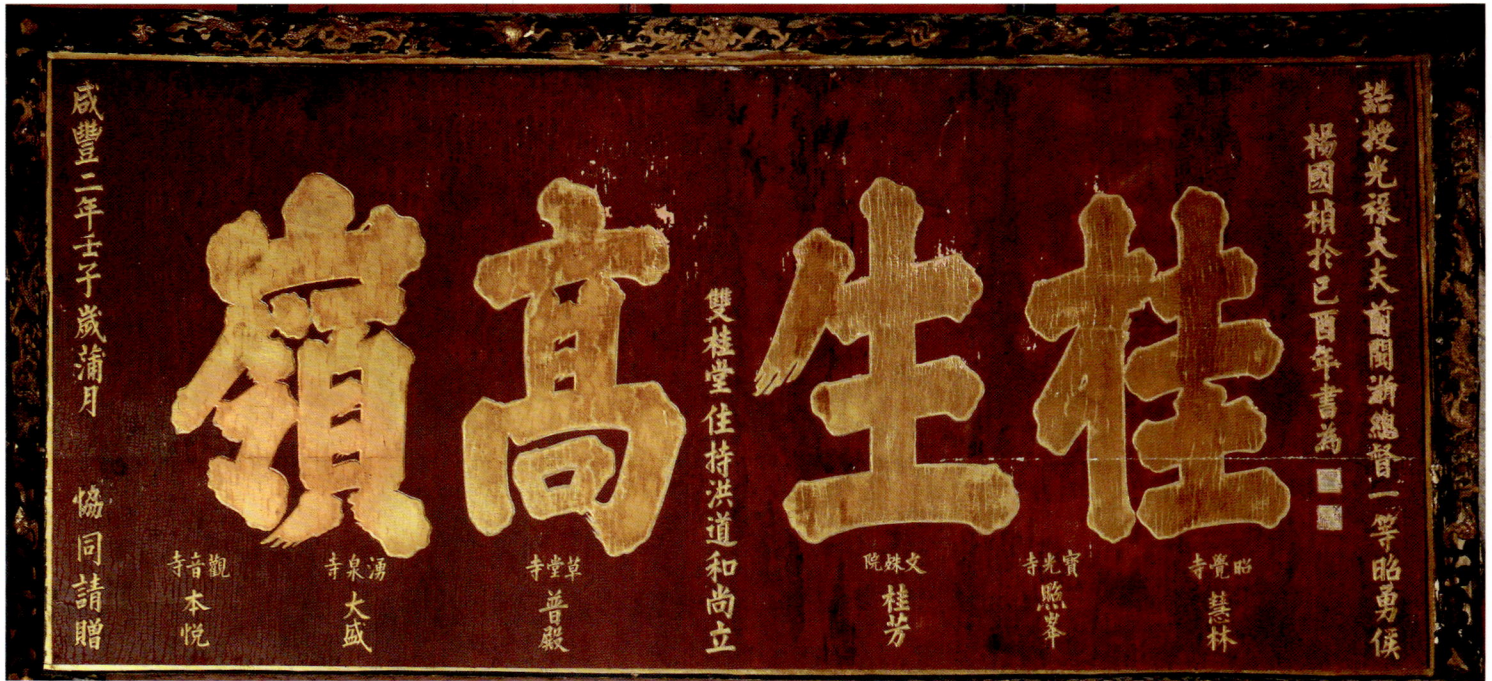

《桂生高岭》

上款：诰授光禄大夫前闽浙总督，一等昭勇候杨国桢于乙酉年书
　　　为双桂堂主持洪道和尚立。

下款：昭觉寺慧林、宝光寺照峰、文殊院桂芳、草堂寺普殿、涌
　　　泉寺大盛、观音寺本悦，咸丰二年壬子蒲月，协同请赠。

位置：大雄宝殿内

《皆大欢喜》

上款：恭维双桂堂上遍下和大和尚绍席之庆。

下款：忠州广积寺阁院同赠，光绪丁酉年冬月廿二日立。

位置：大雄宝殿内

《性体圆明》

上款：特授四川直隶忠州梁山县正堂，加三级纪录五次冯。

下款：为主持德玉和尚立，大清道光十八年岁次戊戌桂月上浣谷旦。

位置：大雄宝殿内

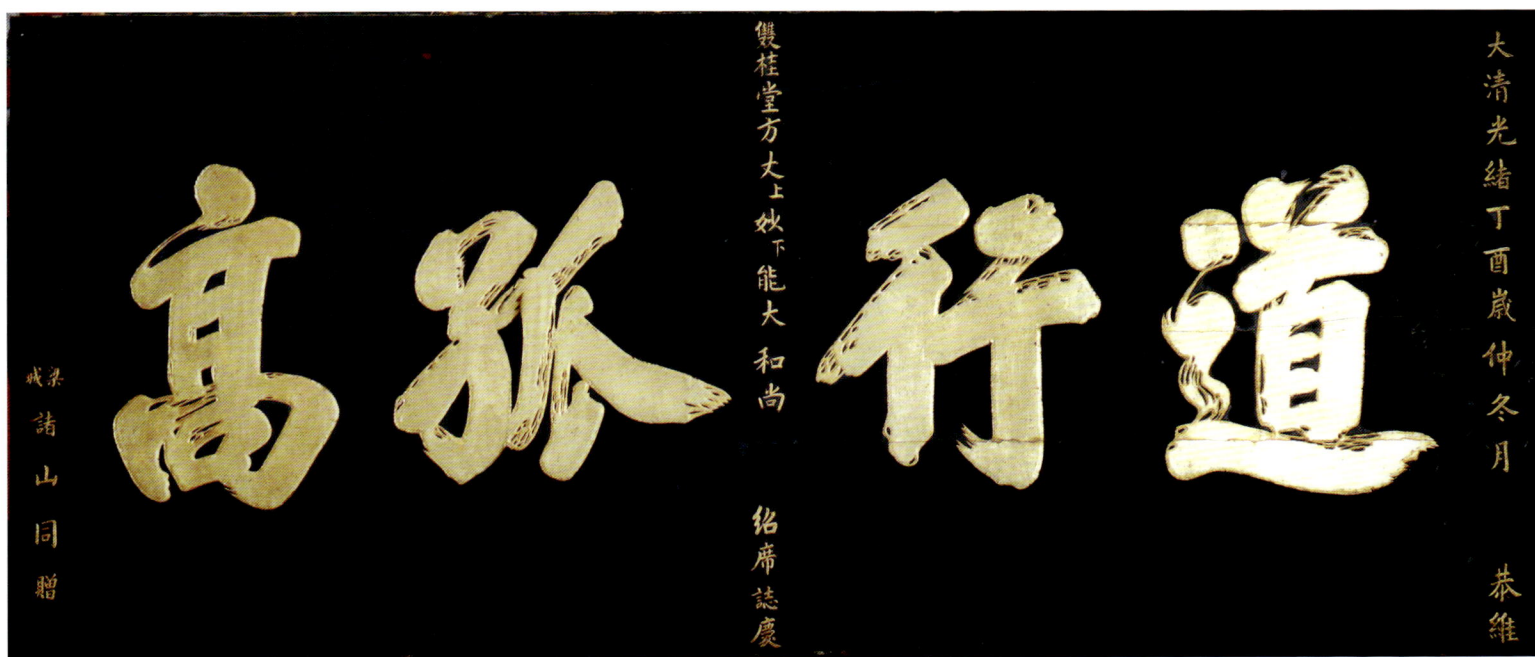

《道行孤高》

上款：大清光绪丁酉岁仲冬月，恭维双桂堂方丈上妙下能大和尚绍席志庆。

下款：梁城诸山同赠。

位置：大雄宝殿内

《仁义尽至》

上款：恭维双桂堂上遍下和大和尚绍席之庆，湖南方广寺普宗、竹邑天
　　　峰寺隆光、宝华堂性权、少钦庵浡然、云台山能峰、嵩山庵印
　　　松、曹家庵洪喜、宝光堂昌桂、兴云庵至清、观音阁性敏、宝潜堂
　　　住持镇空、渠邑芭桂堂住持觉畅、弥勒堂天全、忠州甘井报恩寺
　　　尽全、圆通庵隆镒、垫邑禹王宫圣德、梁邑永福寺圣护、横山寺明
　　　珠、福印堂慧泽、清源堂崇禅、延生堂觉仙。

下款：光绪丁酉年佛成道日协同拜赠。

位置：弥勒殿内

《佛法更新》

款识：聚奎乡众契友，祝贺双桂堂方丈上正下光大和尚传成诞庆一九四零年十二月。

位置：弥勒殿内

《法社金汤》

上款：特授四川直隶忠州梁山县正堂，加三级又军工加二级纪录五次，范绍泗熏沐敬题。

下款：双桂堂住持释妙谈及两序大众重修。

位置：弥勒殿内

《菩提长老》

上款：民国第一丙子佛成道日恭贺，双桂方丈续传大和尚绍席志庆。

下款：聚奎镇地藏会、钵山堂东岳凤凰清明会赠。

位置：五观堂当心间

《顽石点头》

上款：光绪廿六年孟冬上浣谷旦，双桂堂竹禅大和尚绍席志庆。

下款：法晚：隆栖、智惠、正江、妙能、湘山、崇禅同赠。

位置：五观堂内右次间横梁

《水云施布》

上款：民国八年季冬佛成道日吉旦，方丈上月下朗禅师绍席之庆。

下款：佛印堂合院大众和南。

位置：五观堂内左次间横梁

《灯传无尽》

上款：总督四川等地方军务，兼理提辖兵部尚书，兼都察院右副都御史，加二级李国英敬题。

下款：康熙六年岁次丁未七月十五日谷旦。

位置：破山塔石屏风正面

《衣钵流芳》

款识：双桂老人书。

位置：破山塔石屏风正面

注：双桂老人，即破山海明。

《结欢喜缘》

上款：公元一九八三年仲发第三次重建。

下款：双桂堂住持妙释谈及两序诮庆。

位置：关圣殿内

《金带寺》

款识：壬戌春虞愚。

年代：1982年

位置：关圣殿明间

《第一禅林》

上款：圣朝顺治十年初建立，乾隆己亥重竖，道光乙巳复修。破
      山明祖初创，极糜深祖重立，德玉性祖复修。当今绪皇廿
      五年己亥岁遍和沐手敬书。

下款：传载古名黉宫，福德里万竹山佛国寺，堂名双桂更名金带。
      住静纯修洪、隆栖力、成益满公，首座广弘松、座元竹禅
      熹公老和尚。住持妙能和尚暨监院如一阖堂两序海众全
      修。大清光绪廿五年己亥冬吉立。石匠王昭盛，木匠蒋
      承之等。

位置：南山门横额

注：作者妙能和尚为双桂堂第十一代方丈。

《双桂堂》

款识：赵朴初

年代：1983年

位置：南山门正面

《福国寺》

上款：甲子年季春月。

下款：古昌州方滨生书。

位置：南山门正面

注：1.福国寺为双桂堂寺庙曾用名；
　　2.甲子年为1984年。

《万竹山》

款识：癸亥冬半黎。

位置：南山门正面

注：万竹山为双桂堂寺庙曾用名。

楹联

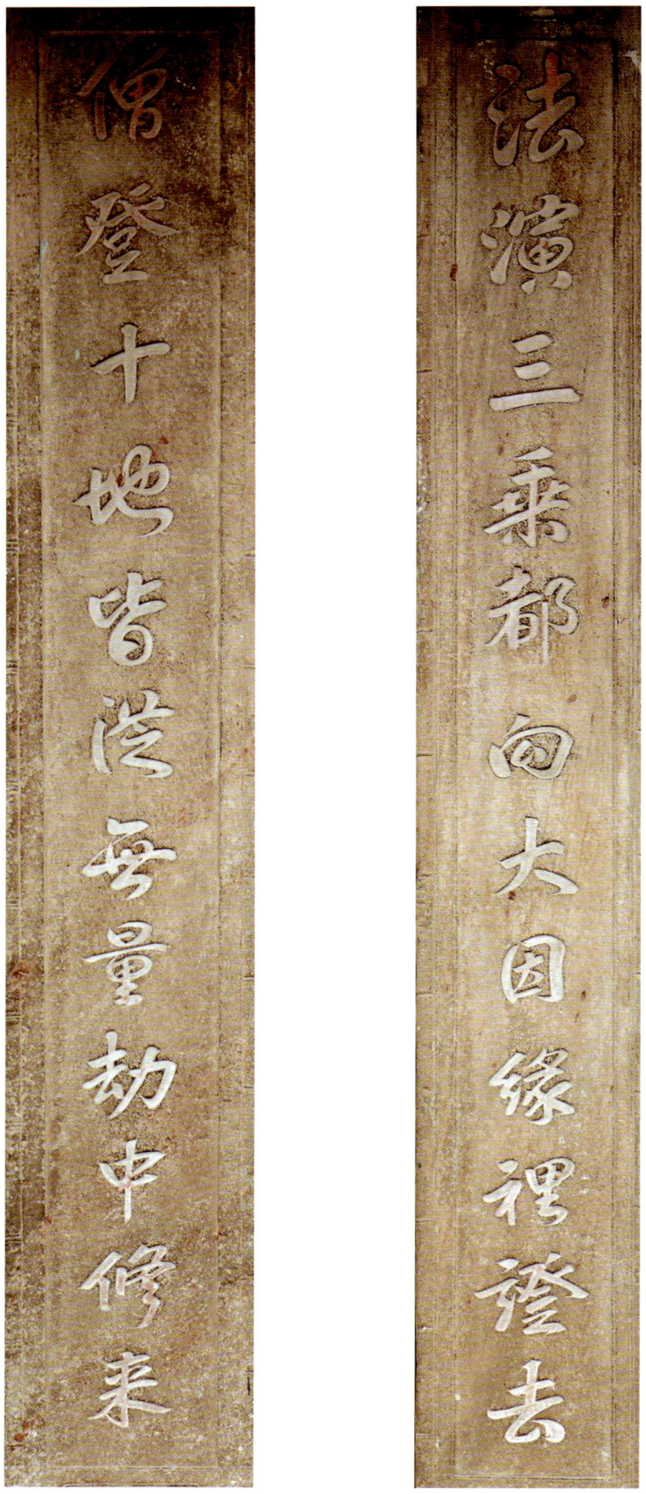

僧登十地皆從無量劫中修來

法演三乘都向大因緣裡證去

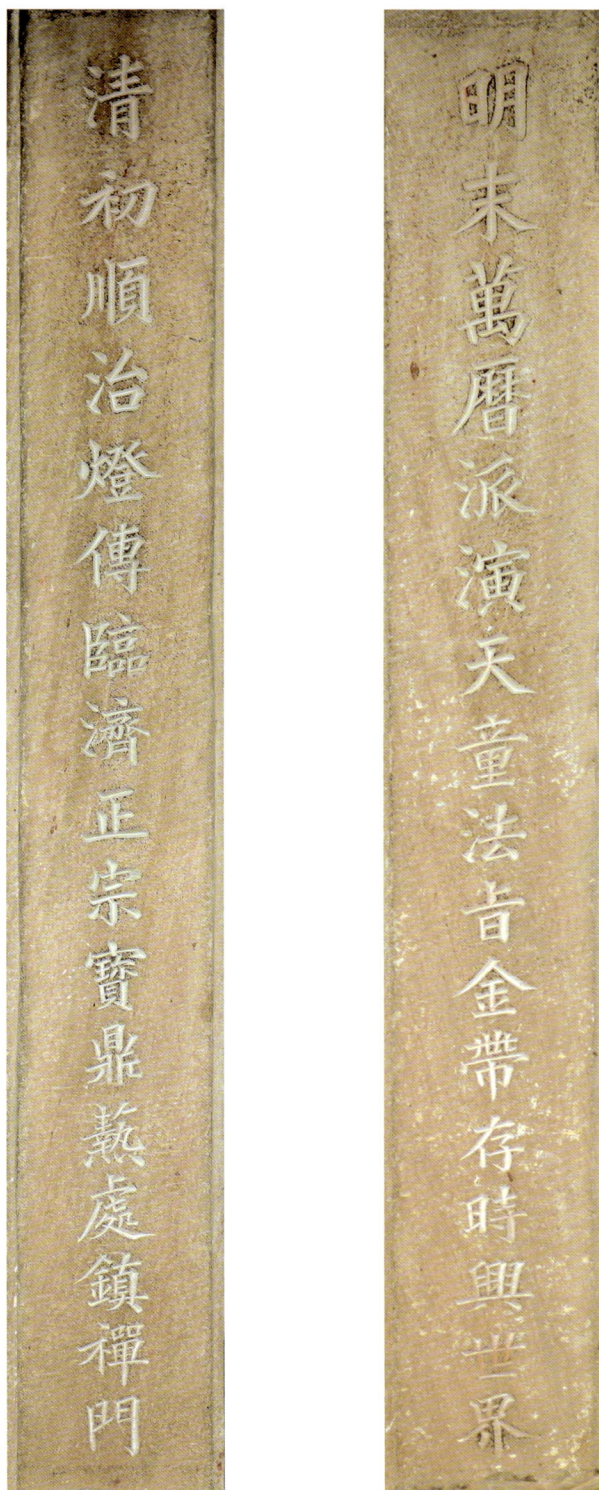

明末萬曆派演天童法旨金帶存時興世界

清初順治燈傳臨濟正宗寶鼎爇處鎮禪門

教诸子快回头来，大海茫茫终有岸；

愿众生绝妄想处，此心了了便超尘。

法演三乘，都向大因缘里证去；

僧登十地，皆从无量劫中修来。

明末万历，派演天童法旨，金带存时兴世界；

清初顺治，灯传临济正宗，宝鼎爇处镇禅门。

位置：大雄宝殿正面檐廊石柱

注：三对楹联为大雄宝殿前檐廊与石柱整体雕刻，从构筑材料和构筑方式的整体性分析，与大雄宝殿内石柱一气呵成，推论应为清光绪癸巳年的雕刻。楹联的排列完全根据六根檐柱的位置排列，便于与实物对照。

南无三藐三菩提，直捷修，莫如极乐；
西方一莲一世界，皈依切，即得往生。
上款：光绪岁次癸巳仲春月谷旦。
下款：秣陵戴臣邻敬书。
位置：大雄宝殿后楹石柱

休言舍利为空修到方用实用；
须识菩提自在静中乃见真如。
上款：洪道大禅师法鉴。
下款：信帆董湘。
位置：禅堂内

破山雙桂供養世尊試問殿前僧眾磕頭下拜同發信心有鼻孔盡撩空聞得木樨香否

光緒歲次癸巳仲春月穀旦

迦葉拈花只餘微笑直使座上如來開口到今不說夢話行腳人你要會其奈栗棘蓬何

皖北黃洵敬題並書

破山双桂，供养世尊，试问殿前僧众，磕头下拜，
同发信心，有鼻孔尽撩空，闻到木樨香否；
迦叶拈花，只余微笑，直使座上如来，闭口到今，
不说梦话，行脚人你要会，其奈栗棘蓬何。
上款：光绪岁次癸巳仲春月谷旦。
下款：皖北黄洵敬题并书。
位置：大雄宝殿内

如来为大事因缘，应现于世，灵山三百会，显示密谛圆宗，无非将苦行中所亲证者，和盘托出，疑城从此破，觉路由是开，始知最上菩提总不离当下一着；

众生随屡劫轮转，错认其心，孽网千万重，谁与解粘脱缚，幸赖有诸佛说使自悟之，尘梦顿醒，道岸立诞登，故乡原在迩，方信随时饮啜即次入真不二门。

上款：光绪岁次癸巳仲春月谷旦。

下款：花翎知府衔侯选盐运副使周仁勋敬题。

位置：大雄宝殿内

万竹山前逢一纳，话虚心高节；
三家村里学老农，得广种博收。

款识：无款（破山手迹）。

位置：弥勒殿佛龛石柱

注：双桂堂所在地称万竹山，"万竹山"也是双桂
　　堂曾用寺名；三家村：破山在双桂堂弘法时倡
　　导农禅并重，故称其道场三家村。

二株嫩桂久昌昌正快时人鼻孔；
数亩荒田暂住住稍安学者心肠。
款识：无款（破山撰书）。
位置：关圣殿石狮门柱

大事记

1653年　清顺治十年

　　破山海明　建大殿、方丈、僧堂。"顺治十年，是秋，鸠工采木，于佛成道日（农历腊月初八）竖大殿、方丈、僧堂三十余楹。期年而成。"

　　建关圣殿，又称南山门，做山门使用。奉关羽、侧侍周仓、关平，为寺元护法神。门侧楹联为破山手迹。

1659年　清顺治十六年

　　破山海明　建法堂、寝堂，"法堂告成"，"复建一楹于法堂之左隅，题曰：'寝堂'"。

1661年　清顺治十八年

　　破山海明　李制台题"灯传无尽"横额。

1666年　清康熙五年

　　云峤印水　建破山塔。

1673年　康熙十二年

　　云峤印水　建藏经楼七间，下殿（即弥勒殿）七间，寝堂五间，东廊斋堂九间，1688年完工。

1681年　康熙二十年

　　云峤印水　始建戒堂（今文殊殿）。建伽蓝殿于大雄宝殿左侧，与西廊祖师堂相对。始建五观堂。

1696年　康熙三十五年

　　苍碧聪　重修弥勒殿。

1718年　康熙五十七年

　　苍碧聪　修复五观堂。

1730年　雍正八年

　　觉知修　二次修戒堂、韦陀殿，落成西廊大殿（包括祖师堂）及后卧云阁五间，并重建戒堂。在弥勒殿后建韦陀龛，改塑韦陀像。始建禅堂。

1757年　乾隆二十二年

　　透月际旻　加修戒堂，第二层设回廊翻经台。保持至今。

1758年　乾隆二十三年

　　透月际旻　重建大雄宝殿，修葺戒堂。

1769年　乾隆三十四年

　　透月际旻　重建弥勒殿。

1779年　乾隆四十四年

　　极糜深　重建南山门。

1796年　嘉庆元年

　　明韬隐　重修关圣殿（南山门），塑二金刚、龙神、土地。

1800年　嘉庆五年

　　戒慧洁　重修卧云阁，并改名为大悲殿。共七间，中三间为殿，前奉观音，后侍奉西方三圣。

1818年　嘉庆二十三年

　　重建禅堂。

1822年　道光二年

　　杲沛昭　三次重修大殿。

1823年　道光三年

　　杲沛昭　重建五观堂，系全木结构。

1825年　道光五年

　　杲沛昭　再次重修弥勒殿，并改塑四天王像及手中之物。

1833年　道光十三年

　　德玉性　植嫩桂二株于塔之左右。

1835年　道光十五年

　　德玉性　二次重建法堂。

1845年　道光二十五年　乙巳年

德玉性　重修山门。

1850年　道光三十年

洪道真通　重建禅堂，升高石基，改木柱为石柱四十八根，梁皆古柏，堂内全用水磨石板铺地，楼上作藻井以引屋面之光。

1853年　咸丰三年

洪道真通　以经楼左畔余地修建功德堂、功行堂。

1860年　咸丰十年

洪道真通　始建贝叶楼、舍利塔。

1864年　同治三年

洪道真通　贝叶楼、舍利塔落成。

1880年　光绪六年

自权真印　二次修建祖师堂。

1882年　光绪八年

法轮怀　改建大雄宝殿。

1884年　光绪十年

法轮怀　建上客堂。并再次重建大雄宝殿，下层及柱全用石料，历时八年竣工。为今日之规模。

1889年　光绪十五年

法轮怀　二次修建大悲殿，殿内改木柱为石柱。

1893年　光绪十九年

法轮怀　改建大雄宝殿，用石柱五十二根，八方形，其余走廊柱为四方形，础琢狮、象、吼三对；雄立阶前。同时，三修法堂，重修大客厅，首建涅堂。

1899年　光绪二十五年

遍和　将山门改于寺之左侧新山门。

1900年　清光绪二十六年

竹禅熹公　摒除风水速信之说封闭新山门，重开南山门。

1909年　宣统元年

慧宗　募修放生池。

1924年　民国十三年

改涅堂为佛学堂，并在山上建佛子茅枞，对当时侧门影响甚大。

1925年　民国十四年

将御赐经书贮移于贝叶楼，遂改名贝叶楼为藏经楼。

1928年　民国十七年

吴佩孚书"藏经楼"三字匾额于藏经楼上。

1929年　民国十八年

崇道香国　拆去破山塔前殿堂，改建小亭附于塔前，以观宝塔。

1940年　民国二十九年

正光　改关圣殿为一层，关闭新山门，重开南山门（关圣殿）。

1968年

借住单位拆去佛学堂（原涅槃堂），建为家属院三幢。毁关圣殿内神像，毁天王殿。

1970年

"313"借住大悲殿，改建大悲殿为宿舍。

1983年

列为全国重点保护寺庙。全面修复双桂堂。重开新山门以便于交通。修复关圣殿为单层重檐建筑。仍设八字墙，因不作山门用，当心间新竖福字壁以堵其旧道。

1984年

维修破山塔，将桂树方台改为双层八角形，与塔形相协调。

全部折除大悲殿并重建，恢复大悲殿原貌。

拆除佛学堂原址上所建三幢二层楼式的家属院，栽种花木，已成园林。

2009年

罗汉堂落成开光典礼，费时5年。

建海明广场、碑林、禅茶园。

2012年

双桂堂保护规划设计。

对双桂堂古建筑群进行全面修复。

历代方丈名录

一代

破山海明

俗姓蹇名栋宇，大竹县人，创破山法系，任职双桂堂庭方丈于清顺治十年（1653年）至康熙五年（1666年），嗣法师密云圆悟禅师，传法弟子87人。

二代

云峤印水

梁平县人，任职年代清康熙五年（1666年）至康熙三十二年（1693年），嗣法师破山海明。

三代

苍碧聪

任职年代清康熙三十三年（1694年）至康熙五十八年（1719年），嗣法师云峤印水。

华生荣

任职年代清康熙五十九年（1720年）至康熙六十一年（1722年），嗣法师云峤印水。

四代

幻一觉

嗣法师苍碧聪，开建宝藏。

觉知修

任职年代清雍正元年（1723年）至雍正十年（1732年），嗣法师华生荣，传法弟子6人。

五代

顿圆渺

嗣法师幻一觉，开建宝藏。

六代

透月际旻

任职年代清乾隆二十二年（1757年）至乾隆三十八年（1773年），嗣法师顿圆渺。

静月皓

嗣法师顿圆渺。

七代

极糜深

任职年代清乾隆四十二年（1777年）至乾隆五十六年（1791年），嗣法师透月际旻，传法弟子62人。

心朗云鹤

嗣法师透月际旻。

八代

明韬隐

任职年代清乾隆五十六年（1791年）至嘉庆二年（1797年），嗣法师极糜深。

戒慧洁

任职年代清嘉庆二年（1797年）至嘉庆八年（1803年），嗣法师极糜深，传法弟子19人。

茂悦憻

任职年代清嘉庆八年（1803年）至嘉庆十八年（1813年），嗣法师极糜深。

绪辉灯

任职年代清嘉庆十九年（1814年）至嘉庆二十三年（1818年），嗣法师心朗云鹤。

大身圆

嗣法师心朗云鹤。

月明照

嗣法师心朗云鹤。

乐方达融

嗣法师心朗云鹤。

九代

无幻空

任职年代清嘉庆十三年（1808年），嗣法师明韬隐。

若愚慧

任职年代清嘉庆十八年（1813年），嗣法师明韬隐。

杲沛昭

任职年代清嘉庆二十五年（1820年）至道光九年（1829年），嗣法师茂悦憻。

殿禅升

任职年代清道光十年（1830年），嗣法师明韬隐。

德玉性

任职年代清道光十三年（1833年）至道光二十五年（1845年），嗣法师茂悦憻。

德修芳

嗣法师明韬隐。

笑凡懿

嗣法师乐方达融。

大乘慧

嗣法师绪辉灯。

一超品

嗣法师茂悦憻。

大智慧

嗣法师茂悦憻。

十代

寂禅
任职年代清道光二十六年（1846年），嗣法师德玉性。

洪道真通
任职年代清道光三十年（1850年）至同治六年（1867年），嗣法师杲沛昭。

沛禅真厚
任职年代清同治七年（1868年）至同治八年（1869年），嗣法师德玉性。

自权真印
任职年代清同治八年（1869年）至光绪四年（1878年），嗣法师德玉性。

明泉真贤
任职年代清光绪五年（1879年），嗣法师一超品。

自权真印（重任）
任职年代清光绪六年（1880年）。

竹禅熹公
任职年代清光绪二十六年（1900年），嗣法师一超品。

十一代

西来
任职年代清光绪四年（1878年）至光绪五年（1879年），嗣法师洪道真通。

光辉
任职年代清光绪七年（1881年），嗣法师明泉真贤。

法轮怀
任职年代清光绪八年（1882年）至光绪十年（1884年），嗣法师洪道真通。

成益满
任职年代清光绪二十二年（1896年），嗣法师明权真贤。

遍和
任职年代清光绪二十三年（1897年）至光绪二十五年（1899年），嗣法师自权真印。

如一
任职年代清光绪二十七年（1901年），嗣法师明泉真贤。

隆栖力
嗣法师洪道真通。

万智慧
嗣法师自权真印。

十二代

连玉碧
嗣法师明泉真贤。

昌洪
嗣法师明泉真贤。

慧宗
任职年代清光绪三十一年（1905年）至宣统二年（1910年），嗣法师遍和。

自乐
任职年代清宣统三年（1911年）至民国二年（1913年），嗣法师隆栖力。

中道旻深
任职年代民国三年（1914年）至民国七年（1918年），嗣法师隆栖力。

十三代

长海
任职年代民国七年（1918年），嗣法师慧宗。

性朗鉴
任职年代民国八年（1919年）至民国十一年（1922年），嗣法师慧宗。

圆融
任职年代民国十一年（1922年）至民国十五年（1926年），嗣法师慧宗。

中道旻深（重任）
任职年代民国十六年（1927年）至民国十七年（1928年）。

崇道香国
任职年代民国十九年（1930年）至民国二十年（1931年），嗣法师中道旻深。

仁安真诠
任职年代民国二十一年（1932年）至民国二十三年（1934年），嗣法师中道旻深。

崇道香国（重任）
任职年代民国二十五年（1936年）。

性传厚
任职年代民国二十五年（1936年），嗣法师中道旻深。

圆融（重任）
任职年代民国二十六年（1937年）至民国二十七年（1938年）。

崇舟
任职年代民国二十八年（1939年），嗣法师中道旻深。

十四代

本元惺凡
任职年代民国十七年（1928年）至民国十九年（1930年），嗣法师隆栖力。

正光
任职年代民国二十八年（1939年）至民国三十年（1941年），嗣法师崇道香国。

本元惺凡（重任）
任职年代民国三十一年（1942年）至民国三十四年（1945年）。

十五代

常义妙谈
任职年代民国三十六年（1947年）至1949年，嗣法师本元惺凡。

理宽
任职年代1949—1950年。

常义妙谈（重任）
任职年代1950—1991年。

大块宽胜
任职年代1991—2000年。

十六代

身振理约
任职年代2001年9月至今，嗣法师常义妙谈。

后记

《梁平双桂堂》古建筑群测绘图文史料从初期的基础资料调查研究、历史测绘资料整理，到师生大规模进入现场展开测绘以及之后的测绘资料整编，直到最后的编辑出版，花费时间达三年之多，其中每一个环节都凝聚着众多人的智慧和心血。本书的出版，将是对他们最好的回报。

2011年7月，正值重庆的酷暑季节，重庆大学建筑历史与理论研究所的张兴国、陈蔚、郭璇、戴秋思、冯棣、蒋家龙、廖屿荻、胡斌、冷婕、汪智洋、唐淼、刘志勇、罗强、李臻赜、熊海龙等教师，带领建筑城规学院建筑学三年级学生一百余人，进行了双桂堂古建筑的测绘工作。教师的责任是双重的，既要对学生进行全面技术指导，还要对学生的安全负责。年久失修的古建筑存在许多安全隐患，教师往往是迎难而上，尽力为学生创造安全的测绘环境，以学生为本的精神在这里突出体现。我们的学生是十分可爱的，一百三十余学生在集中的古建筑群工作，他们有良好的组织纪律和社会责任感，他们不但掌握了古建筑测绘技术知识，更学会了团结互助，还为重庆的古建筑保护做出了应有的贡献。

建筑历史与理论工作室的博士研究生和硕士研究生，对测绘工作和测绘资料的整理工作都不同程度付出了努力。肖冠兰、曾宇、徐炯炯、王文婧、陈琳、夏敏、杨钏、秦浩参加了测绘工作的全过程。高鹏飞、齐一聪、张霁、范银典、陈果、刘璐、李鹏飞参加了测绘、出版的后期整理工作，他们带着图文数据到现场核对，不断修改、完善，使得测绘资料的准确性更高。齐一聪、徐辉、袁晓菊将碑刻楹联的文字对照实物逐一进行核对，补全了疏漏之处，纠正了错别字句，这些都是不可缺少的重要工作环节。

重庆大学出版社对本书出版工作积极支持，从社长到编辑都高度重视。出版社的编辑张婷女士，直接负责本书的编辑工作，往返于编辑部与工作室数十次，和蔼可亲的姿态使我们乐意一次次去修改完善。

重庆市民族宗教事务委员会代表市政府启动的重庆"百年教堂、千年寺庙"保护修缮工程，使我们有幸承担双桂堂古建筑群的保护规划与修复设计。古建筑测绘是文物建筑保护修复设计必不可少的基础工作。重庆市文物局在测绘和保护修复设计过程中给予了自始至终的支持和技术指导；梁平县政府以及县民宗局、县文物管理所等部门对测绘工作给予积极的协调；双桂堂佛教寺院的方丈和僧众们对测绘工作更是理解和配合。他们使双桂堂古建筑测绘工作进行得如此顺利，为后期的保护修复设计创造了良好条件。梁平的熊少华先生，长期从事双桂堂佛教寺院的文史研究工作，对双桂堂的测绘和保护工作提出了可贵的建议，使我们对双桂堂历史文化有更深刻的理解和认识。

参加本书测绘的2008级建筑学本科生有：张晗、何汶蕖、陈颖、高鹏飞、曾宪明、沈奇、孙涵、高云、杨力、唐坤、陈桥、王喆、唐铭杰、郑世中、王洋、王戈瑶、孔维懋、张小龙、潘爽、许潇予、周靓、马欣、刘璐、梁艳、周琳、徐苗、马秀莲、晁阳、刘瑶、陈泓蔚、孙艳晨、王凌云、姚翀、郭蔚玲、邹露滢、范银典、张子涵、陈茗、刘壬可、张令泽、田丰、黄川、宋河舟、黄建伟、赵富强、邹蕴波、柴鑫、范润平、谭诚、韩艺文、陈渝、徐徕严、李鑫月、许晨、杨龚华、王琢著、杜云桥、史文滔、黄霜翼、白苏日吐、李长军、王迪超、黄言言、游畅、刘亚之、蒲澍、张小龙、刘勇、刘志坚、郭绍波、邓捷、罗延力、蒋帅、王亦平、刘德清、徐海军、何松育、冯天铭、张睿、王艺儒、刘韶、余嘉琦、罗斌、罗玉熊、李卓、蔡坤妤、鞠娜娜、朱海华、罗瑾琰、王启慧、袁烨、秦朗、陈果、赵玉立、邓静静、何芸荻、陈鹏、张恒、刘博、李恒、王益、刘逍、陈程、涂钦、肖凌骁、郭宇翔、杨波、许建、胡秧、郑伟强、廖礼才、杨阳、郭伟男、宁小庚、胡卓霖、农睿、吴星辰、张浥尘、王振文、冉乐、苏枭枭、秦岭、马梦迎、周晓宇、赵筱丹、刘佩、王宇靓、贾慧泉、于晓原、徐霞、和丹丹、杨帆。

还有很多人从不同角度对双桂堂古建筑群测绘、资料整理、出版给予了支持和帮助。借《梁平双桂堂》的出版，一一致以谢意。

张兴国
2014年秋

图书在版编目（CIP）数据

梁平双桂堂／张兴国，冯棣，罗强编著. — 重庆：
重庆大学出版社，2014.9
（中国西南古建筑典例图文史料）
ISBN 978-7-5624-8421-9

Ⅰ.①梁… Ⅱ.①张… ②冯… ③罗… Ⅲ.①寺庙—古
建筑—介绍—梁平县 Ⅳ.①K928.75

中国版本图书馆CIP数据核字（2014）第156350号

中国西南古建筑典例图文史料
Pictorial Historic Recordings of Representative
Ancient Architecture in Southwest China

梁平双桂堂
Shuang-gui-tang of Liangping

张兴国　冯棣　罗强　编著
策划编辑：林青山　张婷

责任编辑：张婷　　版式设计：李南江　张婷
责任校对：邹忌　　责任印制：赵晟
*
重庆大学出版社出版发行
出版人：邓晓益
社址：重庆市沙坪坝区大学城西路21号
邮编：401331
电话：（023）88617190　88617185（中小学）
传真：（023）88617186　88617166
网址：http：//www.cqup.com.cn
邮箱：fxk@cqup.com.cn（营销中心）
全国新华书店经销
重庆市金雅迪彩色印刷有限公司印刷
*
开本：787×1092　1/8　印张：41　字数：1061千
2014年10月第1版　2014年10月第1次印刷
ISBN 978-7-5624-8421-9　定价：360.00元